Hacia el libre comercio en las Américas

Hacia el libre comercio en las Américas

José M. Salazar-Xirinachs
Maryse Robert
Editores

ORGANIZACIÓN DE LOS ESTADOS AMERICANOS

BROOKINGS INSTITUTION PRESS
Washington, D.C.

QUE ES BROOKINGS?

La Institución Brookings es una organización privada sin fines de lucro que se dedica a la investigación, educación y publicación de importantes asuntos de política interna y externa. Su propósito fundamental es aportar conocimientos sobre los problemas políticos actuales y emergentes. La Institución mantiene una posición neutral sobre los asuntos de política. Las interpretaciones o conclusiones sobre las publicaciones de la Institución Brookings deben ser atribuidas como de responsabilidad total de sus autores.

Library of Congress Cataloging-in-Publication data

Toward free trade in the Americas / José Manuel Salazar-Xirinachs and Maryse Robert, editors.
    p. cm.
Includes bibliographical references and index.
ISBN 0-8157-0091-1
    1. Free trade—America. 2. America—Commerce. 3. America—Economic integration. I. Salazar X., José Manuel (Salazar Xirinachs) II. Robert, Maryse.

HF1745.T69 2001
382'.71'097—dc21   2001000443

9 8 7 6 5 4 3 2 1

El papel utilizado en esta publicación cumple con los requisitos mínimos de la *American National Standard for Information Sciences — Permanence of Paper for Printed Library Materials*: ANSI Z39.48-1992.

Letra Tipográfica es Adobe Garamond

Compuesto por Cynthia Stock
Silver Spring, Maryland

Impreso por Phoenix Color
Hagerstown, Maryland

Manufacturado en los Estados Unidos de América

Indice

Prefacio

En los últimos cinco años la OEA, a través de su Unidad de Comercio, ha estado estrechamente involucrada en temas de política comercial e integración económica en el Continente Americano. Una parte importante del trabajo de la Unidad de Comercio es brindar apoyo técnico y analítico a las negociaciones para crear el Area de Libre Comercio de las Américas así como desarrollar actividades de cooperación técnica para los países miembros.

En la realización de esta misión, en años recientes el equipo de expertos de la Unidad de Comercio, reflexionando sobre su propia experiencia, ha producido una cantidad importante de contribuciones al análisis de temas de integración y comercio, lo cual incluye varios libros y numerosos estudios.

Este es el tercer volumen producido por la Unidad de Comercio y publicado conjuntamente con Brookings Institution. El primero, *Trade Rules in the Making: Challenges in Regional and Multilateral Negotiations,* publicado en 1999 y editado por Miguel Rodríguez, Patrick Low y Barbara Kotschwar contiene una serie de artículos escritos por los funcionarios de la Unidad de Comercio y otros reconocidos expertos, sobre temas relacionados con la consistencia de los acuerdos regionales, y en particular el ALCA, con el GATT/OMC.

El segundo volumen, *Services Trade in the Western Hemisphere: Liberalization, Integration, and Reform,* publicado en 2000 y editado por Sherry Stephenson, Directora Adjunta de la Unidad de Comercio, trata sobre los desafíos de la liberalizacion, la integración y la reforma en el comercio de servicios en el Hemisferio Occidental. Aunque mucho se ha escrito sobre

las negociaciones de comercio en servicios en el ámbito multilateral, este
volumen constituye un esfuerzo pionero de distinguidos expertos en
comercio de servicios por analizar la articulación y los enlaces entre los tres
ámbitos en que se desarrollan negociaciones de servicios actualmente: el
multilateral, el regional en el ALCA, y el sub-regional (MERCOSUR, Caribe, Centroamérica, Comunidad Andina y Tratado de Libre Comercio de
América del Norte).

El presente volumen, editado por José Manuel Salazar-Xirinachs, Director de la Unidad de Comercio, y Maryse Robert, especialista principal
de la Unidad de Comercio, tiene como objetivo describir y analizar la
evolución reciente, el estado actual y las perspectivas futuras de los acuerdos
comerciales y de los esfuerzos de integración en los países del Continente
Americano a la vuelta del siglo.

Uno de los cambios más radicales y positivos en el continente americano
en los últimos diez años es la reorientación y revitalización de las políticas
comerciales y de integración económica. Este volumen muestra y analiza
estos cambios distinguiendo tres ámbitos en los que se han redefinido las
formas de interdependencia entre los países de las Américas. Primero, el
ámbito de las nuevas dinámicas empresariales y de negocios que se reflejan
en los flujos de comercio e inversión entre los países del hemisferio y con el
resto del mundo. Segundo, el nuevo tejido de acuerdos comerciales y marcos
jurídicos entre los países, acuerdos que son más amplios en su cobertura de
áreas, más profundos en el acceso al mercado que permiten, y más
integradores de los mercados en la medida en que comprenden nuevos
ámbitos de regulaciones internas que quedaron excluidos de los compromisos
internacionales en el pasado.

Finalmente, más allá de la lógica económica propiamente dicha que
lleva a los procesos de integración económica, algunos capítulos del presente
libro analizan la nueva racionalidad política y de seguridad colectiva que
también provee justificaciones importantes para los procesos de integración,
en particular en el marco del sistema inter-americano y el proceso de cumbres
de las Américas.

Un punto que conviene destacar es que los editores y autores del presente
libro utilizaron una metodología común en la descripción de la evolución
reciente, estado actual y perspectivas de los acuerdos comerciales existentes
en el hemisferio, así como en el tratamiento de las distintas áreas funcionales
de negociación comercial. Esta estructura común de los capítulos, tanto los
que analizan acuerdos comerciales como áreas funcionales, hace que el
presente volumen sea especialmente útil como obra básica de consulta ya

que no solo provee una visión de conjunto de los procesos de integración en el Continente Americano a la altura de 2001, sino que también contiene una identificación de las áreas de convergencia y de divergencia entre los diversos acuerdos comerciales existentes y en negociación, y enumera los principales desafíos en todo el espectro de temas bajo consideración en las negociaciones comerciales, particularmente en el ALCA.

La Secretaría General de la OEA se complace en presentar el presente volumen que se publica simultáneamente en inglés y en español. Confiamos en que será de utilidad para negociadores comerciales, empresarios, miembros de las comunidades académicas, estudiantes y en general, diversos sectores de la sociedad interesados en las complejas realidades y desafíos de las políticas y negociaciones comerciales en las Américas a la vuelta de siglo.

César Gaviria
Secretario General
Organización de los Estados Americanos
Enero, 2001

Agradecimientos

La publicación de este libro es el resultado de un esfuerzo colectivo de los integrantes de la Unidad de Comercio de la OEA. Su dedicación y entusiasmo con este volumen, que se publica simultáneamente en inglés y en español, hicieron posible la realización de este proyecto. Estamos particularmente agradecidos a todos los colaboradores por haber dedicado su tiempo para ofrecernos una visión global del progreso alcanzado hasta la fecha en el avance hacia el libre comercio en las Américas.

Karsten Steinfatt merece nuestra más profunda gratitud por su profesionalismo y dedicación a este proyecto. Editó numerosos capítulos del libro y coordinó con nosotros la publicación de este volumen desde el principio hasta el final. También queremos expresar nuestro agradecimiento a Sherry Stephenson, Theresa Wetter y César Parga por revisar varios capítulos y hacer comentarios que nos han sido de gran ayuda, y a Francisco Coves, Ivonne Zúniga y Sandra Burns por su valiosa asistencia en todos los demás aspectos de este proyecto.

Nuestro agradecimiento especial a Christopher Kelaher y Janet Walker de Brookings Institution Press por sus esfuerzos y buen humor al gestionar el proceso de edición de manera oportuna. Asimismo, quisiéramos expresar nuestra gratitud a Marty Gottron por sus muy útiles sugerencias en la corrección y perfeccionamiento del manuscrito, y a Susan Woollen y Rebecca Clark por, respectivamente, coordinar la elaboración de la portada y promover este libro en un mercado más grande.

La edición en español de este volumen ha contando con el arduo trabajo de varias personas. En particular, queremos expresar nuestra gratitud a Nerio Guerrero, quien tradujo varios capítulos del libro, y a Theresa Wetter, Karsten Steinfatt, Gisela Vergara, César Parga, Patricio Contreras, Jorge Mario Martínez y Javier Salido de la Unidad de Comercio de la OEA, por revisar el manuscrito en español y ayudarnos a editarlo.

Por último, quisiéramos recalcar que ni la Organización de los Estados Americanos ni sus Estados Miembros son responsables de cualquier error, omisión o declaración realizada en este libro. Esta responsabilidad recae en los editores y autores de este volumen.

José Manuel Salazar-Xirinachs y Maryse Robert
Washington, D.C., enero de 2001

JOSÉ MANUEL SALAZAR-XIRINACHS
MARYSE ROBERT

1 | *Introducción*

L o experimentado por América Latina y el Caribe en los años noventa fue nada menos que una revolución económica. Las reformas de apertura económica que estos países pusieron en marcha en el decenio anterior ayudaron a revitalizar sus economías, condujeron a un crecimiento económico más sostenible y dieron nueva forma a las relaciones económicas que los ligaban.

A medida que se arraigaron firmemente las medidas de liberalización comercial unilateral y se alcanzó una mayor estabilidad económica, se fue instituyendo un nuevo marco para la conducción de las relaciones regionales en materia de comercio e inversión. De manera similar a América del Norte, los países de América Latina y el Caribe no sólo han establecido formas de integración más profundas y amplias en el ámbito subregional, sino que han negociado acuerdos modernos de libre comercio que además de eliminar barreras arancelarias y no arancelarias de bienes, abarcan nuevas disciplinas comerciales, tales como servicios, inversiones, propiedad intelectual, compras del sector público y solución de controversias. Tanto el Tratado de Libre Comercio de América del Norte (TLCAN) como el Mercado Común del Sur (MERCOSUR) fueron creados en los años noventa, y desde entonces el arancel medio de América Latina y el Caribe se ha reducido de alrededor del 35 por ciento a su nivel actual de aproximadamente 10 por ciento.

La liberalización del comercio se intensificó aún más tras la Primera Cumbre de las Américas, cuando los 34 gobiernos democráticamente electos del hemisferio, reunidos en Miami en diciembre de 1994, acordaron comenzar a trabajar con miras a la creación del Área de Libre Comercio de las Américas (ALCA). Los gobiernos decidieron que para lograr esta meta, se irán eliminando gradualmente las barreras al comercio y la inversión entre los países participantes. La decisión de los 34 gobiernos de concluir las negociaciones a más tardar en 2005 es una clara señal del firme respaldo de los países a la liberalización comercial.

El presente libro relata los cambios experimentados por las políticas y los regímenes de comercio exterior emprendidos en las Américas en la década de los noventa. El objetivo de *Hacia el libre comercio en las Américas* es informar y hacer un balance del progreso logrado hasta la fecha en la región en sus esfuerzos por liberalizar el comercio. Además de examinar los flujos comerciales entre los miembros de agrupaciones regionales y entre los socios comerciales de diferentes subregiones, esta obra analiza la importancia relativa del comercio de servicios en el Hemisferio Occidental y el considerable incremento de la afluencia de inversiones extranjeras directas a las Américas. Asimismo, la publicación describe las principales características de los acuerdos comerciales suscritos por los países del hemisferio y examina el desarrollo de las disciplinas comerciales contenidas en esos acuerdos, así como los ámbitos de convergencia y divergencia y las principales dificultades que se plantean en las negociaciones del ALCA. Finalmente, se da cuenta de la evolución reciente del Área de Libre Comercio de las Américas con un análisis de la dimensión no económica de la interdependencia en el hemisferio. Se demuestra que la interdependencia entre los países del hemisferio se ha incrementado en tres ámbitos o dimensiones conexas: la dimensión empresarial que se refleja en las corrientes de comercio e inversión; la dimensión jurídica-normativa que se expresa en el establecimiento de normas legales y de marcos regulatorios comunes asociados con un régimen de libre comercio, y lo que podría denominarse la interdependencia estratégica.

De manera más específica, el libro está estructurado en cuatro partes. En la primera parte se pasa revista a las principales tendencias de los flujos de comercio e inversión en las Américas, desde un ángulo general y subregional. La segunda parte hace un recuento analítico de todos los acuerdos comerciales suscritos por los países de las Américas. Además de describir el origen (historia y membresía) y marco institucional de los acuerdos, esta sección hace una breve reseña histórica de la evolución de las principales obligaciones y ofrece un análisis de los avances realizados hasta diciembre de 2000, incluyendo una descripción de las negociaciones en curso. De igual forma, se agrupan en esta

sección los acuerdos comerciales según la siguiente tipología: uniones aduaneras (Mercado Común Centroamericano, Comunidad Andina, Comunidad y Mercado Común del Caribe o CARICOM, y MERCOSUR), tratados
de libre comercio (TLCAN y otros tratados de libre comercio), y acuerdos
no recíprocos de preferencias comerciales (Iniciativa para la Cuenca del
Caribe, Ley de Preferencias Comerciales Andinas, CARIBCAN, CARICOM-
Colombia y CARICOM-Venezuela) y acuerdos de alcance parcial (negociados en el marco de la Asociación Latinoamericana de Integración o ALADI)
(cuadro 1-1).

En la tercera parte se examina la evolución, la situación actual y los principales desafíos en las disciplinas claves abordadas en todos los acuerdos comerciales descritos en la sección anterior. Las áreas en referencia comprenden
el comercio de bienes y de productos agrícolas (que abarca cuestiones tales
como barreras arancelarias y no arancelarias, reglas de origen y medidas de
salvaguardia); normas y obstáculos técnicos al comercio; servicios; inversiones; derechos de propiedad intelectual; política de competencia; compras del
sector público y solución de controversias. Cada uno de los capítulos de la
tercera parte aborda los principales desafíos que plantea el avance hacia el libre
comercio hemisférico en las diferentes áreas temáticas.

En este contexto, conviene destacar dos temas. En el ámbito de los servicios, son cada vez más los países que reconocen la importancia de un sector de
servicios eficiente para el crecimiento y el desarrollo económicos. En consecuencia, en no menos de 14 acuerdos negociados entre países de la región en
la década de los noventa, se han incorporado reglas, disciplinas y mecanismos
tendientes a avanzar la liberalización de los diferentes sectores de servicios y su
más adecuada regulación. Aunque el enfoque utilizado para negociar su liberalización varía entre algunos acuerdos, el contenido normativo de esos instrumentos presenta importantes características comunes. La mayoría de los
acuerdos también tienen objetivos ambiciosos que van más allá de las metas
previstas en el Acuerdo General sobre el Comercio de Servicios de la Organización Mundial del Comercio (OMC), o bien porque contienen disciplinas
más estrictas o porque se proponen niveles de liberalización más profundos.

Los acuerdos comerciales modernos negociados en la década pasada han
incorporado también disciplinas sobre inversiones con muchos elementos
comunes. Al igual que los acuerdos tradicionales en esta área, los acuerdos
comerciales modernos buscan reforzar las normas de protección a las inversiones y a los inversionistas y establecer un mecanismo eficaz de solución de
controversias entre el inversionista y el Estado. Sin embargo, un número significativo de acuerdos suscritos en los años noventa va más allá de ese objetivo
al reconocer el "derecho de establecimiento" para el inversionista. Este aspecto

Cuadro 1-1. *Uniones aduaneras y tratados de libre comercio en el Hemisferio Occidental*

Acuerdo	Firma	Entrada en vigencia
Uniones aduaneras		
Comunidad Andina	26 de mayo de 1969[a]	16 de octubre de 1969
CARICOM (Comunidad del Caribe y Mercado Común del Caribe)[b]	4 de julio de 1973	1 de agosto de 1973
MCCA (Mercado Común Centroamericano)	13 de diciembre 1960	4 de junio de 1961[c]
MERCOSUR (Mercado Común del Sur)[d]	26 de marzo de 1991	1 de enero de1995
Tratados de libre comercio		
TLCAN (Tratado de Libre Comercio de América del Norte)[e]	17 de diciembre de 1992	1 de enero de 1994
Costa Rica-México	15 de abril de 1994	1 de enero de 1995
Grupo de los Tres (Colombia, México, Venezuela)	13 de junio de 1994[f]	1 de enero de 1995
Bolivia-México	10 de septiembre de 1994	1 de enero de 1995
Canadá-Chile	5 de diciembre de 1996	5 de julio de 1997
México-Nicaragua	18 de diciembre de 1997	1 de julio de 1998
Centroamérica-República Dominicana	16 de abril de 1998[g]	...
Chile-México	17 de abril de 1998[h]	1 de agosto de 1999
CARICOM-República Dominicana	22 de agosto de 1998[i]	...
Centroamérica-Chile	18 de octubre de 1999[j]	...
México-Triángulo del Norte (El Salvador, Guatemala, Honduras)	29 de junio de 2000	...
Comunidad Andina-MERCOSUR	En negociación	...
Centroamérica-Panamá	En negociación	...
Chile-Estados Unidos	En negociación	...
Costa Rica-Canadá	En negociación	...
México-Ecuador	En negociación	...
México-Panamá	En negociación	...
México-Perú	En negociación	...
México-Trinidad y Tobago	En negociación	...

a. Con la aprobación de los Protocolos de Trujillo en 1996 y de Sucre en 1997, los cinco países andinos—Bolivia, Colombia, Ecuador, Perú y Venezuela—introdujeron reformas institucionales que modificaron el Acuerdo de Cartagena que estableció la Comunidad Andina (originalmente llamada Pacto Andino y posteriormente Grupo Andino).

b. Los miembros de la Comunidad del Caribe son: Antigua y Barbuda, las Bahamas, Barbados, Belice, Dominica, Grenada, Guyana, Jamaica, St. Kitts y Nevis, Santa Lucía, San Vincente y las Granadinas,

es de gran relevancia porque implica la incorporación de un componente de acceso al mercado que no estaba presente en los acuerdos anteriores. Conjuntamente con el número creciente de tratados bilaterales de inversión vigentes en la región, los nuevos acuerdos han constituido una amplia red normativa entre los países de las Américas en un ámbito en el que aún no se han negociado disciplinas multilaterales.

Además de los ámbitos de los servicios y las inversiones, los capítulos dentro de esta sección abordan las áreas normativas de los derechos de propiedad intelectual, la política de competencia, las compras del sector público y la solución de controversias. En los capítulos dedicados al análisis de estas áreas temáticas se ofrece un cuadro muy completo de la dimensión jurídica y reglamentaria de la interdependencia en el Hemisferio Occidental.

La cuarta parte de este libro ofrece un panorama del progreso logrado en las negociaciones del ALCA entre abril de 1998 —cuando se tomó la decisión de iniciar formalmente las negociaciones en la Cumbre de las Américas realizada en Santiago— y principios de 2001, cuando los Jefes de Estado y de Gobierno se preparan para reunirse en la Ciudad de Quebec en abril de 2001. En esta última parte se argumenta que si bien los países se beneficiarán del ALCA cuando ese acuerdo entre en vigencia, el proceso de negociación del ALCA ya ha generado importantes beneficios o externalidades positivas a sus participantes. A partir del análisis, se hace evidente que el reto en los próximos

---

Suriname, Trinidad y Tobago, y Montserrat. Las Bahamas se unieron a la Comunidad del Caribe, pero no al Mercado Común, en 1983. Haití, que ya fue admitido formalmente a la CARICOM, se convertirá en miembro una vez que deposite sus instrumentos de accesión ante el Secretario General del grupo. Las Islas Vírgenes Británicas y las Islas Turcos y Caicos son miembros asociados de la CARICOM.

c. El MCCA entró en vigencia el 4 de junio de 1961 en El Salvador, Guatemala, y Nicaragua; el 27 de abril de 1962 en Honduras; y el 23 de septiembre de 1963 en Costa Rica. Con la firma del Protocolo de Tegucigalpa en 1991 los países del Mercado Común Centroamericano reestructuraron su proyecto de integración regional.

d. Los miembros son Argentina, Brasil, Paraguay y Uruguay.

e. Canadá y los Estados Unidos firmaron el Tratado de Libre Comercio Canadá-Estados Unidos el 2 de enero de 1988. El tratado entró en vigencia el 1 de enero de 1989.

f. Las disposiciones de los capítulos III (trato nacional y acceso de bienes al mercado), IV (sector automotor), V (sector agropecuario), VI (reglas de origen), VIII (salvaguardias), IX (prácticas desleales de comercio internacional), XVI (política en materia de empresas del estado) y XVIII (propiedad intelectual) no se aplican entre Colombia y Venezuela. Véase el artículo 103 (1) del tratado.

g. El tratado se aplica entre la República Dominicana y cada país centroamericano.

h. El 22 de septiembre de 1991, Chile y México firmaron un tratado de libre comercio en el marco del Tratado de Montevideo de la Asociación Latinoamericana de Integración (ALADI). Dicho tratado abarcaba solamente el comercio de bienes.

i. El 28 de abril de 2000 se firmó un protocolo de implementación del tratado.

j. El tratado se aplica entre Chile y cada país centroamericano.

cuatro años consistirá en mantener el impulso político para avanzar las negociaciones y seguir reduciendo las diferencias entre las diversas posiciones negociadoras a fin de llegar a un terreno común y lograr un texto "limpio" del borrador del eventual acuerdo del ALCA en todas las áreas. También se pone de manifiesto la importancia de definir los aspectos institucionales necesarios para que el acuerdo sea operativo y se prevé una aceleración y mayor intensidad en las negociaciones al momento en que los países decidan iniciar las negociaciones de acceso a mercado de bienes y servicios.

En la cuarta parte también se examinan los diferentes componentes de la compleja nueva matriz de interdependencias que caracteriza a las relaciones internacionales entre los países de las Américas. La nueva agenda de cooperación hemisférica promovida por el proceso de la Cumbre de las Américas y por el sistema interamericano, que abarca temas que van desde la protección de la democracia y los derechos humanos hasta la lucha contra la corrupción y el narcotráfico, agrega un componente de racionalidad y compromiso, no sólo económico, sino político y estratégico, a los procesos de integración económica en general y, en especial, a las negociaciones del ALCA. Por lo tanto, estas negociaciones no sólo difieren del proceso en la OMC en algunos aspectos fundamentales e intrínsecos al tema comercial, sino que además se desarrollan en un contexto político muy diferente desde el punto de vista de las interdependencias sistémicas, de las iniciativas de cooperación mutuas entre los eventuales socios del acuerdo y de las instrumentalidades institucionales disponibles. Estos elementos forman parte de la nueva agenda estratégica de cooperación hemisférica, así como de la arquitectura jurídica general del sistema interamericano. Del análisis se desprende que estas realidades brindan posibilidades para la creación del Área de Libre Comercio de las Américas, para reforzar sus fundamentos y para lograr apoyo público a favor de la misma, posibilidades éstas que no están presentes en otros foros comerciales.

PRIMERA PARTE

Corrientes de comercio e inversiones: Tendencias hemisféricas

KARSTEN STEINFATT
PATRICIO CONTRERAS

2 Corrientes de comercio e inversiones en las Américas

En los últimos quince años, el panorama de la integración económica del Hemisferio Occidental varió en forma extraordinaria. La amplia gama de ambiciosas reformas de apertura económica que llevaron a cabo la mayoría de los países de América Latina y el Caribe en la década de los ochenta no sólo ha vigorizado los acuerdos de integración regional existentes, sino que además ha conducido a la creación de nuevos sistemas de integración en todo el hemisferio. Esta transformación del panorama económico ha dinamizado la competencia entre actores económicos, suscitando el movimiento de bienes, servicios y capital a través de las fronteras del hemisferio, en una escala que no registraba precedentes en las décadas anteriores.

En este capítulo se identifican y analizan las principales tendencias que caracterizan al nuevo panorama de la integración económica en el Hemisferio Occidental. A esos efectos, en la primera sección se examina la dirección de los flujos comerciales de mercancías desde una perspectiva hemisférica general y desde la perspectiva de cinco acuerdos de integración regional: la Comunidad Andina, la Comunidad y el Mercado Común del Caribe (CARICOM),

Karsten Steinfatt escribió la sección sobre comercio de mercancías y Patricio Contreras escribió las secciones sobre comercio de servicios y flujos de inversión. Karsten Steinfatt extiende su agradecimiento a Paola Andrea Fernández Otero por su colaboración en la investigación. El Dr. Philomen Harrison de la Secretaría de CARICOM proporcionó datos para la elaboración de la sección sobre CARICOM.

el Mercado Común Centroamericano (MCCA), el Mercado Común del Sur (MERCOSUR) y el Tratado de Libre Comercio de América del Norte (TLCAN). Una de las conclusiones más categóricas que surge del análisis es que los programas de liberalización concertada que emprendieron los países en el marco de estos cinco acuerdos han respaldado y complementado los planes unilaterales y multilaterales de liberalización del comercio que llevaron a cabo esos mismos países en las dos últimas décadas. Aunque la escasez de datos en la esfera del comercio de servicios obsta a un análisis detallado, la segunda sección presenta un panorama general de la estructura del comercio de servicios en el hemisferio y analiza el papel de ese comercio en diferentes economías de la región. La tercera sección demuestra como las corrientes de inversiones, en gran medida inexistentes pocos años atrás, cumplen un papel cada vez más importante en la integración económica hemisférica.

Estructura general del comercio de mercancías en el Hemisferio Occidental

Como productor de bienes y como mercado para los productos de diversas otras regiones del mundo, el Hemisferio Occidental ha asumido un protagonismo sin precedentes en la esfera de las relaciones comerciales internacionales. En 1999 el monto total del comercio de bienes de la región superó los $2,8 billones, cifra equivalente a un tercio del comercio mundial[1]. El hemisferio absorbió el 12 por ciento del total de las exportaciones de la Unión Europea y casi el 30 por ciento de las de Asia, mientras que el 16 por ciento de las exportaciones de bienes del hemisferio arribaron a mercados de la Unión Europea, y un 16 por ciento más a mercados de Asia.

Este cuadro obedece en parte a las nuevas políticas comerciales aplicadas en la gran mayoría de los países del hemisferio desde 1985. La expansión del comercio que tuvo lugar en las Américas en la década de los setenta, aunque notable, se dio en el marco de altas barreras arancelarias erigidas en torno a iniciativas de integración regional, como la Asociación Latinoamericana de Libre Comercio (ALALC) y el Grupo Andino. Esas iniciativas estimularon el crecimiento del comercio intrarregional, pero contribuyeron en muy escasa medida a exponer a los productores nacionales a los vientos de la competencia internacional.

Hacia el final de la década de los sententa y comienzos del decenio siguiente se redujo la demanda de exportaciones de los países en desarrollo, como resultado de la segunda crisis petrolera y la consiguiente recesión e infla-

---

1. Las cifras en este libro están expresadas en dólares americanos (USD), excepto cuando se indique lo contrario.

ción en el mundo desarrollado. La pequeña escala de los mercados regionales no permitió a los países del hemisferio compensar la menor demanda de sus exportaciones y profundizar sus estrategias de industrialización basadas en la sustitución de importaciones. Esto hizo que en la década de los ochenta muchos países de América Latina y el Caribe emprendieran ambiciosos programas de reforma económica encaminados a sustituir estrategias de industrialización basadas en la protección y la asistencia del estado por enfoques de desarrollo orientados hacia el exterior y propulsados por las exportaciones. Al cobrar impulso esas reformas, las corrientes comerciales del Hemisferio Occidental iniciaron un período de crecimiento sostenido y vigoroso. Entre 1987 y 1999 el comercio agregado de la región aumentó un 170 por ciento. El crecimiento del comercio en América Latina y el Caribe fue aún más extraordinario (más de 250 por ciento en el mismo período), lo que pone de manifiesto la profundidad de los programas de liberalización emprendidos por la gran mayoría de los países de la región.

El comercio de América Latina y el Caribe se desaceleró a finales de la década de los noventa. En cifras agregadas aumentó apenas 3 por ciento en 1998, y en 1999 sufrió una disminución de más del 2,5 por ciento. Esta tendencia de corto plazo no debe interpretarse como abandono, por parte de la región, de los esfuerzos realizados para abrir sus mercados. La desaceleración del crecimiento de las importaciones y las exportaciones debe examinarse desde la perspectiva de las circunstancias económicas desfavorables imperantes en todo el mundo, especialmente la continua reducción de los precios de los productos básicos, la crisis financiera mundial, así como la disminución de la demanda de las exportaciones provenientes de América Latina y el Caribe en la mayoría de los países avanzados. Finalmente, calamidades naturales, la más notable de las cuales fue el Huracán Mitch, también afectaron la capacidad de los países de la región de mantener las altas tasas de incremento del comercio registradas hasta hace poco. Pese al entorno económico desfavorable, no todas las regiones se vieron afectadas en la misma medida. Los miembros del MERCOSUR y la Comunidad Andina registraron la disminución más radical de las exportaciones en los últimos años, en tanto que los países con vínculos más estrechos con la floreciente economía estadounidense—por ejemplo México y América Central—lograron capear, parcial o totalmente, las condiciones desfavorables.

Examinando los datos de la totalidad de la década—en lugar de limitarnos a la información de los dos o tres últimos años—comprendemos mejor el papel central y cada vez más importante que cumplen el comercio y la interdependencia económica en la región. Entre 1990 y 1999 las importaciones de América Latina y el Caribe aumentaron, en promedio, a un ritmo casi tres veces mayor que las importaciones de África o el Oriente Medio, y casi dos veces mayor que las de Asia. En el mismo período la tasa media de crecimiento de las exportaciones de América Latina y el Caribe fue del 8 por ciento anual, es decir la segunda en magnitud de las tasas de incremento de todas las regiones del mundo.

La creciente importancia del comercio para el Hemisferio Occidental se ha visto acompañada por un mayor grado de integración económica entre los países de la región, como lo pone de manifiesto el sostenido incremento del nivel del comercio intrarregional desde 1987. Actualmente casi el 60 por ciento del total de las exportaciones regionales tienen como destino otras partes del Hemisferio Occidental, coeficiente aproximadamente seis veces mayor que el del comercio intrarregional de los países árabes y casi el doble del nivel del comercio entre las economías de Asia oriental. La única región del mundo con un nivel de comercio intrarregional similar al del Hemisferio Occidental es la Unión Europea.

En gran medida, el alto nivel de comercio entre los países del hemisferio obedece al comercio entre los países miembros del TLCAN, Canadá, México y Estados Unidos. El comercio entre estos tres países constituyó, en 1999, casi el 75 por ciento del comercio intrahemisférico. No obstante, los países de América Latina y el Caribe se han convertido en importantes destinos de las exportaciones de los productos de otras partes de la región. Entre 1987 y 1998 las exportaciones intrarregionales en América Latina y el Caribe, consideradas como proporción del total de las exportaciones, aumentó un tercio, del 15 por ciento al 20 por ciento, tasa levemente menor que la tasa correspondiente a Corea, China, Filipinas, Indonesia, Japón, Malasia y Tailandia. Esto indica un grado muy significativo de interdependencia económica entre los países de América Latina.

Una visión más desagregada de las modalidades de comercio de la región arroja luz sobre la estructura del comercio entre los países del Hemisferio Occidental. Como lo muestra el cuadro 2-1, de los 27 países de las Américas con respecto a los cuales se dispone de datos de 1999, 19 tienen su mercado de exportación principal en el hemisferio. Estados Unidos es el principal destino de las exportaciones de 16 países; Brasil el de dos países y tanto Canadá como Argentina el de uno. Con respecto a los siete países restantes, el principal mercado de sus exportaciones es la Unión Europea, seguida por Estados Unidos.

En la década de los noventa, las exportaciones de países de América Latina y el Caribe a otros países de la región aumentaron más rápidamente que las exportaciones de esos países al resto del mundo. Al mismo tiempo que las exportaciones intrarregionales aumentaron, en promedio, un 14 por ciento por año entre 1990 y 1999, las exportaciones extrarregionales se incrementaron en un 10 por ciento por año. Simultáneamente, las importaciones—mutuas y

Cuadro 2-1. *Relaciones comerciales entre los países del Hemisferio Occidental, 1999*

País exportador	Mercado primario	Mercado secundario
Barbados, Canadá, Colombia. Costa Rica, Ecuador, Guatemala, Haití, Honduras, Jamaica, México, Perú, Trinidad y Tobago, Venezuela	Estados Unidos	Unión Europea
Bahamas, Brasil, Chile, Guyana, Panama, República Dominicana, Suriname	Unión Europea	Estados Unidos
Argentina, Uruguay	Brasil	Unión Europea
Paraguay	Argentina	Brasil
Estados Unidos	Canadá	Unión Europea
El Salvador	Estados Unidos	Guatemala
Nicaragua	Estados Unidos	Honduras
Bolivia	Estados Unidos	Perú

Fuente: Unidad de Comercio de la OEA basado en IMF, *Direction of Trade Statistics* (varios años).

con el resto del mundo—de países de la región aumentaron en forma pronunciada, a una tasa anual media del 14 por ciento en ambos casos. Como lo señalan Robert Devlin y Ricardo Ffrench-Davis, la evolución del tipo de cambio fue una variable importante de las que explican el auge de la importación así como la disparidad de las tasas de incremento de las exportaciones intrarregionales y extrarregionales en América Latina y el Caribe[2]. Específicamente, en los años ochenta aumentó el valor real de la moneda en varios países latinoamericanos debido a que muchos de ellos liberalizaron sus cuentas de capitales y recibieron mayores flujos de capital extranjero. La apreciación de la moneda dio lugar al incremento de la importaciones y a la disminución de la exportaciones. Ese mismo fenómeno afectó a las exportaciones extrarregionales en mayor medida que a las intrarregionales.

En este contexto debe señalarse que el auge de las importaciones en América Latina y el Caribe en la década de los noventa, que se reflejó en altas tasas medias de aumento de las importaciones extrarregionales, lleva a pensar que la integración económica intrahemisférica ha complementado y respaldado los programas de integración de los respectivos países en la economía mundial. Dicho en otras palabras, los países de las Américas han venido aplicando un enfoque de varios niveles con respecto a la reforma de la política comercial, que consiste no sólo en iniciativas de integración regional, sino también en

2. Véase Devlin y Ffrench-Davis (1998, p. 5).

programas de liberalización a niveles unilateral y multilateral. Al cabo de 15 años de sostenido avance en materia de liberalización de su régimen comercial, los países de las Américas constituyen un ejemplo de las sinergías y aristas que existen entre los enfoques unilaterales, regionales y multilaterales de liberalización del comercio.

Estructura del comercio de mercancías por regiones

Como ya se señaló, los países de las Américas han venido liberalizando el comercio a través de diversos canales. Destacan a ese respecto los numerosísimos acuerdos comerciales regionales, incluidos tratados de libre comercio y otros sistemas de integración económica, como las uniones aduaneras. En la última década, la red de acuerdos comerciales se amplió más que nunca, y rápidamente está dando nueva forma al panorama de la integración económica en el hemisferio.

CARICOM

En la década de los noventa, el total del comercio de la región formada por los países de la Comunidad y el Mercado Común del Caribe (CARICOM) aumentó por más de un tercio, pasando de $9.000 millones a $12.000 millones[3]. Este incremento obedeció principalmente al aumento de las importaciones de CARICOM, las cuales crecieron, en promedio, al 7 por ciento anual entre 1990 y 1998. A dos países—Trinidad y Tobago y Jamaica—les correspondió casi el 80 por ciento del total de las exportaciones de la región y alrededor del 60 por ciento de sus importaciones.

Al igual que en la mayoría de las demás regiones del hemisferio, las tasas de aumento del comercio entre los países de CARICOM fueron considerablemente mayores que las correspondientes al comercio entre CARICOM y el resto del mundo. Esta divergencia es el resultado del desempeño desigual de las exportaciones intrarregionales, las cuales crecieron a una tasa promedio anual del 9 por ciento entre 1990 y 1998, y las exportaciones extrarregionales, las cuales mostraron poco movimiento durante el mismo período. Por otro lado, las importaciones entre los países de CARICOM y entre éstos y el resto del mundo aumentaron prácticamente a la misma tasa media anual (7 por ciento) entre 1990 y 1998 (véase la figura 2-1). En consecuencia, en la

3. Las cifras de esta sección cubren a los siguientes países: Antigua y Barbuda, Barbados, Belice, Dominica, Grenada, Guyana, Jamaica, Montserrat, St. Kitts y Nevis, Santa Lucía, San Vicente y las Granadinas, Trinidad y Tobago, y después de junio de 1995, Suriname. Algunas de las cifras de Antigua y Barbuda, Belice, Guyana, Montserrat, y San Vicente y las Granadinas no están disponibles.

Figura 2-1. *Tendencia del comercio en CARICOM, 1991–98*

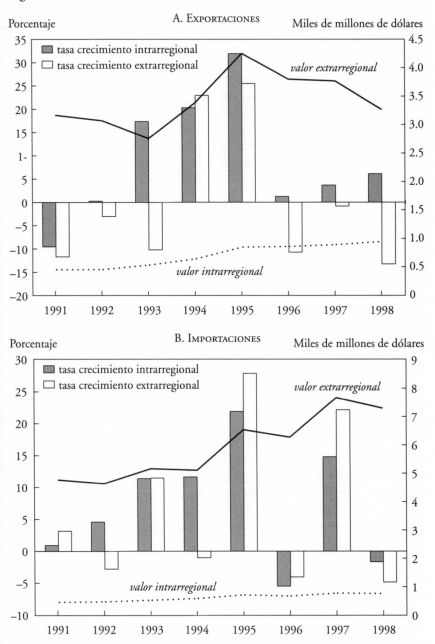

Fuente: Unidad de Comercio de la OEA basado en datos proporcionados por la Secretaría de CARICOM.

última década cobró mayor importancia el mercado de CARICOM para los productos provenientes de la región. En 1998 las exportaciones intra-comunitarias representaron más de una quinta parte del total de las exportaciones del grupo.

Estados Unidos sigue siendo el mayor mercado de exportaciones de CARICOM, ya que absorbe cerca del 35 por ciento del total de las ventas al exterior de la región. Pero la importancia de ese mercado se ha venido redu-ciendo desde 1975, año en el cual casi dos tercios de las exportaciones de CARICOM fueron destinadas a Estados Unidos. Mientras tanto, se han veni-do intensificando los vínculos comerciales entre el Caribe y América Latina, tras la firma de acuerdos de liberalización del comercio entre CARICOM y Colombia, República Dominicana y Venezuela. Entre 1990 y 1998 las expor-taciones de CARICOM a la Comunidad Andina y a México aumentaron a una tasa media anual del 13 por ciento, en tanto que las ventas a los países miembros del Mercado Común Centroamericano aumentaron a un prome-dio anual de más del 20 por ciento. No obstante, América Latina sigue siendo un socio comercial de importancia relativamente menor para CARICOM, ya que sólo el 10 por ciento del total de las importaciones y el 5 por ciento de las exportaciones de CARICOM, respectivamente, provienen de América Latina o están destinadas a esa región.

Centroamérica

En las dos décadas que siguieron a la creación, en 1961, del Mercado Común Centroamericano (MCCA), aumentó en forma sostenida el comer-cio entre los cinco países miembros del MCCA y entre éstos y el resto del mundo. Entre 1970 y 1980, por ejemplo, el monto total de las exportaciones de ese grupo de países aumentó de $1.100 millones a $4.800 millones, en tanto que el monto total de las importaciones aumentó de $1.200 millones a casi $6.000 millones. A principios de la década de los ochenta esa tendencia ascendente cambió súbitamente de signo, debido a factores económicos y a la exacerbación de conflictos armados en la región. En 1989 las importaciones apenas si habían recobrado su nivel anterior a la crisis, y las exportaciones seguían siendo inferiores en $650 millones a su nivel de 1980.

En el decenio de 1990, y en especial en la última mitad de esa década, se produjo una vigorosa expansión de las exportaciones de América Central (véase la figura 2-2a). Entre 1990 y 1999 el total de las exportaciones de la región aumentó a una tasa media anual del 17 por ciento, lo que refleja la vigorosa expansión de las exportaciones extrarregionales e intrarregionales. Además, y en contraste con lo ocurrido en otras regiones de las Américas, en la década de

Figura 2-2. *Tendencia del comercio en el Mercado Común Centroamericano, 1990–99*

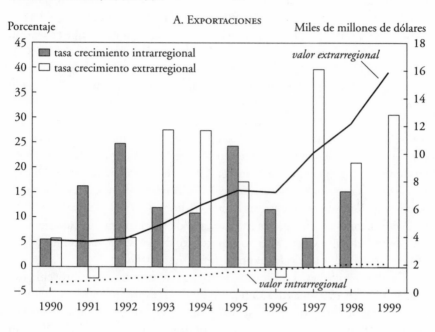

A. Exportaciones

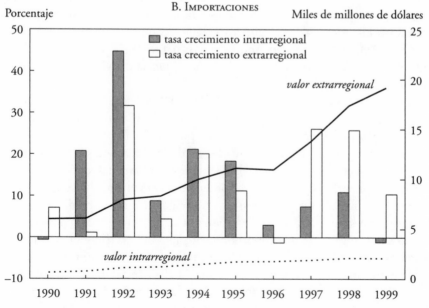

B. Importaciones

Fuente: Unidad de Comercio de la OEA basado en IMF, *Direction of Trade Statistics* (varios años).

los noventa las exportaciones centroamericanas al resto del mundo aumentaron a una tasa mayor que la correspondiente a las exportaciones intrarregionales. Las exportaciones extrarregionales crecieron a una tasa media anual del 18 por ciento, en comparación con las exportaciones intrarregionales, que crecieron, en promedio, al 13 por ciento anual. De los cinco países miembros del MCCA, sólo Nicaragua y Honduras registraron tasas de aumento de la exportaciones intrarregionales considerablemente mayores que las de las exportaciones extrarregionales.

Debido a la aceleración del incremento de las exportaciones extrarregionales, las exportaciones entre las repúblicas centroamericanas, expresadas como porcentaje del total del comercio se redujeron al 11 por ciento en 1999, en comparación con el 26 por ciento en 1970 y el 23 por ciento en 1980. Para El Salvador, Guatemala y Nicaragua, el MCCA fue un mercado relativamente importante, que absorbió entre el 15 por ciento y el 30 por ciento del total de las exportaciones de esos países en la década de los noventa. En cambio en el caso de Honduras y Costa Rica las exportaciones al MCCA no han llegado al 10 por ciento del total de sus exportaciones desde 1990.

Estados Unidos es el mayor mercado para las exportaciones provenientes del MCCA. En 1999 más del 55 por ciento de las exportaciones centroamericanas tuvieron como destino Estados Unidos, en comparación con 40 por ciento en 1990. La importancia de los otros dos miembros del TLCAN como mercados de exportación para los países centroamericanos ha sido mínima en términos históricos, al igual que los vínculos comerciales con los países de CARICOM, la Comunidad Andina y MERCOSUR. Sin embargo, en los últimos años ha venido aumentando la importancia de México como socio comercial de Costa Rica.

Como lo ilustra la figura 2-2b, en la década de los noventa las importaciones mutuas de países centroamericanos y del resto del mundo aumentaron a tasas medias anuales de alrededor del 14 por ciento. Para la mayoría de los países de la región, la diferencia entre la tasa de aumento de las importaciones de productos centroamericanos y la de las importaciones del resto del mundo fue relativamente insignificante, del orden de apenas uno a cinco puntos porcentuales. Una notable excepción fue Nicaragua, cuya tasa media anual de aumento de las importaciones de productos centroamericanos superó en 17 puntos porcentuales la tasa correspondiente a las importaciones del resto del mundo. Estos datos indican claramente que los países de la región se abrieron al comercio mundial al mismo tiempo que trataban de dar ímpetu al mercado común. A este respecto es probable que los programas de liberalización unilateral de los cinco países, así como su ingreso a la Organización Mundial del Comercio, hayan contribuido a promover las importaciones.

Los países centroamericanos difieren ampliamente unos de otros en cuanto importadores de productos de países del MCCA. En 1999 alrededor del cinco por ciento de las importaciones de Costa Rica y Honduras provinieron de otros países centroamericanos. En los casos de El Salvador y Nicaragua, las cifras correspondientes equivalieron al 14 por ciento y al 27 por ciento, respectivamente. La cifra de Guatemala fue igual al 9 por ciento. América del Norte, en especial Estados Unidos, constituye la principal fuente de mercancías importadas de América Central. En 1999 correspondió a los productos provenientes de Estados Unidos casi el 44 por ciento del total de las importaciones de la región. México cumple un papel relativamente más importante como fuente de importaciones que como destino de las exportaciones de la región: en la década de los noventa los países centroamericanos adquirieron en México entre el 5 por ciento y el 7 por ciento del total de sus importaciones. Por otro lado, se ha reducido de manera significativa la importancia de la Comunidad Andina como fuente de importaciones de América Central: en tanto que en 1990 el 9 por ciento del total de las importaciones de América Central correspondía a productos andinos, una década después esa proporción no llegaba al 5 por ciento.

Comunidad Andina

Durante la década de 1970, el comercio entre Bolivia, Colombia, Ecuador, Perú y Venezuela, y entre cada uno de esos países y el resto del mundo, se incrementó considerablemente[4]. Las tasas medias anuales de incremento del comercio intra-andino y extra-andino superaron el 20 por ciento. Esta tendencia ascendente cambió de signo transitoriamente como consecuencia de la crisis de 1982, pero las corrientes comerciales de la región volvieron a aumentar a fines de la década de los ochenta y principios del decenio siguiente, período en que los cinco países emprendieron una serie de programas para reavivar la integración económica en la región, el más notable de los cuales fue la creación de una zona de libre comercio, en 1993.

Como resultado de estas iniciativas, en los primeros cinco años de la década de los noventa, la tasa media anual de aumento de las exportaciones entre países andinos fue mayor que la tasa de las exportaciones de esos países al resto del mundo (véase la figura 2-3a). De hecho, todos los países andinos, salvo Perú, registraron una tasa media de crecimiento de las exportaciones

---

4. Los datos del presente capítulo cubren a los cinco miembros de la Comunidad Andina: Bolivia, Colombia, Ecuador, Perú y Venezuela. Como se explica en el capítulo 3 de este volumen, Chile fue miembro de la Comunidad Andina (originalmente llamada Pacto Andino y ulteriormente Grupo Andino) hasta 1976, mientras que Venezuela se incorporó a la Comunidad en 1973.

Figura 2-3.   *Tendencia del comercio en la Comunidad Andina, 1990–99*

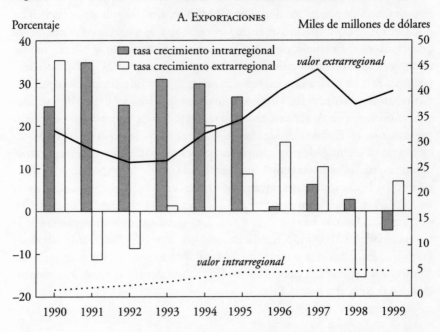

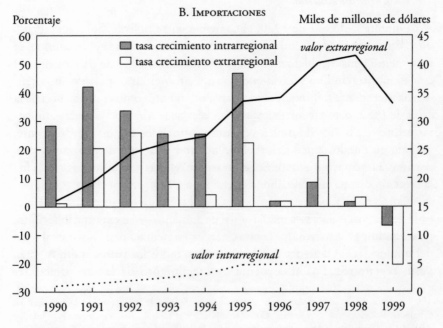

Fuente: Unidad de Comercio de la OEA basado en IMF, *Direction of Trade Statistics* (varios años).

intrarregionales de dos dígitos entre 1990 y 1999, limitándose a un solo dígito el incremento de las exportaciones a países ajenos a la región. Específicamente, la tasa media de incremento de las exportaciones de Perú a los restantes países de la región andina (9 por ciento) se contrapone marcadamente con el 20 por ciento y el 23 por ciento correspondientes a Venezuela y Colombia, respectivamente. Al mismo tiempo las exportaciones de Perú al resto del mundo aumentaron en promedio un 11 por ciento por año entre 1990 y 1997, en tanto que las de Colombia y Venezuela registraron incrementos del 7 por ciento y 3 por ciento, respectivamente. Una posible explicación de la divergencia de las tasas de incremento de las exportaciones entre Perú y los demás países de la región andina podría vincularse con los diferentes calendarios de liberalización adoptados por cada país tras los llamamientos de las autoridades nacionales de los países andinos a acelerar la integración económica en la región, en 1990. Ya en 1992 se eliminaron los aranceles aduaneros entre Colombia y Venezuela. Por otro lado, Perú, que adoptó un enfoque más gradual, ha programado la liberalización total de los renglones arancelarios referentes a los demás países andinos a más tardar en 2005[5]. Además Perú, más que cualquiera de los restantes países andinos, mantiene importantes vínculos comerciales con Asia: entre 1990 y 1997 alrededor de un cuarto del total de las exportaciones peruanas tuvieron como destino esa región[6]. También cabe señalar que las exportaciones de Bolivia, Ecuador y Venezuela a la región andina aumentaron en forma sumamente acelerada antes de la creación de la zona de libre comercio andina en 1993, quizá como consecuencia del incremento de las inversiones en el contexto de las medidas de reforma económica introducidas en esos países a fines de la década de los ochenta.

En cuanto a Colombia y Venezuela, países a los que corresponde el grueso de las exportaciones intra-andinas, la importancia de la Comunidad como mercado de exportación aumentó considerablemente en la primera parte de la década de los noventa. Pese a las amplias fluctuaciones ocurridas desde entonces, en 1999 las cifras correspondientes a ambos países fueron aproximadamente iguales a sus niveles de 1993 y 1994: 14 por ciento de las exportaciones colombianas y 10 por ciento de las venezolanas se destinaron a países de la región andina. Los datos revelan también que el programa de eliminación de aranceles entre Colombia y Venezuela, que culminó a principios de 1992, reforzó la posición de ambos países como principales socios comerciales dentro de la comunidad. Con respecto a los restantes países miembros de la Comunidad Andina, no todos dependen al mismo grado de sus socios comerciales

---

5. Banco Interamericano de Desarrollo (1999, p. 8).

6. Esto puede explicar también la disminución de la tasa de aumento de las exportaciones extrarregionales peruanas después de 1997, año en que estalló la crisis financiera asiática.

dentro de la comunidad como mercados de exportación. En tanto que en 1999 la región fue el destino de entre el 7 por ciento y el 9 por ciento del total de las exportaciones de Perú y Ecuador, la proporción de las exportaciones intra-andinas de Bolivia superó el 35 por ciento.

Desde 1990 ha venido profundizándose la integración de los cinco países miembros de la Comunidad Andina, no sólo mutua sino también con el resto del hemisferio, como lo pone de manifiesto la creciente proporción de las exportaciones hemisféricas en relación con el total del comercio. En 1999, la comunidad encaminó el 76 por ciento de sus exportaciones al resto del hemisferio, comparado con 66 por ciento en 1990. Casi dos tercios de las exportaciones andinas al Hemisferio Occidental fueron destinadas a la zona del TLCAN, en especial Estados Unidos.

Las importaciones de la Comunidad Andina provenientes de sí misma y del resto del mundo aumentaron vigorosamente entre 1990 y 1999, como lo muestra la figura 2-3b. Además, las tasas de incremento de las importaciones intra-andinas y extra-andinas difirieron un poco menos que las respectivas tasas de exportación. Las importaciones intra-andinas aumentaron, en promedio, un 20 por ciento al año, mientras que las importaciones del resto del mundo aumentaron al 9 por ciento. El hecho de que en muchos países andinos los programas unilaterales de liberalización se hayan dado conjuntamente con iniciativas de apertura al comercio regional puede explicar en parte el hecho de que la diferencia entre las importaciones intrarregionales y extrarregionales haya sido menor que la diferencia entre las exportaciones intrarregionales y extrarregionales.

Los países de la región andina importan actualmente una proporción mayor que la de 1990 de productos oriundos de la comunidad. El incremento ha sido especialmente pronunciado en Colombia y Ecuador. En Venezuela, y en menor medida en Ecuador, el incremento obedeció principalmente al aumento de las importaciones provenientes de Colombia, en tanto que el aumento de la proporción de las importaciones intrarregionales de Colombia resultó de una mayor proporción de productos venezolanos en el total de las importaciones. El aumento de la proporción de las importaciones intrarregionales de Bolivia se debió principalmente al incremento de las importaciones provenientes de Perú. Después de un aumento pronunciado en 1991, la proporción que correspondió a los productos andinos (principalmente de Colombia y Venezuela) en el total de las importaciones de Perú fluctuó significativamente y fue bastante similar en 1999 a la de comienzos de la década de los noventa.

Tradicionalmente, el Hemisferio Occidental ha sido una importante fuente de importaciones para los países andinos, los cuales adquieren actualmente entre el 60 por ciento y el 65 por ciento del total de sus importaciones en las

Américas. El incremento de la proporción de las importaciones intra-andinas en el total de las importaciones de la región desde 1985 ha conducido a la disminución sostenida de la proporción de las importaciones provenientes de la zona del TLCAN, del 72 por ciento en 1985 al 60 por ciento en 1999.

MERCOSUR

El total del comercio en la región del MERCOSUR aumentó considerablemente en los últimos 15 años. De $34.800 millones en 1985, las exportaciones totales de Argentina, Brasil, Paraguay y Uruguay pasaron a casi $75.000 millones en 1999. El aumento de las importaciones fue aún mayor: de $20.000 millones en 1985, el monto de éstas pasó a $80.000 millones en 1999. Un aspecto básico de esa evolución son las importantes medidas adoptadas por los cuatro países del MERCOSUR para liberalizar sus regímenes comerciales.

Antes de 1991, año en que comenzó a existir oficialmente el MERCOSUR, las exportaciones entre los cuatro miembros del grupo venían aumentando a un ritmo levemente más acelerado que las exportaciones del grupo al resto del mundo. Entre 1985 y 1990, por ejemplo, las exportaciones intrarregionales aumentaron a una tasa media anual del 17 por ciento, o sea apenas dos puntos porcentuales más que la tasa media anual de incremento de las importaciones extrarregionales.

La diferencia entre las exportaciones intrarregionales y extrarregionales del MERCOSUR se hizo más pronunciada después de la firma, en 1991, del Tratado de Asunción, que activó un programa de transición consistente en reducciones progresivas, lineales y automáticas de los aranceles aduaneros a los efectos de establecer un área de libre comercio entre los países del MERCOSUR a más tardar en diciembre de 1995 (véase la figura 2-4a). En consecuencia, entre 1992 y 1995 las exportaciones dentro del grupo aumentaron a una tasa media anual del 25 por ciento, en tanto que la correspondiente tasa extrarregional fue del 8 por ciento. Las exportaciones de Argentina a países miembros del MERCOSUR durante ese mismo período registraron el crecimiento más rápido—40 por ciento. En el caso de Paraguay, el aumento fue del 30 por ciento. En el de Uruguay, del 22 por ciento y en el de Brasil, del 15 por ciento.

Las exportaciones de Brasil y Argentina representan más del 80 por ciento del total de las exportaciones de los países del MERCOSUR. Además, la proporción de las exportaciones orientadas hacia el MERCOSUR de Argentina, Paraguay y Uruguay, en relación con el total de las ventas de mercancías al exterior de esos países, viene aumentando pronunciadamente desde 1988. En 1999, por ejemplo, la gama respectiva estuvo comprendida entre 30 por ciento

Figura 2-4. *Tendencia del comercio en MERCOSUR, 1990–99*

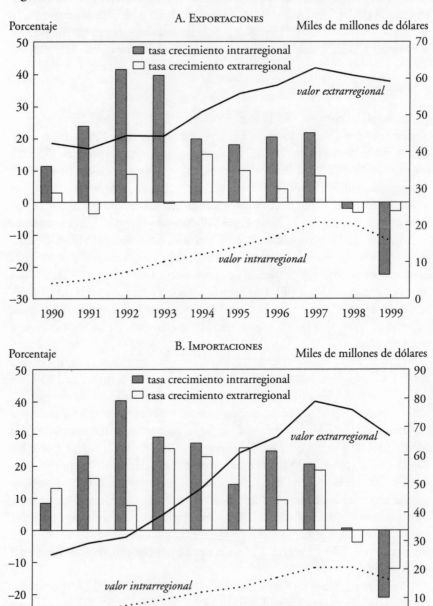

Fuente: Unidad de Comercio de la OEA basado en IMF, *Direction of Trade Statistics* (varios años).

en el caso de Argentina, 47 por ciento en el de Uruguay y 61 por ciento en el de Paraguay. Brasil ha sido tradicionalmente el principal mercado de esos tres países. No obstante, el año pasado Argentina superó a Brasil como principal destino de las exportaciones de Paraguay dentro del MERCOSUR. En contraste con los casos de Argentina, Paraguay y Uruguay, las exportaciones de Brasil a los demás miembros del MERCOSUR, medidas como proporción del total de sus exportaciones, oscilaron en torno al 4 por ciento hasta 1990, y ulteriormente se incrementaron en forma considerable, alcanzando un 15 por ciento en 1999. En este contexto, Argentina absorbía tan sólo el 2 por ciento del total de las exportaciones de Brasil antes de 1991. En los años siguientes, Argentina consolidó rápidamente su posición como principal comprador de productos de Brasil en la región del MERCOSUR, correspondiéndole actualmente el 11 por ciento del total de las exportaciones brasileñas.

El TLCAN sigue siendo el principal mercado de productos del MERCOSUR en el Hemisferio Occidental. Aunque los tres países del TLCAN consumen actualmente una proporción más pequeña de las exportaciones del MERCOSUR de lo que solían 10 años atrás, los vínculos comerciales entre los países miembros del MERCOSUR y los del TLCAN siguen siendo vigorosos, especialmente los existentes entre Brasil y Estados Unidos: casi $25 de cada $100 de mercancías comerciadas por Brasil con el resto del mundo lo fueron con Estados Unidos[7]. Chile, que en 1996 celebró un Acuerdo de Complementación Económica con el MERCOSUR, ha incrementado sostenidamente, a partir de 1985, sus importaciones de mercancías del MERCOSUR, mientras que la proporción de las exportaciones a otras regiones del hemisferio en el total de las exportaciones del MERCOSUR ha permanecido estable en los últimos 15 años.

La divergencia entre las tasas de aumento de las importaciones intrarregionales y extrarregionales ha sido menos pronunciada que en el caso de las exportaciones en gran parte de la década de los noventa (véase la figura 2-4b). Entre 1990 y 1999, las importaciones entre países del MERCOSUR aumentaron a una tasa media anual del 18 por ciento, en comparación con una tasa media anual del 12 por ciento en el caso de las importaciones provenientes de fuera de la región. Al igual que en otras regiones del Hemisferio Occidental, el comportamiento asimétrico entre importaciones y exportaciones en el MERCOSUR puede atribuirse a las medidas adoptadas simultáneamente por los países miembros para aplicar planes de integración regional y programas unilaterales de liberalización del comercio, así como a los obstáculos

---

7. Las cifras correspondientes al comercio de Brasil con países de la Unión Europea y con Asia (incluido Japón) son $30 y $12, respectivamente.

internos y externos que afectaban a la expansión de la exportación. Las fluctuaciones del tipo de cambio real probablemente influyeron también a ese
respecto. Además, antes del 1990, el ritmo de aumento de las importaciones
intrarregionales ya venía acelerándose en mayor medida que el de las importaciones extrarregionales, tal vez como resultado de la aplicación de planes de
integración económica de Argentina y Brasil, incluida la eliminación de todas
las barreras al comercio bilateral.

Los datos de las importaciones reflejan el alto grado de interdependencia
entre los países del MERCOSUR. En 1999 un quinto del total de las importaciones del MERCOSUR provino de sus cuatro países miembros, o sea dos
veces más que en 1985. Ese incremento obedeció en gran medida a la creciente importancia de Brasil como consumidor de productos del MERCOSUR;
14 por ciento del total de las importaciones de Brasil provinieron de otros
miembros del MERCOSUR, en comparación con sólo 5 por ciento en 1985.
Dentro del MERCOSUR, Brasil es además la principal fuente de importaciones para Argentina y Paraguay. En 1998 Argentina superó a Brasil como principal fuente de importaciones de Uruguay en el MERCOSUR.

Si bien los productos hemisféricos representan ahora una proporción
menor del total de las importaciones del MERCOSUR, la proporción correspondiente a Chile ha aumentado ligeramente (del 4 por ciento al 6 por ciento) a partir de 1985. Alrededor de la mitad de las importaciones de productos
del hemisferio realizadas por el MERCOSUR provienen de América del Norte.

TLCAN

El proceso de integración económica entre Canadá, México y Estados
Unidos comenzó mucho antes de que entrara en vigor el Tratado de Libre
Comercio de América del Norte (TLCAN), el 1 de enero de 1994. Tras la
crisis de la deuda latinoamericana de 1982, México emprendió una amplia
gama de reformas económicas que dieron lugar a una mayor apertura y pro-
movieron el comercio exterior, en especial con su vecino septentrional. Al
mismo tiempo, Canadá y Estados Unidos profundizaron aún más sus lazos
económicos a través de la firma de un tratado de libre comercio en 1988.

Los datos son compatibles con lo expresado: en los años que precedieron
al TLCAN, el comercio entre Canadá, México y Estados Unidos aumentó, en
promedio, a un ritmo más acelerado que el comercio entre los tres países y el
resto del mundo (véase la figura 2-5). Específicamente, entre 1989 y 1993 la
tasa media de aumento de las exportaciones intrarregionales fue del 10 por
ciento, o sea el doble de la tasa media de crecimiento de las exportaciones
extrarregionales. En forma agregada esos valores reflejan los flujos comerciales

Figura 2-5. *Tendencia del comercio en el TLCAN, 1990–99*

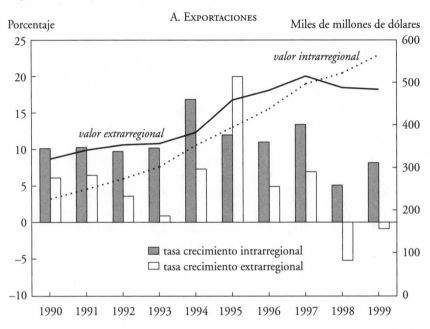

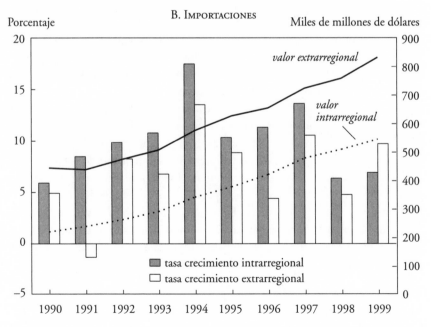

Fuente: Unidad de Comercio de la OEA basado en IMF, *Direction of Trade Statistics* (varios años).

de Estados Unidos, y ocultan parcialmente las florecientes exportaciones de los países más pequeños del grupo hacia Estados Unidos en el período finalizado en 1994. Las exportaciones intrarregionales de México crecieron a una tasa media anual de más del 30 por ciento entre 1989 y 1993, mientras que sus exportaciones al resto del mundo aumentaron, en promedio, a una tasa del 3 por ciento. Las exportaciones de Canadá al resto del mundo incluso disminuyeron, en promedio, un 7 por ciento anual durante el mismo período, en tanto que sus exportaciones intrarregionales aumentaron a una tasa media anual de casi 8 por ciento.

La considerable eliminación de aranceles llevada a cabo en el marco del TLCAN reforzó la expansión de las corrientes comerciales entre los miembros del grupo. Entre 1994 y 1999 las exportaciones entre países del TLCAN siguieron aumentando a una tasa media anual del 10 por ciento. Además, en 1998 las exportaciones intrarregionales superaron a las exportaciones al resto del mundo en cifras absolutas. La tasa de mayor aumento de las exportaciones intrarregionales correspondió a México (15 por ciento), seguido por Canadá (9 por ciento) y Estados Unidos (9 por ciento).

La región del TLCAN se ha convertido en una de las más estrechamente integradas del mundo, como lo pone de manifiesto el alto nivel de comercio entre sus tres países miembros. En 1999 las exportaciones dentro del TLCAN representaron más de la mitad del total de las exportaciones del grupo, frente al 42 por ciento en 1986. Cabe destacar el pronunciado incremento de productos mexicanos en la corriente de exportaciones intrarregionales. Desde 1985, los exportadores mexicanos, al igual que los de Canadá, han venido dependiendo en mayor medida del mercado estadounidense. En 1999 ambos países orientaron casi el 90 por ciento de sus exportaciones a Estados Unidos. Al mismo tiempo, la importancia del mercado mexicano para los exportadores estadounidenses aumentó casi todos los años a partir de 1987. Una gran proporción de ese comercio corresponde a productos intermedios, dado que los sistemas de producción en el área de libre comercio han venido integrándose cada vez más. Una excepción a esta tendencia se produjo durante la crisis del peso mexicano de 1995, cuando las exportaciones de Estados Unidos a México disminuyeron un 9 por ciento. Para 1996, sin embargo, las exportaciones estadounidenses a México se habían recuperado plenamente. La rápida recuperación obedeció en parte a la iniciativa mexicana de exonerar a sus socios del TLCAN de un incremento arancelario temporal aplicado a 500 rubros (o sea el 5 por ciento del total de los renglones arancelarios) tras la crisis[8]. Al

---

8. Devlin y Ffrench Davis (1998, p. 7).

mismo tiempo, la importancia del mercado canadiense para los exportadores estadounidenses se ha mantenido más o menos constante en los últimos 15 años. Fuera de América del Norte, los principales mercados de productos del TLCAN en el Hemisferio Occidental son América Central y el Caribe, que desde 1990 han absorbido cada uno alrededor del 5 por ciento del total de las exportaciones hemisféricas del TLCAN. Tras registrar una tendencia ascendente a principios y mediados de la década de los noventa, la proporción correspondiente al MERCOSUR en las ventas de productos del TLCAN al hemisferio se redujo un tanto en 1999 (en parte como consecuencia de las dificultades económicas brasileñas), hasta situarse levemente por encima del 3 por ciento. En consecuencia, el MERCOSUR perdió su posición como principal adquiriente de productos de América del Norte en el hemisferio, posición que ocupaba desde 1994. Otro grupo cuya posición relativa como adquirente de productos del TLCAN se redujo un tanto a partir de 1987 es la Comunidad Andina. Ésta absorbía más del 4 por ciento de las exportaciones hemisféricas provenientes de Canadá, México y Estados Unidos en 1987, proporción que actualmente es igual a 2 por ciento.

Al igual que en el caso de las exportaciones, las importaciones intrarregionales y las extrarregionales de los países del TLCAN aumentaron según tasas diferentes a partir de 1989 (véase la figura 2-5b). La diferencia fue especialmente notable entre 1989 y 1993, en que la tasa media anual de aumento de las importaciones entre los tres miembros del TLCAN llegó casi al 9 por ciento, proporción dos veces mayor que la correspondiente a las importaciones extrarregionales. El ritmo acelerado al que crecieron las importaciones intrarregionales durante este período quizá refleje el papel cumplido por el Tratado de Libre Comercio entre Canadá y Estados Unidos, que entró en vigor en 1989. En los cuatro años anteriores a 1989 la tasa de aumento de las exportaciones extrarregionales superó la tasa de aumento de las exportaciones intrarregionales tanto en el caso de Canadá como en el de Estados Unidos. Las importaciones de México provenientes de la zona del TLCAN aumentaron a una tasa media anual mayor que la de las importaciones del resto del mundo a lo largo del período 1987-1993, aunque tanto las importaciones intrarregionales como las extrarregionales aumentaron según tasas anuales de más del 20 por ciento. Este aumento probablemente obedeció a los programas unilaterales de liberalización, aunados a los compromisos de liberalización asumidos por México en el marco del Acuerdo General sobre Aranceles Aduaneros y Comercio (GATT), en el que ingresó en 1986.

En 1999, las importaciones provenientes de la zona del TLCAN representaron alrededor del 30 por ciento del total de las importaciones de Estados

Unidos, 70 por ciento del total de las de Canadá y 75 por ciento del total de las de México. En la mayor parte de la década de los noventa, los Estados Unidos han aumentado su consumo de bienes producidos en área del TLCAN, como resultado de la creciente presencia de las importaciones mexicanas en Estados Unidos a partir de 1986.

En 1987 correspondió tanto al MERCOSUR como a la Comunidad Andina el 6 por ciento del total de las importaciones del TLCAN de productos del Hemisferio Occidental. Las proporciones de esos dos agrupamientos regionales se redujeron un tanto después de ese año, hasta situarse por debajo del 3 por ciento en el caso del MERCOSUR y llegar al 4 por ciento en el caso de la Comunidad Andina. Otros países y regiones de las Américas, en especial América Central y el Caribe, mantuvieron una proporción más o menos constante en las importaciones hemisféricas de los tres países del TLCAN.

Comercio de servicios en las Américas

En la década de los noventa se registró un aumento en la importancia relativa del comercio de servicios en el Hemisferio Occidental; sin embargo, aún persisten profundas diferencias en la importancia que este tipo de comercio tiene entre los países de la región. El bajo desarrollo del comercio de servicios en América Latina, en un período de significativo aumento a nivel mundial, unido a un amplio diferencial entre la expansión de los mercados de servicios y de bienes sugieren que los niveles de integración y liberalización de los mercados de servicios permanecen relativamente bajos en el hemisferio. El hecho de que mercados de servicios eficientes incrementan el potencial de crecimiento del producto y el empleo pone de manifiesto la necesidad de profundizar el proceso de integración y liberalización implementado en el Hemisferio en la década de los noventa. Una mayor apertura e integración de los mercados de servicios debiera incrementar los niveles de competencia e inversión extranjera, y con ello permitir a las economías de la región obtener la totalidad de los beneficios de una prestación de servicios más eficiente[9].

El comercio mundial de bienes y servicios siguió aumentando en la década de los noventa, alcanzando casi $7 billones hacia el final de la década. Las exportaciones de servicios representaron casi un quinto de ese total en 1999 ó $1,3 billones. De éstos, un 25 por ciento se concentró en el Hemisferio Occidental en 1999, sobrepasando así el 23 por ciento registrado en 1990 y superando por

---

9. Las Naciones Unidas estima que el 48 por ciento del total de las inversiones extranjeras directas en América Latina y el Caribe correspondió al sector de servicios en 1997.

un leve margen el porcentaje correspondiente a Asia en aquel año[10]. Las exportaciones de servicios provenientes del hemisferio aumentaron en promedio 1,12 veces más rápido que las de bienes durante la década de los noventa, contribuyendo a que esta región registrara la segunda mayor tasa de crecimiento de exportaciones de servicios después de Asia (cuadro 2-2)[11]. Cabe destacar, sin embargo, que las exportaciones de servicios de Asia experimentaron una marcada reducción en 1998 y 1999[12]. Como región, la Unión Europea, a la que pertenecen cuatro de los cinco mayores exportadores de servicios del mundo—el Reino Unido, Francia, Alemania e Italia—sigue predominando en la exportación mundial de servicios con una participación superior al 40 por ciento.

La importancia relativa del comercio de servicios difiere considerablemente entre los países de la región. Por ejemplo, Estados Unidos solo concentró cerca de tres cuartos del total de las exportaciones de servicios del hemisferio en la década de los noventa. Esto se explica por altos niveles de inversión y consumo en ese país y menores precios de sus importaciones—resultantes de una pronunciada apreciación real del dólar y moderados a nulos incrementos en los precios internacionales de servicios—que le han permitido mantener tasas de aumento de exportaciones e importaciones de servicios superiores a los promedios mundiales desde 1996[13].

10. La única fuente de información sobre comercio de servicios a escala mundial consiste en las estadísticas de balanza de pagos (BdP) del FMI, declaradas por los gobiernos y reproducidas en los Anuarios de balanza de pagos del FMI. La Organización Mundial del Comercio (OMC) también utiliza en su Informe Anual las estadísticas del FMI referentes al comercio de servicios. La utilización de estadísticas de balanza de pagos plantea varios problemas de comparabilidad y fiabilidad de los datos referentes al comercio de servicios. Adicionalmente, los datos basados en estas estadísticas suelen subestimar el comercio de servicios. Se proporcionan cifras correspondientes a comercio transfronterizo de "servicios comerciales", constituido por transporte, turismo y remesas, excluyéndose otras modalidades de suministro, como las ventas realizadas a través de filiales en el exterior y el desplazamiento de personas naturales. Además quedan excluidas las transacciones de servicios provocadas por inversiones extranjeras directas. En muchos casos los datos se expresan en valores netos, en lugar de brutos (exportaciones menos importaciones).

11. Los datos regionales agregados considerados en el presente estudio se basan en estimaciones de la Secretaría de la OMC. La exactitud de las comparaciones entre las diferentes regiones de comercialización se ve afectada por el gran número de países que no declaran datos. A partir de 1997, las estadísticas agregadas correspondientes a los países del Caribe y América Central (CARICOM y MCCA) se basan sólo en submuestras del universo de países de esas regiones. No se dispone de cifras para esas regiones ni para la Comunidad Andina para el año 1999. En América Latina 25 países no declararon datos en 1999 y 9 no lo hicieron en 1998.

12. No obstante, entre los países en desarrollo, la mayoría de los más grandes exportadores de servicios se encuentran en Asia, incluidos, en orden de importancia, Hong Kong (China), la República Popular China, la República de Corea, Singapur, Taipei China, Tailandia, India y Malasia.

13. La escasa información disponible con respecto al comercio de servicios revela una moderada disminución de los precios en dólares de los servicios comerciales internacionales hasta 1998. Los datos de precios (provenientes de la Secretaría de la OMC), que corresponden al comercio de servicios de los Estados Unidos, muestran que los aumentos de precios registrados en la década de los noventa tendieron a ser mucho menores para los servicios de transporte que para los servicios de viajes y "otros" servicios comerciales.

Cuadro 2-2. *Exportaciones de bienes y servicios*

	Valor (miles de millones de dólares)		Tasa de crecimiento media anual (porcentaje)	Como porcentaje del total mundial	
	1990	1999	1990–99	1990	1999
Servicios comerciales					
Mundo	782	1.339	7,5	100	100
Hemisferio Occidental	180	338	8,1	23,0	25,2
Norteamérica	151	284	8,2	19,2	21,2
Latinoamérica	30	54	7,5	3,8	4,0
Unión Europea	370	566	6,9	47,3	42,2
África	19	28	6,9	2,4	2,1
Asia	131	267	9,0	16,8	19,9
Bienes					
Mundo	3.439	5.611	6,3	100	100
Hemisferio Occidental	667	1.226	7,2	19,4	21,9
Norteamérica	522	934	6,8	15,2	16,6
Latinoamérica	145	293	8,4	4,2	5,2
Unión Europea	1.509	2.176	6,2	43,9	38,8
África	103	113	3,5	3,0	2,0
Asia	792	1.543	8,0	23,0	27,5

Fuente: Estimaciones de la Unidad de Comercio de la OEA, basadas en cifras de la OMC.

Las exportaciones de servicios provenientes de América Latina y el Caribe han mostrado menor dinamismo que las de Estados Unidos. El valor de las exportaciones provenientes de esta región aumentó de $29.700 millones en 1990 a $53.500 millones en 1999, lo que representa una tasa de crecimiento igual a la tasa media anual mundial para la década de los noventa. Como porcentaje del PIB, las exportaciones de servicios provenientes de América Latina y el Caribe se mantuvieron casi estancadas en la última década, a diferencia de lo ocurrido en Canadá y Estados Unidos, cuya razón combinada de exportaciones de servicios a PIB aumentó de 2,5 por ciento en 1990 a 3 por ciento en 1999.

El comercio de bienes ha diferido notoriamente del comercio de servicios entre las distintas regiones del Hemisferio Occidental durante la década de los noventa. Como se observa en el cuadro 2-2, el comercio de servicios ha sido más dinámico que el de bienes en América del Norte, mientras que lo opuesto se verifica para América Latina y el Caribe. Ello se debe quizá al alto grado de liberalización del sector servicios en Estados Unidos y Canadá, como lo demuestra la concentración de fusiones y adquisiciones en ese sector durante la década[14]. En América Latina y el Caribe, en tanto, el mayor dinamismo del comercio de bienes se explica posiblemente por el hecho que los esfuerzos de liberalización se han orientado principalmente a este sector, mientras que el sector servicios se ha mantenido relativamente cerrado[15].

Una medida comúnmente utilizada para calcular el grado de especialización en exportaciones de servicios de una región o país es la razón entre éstas y las exportaciones de bienes. Según este criterio, el Hemisferio Occidental presenta un nivel de especialización en exportaciones de servicios similar a los de África y la Unión Europea, cuyas razones oscilan en el rango 25 por ciento a 28 por ciento, y supera ampliamente el 17 por ciento de Asia.

A nivel de países, el grado de especialización en exportaciones de servicios también difiere considerablemente en el Hemisferio Occidental. Un ordenamiento en base a la razón entre exportaciones de servicios y bienes permite identificar tres grupos de países: aquéllos "altamente especializados", cuyas razones son superiores o iguales a uno; aquellos países "moderadamente especializados", cuyas razones oscilan entre 25 y 80 por ciento, y aquellos países "menos especializados", para los cuales la razón entre exportaciones de servicios y bienes es inferior a 25 por ciento.

En el cuadro 2-3 se presentan los países del Hemisferio Occidental ordenados en base a esta medida para el año 1998. El cuadro revela hechos interesantes. Las economías de mayor tamaño del Hemisferio, a excepción de Chile y Estados Unidos, muestran un grado de especialización en exportaciones de servicios bastante bajo[16]. Con excepción de Nicaragua y Panamá, las economías centroamericanas son las que muestran el nivel más bajo de especialización en este tipo de exportaciones. El mayor grado de especialización en exportaciones de servicios lo registran las economías más pequeñas del Caribe, en las que, salvo Belice, dichas exportaciones se han incrementado como porcentaje del PIB durante la década de los noventa. En el resto del hemisferio esta tendencia ascendente sólo se ha registrado en tres de las economías de

---

14. Las ventas correspondientes a FyA registradas en el sector servicios de Estados Unidos aumentaron de 40 por ciento en 1990 a más del 70 por ciento en 1999. Véase UNCTAD (2000).

15. Es interesante señalar que los sectores de bienes y servicios de México reaccionaron en forma muy diferente frente al TLCAN. En contraposición con el auge de las exportaciones de mercancías experimentado por México después del ingreso de ese país al TLCAN, una reacción similar no se produjo en la exportación de servicios, como lo demuestra el estancamiento e inclusive la disminución de la relación entre la exportación de servicios de México y el PIB a partir de 1995. Esta situación podría reflejar también el hecho de que, en México, a los productores de bienes les resultó más fácil que a los productores de servicios adaptar oportunamente su estructura de producción.

16. En el caso de Chile, este resultado resulta consistente con las importantes inversiones de ese país en sectores de servicios en el exterior en los últimos años.

Cuadro 2-3. *Grado de especialización en exportaciones de servicios, Hemisferio Occidental*

País	Razón entre las exportaciones de servicios y las exportaciones de bienes		Exportaciones de servicios como porcentaje del PIB	
	1990	1998	1990	1998
Altamente especializado				
Grenada	233,3	500,00[a]	28,50	35,6[a]
Barbados	300,0	391,73	36,63	51,1[a]
Santa Lucía	117,3	349,35[a]	37,51	47,3[a]
República Dominicana	147,8	304,53	15,31	15,6[a]
San Vicente y las Granadinas	49,4	200,00[a]	20,72	33,4
Panamá	266,8	199,36	17,07	17,0
Jamaica	86,0	131,63	23,03	26,1
Dominica	60,0	114,29	19,84	25,0
Haití	26,9	101,71	1,44	3,5
Moderadamente especializado				
Belice	76,9	79,22	20,61	19,5
Bahamas	139,5	78,25	47,17	41,6
Uruguay	27,2	49,91	5,50	6,9[a]
Paraguay	42,1	45,94	7,67	5,5[a]
Estados Unidos	33,6	35,16	2,38	2,9
Perú	22,1	28,82	2,18	2,6
Chile	21,3	27,17	5,89	5,2
Nicaragua	10,3	26,35	3,37	5,3
Trinidad y Tobago	15,5	25,35	6,35	9,3
Menos especializado				
Costa Rica	40,3	23,86	10,21	12,8
Honduras	14,6	22,92	3,96	6,8
Guatemala	26,9	22,50	4,09	3,0[a]
El Salvador	51,7	21,93	6,27	2,3
Bolivia	14,4	21,58	2,73	2,8
Colombia	22,9	18,42	3,84	2,2[a]
Ecuador	18,7	18,01	4,75	3,8
Argentina	18,3	17,00	1,60	1,3
Canadá	14,4	14,10	3,20	5,1
Brasil	11,8	13,86	0,80	0,9
México	17,7	10,16	2,75	3,0
Venezuela	6,4	7,54	2,31	1,2

Fuente: Estimaciones de la Unidad de Comercio de la OEA, basadas en cifras de la OMC.
a. cifra para 1996.

mayor tamaño (Canadá, México y Estados Unidos) y en tres economías centroamericanas (Costa Rica, Honduras y Nicaragua).

En suma, si bien los escasos datos disponibles parecen indicar una relativa y creciente importancia del comercio de servicios en varios de los países del Hemisferio Occidental, existe todavía amplio margen para incrementar su contribución al comercio de la región vía una mayor liberalización de los mercados, apropiadas reformas regulatorias y una integración hemisférica más estrecha. Tanto para los países pequeños como para los más grandes de la región, una mayor liberalización de los mercados de servicios supone mayores niveles de eficiencia, no sólo al interior de cada mercado de servicios, sino también en sus interacciones con otros mercados de servicios y con la amplia gama de actividades económicas que los complementan. Mayor liberalización e integración son, por tanto, elementos claves para permitir que estos países obtengan la totalidad de los beneficios asociados a la globalización económica[17].

Inversiones extranjeras directas en las Américas

El aumento en los flujos de inversión extranjera directa (IED) al Hemisferio Occidental en la década de los noventa constituye una manifestación concreta de los amplios y profundos programas de reforma económica implementados por la mayoría de los países de la región a mediados de la década de los ochenta. La capacidad de estos países para seguir atrayendo IED en períodos de dificultades económicas, pone de manifiesto la importancia crítica que han tenido estas reformas estructurales en permitir que la región pueda enfrentar la escasez de financiamiento interno que afecta a las economías emergentes, así como de asegurar una senda de crecimiento y desarrollo económico sostenida.

Los flujos de inversión extranjera directa (IED) al Hemisferio Occidental experimentaron un importante aumento en la década de los noventa, pues no sólo Estados Unidos y Canadá, sino también América Latina y el Caribe, constituyeron atractivos destinos de inversión a largo plazo (figura 2-6). La inversión extranjera directa en la región aumentó de $64.700 millones en 1990 a $391.000 millones en 1999, tras incrementar ocho veces en América Latina y el Caribe y cuatro veces en la región conformada por Canadá y Estados Unidos. Como porcentaje del PIB, el incremento de los stocks de IED en América Latina y el Caribe alcanzó un 19,5 por ciento en 1998, lo que supone

---

17. Véase, por ejemplo, Banco Mundial (1998).

Figura 2-6. *Afluencias de IED al Hemisferio Occidental*

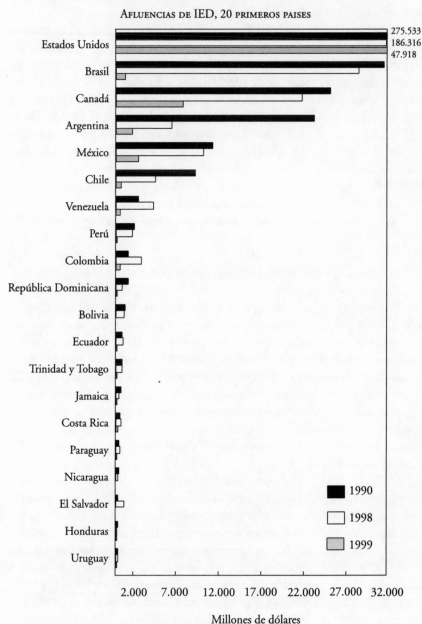

AFLUENCIAS DE IED, 20 PRIMEROS PAISES

Millones de dólares

AFLUENCIAS DE IED COMO PORCENTAJE DE LA FORMACION BRUTA DE CAPITAL FIJO

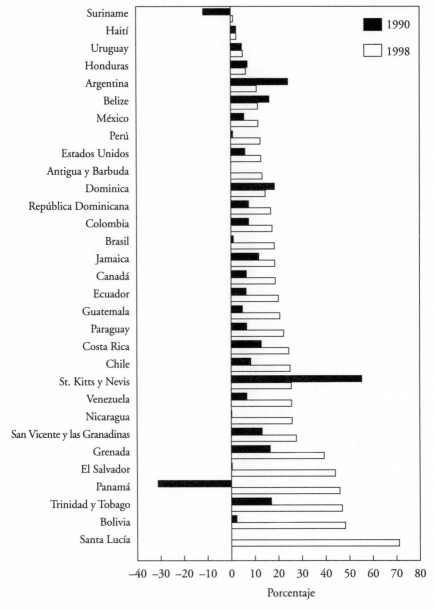

Fuente: Estimaciones de la Unidad de Comercio de la OEA, basadas en cifras de UNCTAD.
Nota: Los Estados miembros de la OEA acumulan el 99 por ciento (96,6 por ciento en el período 1990–99 en promedio) de los flujos de IED hacia el Hemisferio Occidental.

un aumento de nueve puntos porcentuales con respecto a 1990. La cifra equivalente para Canadá y Estados Unidos fue del 10,5 por ciento, dos puntos porcentuales mayor que el valor registrado a inicios de la década previa[18].

Resulta un tanto sorprendente el hecho que los acontecimientos referidos tuvieron lugar en un período de sucesivas crisis económicas que afectaron a México en 1994 y al este Asiático, Rusia y Brasil entre mediados de 1997 y principios de 1999. Las dificultades económicas vividas durante este período dieron lugar a una continua reasignación de los flujos de capital, que se vio reflejada en ajustes periódicos de las carteras de inversión y en menores préstamos bancarios. Sin embargo, a pesar del entorno económico desfavorable, la tendencia al crecimiento de la IED en la región se mantuvo. Estados Unidos se convirtió en el principal receptor de IED en el mundo, luego que los flujos de inversión a ese país aumentaron sucesivamente desde 1993. Al mismo tiempo, la IED destinada a América Latina y el Caribe como porcentaje del total de las inversiones destinadas a mercados emergentes alcanzó niveles sin precedentes: 39,5 por ciento en 1998, en comparación al 26 por ciento alcanzado en 1990. Esto a pesar de las continuas reformas estructurales que estaban siendo implementadas en las economías emergentes de Europa y del alto crecimiento económico que registraba Asia (antes de 1998) (figura 2-7). En 1999, y contrariamente a lo ocurrido en las economías del sudeste asiático y Rusia, la IED siguió aumentando en todo el Hemisferio Occidental. Como consecuencia de esa tendencia ascendente, la IED se ha convertido en la actualidad en el componente de capital de largo plazo de mayor importancia en el Hemisferio, superando la importancia que dicho componente tiene en las economías emergentes de Asia y Europa.

Previo a las crisis asiática y brasileña, excepto el bloque conformado por los países miembros del Tratado de Libre Comercio de América del Norte (TLCAN), cada uno de los bloques de comercio que operan en el Hemisferio Occidental incrementó su participación en el total de flujos de IED que ingresan a la región (cuadro 2-4). Sólo en 1998 la Comunidad Andina, CARICOM y el MERCOSUR vieron reducirse sus participaciones relativas como consecuencia del efecto contagio de las crisis internacionales—manifestado en menor crecimiento económico y empeoramiento de las perspectivas de mediano plazo para la región—y del mayor atractivo relativo que la solidez de la economía estadounidense le imprimió al TLCAN. Notable es el caso de Brasil, país que, a pesar de sufrir una crisis económica interna, supo mantener

18. UNCTAD (2000). El stock de IED es el valor de la proporción del capital y reservas (incluidas las ganancias retenidas) de la empresa extranjera atribuible a la empresa madre, más el endeudamiento neto de las filiales de la empresa madre. La cifra para 1998 es la última disponible.

Figura 2-7. *Afluencias de IED por Region (países en desarrollo), 1990 y 1999*

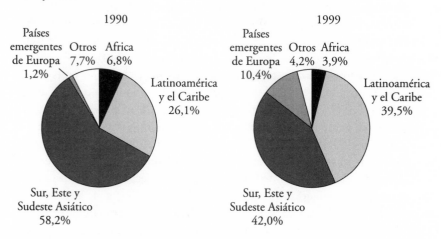

Fuente: Estimaciones de la Unidad de Comercio de la OEA, basadas en cifras de UNCTAD.

las afluencias de IED, tanto absolutas como relativas al total de IED en la región, por medio de la revitalización de su proceso de privatizaciones. Una política similar fue adoptada por Argentina, cuya IED relativa se elevo del 2,4 por ciento a casi el 6 por ciento entre 1998 y 1999.

El escenario de mayor IED en el Hemisferio Occidental obedece, en parte, al continuo aumento de los flujos internacionales de inversión que caracterizó a la última década y, más importantemente, a la mayor confianza de los inversionistas internacionales en las perspectivas de largo plazo de la región. Dos elementos fueron fundamentales en la generación de este mayor optimismo: primero, la solidez de la economía estadounidense; y segundo, la

Cuadro 2-4. *Afluencias de IED como porcentaje del total hemisférico, países miembros de la OEA*

Región	1990	1997	1998	1999
TLCAN	91,7	71,5	79,3	80,3
Comunidad Andina	1,8	7,9	4,0	2,0
MERCOSUR	4,6	15,3	12,9	14,2
CARICOM	0,6	0,9	0,5	0,4
CACM	0,1	0,2	0,7	0,2

Fuente: Estimaciones de la Unidad de Comercio de la OEA, basadas en cifras de UNCTAD.

implementación de reformas estructurales profundas y políticas económicas más prudentes a lo largo de la década en América Latina y el Caribe.

La solidez de la economía estadounidense, ejemplificada por nueve años de continuo crecimiento, se explica no sólo por sus sólidos fundamentos económicos, sino también por la eficiencia de sus mercados financiero y de trabajo, un entorno empresarial favorable, una infraestructura de alta calidad e innovación tecnológica de punta. En América Latina y el Caribe, en tanto, las reformas estructurales se implementaron como reacción frente a los graves efectos de las crisis macroeconómicas de la década de los ochenta, y tuvieron como objetivo principal reestablecer la disciplina fiscal y monetaria y mejorar la asignación de los recursos vía mecanismos de mercado. Las principales reformas constituyeron la privatización de compañías públicas, la liberalización del comercio exterior y de los mercados financieros, la flexibilización de los mercados de trabajo y una gestión pública y privada más adecuada. Al mismo tiempo, las políticas fiscal y monetaria tomaron como objetivo fundamental la reducción de la inflación, mientras que la política cambiaria se concentró en reducir los altos niveles de volatilidad evidenciado por los tipos de cambio en la década previa.

Entre las numerosas reformas estructurales aplicadas en América Latina y el Caribe, la privatización de empresas públicas fue probablemente la que mayor impacto tuvo en el aumento de la inversión extranjera directa en la región. Las fusiones y adquisiciones (FyA) constituyeron el principal vehículo mediante el cual se materializaron estas inversiones (véase el recuadro 2-1). De hecho, el valor (ajustado por inflación) de las ventas transfronterizas mediante FyA de empresas privatizadas alcanzó \$89,6 millones entre 1990 y 1999[19]. Más aún, mientras Argentina, Brasil y Chile destacaron como tres de los cinco mayores vendedores en el mundo durante 1998 y 1999, los dos primeros países encabezaron la lista en 1999. El reciente auge del proceso de privatizaciones, ejemplificado por la venta de la compañía de telecomunicaciones Telebrás en Brasil y de la compañía petrolífera YPF en Argentina, demuestra que las ventas de empresas publicas en América Latina volvieron a concentrarse en sectores intensivos en capital. No obstante la importancia de las privatizaciones, la adquisición de empresas de propiedad privada por parte de inversionistas extranjeros constituyó también una importante fuente de inversión extranjera, especialmente en la segunda mitad de la década. Una

---

19. Cálculo de la OEA basado en datos de la UNCTAD. Adviértase que no es posible determinar con precisión la proporción de la afluencia de IED que corresponde a transacciones transfronterizas de FyA, ya que la mayoría de los países no reportan la modalidad de financiamiento: utilización de mercados de capital locales o internacionales. Además, como las FyA pueden distribuirse a lo largo de varios años, la razón entre FyA transfronterizas y el total de IED puede superar la unidad.

Recuadro 2-1. *Fusiones y Adquisiciones en el Hemisferio Occidental*

Las fusiones y adquisiciones (FyA) transfronterizas—definidas como inversiones de más del 10 por ciento en firmas extranjeras—han sido el principal vehículo mediante el cual la inversión extranjera directa se ha materializado en el mundo. El valor de las FyA transfronterizas en el Hemisferio Occidental se elevó de $72.000 millones en 1990 a $295.000 millones en 1999. Como porcentaje del PIB de la región, las FyA aumentaron de 0,5 por ciento en 1991 a 2,6 por ciento en 1999.

Durante el período 1995 a 1997 este importante nivel de crecimiento fue explicado por un comportamiento dinámico de las FyA a lo largo de todo el hemisferio. Durante este período, las inversiones en FyA aumentaron en un 50 por ciento en Estados Unidos y en un 40 por ciento en Canadá. Sin embargo, la participación de las ventas de FyA norteamericanas en el total hemisférico se vio reducida en 19 puntos porcentuales (10 puntos porcentuales en el caso de Estados Unidos) debido al rápido crecimiento experimentando por las ventas de América Latina y el Caribe en este período. Esta tendencia se revirtió en 1998, luego que un elevado crecimiento de la economía estadounidense motivara una fuerte expansión de la actividad de FyA en ese país. En el mismo año, las ventas de FyA en Estados Unidos registraron un nivel record de $210.000 millones, luego de un incremento del 160 por ciento. A pesar de que dichas ventas crecieron mas lentamente en 1999, Estados Unidos se mantuvo como el mayor receptor de inversiones vía FyA en el mundo. Su participación en el total de FyA hemisféricas alcanzó el 79 por ciento, mientras que a nivel mundial el 40 por ciento. El grueso de estas inversiones provino de inversionistas japoneses durante la primera mitad de la década de los noventa. En la segunda mitad, compañías europeas asumieron el liderazgo, luego de tomar el control o fusionarse con empresas estadounidenses que operan en los sectores automovilístico, farmacéutico, químico y petrolero, de servicios financieros y de telecomunicaciones.

Además de atraer buena parte de las inversiones en FyA destinadas al Hemisferio Occidental durante la década de los noventa, la región de América Latina y el Caribe también concentró gran parte de las FyA transfronterizas destinadas a países en desarrollo. Durante este periodo la región atrajo en promedio cerca del 60 por ciento de dichas inversiones, alcanzado un nivel máximo de 79 por ciento en el año 1998.

importante proporción de estas adquisiciones se concentró en los sectores de telecomunicaciones, productos químicos y bancario.

Otro elemento impulsor de los altos niveles de IED en el Hemisferio Occidental es el proceso de integración llevado a cabo en el marco de reformas

Cuadro 2-5. *Egresos de IED*

Millones de dólares

Región	1991	1998	1999	Tasa de crecimiento 1991–98
Mundo	198.143	687.111	799.928	246,8
Países desarrollados	189.782	651.873	731.765	243,5
Países en vias de desarrollo	8.324	33.045	65.638	297,0
Africa	962	648	935	–32,6
Latinoamérica y el Caribe	667	9.405	27.325	1.310,0
Países de Europa en vias de desarrollo	0	125	109	
Asia	7.819	22.818	37.239	191,8
Pacífico	–4	49	30	1.325,0
Europa Central y del Este	37	2.193	2.526	5.827,0

Fuente: Estimaciones de la Unidad de Comercio de la OEA, basadas en cifras de UNCTAD.

estructurales. El proceso de integración hemisférica, respaldado por enmiendas a las legislaciones nacionales en materia de inversiones, así como por la implementación de tratados bilaterales de inversión (TBI) entre países, ha impulsado la inversión intrarregional (cuadro 2-5) al facilitar la expansión de empresas estadounidenses y la internacionalización de compañías latinoamericanas. De hecho, empresas latinoamericanas, cuyas inversiones se orientan principalmente hacia la región, y empresas estadounidenses constituyen la principal fuente de IED en América Latina y el Caribe[20]. Los motores de este proceso han sido compañías argentinas y brasileñas que han incrementado sus actividades en la región del MERCOSUR, grandes compañías de servicios chilenas que se han expandido al participar en los procesos de privatización de países vecinos, la integración de los mercados colombianos y venezolanos a través de IED, así como inversiones de compañías mexicanas en Centroamérica y Sudamérica[21]. De las 19 compañías de mayor tamaño privatizadas internacionalmente entre 1987 y 1999, siete fueron adquiridas por transnacionales estadounidenses, en tanto que transnacionales canadienses, mexicanas y argentinas adquirieron una cada una[22].

20. En 1998 las Naciones Unidas estimó en aproximadamente $8.000 millones el monto de las inversiones intrarregionales en el Hemisferio Occidental.

21. UNCTAD (1999).

22. Varios países centroamericanos y caribeños registraron también crecientes, pero poco significativos a nivel hemisférico, niveles de inversión en países vecinos en el decenio de los noventa.

Finalmente, la consolidación de la democracia en la región, lograda una vez que los dos últimos gobiernos electos no democráticamente (los de Chile y Paraguay) abandonaron el poder a fines de la década de los ochenta y principios del decenio siguiente, fue vista por los inversionistas internacionales como una contribución a la mayor estabilidad política y económica del Hemisferio.

Es posible concluir entonces que las reformas y políticas económicas implementadas en las Américas desde mediados de la década de los ochenta, no sólo mantuvieron el interés de los inversionistas que tradicionalmente invierten en el Hemisferio, sino también atrajeron nuevos y distintos tipos de inversionistas. Esta tendencia responde a las mayores facilidades con que contaron los flujos de capitales extranjeros y a la mejor protección de la región frente a dificultades económicas internacionales y/o regionales, resultantes de una mayor liberalización de los flujos de capitales, incluida la IED, y una mayor integración financiera.

Bibliografía

Banco Interamericano de Desarrollo. 1999. "Integration and Trade in the Americas". *Periodic Note.* Washington, D.C. (diciembre).

Banco Mundial. 1998 "Making Services an Engine of Growth". Grupo de Estudios sobre el Desarrollo, Washington, D.C.

Devlin, Robert y Ricardo Ffrench-Davis. 1998. "Towards an Evaluation of Regional Integration in Latin America in the 1990s". *INTAL ITD Working Paper 2.* Instituto para la Integración de América Latina y el Caribe y Banco Interamericano de Desarrollo, Departamento de Integración y Programas Regionales, Washington, D.C. (diciembre).

FMI (Fondo Monetario Internacional). Varios años. *Direction of Trade Statistics.* Washington, D.C.

UNCTAD. 1999. *World Investment Report 1999.* Ginebra.

———. 2000. *World Investment Report 2000.* Ginebra.

SEGUNDA PARTE

Acuerdos comerciales regionales

JOSÉ MANUEL SALAZAR-XIRINACHS
THERESA WETTER
KARSTEN STEINFATT
DANIELA IVASCANU

3 | *Uniones Aduaneras*

Según los análisis tradicionales de las etapas de la integración económica, una unión aduanera incluye, además de la eliminación de barreras arancelarias y no arancelarias al comercio entre los países miembros, la igualación de aranceles en el comercio con Estados que no son miembros. Una unión aduanera usualmente implica un mayor grado de integración que un área de libre comercio, en la cual los miembros eliminan aranceles y cuotas entre ellos pero las mantienen contra los países no miembros. Al mismo tiempo, una unión aduanera representa un grado de integración menor que un mercado común, el cual incorpora, además de los elementos de una unión aduanera, elementos que permiten el libre movimiento de los factores de producción entre sus respectivos miembros. Cuatro de los acuerdos de integración regional del Hemisferio Occidental podrían clasificarse como uniones aduaneras, aún cuando su meta definitiva sea lograr niveles más profundos de integración. De los cuatros acuerdos, tres de ellos—el Mercado Común Centroamericano (MCCA), la Comunidad Andina y la Comunidad del Caribe y Mercado Común del Caribe (CARICOM)—han existido

Las secciones del Mercado Común Centroamericano, la Comunidad Andina, CARICOM y el MERCOSUR fueron escritas respectivamente por José Manuel Salazar-Xirinachs, Theresa Wetter, Karsten Steinfatt y Daniela Ivascanu. Se recibieron asimismo contribuciones de Maryse Robert, José Tavares, Barbara Kotschwar, Gisela Vergara, Jorge Mario Martínez, Alicia Reid y Denise Goolsarran. Theresa Wetter desea agradecer a Nicolás Lloreda por sus comentarios y sugerencias.

desde los años sesenta o principios de los setenta. No obstante, su naturaleza y estructura se han modificado drásticamente a medida que cobraron nuevo ímpetu los esfuerzos de integración en esas regiones a principios de la década de los noventa. La más nueva de las uniones aduaneras en las Américas es el Mercado Común del Sur o MERCOSUR, que entró en vigencia en 1991.

Este capítulo consta de cuatro secciones, una para cada uno de los acuerdos regionales mencionados anteriormente. Tras proporcionar un breve panorama sobre el origen y la composición de estos acuerdos, se destacan las principales características institucionales de cada uno, así como sus logros en materia de política comercial. Como se hará evidente a partir del análisis, los cuatro acuerdos han avanzado considerablemente con respecto a la eliminación de barreras al comercio y el establecimiento de aranceles externos comunes. Cada sección concluye con una explicación de la evolución de las relaciones de comercio externo de los acuerdos en los últimos años.

Mercado Común Centroamericano

Los cinco países del istmo centroamericano intentaron establecer una república federal tras su independencia de España en 1821, pero los precarios vínculos económicos e infraestructurales—una herencia del periodo colonial- contribuyeron al fracaso del proyecto. No obstante, persistió la idea de la integración, sobre todo como un ideal político, lo que dio lugar a varios proyectos parciales de vinculación regional. Uno de los últimos fue la creación de la Organización de los Estados Centroamericanos (ODECA) en 1951, integrada por los Ministros de Relaciones Exteriores de Costa Rica, El Salvador, Guatemala, Honduras y Nicaragua.

No obstante, fue la Comisión Económica para América Latina y el Caribe (CEPAL) la que planteó una idea totalmente novedosa para fomentar la unidad centroamericana en contraste con los enfoques previos, que eran más bien de carácter político. En ocasión del establecimiento de la ODECA, se tomó la decisión de avanzar hacia la integración económica regional, aunque no estaba claro qué marco se utilizaría para lograr esa meta. Durante los años cincuenta, todos los países de América Central negociaron acuerdos comerciales bilaterales que abarcaban un número limitado de productos con por lo menos uno de sus países vecinos. Al mismo tiempo, los gobiernos de América Central, con el respaldo de la CEPAL, dedicaron considerable energía y recursos al desarrollo de un enfoque viable para la integración económica. Esta actividad condujo inicialmente a la firma del Tratado Multilateral de Libre Comercio e Integración Económica Centroamericana en junio de 1958, que prescribía la liberalización del comercio de numerosos productos en la región e instaba al total libre comercio en un plazo de 10 años. Le siguieron el Convenio sobre Régimen de Industrias Centroamericanas de Integración y el Convenio Centroamericano sobre Equiparación de Gravámenes a la Importación, firmado en septiembre de 1959. En este último se identificaban varios productos a los cuales se aplicaría un arancel externo común en un plazo de cinco años. En febrero de 1960, El Salvador, Guatemala y Honduras firmaron el Tratado de Asociación Económica (conocido también con el nombre de Tratado Tripartito), que establecía, como meta, el libre comercio regional de todos los productos, aunque incluía una lista de excepciones. Por último, a fines de 1960 se firmó el Tratado General de Integración Económica Centroamericana (el Tratado General), que cobraba precedencia con respecto a los acuerdos previos y establecía el marco básico para los esfuerzos de integración económica hasta la fecha. En los años noventa, se llevó a cabo una importante reestructuración y reactivación del Mercado Común Centroamericano, cuando se creó el Sistema de la Integración Centroamericana (SICA), por medio del Protocolo de Tegucigalpa, y se modificó el Tratado General por medio del Protocolo de Guatemala.

El Salvador, Guatemala, Honduras y Nicaragua firmaron el Tratado General el 13 de diciembre de 1960, y Costa Rica se adhirió el 23 de julio de 1962[1]. El principal objetivo del Tratado General era crear un mercado común y una unión aduanera dentro de un período que no excedería de cinco años[2]. La primera década del MCCA se caracterizó por significativos logros. Se consiguió un enorme avance en la promoción del crecimiento y de las industrias de sustitución de importaciones bajo el amplio mercado que abarcaba toda la región. Se recibió una afluencia relativamente elevada de inversión extranjera directa, lo que contribuyó a gran parte del crecimiento y la industrialización que se lograron durante los primeros 10 a 15 años del MCCA. Los cinco países lograron también una significativa modernización de la infraestructura nacional y regional, así como el desarrollo de aptitudes industriales y efectos de aprendizaje gerencial[3]. Para 1966 se habían eliminado los aranceles que se imponían al 94 por ciento de los productos incluidos en el programa arancelario. Las exportaciones dentro del MCCA crecieron un 900

1. El Tratado General entró en vigencia el 4 de junio de 1961 para El Salvador, Guatemala y Nicaragua, el 27 de abril de 1962 para Honduras y el 23 de septiembre de 1963 para Costa Rica.

2. Véanse los artículos I y II del Tratado General de Integración Económica Centroamericana. Quedaron excluidos un pequeño número de mercancías. Los países miembros firmaron varios protocolos al Tratado General, algunos de los cuales fueron ratificados por todos los países miembros.

3. Lizano y Salazar-Xirinachs (1999, p. 111).

por ciento hasta alcanzar un total de $300 millones en 1970. La participación del comercio intrarregional en el comercio total de los cinco países miembros creció del cinco por ciento en 1960 al 26 por ciento en 1970.

No obstante, ciertos problemas políticos afectaron lo que para fines de los años sesenta parecía ser un notable éxito económico. En 1970 Honduras abandonó el MCCA en medio de una breve guerra que tuvo su origen en una numerosa migración procedente de El Salvador, y volvió a ingresar recién en 1995 tras ratificar el Protocolo de Tegucigalpa. Además, debido a que el mercado combinado, constituido por 25 millones de personas, era comparativamente pequeño, el nuevo motor del crecimiento vinculado con la sustitución de importaciones comenzó a poner en evidencia claras señales de agotamiento para mediados de los años setenta. Se redujeron considerablemente los flujos de inversión extranjera directa, y fue evidente que pese a la recientemente creada base industrial, la dinámica del crecimiento de la región siguió dependiendo críticamente de unos pocos productos primarios. La desaceleración del crecimiento y la creciente volatilidad económica de los años setenta, inducida en parte por choques externos, exacerbaron la percepción de algunos países miembros del MCCA de que los beneficios de la integración estaban distribuidos de manera desigual.

Se hicieron intentos por reactivar el MCCA durante los años setenta, pero sin gran éxito. La respuesta de la mayoría de los países al menor dinamismo económico de los años setenta fue compensar la escasez de inversión extranjera directa con un fuerte impulso inversionista encabezado por el sector público y respaldado por empréstitos externos. El crecimiento financiado por medio de deuda fue de breve duración y dio origen a una aguda crisis de deuda en todos los países centroamericanos a principios de los años ochenta.

La crisis de la deuda no sólo puso fin al crecimiento en todos los países a principios de los años ochenta, sino que provocó graves dificultades de pagos entre los países miembros del MCCA. Este entorno de crisis afectó al sector empresarial e incidió de manera negativa en el comercio intrarregional, que se redujo de $1.200 millones en 1980 a $450 millones en 1986. Las exportaciones nacionales e intrarregionales también se vieron seriamente afectadas durante esa década debido a los disturbios políticos y a los conflictos armados que asolaron la región durante la mayor parte de esos años.

A medida que se disiparon las tensiones y se restableció la democracia (con elecciones libres en los cinco países durante 1989-90), se dirigió cada vez más la atención a los aspectos del desarrollo económico, la reconstrucción y la reforma. Desde mediados de los años ochenta, en algunos países de la región se fue dando un cambio hacia la apertura económica, el fomento de las exportaciones y la adopción de políticas de mercado. Por otra parte, la Iniciativa de la Cuenca del Caribe generaba una nueva dinámica de exportaciones y contribuía a un aumento de la inversión privada[4]. La ronda de elecciones de 1989-90 llevó al poder a gobiernos de orientación similar en su vigoroso compromiso con la reforma económica.

De significación particular para el MCCA fue la Cumbre Presidencial de junio de 1990 que se llevó a cabo en Antigua, Guatemala, en la cual se aprobó un importante plan para reactivar y reestructurar la integración económica del istmo bajo nuevos principios. El plan incluía varios pasos concretos para reactivar el comercio intrarregional, restablecer a niveles cada vez más bajos el arancel externo común que en la práctica había dejado de existir desde fines de los años setenta y fortalecer las instituciones de integración económica. El reingreso de Honduras como miembro de pleno derecho del MCCA fue uno de los aspectos de mayor relevancia del plan. Las sucesivas reuniones presidenciales y ministeriales de principios de los años noventa dieron lugar a un programa de trabajo regional bien organizado en torno a tres esferas principales: fortalecimiento del marco jurídico e institucional del "nuevo" proceso de integración, un programa prioritario para reactivar la integración económica y cooperación funcional y aspectos sectoriales.

Como resultado de la labor en la primera esfera, se rehabilitó el marco jurídico de integración regional con dos nuevos protocolos. El Protocolo de Tegucigalpa a la Carta de la Organización de Estados Centroamericanos, firmado en diciembre de 1991 por los presidentes de Costa Rica, El Salvador, Guatemala, Honduras, Nicaragua y Panamá, creó el Sistema de la Integración Centroamericana (SICA). Belice depositó el instrumento de adhesión al Protocolo de Tegucigalpa y a ODECA el 4 de diciembre de 2000. El SICA define una nueva estructura jurídica e institucional de integración regional concebida ampliamente. Ratificado por los congresos de todos los países, incluyendo a Panamá, el SICA establece funciones ejecutivas, parlamentarias y judiciales a nivel regional, crea comisiones ministeriales para esferas funcionales de cooperación y define secretarías técnicas para las funciones de apoyo.

Los cinco países también firmaron, en octubre de 1993, el Protocolo de Guatemala que actualiza y modifica el Tratado General de Integración Económica de 1960. Panamá, que es un observador del proceso del MCCA, firmó el Protocolo de Guatemala, pero aún no lo ha ratificado[5]. El programa prioritario de reactivación del proceso de integración, formulado bajo la supervisión

---

4. Para la descripción de la Ley de Recuperación Económica de la Cuenta del Caribe véase el capítulo cinco de este volumen.

5. El Protocolo de Guatemala entró en vigor el 17 de agosto de 1995. El artículo 60 del Protocolo de Guatemala prevé el acceso o asociación de cualquier país de la región centroamericana.

de los Ministros de Economía y Comercio, contenía lineamientos para el pleno restablecimiento del libre comercio entre los cinco países miembros mediante la desmantelación de las barreras al comercio intrarregional y la restauración del arancel externo común; la coordinación de negociaciones externas; acciones conjuntas para reducir la carga de la deuda y coordinar la política macroeconómica; el fortalecimiento de las instituciones de integración económica regional, y la coordinación de la cooperación externa[6].

Los esfuerzos realizados en los años noventa para fomentar las exportaciones y reactivar el MCCA sobre nuevos cimientos pueden considerarse exitosos si se juzga por el asombroso incremento de las exportaciones: las exportaciones totales a América Central se incrementaron de $4.300 millones en 1990 a $9.100 millones en 1995 y a $16.600 millones en 1999. Por su parte, el comercio intrarregional se recuperó del bajo nivel de $450 millones registrados en 1986 a más de $2.500 millones en 1999. Las comunidades empresariales centroamericanas también participaron activamente en alianzas e iniciaron fuertes inversiones en los países vecinos. No obstante, puede considerarse que el avance es más modesto si se evalúa en relación con algunos de los objetivos propuestos[7].

Los cinco países han estado activamente comprometidos en negociaciones comerciales internacionales. Hacia el final de la década, todos habían firmado tratados modernos de libre comercio con México. Además, de manera conjunta, negociaron un tratado de libre comercio con la República Dominicana (1998) y con Chile (1999). Pese a algunos reveses en 1999, el proceso de integración económica cobró nueva fuerza en 2000, a medida que El Salvador y Guatemala avanzaban la creación de una unión aduanera, a la cual se decidieron adherir Honduras y Nicaragua en agosto de 2000. A la fecha de redacción de este capítulo, los cinco países centroamericanos y Panamá negociaban un acuerdo de libre comercio.

El acuerdo hoy: marco jurídico e institucional

La integración centroamericana sigue siendo compleja desde el punto de vista jurídico e institucional, pese a los esfuerzos iniciados en la reunión cumbre que tuvo lugar en Panamá en julio de 1997 con el objeto de simplificar las numerosas instituciones del proceso[8]. Varias instituciones con múltiples propósitos y diversos orígenes históricos han sido parte central del proceso de integración desde los años sesenta. En los años ochenta se crearon nuevas

6. Lizano y Salazar-Xirinachs (1999, p. 122).
7. Granados (1999).
8. BID-CEPAL (1998).

instituciones, en parte como respuesta al sinnúmero de necesidades sociales y políticas que se volvieron más agudas durante este período de disturbios sociales y económicos. En los años noventa, la reforma y la modernización institucionales recibieron mucha atención y ocuparon gran parte del tiempo de las reuniones ministeriales y cumbres.

El Protocolo de Tegucigalpa constituye la norma jurídica de más alto nivel y establece los principales objetivos de la cooperación regional en las esferas política, económica y social. Institucionalmente, el SICA abarca todas las entidades existentes incluidas aquellas que se ocupan de funciones ejecutivas (la Reunión de Presidentes, los Consejos de Ministros, y otras secretarías técnicas), funciones judiciales (la Corte Centroamericana de Justicia) y funciones legislativas (el Parlamento Centroamericano). En cuanto a su alcance, el SICA está integrado por los subsistemas políticos, económicos, sociales, culturales y ambientales del proceso de integración. El SICA asignó a los Presidentes y Ministros de Relaciones Exteriores responsabilidades adicionales. Con sede en San Salvador, el objetivo principal del SICA en su carácter de Secretaría es coordinar y ejecutar los mandatos de las Cumbres Centroamericanas y las decisiones del Consejo de Ministros de Relaciones Exteriores.

Por su parte, el Protocolo de Guatemala creó el marco institucional del subsistema de integración económica del SICA. El Protocolo redefine los objetivos y principios de la integración económica, conceptualiza una serie de etapas progresivas de integración e insta a los miembros a establecer una unión aduanera. También compromete a los países a avanzar gradualmente hacia la coordinación y convergencia de sus políticas macroeconómicas, así como de sus negociaciones comerciales externas, y a cooperar en cuestiones de infraestructura y otros aspectos sectoriales. A diferencia del acuerdo original, el Protocolo de Guatemala no establece plazos específicos para lograr sus metas, pero mantiene una característica fundamental del mecanismo previo de integración: el compromiso de los gobiernos de ir más allá de un acuerdo de libre comercio para establecer una unión aduanera con un arancel externo común. En lugar de incluir compromisos vinculantes específicos en su texto o en sus anexos, el Protocolo prevé que el proceso de integración avanzará gradualmente con base en instrumentos jurídicos complementarios o "derivados".

El Consejo de Ministros de Integración Económica (COMIECO), integrado por los Ministros de Economía y Presidentes de los Bancos Centrales de los Estados miembros, se ocupa de la coordinación, armonización y convergencia de las políticas económicas de los miembros. Otros órganos del subsistema de integración económica son el Consejo Intersectorial de Ministros de Integración Económica, el Consejo Sectorial de Ministros de Integración Económica y el Comité Ejecutivo de Integración Económica. Los órganos técnicos administrativos incluyen la Secretaría de Integración Económica Centroamericana (SIECA), la Secretaría General del Consejo Agropecuario Centroamericano (SGCAC), la Secretaría Ejecutiva del Consejo Monetario Centroamericano (SECMCA) y la Secretaría de Integración Turística Centroamericana (SITCA). Las instituciones del subsistema de integración económica están integradas por el Banco Centroamericano de Integración Económica (BCIE), el Instituto Centroamericano de Administración Pública (ICAP), y el Instituto Centroamericano de Investigación y Tecnología Industrial (ICAITI).

El acuerdo hoy: cobertura

Los países signatarios del Protocolo de Guatemala, el principal marco del proceso de integración centroamericana, convinieron en procurar la integración económica de la región de manera voluntaria, gradual, complementaria y progresiva. Si bien el Protocolo no sigue el modelo de los tratados modernos de libre comercio, exhorta a los miembros a llevar a su plena operación la zona de libre comercio mediante la eliminación gradual de las restricciones arancelarias y no arancelarias, un trato nacional al comercio intrarregional, y la adopción de un marco jurídico regional en las siguientes esferas comerciales: reglas de origen, salvaguardias, prácticas desleales de comercio, propiedad intelectual, servicios, medidas sanitarias y normas y regulaciones técnicas. El Protocolo también insta a los miembros a actualizar las medidas sobre subsidios y *antidumping*, restablecer el arancel externo común, y coordinar las políticas macroeconómicas.

El Convenio sobre el Régimen Arancelario y Aduanero Centroamericano firmado en 1985 incluye actualmente el Arancel Centroamericano de Importación, la Legislación Centroamericana sobre el Valor Aduanero de las Mercancías, y el Código Aduanero Uniforme Centroamericano (CAUCA) y su Reglamento (RECAUCA). Hubo tres enmiendas al Convenio. El CAUCA, que entró en vigencia por primera vez en 1965 para todos los países con excepción de Honduras (donde fue adoptado en 1992), también fue modificado[9].

Los países centroamericanos han adoptado regulaciones que establecen los marcos jurídicos centroamericanos sobre origen de las mercancías (1995), prácticas desleales de comercio (1995), salvaguardias (1996), medidas de normalización, metrología y procedimientos de autorización (1999), medidas y procedimientos sanitarios y fitosanitarios (1999) y solución de controversias (2000).

9. SIECA (2000a, p. 2).

Las regulaciones sobre prácticas desleales de comercio reemplazaron las estipulaciones establecidas en el Tratado General. Fueron adoptadas con el objeto de desarrollar el marco normativo para la aplicación del Artículo VI del Acuerdo General sobre Aranceles Aduaneros y Comercio (GATT) de 1994 y el Acuerdo sobre Subsidios y Derechos Compensatorios de la OMC. Los compromisos acordados no avanzaron más allá de lo que se convino a nivel multilateral.

En el área de solución de controversias, el Tratado General establece mecanismos de consulta, grupos de expertos y procesos de conciliación, mediación y arbitraje. En 1999 concluyeron las negociaciones para la creación de un mecanismo de solución de controversias y su marco normativo fue aprobado por el Consejo de Ministros de Integración Económica en 2000. El mecanismo aprobado establece un procedimiento para evitar o resolver controversias relacionadas con la interpretación o aplicación de los acuerdos regionales. De conformidad con el marco normativo recientemente aprobado, los países convienen en intentar primero resolver la controversia entre ellos, posteriormente recurrir al arbitraje, y en última instancia, al COMIECO.

Actualmente se están examinando los reglamentos de servicios e inversión y sobre compras gubernamentales[10]. El Tratado General se refiere únicamente a los servicios de construcción y establece que las empresas regionales recibirán un trato nacional. Cada país miembro ha tomado medidas para liberalizar varias áreas del comercio de servicios. El Protocolo de Guatemala insta a la armonización de las leyes nacionales en sectores tales como banca, seguros y mercados de capital[11]. Además, el Protocolo exige también la armonización de la legislación nacional para implementar el Convenio sobre el Ejercicio de Profesiones Universitarias y Reconocimiento de Estudios Universitarios de 1962. Este instrumento ha sido ratificado y se encuentra actualmente en vigencia en todos los países del MCCA, con excepción de Nicaragua.

LA ZONA DE LIBRE COMERCIO. Como se señaló previamente, el MCCA logró desde un principio la eliminación de la mayoría de los aranceles que se imponen a las mercancías. El Tratado General establecía el libre comercio para todos los productos provenientes de la región con las excepciones que se enumeran en el Anexo A del Tratado. Hasta la fecha, se ha reducido la lista de regímenes especiales y existen limitaciones para el café tostado, las bebidas alcohólicas y los productos petroleros. No se ha acordado un calendario para la eliminación de los aranceles restantes. Los Ministros de Economía y

10. SIECA (2000a, p. 2).
11. Artículo XXX del Protocolo de Guatemala.

Comercio tienen el mandato de examinar esta lista todos los años y de efectuar los cambios correspondientes. Honduras aplica un impuesto administrativo aduanero del 0,5 por ciento únicamente a los bienes finales, en tanto que Costa Rica ha aplicado un impuesto del 1 por ciento del valor aduanero desde 1984.

El Protocolo de Guatemala concede a Nicaragua un estatus especial dentro del MCCA, y permite a este país un «tratamiento preferencial y asimétrico transitorio» en las áreas de comercio, finanzas, inversión y deuda externa a fin de que pueda ocuparse de la reconstrucción y fortalecimiento de su capacidad productiva y financiera[12]. Nicaragua estableció un Arancel Temporal de Protección (ATP) en julio de 1994, y agregó un impuesto generalizado de timbres fiscales del cinco por ciento desde julio de 1997. El ATP fue progresivamente eliminado de la mayoría de los productos para enero de 1999 y actualmente se aplica a los llamados "bienes fiscales" que incluyen productos tales como aguas minerales, cerveza, alcohol etílico, aguardientes, licores, whisky, ron, ginebra y tabaco[13]. Se prevé la eliminación total del ATP para fines de 2001[14].

En los últimos años, el comercio intrarregional se ha visto alterado por algunas disputas entre países centroamericanos. Por ejemplo, como resultado de un conflicto diplomático, Nicaragua impuso un arancel "patriótico" del 35 por ciento a todas las importaciones hondureñas. El 30 de enero de 2000, la Corte Centroamericana de Justicia falló en contra de Nicaragua, y exigió la eliminación del arancel. Además, debido a un conflicto fronterizo entre Costa Rica y Nicaragua, a fines de 1999, Nicaragua amenazó con obstruir el tránsito de las exportaciones costarricenses al resto de los países miembros del MCCA.

LA UNIÓN ADUANERA. Tras 40 años de integración, actualmente el MCCA se encuentra en una situación intermedia entre una zona de libre comercio casi perfecta y una unión aduanera imperfecta[15]. El Tratado General y posteriormente el Protocolo de Guatemala comprometieron a los países a integrar una unión aduanera y a incluir de manera gradual los productos en el arancel externo común.

El arancel externo común se hizo muy difícil de sostener a finales de los setenta y durante la crisis económica de los ochenta, pero en 1990 los cinco países decidieron restablecerlo con un tope del 20 por ciento. En mayo de 1996, el Consejo de Ministros de Integración Económica aprobó los siguientes parámetros para un arancel externo común: un arancel del 0 por ciento

12. (Artículo V, Capítulo VI).
13. OMC (2000b).
14. OMC (1999b, p. 41).
15. SIECA (1999, p. 1).

para las materias primas, bienes intermedios y bienes de capital no producidos en la región; un arancel del cinco por ciento para materias primas producidas en la región; un arancel del 10 por ciento para bienes intermedios y bienes de capital producidos en la región, y un arancel del 15 por ciento para bienes finales producidos en la región.

En 1993, El Salvador, Guatemala, Honduras y Nicaragua crearon el Grupo Centroamericano de los Cuatro (CA-4) y anunciaron el establecimiento de una unión aduanera para abril de 1994, aunque al principio esta iniciativa no tuvo éxito. El 8 de noviembre de 1996, Guatemala y El Salvador iniciaron el proceso de crear una unión aduanera y el 24 de agosto de 1999, los Presidentes de estos dos países declararon que la unión aduanera estaría en funcionamiento el 31 de diciembre de 2002. Para alcanzar esta meta, armonizaron el 90 por ciento de sus aranceles, crearon una unidad que se ocuparía de establecer la unión aduanera, aprobaron un acuerdo que cubría los temas de inversión y servicios, y coordinaron su política comercial[16]. El 29 de agosto de 2000, Nicaragua y Honduras anunciaron que se incorporarían a la unión aduanera formada por Guatemala y El Salvador[17]. En otro esfuerzo para profundizar la integración, en mayo de 2000, El Salvador, Guatemala y Nicaragua firmaron la "Declaración Trinacional: Integración para el siglo XXI", mediante la cual reafirmaban su compromiso con la creación de una unión aduanera y esbozaban las medidas que se adoptarían en materia de relaciones internacionales, política macroeconómica, política comercial, infraestructura, energía, comunicaciones, inmigración y seguridad.

EL MERCADO COMÚN. La meta del Tratado General es crear un mercado común entre los cinco países miembros. Con este fin, los países centroamericanos han eliminado la mayoría de los aranceles sobre los bienes y se encuentran en proceso de crear una unión aduanera. Asimismo, se han reducido los obstáculos no arancelarios y se han adoptado regulaciones que establecen marcos jurídicos regionales en materia de origen de bienes, prácticas desleales de comercio, salvaguardias, medidas de normalización, metrología y procedimientos de autorización, medidas y procedimientos sanitarios y fitosanitarios, y solución de controversias. Esta normativa se ha adecuado a los compromisos adquiridos por cada uno de los países centroamericanos en la OMC. En los

---

16. Véase más información sobre la unión aduanera formada por Guatemala y El Salvador en SIECA (2000b).

17. En esta ocasión, el Consejo de Ministros encargados de la Integración Económica aprobaron dos resoluciones. Véase la Resolución 56-2000 (COMIECO) y la Resolución 57-2000 (COMIECO) (www.sieca/org.gt/publico/marco_legal/Resoluciones/COMIECO/menu_de_resoluciones_del_comieco.htm).

reglamentos pendientes de aprobación sobre servicios e inversiones y compras gubernamentales, los países centroamericanos han hecho adelantos sustanciales. La actualización de los tratados originales que dieron vida al proceso de integración centroamericano dieron paso a los avances en materia de política comercial de la pasada década y han permitido a la región ir más allá de una zona libre comercio y acercarse a su meta de crear un mercado común.

Relaciones comerciales externas

En enero de 1991, los países centroamericanos firmaron la Declaración de Tuxtla Gutiérrez con México con miras a negociar un tratado de libre comercio. Tras ocho años de negociaciones, en junio de 2000, El Salvador, Guatemala y Honduras firmaron un tratado de libre comercio con México. El tratado insta a la eliminación de los aranceles industriales en un periodo de 11 años y de los productos agrícolas en 12 años, al tiempo que establece que México comenzará a eliminar sus aranceles antes de estos períodos. Por su parte, Costa Rica y Nicaragua negociaron por separado un tratado de libre comercio con México, mientras que las negociaciones entre México y Panamá se encuentran en marcha.

En abril de 1998, los países centroamericanos firmaron un tratado de libre comercio con la República Dominicana, que abarca el comercio de bienes y servicios, la inversión y los derechos de propiedad intelectual, entre otros aspectos. La República Dominicana participará en el Banco Centroamericano de Integración Económica, en la Alianza Centroamericana para el Desarrollo Sostenible, y en tratados en otras áreas de interés mutuo, como el turismo, la salud y la inversión. Se prevé que la República Dominicana ratificará este tratado próximamente. Los países del MCCA y Chile también firmaron un tratado de libre comercio, pero, con la excepción de Costa Rica, que adoptó la legislación en septiembre de 2000, los países no han pasado la autorización legislativa necesaria.

Con los mecanismos y las reglas de un moderno tratado comercial, el 21 de marzo de 2000, América Central y Panamá renovaron negociaciones que comprenden bienes, servicios, inversión, derechos de propiedad intelectual y compras gubernamentales.

Costa Rica inició negociaciones para firmar un tratado de libre comercio con Canadá en julio de 2000. Asimismo, durante la Cumbre entre Centroamérica y Canadá de septiembre de 2000, los Jefes de Estado de la región anunciaron que comenzarían conversaciones exploratorias para la firma de un acuerdo de libre comercio con Canadá. Las exportaciones centroamericanas al mercado canadiense ascendieron en 1999 a $93 millones, en tanto que las importaciones de productos canadienses en la región alcanzaron la cifra de $254,2 millones.

Los países del MCCA han sostenido conversaciones con el MERCOSUR y la Comunidad Andina. En abril de 2000, los Jefes de Estado de Brasil, la República Dominicana y los países centroamericanos convinieron en apoyar la implementación del Acuerdo Marco sobre Comercio e Inversión firmado en 1998 por MERCOSUR y los miembros del Sistema de la Integración Centroamericana. En tanto, El Salvador, Guatemala, Nicaragua y la Comunidad Andina reiteraron su interés en un acuerdo de alcance parcial que ampliaría la cobertura de productos. Los países también expresaron interés en un acuerdo sobre comercio e inversión con reglas sencillas que servirían de base para compromisos futuros bajo un tratado de libre comercio que ambos mercados comunes convinieron negociar el 25 de abril de 1999.

La Comunidad Andina

El origen de la Comunidad Andina de Naciones se remonta a 1969, cuando Bolivia, Chile, Colombia, Ecuador y Perú firmaron el Acuerdo de Cartagena por el cual se creó el Pacto Andino (posteriormente llamado Grupo Andino). Venezuela se incorporó como miembro en 1973 y Chile se retiró en 1976[18].

En sus orígenes, la Comunidad Andina representó un esfuerzo de un grupo de países de mediano tamaño deseosos de ampliar los limitados beneficios que habían estado obteniendo de su participación en la Asociación Latinoamericana de Libre Comercio (ALAC) y de contrarrestar el peso de las economías más grandes de América Latina. El objetivo de los países miembros era establecer una unión aduanera y avanzar en la coordinación de políticas en esferas tales como comunicaciones, transportes, finanzas, inversión y desarrollo industrial. Estos esfuerzos respondían a un modelo de integración basado en los principios de sustitución de importaciones que dominaron las estrategias de desarrollo de los países andinos en esa época. No obstante, el acuerdo de integración experimentó varios reveses durante sus primeros años. En los setenta, no llegó a aprobarse el arancel externo común y los programas de industrialización y liberalización cubrieron únicamente unos pocos sectores. Sin embargo, se produjo un incremento notable del comercio andino, alentado por el boom en el mercado petrolero y los ingresos derivados de la produc-

18. Tal como se establece en el Acuerdo de Cartagena, los principales objetivos del grupo son: promover el desarrollo equilibrado y armónico de los Países Miembros en condiciones de equidad, acelerar el crecimiento por medio de la integración y la cooperación económica y social; impulsar la participación en el proceso de integración regional, con miras a la formación gradual de un mercado común latinoamericano, y procurar un mejoramiento persistente en el nivel de vida de sus habitantes.

ción de café. En los ochenta, como resultado de la crisis de la deuda que afectó a América Latina y de la brusca reducción de los precios de los productos primarios, los miembros fueron abandonando gradualmente los programas de liberalización e industrialización e introdujeron nuevas restricciones al comercio. Para finales de la década, sin embargo, a la par que se generalizaban en el mundo reformas económicas de apertura, los miembros iniciaron cambios profundos en sus economías y, en la reunión presidencial de diciembre de 1989 que tuvo lugar en las Islas Galápagos, estuvieron dispuestos a hacer a un lado el modelo de sustitución de importaciones y a avanzar con mayor rapidez hacia el establecimiento de una unión aduanera.

Los años noventa marcaron el inicio de una renovación del acuerdo de integración andina. En 1993 se estableció una zona de libre comercio entre Bolivia, Colombia, Ecuador y Venezuela y el 1 de febrero de 1995 estos cuatro países adoptaron un arancel externo común, si bien se permitió a Bolivia mantener sus aranceles más bajos (Perú se incorporó a la zona de libre comercio en 1997). Los países andinos también actualizaron su normativa común sobre inversión extranjera y derechos de propiedad intelectual y adoptaron un marco común sobre servicios, entre otros aspectos. Asimismo, negociaron un acceso preferencial de sus productos a los Estados Unidos y a la Unión Europea y firmaron un tratado marco con el MERCOSUR para crear una zona de libre comercio.

Los países andinos han estado participando en las negociaciones del Area de Libre Comercio de las Américas (ALCA) con una sola voz, muestra clara de su compromiso de profundizar la integración entre ellos. Finalmente, se han introducido necesarias reformas institucionales y de política, que modificaron el Acuerdo de Cartagena, mediante el Protocolo de Trujillo, aprobado en marzo de 1996, y el Protocolo de Sucre, aprobado en junio de 1997[19]. El Grupo Andino se transformó, de esta manera, en la Comunidad Andina de Naciones (CAN). Como resultado de todos estos cambios, para fines de la década, cuando el proceso celebraba su trigésimo aniversario, se había progresado en el fortalecimiento del marco institucional, el establecimiento de una unión aduanera (con el compromiso presidencial de integrar un mercado común para 2005) y la revitalización de las relaciones externas de la Comunidad. Al empezar el siglo XXI, la Comunidad Andina parece decidida a continuar avanzando. En la Reunión de Presidentes de América del Sur, que tuvo lugar en Brasilia los días 31 de agosto y 1 de septiembre de 2000, la Comunidad Andina y el

---

19 El Acuerdo de Cartagena fue objeto de otro importante cambio en diciembre de 1987 cuando los Países Miembros firmaron el Protocolo de Quito. La agrupación dejó de llamarse Pacto Andino y adquirió el nombre de Grupo Andino.

MERCOSUR se comprometieron a iniciar negociaciones tendientes a la firma de un tratado de libre comercio entre los dos grupos tan pronto como sea posible pero, en todo caso, a más tardar en enero de 2002.

El acuerdo hoy: marco jurídico e institucional

La Comunidad Andina ha desarrollado un conjunto de instituciones a la manera de las que se establecieron en la Unión Europea, lo que la convierte en uno de los acuerdos regionales más complejos del hemisferio desde el punto de vista institucional. El Protocolo de Trujillo incorporó a los órganos e instituciones de la organización en el Sistema Andino de Integración. Los principales órganos de este sistema son:

—Consejo Presidencial Andino: Este Consejo, establecido formalmente por el Protocolo de Trujillo, está integrado por los Jefes de Estado de los países miembros y es el órgano máximo del Sistema Andino de Integración. Se reúne regularmente una vez al año y en sesiones extraordinarias cuando así se requiera. El presidente del Consejo es nombrado entre sus miembros con un mandato rotativo de un año. El Consejo es responsable de definir la política de integración subregional andina; orientar e impulsar acciones sobre cuestiones de interés para la subregión en su conjunto; considerar propuestas de los órganos e instituciones del Sistema de Integración Andina y evaluar y examinar el desarrollo y los resultados del proceso de integración andina, así como su proyección externa.

—Consejo Andino de Ministros de Relaciones Exteriores: Está integrado por los Ministros de Relaciones Exteriores de los países miembros. Es responsable de formular e implementar la política exterior de la Comunidad Andina y de velar por el cumplimiento de los objetivos de la integración andina. Se reúne en períodos ordinarios de sesiones dos veces al año y en una sesión extraordinaria cuando sea aconsejable. El Consejo se expresa mediante declaraciones o mediante decisiones jurídicamente vinculantes, y ambas deben adoptarse por consenso.

—Comisión de la Comunidad Andina: Los representantes plenipotenciarios de los gobiernos de cada País Miembro (generalmente el Ministro responsable del comercio y la integración) integran la Comisión, principal órgano de formulación de políticas del sistema. Junto con el Consejo Andino de Ministros de Relaciones Exteriores, juega un importante papel legislativo dado que sus decisiones tienen aplicación directa en los países miembros sin necesidad de una ratificación parlamentaria.

—Secretaría General de la Comunidad Andina: Con sede en Lima, Perú, la Secretaría General es el órgano ejecutivo de la Comunidad Andina bajo la dirección del Secretario General. Fue establecida por el Protocolo de Trujillo y asumió las funciones de la Junta del Acuerdo de Cartagena. Está facultada para presentar propuestas de política a la consideración de la Comisión. Actúa además como primera instancia o fase administrativa en todos los casos en que se alegue un incumplimiento de la legislación andina por parte de los países miembros.

—Tribunal de Justicia de la Comunidad Andina: Es el órgano jurisdiccional de la Comunidad Andina, con sede en Quito, Ecuador y está integrado por cinco jueces, uno de cada País Miembro. El Tribunal resuelve controversias, asegura la aplicación uniforme de las disposiciones que comprenden el sistema legal de la Comunidad Andina mediante interpretaciones prejudiciales y asegura la legalidad de las disposiciones comunitarias examinando acciones de nulidad que puedan plantear las partes afectadas contra las decisiones de la Comisión o las resoluciones de la Secretaría General que presuntamente contravienen el sistema legal de la Comunidad. En 1996, la Corte adquirió funciones adicionales que incluyen la de actuar como árbitro y la de emitir sentencias en casos de omisión o inactividad.

—Parlamento Andino: Es el órgano de deliberación del Sistema. Actualmente está integrado por representantes de los congresos nacionales de los Países Miembros pero todos sus miembros serán elegidos por medio de una votación directa y universal para el año 2002.

El Sistema Andino de Integración está integrado también por otras instituciones. La Corporación Andina de Fomento (CAF), el brazo financiero del proceso, ha otorgado en los últimos años un cuantioso financiamiento para proyectos que respaldan y fomentan el proceso de integración. El Consejo Consultivo Empresarial Andino y el Consejo Consultivo Laboral Andino han sido revitalizados como medio de fomentar la participación de estos sectores de la sociedad civil en el proceso. Por último, el Fondo Latinoamericano de Reservas (FLAR), la Universidad Andina Simón Bolívar y los Convenios Sociales (Hipólito Unánue en materia de salud y Andrés Bello en integración educativa, tecnológica y cultural) completan la red de órganos que constituyen el complejo marco institucional de la Comunidad Andina.

El acuerdo hoy: cobertura

Desde sus inicios, uno de los principales objetivos de la Comunidad Andina ha sido establecer una unión aduanera entre sus miembros. Si bien no fue posible lograr esa meta dentro de una década como originalmente se había planificado, se ha avanzado en el establecimiento de una zona de libre comercio y, en menor grado, de una unión aduanera. Es más, el 27 de mayo de

1999, el Undécimo Consejo Presidencial Andino, que se reunió en ocasión del Trigésimo Aniversario del Acuerdo de Cartagena, acordó establecer el "Mercado Común Andino a más tardar en el año 2005, creando las condiciones para que, a la libre circulación de bienes se añada la libre movilidad de servicios, de capitales y de personas en la subregión" [20].

Con el fin de avanzar hacia la integración económica regional, los países andinos han tomado medidas significativas en las esferas de servicios, inversión y propiedad intelectual. La Comisión de la Comunidad Andina adoptó la Decisión 439 el 11 de junio de 1998, mediante la cual se establece el marco general de principios y normas para la liberalización progresiva del comercio de servicios dentro de la subregión con la meta de integrar un mercado común en el sector para el año 2005. Para ello, se prevén negociaciones anuales encaminadas a eliminar gradualmente las medidas discriminatorias que restringen el comercio que mantiene cada país miembro identificadas en inventarios nacionales[21]. También se prevé la armonización de los regímenes regulatorios nacionales en ciertos sectores de servicio. De conformidad con la Decisión 439, se han adoptado nuevos regímenes en telecomunicaciones (Decisión 462) y turismo (Decisión 463) en tanto que se iniciaron las conversaciones para adoptar decisiones sobre servicios financieros y profesionales. La Decisión 462 exige la eliminación de las restricciones que se imponen a todos los servicios de telecomunicaciones, con excepción de las transmisiones por radio y televisión, al 1 de enero del 2002[22]. Esto se añade al importante conjunto de disposiciones relativas a los servicios de transportes que prevén la eliminación de la reserva de carga a nivel andino en el transporte marítimo, la aplicación de la "política de cielos abiertos" en el transporte aéreo de pasajeros, y la incorporación de los principios de libertad de operación, no discriminación y libre competencia en el transporte terrestre[23].

En lo que se refiere a la inversión, en 1991 la Comunidad Andina adoptó un Régimen Común de Tratamiento a los Capitales Extranjeros y sobre Mar-

20. XI Consejo Presidencial Andino, Acta de Cartagena, 23-27 de mayo de 1999.

21. Estos inventarios serían preparados por la Secretaría General y aprobados mediante una Decisión de la Comisión de la Comunidad Andina, a más tardar en julio de 2000.

22. El proceso de liberalización se organizó en dos etapas, la primera de las cuales —libre comercio en todos los servicios de telecomunicaciones con excepción de la telefonía local básica, las llamadas de larga distancia nacionales e internacionales y la telefonía móvil terrestre— se puso en práctica el 1 de enero de 2000.

23. Las disposiciones se refieren únicamente a los servicios de transporte prestados en las carreteras y cruces fronterizos del Sistema Andino de Carreteras. Además, la prestación de esos servicios deberá ser autorizada por el país de origen y el de destino. El avance en esta esfera se ha visto limitado por conflictos entre los prestadores de servicios que han dado lugar a un proceso de revisión del régimen por parte de la Comisión de la Comunidad Andina.

cas, Patentes, Licencias y Regalías[24], apartándose de manera significativa del régimen anterior que respondía a la filosofía del modelo de sustitución de importaciones que prevalecía en esa época. Se han eliminado elementos restrictivos como el requisito de autorización del país anfitrión antes del establecimiento del inversionista extranjero o las limitaciones a la transferencia de fondos vinculados a inversiones. El nuevo régimen le reconoce al inversionista extranjero los mismos derechos y obligaciones de los inversionistas nacionales, salvo lo dispuesto en las legislaciones de cada país miembro. También concede a los inversionistas extranjeros el derecho a transferir fuera del país, en moneda libremente convertible, las utilidades netas comprobadas de su inversión extranjera directa así como el producto de su liquidación total o parcial. No obstante, en general, el tratamiento de la inversión extranjera bajo el régimen actual, incluso con respecto a la solución de controversias, se deja en manos de la legislación nacional de cada País Miembro. Actualmente se está considerando un nuevo enfoque. La Comisión estableció un grupo de trabajo que se encuentra en proceso de elaborar un proyecto de decisión mediante la cual se establecería un régimen común con el objeto de fomentar la inversión en la región y armonizar las normas vinculadas con la inversión extranjera en los países miembros.

En cuatro decisiones de la Comisión figura el régimen actual sobre derechos de propiedad intelectual para los cinco países de la Comunidad Andina. La recientemente aprobada Decisión 486, Régimen Común sobre Propiedad Industrial, contiene disposiciones para la protección de patentes, modelos de utilidad, diseños industriales, marcas, indicaciones geográficas y denominaciones de origen, esquemas de trazado de circuitos integrados, secretos empresariales y competencia desleal. Incluye asimismo disposiciones sobre la observancia de los derechos antes mencionados. Además de la propiedad industrial, la Comunidad Andina también ha adoptado regímenes comunes sobre derechos de autor y derechos conexos con la Decisión 351 y acceso a los recursos genéticos con la Decisión 391. La Decisión 345 protege los derechos de los obtentores de variedades vegetales[25].

---

24. Comisión de la Comunidad Andina. Decisión 291: Régimen Común de Tratamiento a los Capitales Extranjeros y sobre Marcas, Patentes, Licencias y Regalías, marzo de 1991.

25. Decisión 486, Régimen Común sobre Propiedad Industrial, 14 de septiembre de 2000, que entró en vigencia el 1 de diciembre de 2000. Sustituye a la Decisión 344, Régimen Común sobre Propiedad Industrial (1 de enero de 1994). Véase la Decisión 351, Régimen Común sobre Derecho de Autor y Derechos Conexos, 17 de diciembre de 1993. Véase la Decisión 345, Régimen Común de Protección a los Derechos de Obtentores de Variedades Vegetales, 21 de octubre de 1993. Véase la Decisión 391, Régimen Común sobre Acceso a los Recursos Genéticos, 2 de julio de 1996.

LA ZONA DE LIBRE COMERCIO. Desde febrero de 1993, existe una zona de libre comercio entre Bolivia, Colombia, Ecuador y Venezuela que abarca todo el universo arancelario, luego que ese mismo año se eliminó totalmente la lista de excepciones. Perú, que había suspendido sus compromisos con respecto al Programa de Liberación en 1992, se incorporó a la Zona de Libre Comercio en julio de 1997 acordando un calendario de reducción arancelaria que daría lugar a la liberalización del 85 por ciento de las partidas para el año 2000 y al total libre comercio de bienes para 2005[26]. De conformidad con el Artículo 3 de la Decisión 414 que permite la aceleración en la reducción de aranceles, Perú y Ecuador firmaron un acuerdo de eliminación de aranceles a su comercio recíproco en agosto de 1999 con respecto al 42 por ciento de las partidas que todavía estaban sujetas a la eliminación gradual en el programa de liberalización peruano con el resto de los miembros de la Comunidad Andina. Se estableció asimismo un calendario de desgravación para el resto de las partidas, aunque con algunas excepciones, que deberá estar totalmente implementado para el 31 de diciembre de 2001.

Las normas de origen de la Comunidad Andina, que tienen por objeto asegurar que sólo se beneficien de la Zona de Libre Comercio Andina los productos que se originen en los países miembros, están previstas en la Decisión 416 de julio de 1997. Estas normas corresponden al tipo tradicional o de primera generación que determina el origen utilizando criterios tales como mercancías íntegramente producidas, salto de partida arancelaria, valor agregado y, en algunos casos prescriben requisitos específicos de origen. El sistema también incluye procedimientos para la certificación, el control y la sanción.

LA UNIÓN ADUANERA. Si bien se ha establecido una Zona de Libre Comercio Andina—con la liberalización total del comercio entre Bolivia, Colombia, Ecuador y Venezuela y la incorporación gradual de Perú— la unión aduanera ha sido más difícil de lograr debido a los obstáculos que se han presentado en la adopción de un arancel externo común. El arancel externo común entró formalmente en vigencia el 1 de febrero de 1995 para todos los países miembros con excepción de Perú[27]. El arancel externo común tiene un nivel promedio de 13,6 por ciento y una estructura de cuatro niveles: una tasa arancelaria del cinco por ciento para las materias primas e insumos industriales; 10 por ciento para insumos intermedios; 15 por ciento para bienes de capital y 20 por ciento para bienes finales. No obstante, se autorizó a Bolivia a continuar aplicando su arancel nacional con aranceles de cinco por ciento y 10 por ciento. Se estableció un régimen especial para Ecuador mediante el cual se permite

26. Comisión de la Comunidad Andina, Decisión 414, 30 de julio de 1997.
27. Comisión del Acuerdo de Cartagena, Decisión 370, 26 de noviembre de 1994.

la aplicación de una diferencia de cinco puntos con respecto al nivel del arancel externo común en el caso de una lista de productos (inicialmente integrada por 930 productos). Por otra parte, existe una lista de excepciones (400 subpartidas para Ecuador y 230 para Venezuela y Colombia) que se reduciría en 50 subpartidas por año, aunque la eliminación gradual total se aplazó hasta junio de 2000. Actualmente, la eliminación gradual está progresando pero a un ritmo más lento. Se permitieron suspensiones temporales en caso de escasez de oferta y situaciones de emergencia nacional. En el caso de 2000 productos incluidos en la "Lista de Bienes no Producidos" [28], se autoriza a los países a reducir el nivel del arancel externo común al cinco por ciento.

Los problemas que se han enfrentado para el establecimiento de un arancel externo común andino están vinculados de alguna manera con la implementación de regímenes comerciales más abiertos durante los años noventa que han incluido, en el caso de algunos de los países miembros, la adopción de estructuras arancelarias más uniformes con niveles mucho menores de protección y que permiten poco margen de maniobra para una estructura compleja de arancel externo común. Actualmente, se están considerando mecanismos para introducir un mayor grado de flexibilidad en el diseño de los mecanismos, a fin de facilitar el establecimiento del Mercado Común Andino antes de la fecha límite fijada para el 2005 por los Jefes de Estado.

El 16 de septiembre de 1999 se firmó un nuevo Convenio de Complementación en el Sector Automotor entre Colombia, Ecuador y Venezuela, que sustituye los acuerdos previos en ese sector. Este acuerdo entró en vigencia el 1 de enero de 2000 durante un período renovable de diez años. Mantiene el arancel externo común del 35 por ciento en la categoría 1 (unidades ligeras con una capacidad máxima de 16 pasajeros y aquéllas con una capacidad máxima de carga de 4,5 toneladas), y en las unidades de la categoría 2 (unidades pesadas que rebasan esos límites) el 15 por ciento para Colombia y Venezuela y el 10 por ciento para Ecuador. Los vehículos que cumplen con requisitos específicos de origen, tal como fueron establecidos por la Secretaría General, tienen libre acceso al mercado subregional. El acuerdo se hizo compatible con las obligaciones de la OMC al eliminar el requisito de contenido local subregional.

EL MERCADO COMÚN. De conformidad con el compromiso adoptado en el Undécimo Consejo Presidencial Andino, a más tardar el 31 de diciembre de 2005 deberá estar funcionando el Mercado Común Andino. Esta ambiciosa meta, reiterada por los Jefes de Estado en el Duodécimo Consejo Presidencial

---

28. Secretaría General de la Comunidad Andina, Resolución 262.

Andino que tuvo lugar en Lima los días 9 y 10 de junio de 2000, daría como resultado la libre circulación entre los países miembros de bienes, servicios, capital y personas así como la armonización de sus políticas macroeconómicas. Como ya se mencionó, se ha logrado avanzar en el establecimiento del libre comercio de bienes y se han tomado medidas en las esferas de servicios, inversión y propiedad intelectual.

Con respecto a la libre circulación de personas, la XII Cumbre Presidencial Andina convino en utilizar un documento nacional de identidad como único requisito para la libre circulación de personas de un país miembro al otro, así como otras medidas complementarias. Se está trabajando actualmente en la implementación de estos compromisos.

Por último, recientemente se ha prestado mayor atención al tema de la armonización de las políticas macroeconómicas —tema generalmente vinculado con niveles de integración que van más allá de un mercado común— en el contexto de los esfuerzos encaminados a establecer el Mercado Común Andino. Aun cuando el tema ha sido considerado en el pasado, la Novena Cumbre Presidencial Andina dio un paso concreto con la creación del Consejo Asesor de Ministros de Hacienda o Finanzas, Bancos Centrales y Responsables de Planeación Económica con el mandato de elaborar un programa de trabajo para armonizar las políticas monetaria, cambiaria, financiera y fiscal. El Consejo ha celebrado reuniones anuales con el propósito de cumplir con este ambicioso objetivo. En su Cuarta Reunión, celebrada en Lima, Perú el 8 de junio de 2000, el Consejo reiteró su "firme decisión de impulsar la armonización de las políticas y metas macroeconómicas", comenzando con las políticas monetaria y fiscal.

Relaciones comerciales externas

Como parte de su ambicioso esfuerzo de integración, la Comunidad Andina ha desarrollado una Política Exterior Común, cuyas directrices fueron adoptadas por el Consejo de Ministros de Relaciones Exteriores en mayo de 1999[29]. En el ámbito económico, la Comunidad Andina ha participado activamente en negociaciones comerciales con terceras partes, ha participado con una sola voz en las negociaciones del ALCA, y ha obtenido acceso preferencial a los mercados de los Estados Unidos y la Unión Europea mediante la Ley de Preferencias Comerciales Andinas y el Sistema Especial de Preferencias Andinas, respectivamente.

---

29. Consejo Andino de Ministros de Relaciones Exteriores, Decisión 458, 25 de mayo de 1999.

Cabe citar por su particular importancia las negociaciones en curso con el MERCOSUR tendientes a crear una zona de libre comercio entre los dos bloques de conformidad con el Acuerdo Marco firmado el 16 de abril de 1998. Como parte de este proceso, cuatro de los miembros de la Comunidad Andina (Colombia, Ecuador, Perú y Venezuela) firmaron acuerdos de complementación económica (ACE) con Brasil en agosto de 1999 (ACE 39) y con Argentina en junio de 2000 (ACE 48). Este último establece el acceso preferencial a productos que cubren aproximadamente el 40 por ciento del Arancel Aduanero[30]. Esto se suma al acuerdo que ya había firmado Bolivia con el MERCOSUR en diciembre de 1996 (ACE 36) con el propósito de establecer una zona de libre comercio. El proceso obtuvo un importante impulso con el reciente acuerdo de los Jefes de Estado de los países miembros del MERCOSUR y la Comunidad Andina de "iniciar negociaciones para establecer, en el plazo más breve posible y antes de enero de 2002, una zona de libre comercio entre el MERCOSUR y la CAN"[31].

Además, en marzo de 2000 comenzaron las negociaciones entre la Comunidad Andina y el Triángulo del Norte (El Salvador, Guatemala y Honduras) con el propósito de firmar un acuerdo de preferencias arancelarias que daría lugar al establecimiento de una zona de libre comercio entre estos países. Asimismo, se sostuvieron conversaciones preliminares a principios de 1997 con Panamá para la firma de un acuerdo de libre comercio.

El 30 de octubre de 1998 los países de la Comunidad Andina suscribieron un acuerdo con los Estados Unidos, su socio comercial más importante, que establece un Consejo de Comercio e Inversión con el objeto de que sirva como foro para el diálogo. El Consejo celebró su primera reunión en mayo de 1999 en Cartagena, Colombia. Las exportaciones de Bolivia, Colombia, Ecuador y Perú al mercado estadounidense se benefician de reducciones arancelarias otorgadas en el marco de la Ley de Preferencias Comerciales Andinas aprobada en 1991 por el Congreso de los Estados Unidos para respaldar los esfuerzos de estos países en la lucha contra el narcotráfico. Los países andinos están procurando una extensión del programa más allá de su fecha límite de 2001, una reducción de la lista de productos excluidos y la incorporación de Venezuela como país beneficiario[32].

---

30. En el caso de Paraguay y Uruguay, los acuerdos bilaterales de alcance parcial celebrados con estos países por Colombia, Ecuador, Perú y Venezuela fueron prorrogados hasta el 31 de diciembre de 2000.

31. Comunicado de Brasilia. Reunión de Presidentes de América del Sur. Brasilia, 1 de septiembre de 2000.

32. Actualmente Venezuela se beneficia del Sistema Generalizado de Preferencias.

La Comunidad y el Mercado Común del Caribe

El 4 de julio de 1973, Barbados, Guyana, Jamaica y Trinidad y Tobago firmaron el Tratado de Chaguaramas, creando así la Comunidad y el Mercado Común del Caribe (CARICOM). El tratado entró en vigencia el 1 de agosto de 1973. Al año siguiente, Antigua y Barbuda, Belice, Dominica, Grenada, Montserrat, St. Kitts-Nevis-Anguila, Santa Lucía y San Vicente y las Granadinas accedieron al tratado, convirtiéndose de esa manera en miembros de CARICOM[33]. Las Bahamas se unieron a la Comunidad del Caribe, pero no al Mercado Común, en 1983. Suriname se incorporó en 1995 y Haití, que ya fue admitido formalmente a CARICOM, se convertirá en miembro una vez que deposite sus instrumentos de accesión ante el Secretario General del grupo. Las Islas Vírgenes Británicas y las Islas Turcos y Caicos son miembros asociados de CARICOM[33]. Además, seis países del Caribe Oriental miembros de CARICOM forman parte de un grupo de integración subregional que cuenta con una política monetaria común y una moneda única (véase cuadro 3-1).

CARICOM, con una población de 6 millones de habitantes y un producto interno bruto equivalente a aproximadamente $17.000 millones, es el más pequeño de los acuerdos de integración regional en el Hemisferio Occidental, pero al mismo tiempo es el acuerdo de integración con el mayor número de países miembros en las Américas.

Los intentos de integración en la región del Caribe datan de 1958, año en el cual, bajo los auspicios del Reino Unido, diez territorios dependientes, todos miembros actuales de CARICOM, formaron la Federación de las Indias Occidentales. En el período subsiguiente a la Segunda Guerra Mundial, el Reino Unido consideró que esta federación era un eficiente medio para racionalizar la administración de sus territorios caribeños. Sin embargo, la federación comenzó a desintegrarse poco después de su formación, al independizarse del Reino Unido y retirarse del grupo dos de sus miembros principales, Jamaica y Trinidad y Tobago[34].

La desintegración de la Federación de las Indias Occidentales no puso fin a los intentos de fortalecer y profundizar los vínculos entre las islas del Caribe. Al contrario, poco después de dejar la federación, el gobierno de Trinidad y

---

33. En 1980, Anguila, que hasta ese entonces formaba junto con St. Kitts y Nevis una sola dependencia Británica, pasó a ser una dependencia separada de St. Kitts y Nevis, que a su vez se independizó en 1983. Actualmente Anguila está negociando su entrada a CARICOM como miembro asociado.

34. Duhamel (2000).

Recuadro 3-1. *La subregión del Caribe oriental*

La integración subregional en la región del Caribe oriental tuvo lugar en paralelo con iniciativas de integración entre el grupo más grande de países del Caribe. En 1967, el gobierno del Reino Unido otorgó a seis territorios del Caribe oriental —Antigua/Barbuda, Dominica, Grenada, St. Kitts-Nevis-Anguila, Santa Lucía, y San Vicente y las Granadinas— una mayor autonomía como Estados Asociados de las Indias Occidentales. Esta Asociación se transformó en la Organización de Estados del Caribe Oriental (OECO) en 1981. Los miembros de la OECO han logrado un significativo nivel de integración, como se refleja en su política monetaria común y su moneda única así como en su política exterior y de seguridad también común.

Tobago convocó la primera conferencia de jefes de gobierno y propuso la creación de una Comunidad Económica del Caribe basada en el modelo de integración puesto en práctica por seis países de Europa occidental unos años antes. Como paso inicial hacia la realización de esa ambiciosa meta, en julio de 1965, representantes de Barbados, la Guayana Británica y Antigua anunciaron planes para establecer una zona de libre comercio. Meses después los tres países firmaron un tratado por el cual se establecía la Asociación de Libre Comercio del Caribe (CARIFTA). La implementación de CARIFTA se aplazó deliberadamente mientras que la nueva zona de libre comercio intentaba incrementar su número de participantes. CARIFTA entró en operación en 1968, año en el cual varios otros países caribeños, entre ellos Jamaica, Trinidad y Tobago, así como otros ex miembros de la Federación de las Indias Occidentales se hicieron miembros.

Durante el período posterior a la formación de CARIFTA, el comercio entre los países del Caribe creció de manera considerable. La participación de las exportaciones al Caribe en las exportaciones totales de Trinidad y Tobago, por ejemplo, aumentó del 50 por ciento a más del 60 por ciento entre 1967 y 1974[35]. La expansión del comercio dentro de la región ocurrió, por lo general, detrás de elevadas barreras arancelarias de protección que aislaron a las nacientes industrias caribeñas—sobre todo las de las economías relativamente más grandes como Barbados, Jamaica y Trinidad y Tobago— de la competencia internacional.

35. Bernal (1994).

En octubre de 1972 los miembros de CARIFTA acordaron tomar nuevas medidas para transformar su zona de libre comercio en un mercado común. Es así como, los países comenzaron a formular un proyecto de instrumento jurídico, el cual fue firmado en Georgetown, Guyana por todos los miembros de CARIFTA con excepción de Antigua y Montserrat. Este instrumento, conocido como Acuerdo de Georgetown, allanó el camino para la firma y entrada en vigencia subsecuentes del Tratado que establece la Comunidad del Caribe y su Anexo, por el cual se establece el Mercado Común del Caribe (Tratado de Chaguaramas).

La desaceleración del crecimiento y la mayor volatilidad económica que coincidieron con el nacimiento de CARICOM socavaron muchos de los esfuerzos de los países miembros para cumplir con los principios sentados en el Tratado de Chaguaramas para la creación de un mercado común. De hecho, si bien se estima que alrededor del 90 por ciento de las importaciones intrarregionales a Barbados, Guyana, Jamaica y Trinidad y Tobago no estaban sujetas a restricciones arancelarias ni cuantitativas cuando fue fundada CARICOM en 1973, en los siguientes diez años muchos países de la región volvieron a adoptar políticas proteccionistas y a imponer restricciones cuantitativas y requisitos de concesión de licencias a las importaciones oriundas de los países de CARICOM[36]. Como resultado, el comercio intra-CARICOM padeció un agudo retroceso durante gran parte de los años ochenta. Varias crisis de balanza de pagos y bajas tasas de crecimiento durante la década obstaculizaron los repetidos esfuerzos para reavivar el debilitado proceso de integración económica en el Caribe.

No fue sino hasta 1989, durante la décima reunión de la conferencia de jefes de gobierno de CARICOM que los miembros pudieron inyectar nuevo ímpetu al proceso de integración económica al replantear los objetivos del grupo con respecto a la integración económica en términos de un mercado y economía únicos. Esta nueva iniciativa se centra en torno a cinco ejes principales: el libre movimiento de bienes, servicios y factores de producción; la armonización de leyes y reglamentos que afectan a las actividades económicas; la reforma de las instituciones; la coordinación de políticas macroeconómicas y de relaciones comerciales externas, y la aplicación de un arancel externo común. Si bien aún no se ha materializado el objetivo de un mercado y economía únicos, en los últimos años los países de CARICOM han avanzado significativamente en sus esfuerzos por lograr niveles más estrechos de integración económica.

36. Hall (1988).

El acuerdo hoy: marco jurídico e institucional

El Tratado de Chaguaramas estableció dos entidades distintas: la Comunidad del Caribe y el Mercado Común del Caribe. Al crear la Comunidad del Caribe, los signatarios del Tratado de Chaguaramas procuraron profundizar la integración económica entre ellos, coordinar su política exterior y establecer mecanismos cooperativos en esferas de interés común, que incluían comunicaciones e información, cultura, educación, meteorología, preparación para casos de desastre, desarrollo energético, ciencia y tecnología, desarrollo sanitario regional y protección del medio ambiente[37]. El Mercado Común del Caribe, creado como medio para lograr la meta de una integración económica más profunda entre los signatarios del tratado, tiene tres propósitos específicos: fortalecer la coordinación de las relaciones económicas y comerciales entre los países miembros; lograr la expansión sostenida y la integración continua de las economías de los países miembros, y lograr una mayor independencia y eficacia en los tratos con los países que no son miembros[38].

Con miras a alcanzar los objetivos de la Comunidad y del Mercado Común, los estados miembros de CARICOM han dado recientemente pasos significativos hacia la racionalización, reestructuración y fortalecimiento de las instituciones creadas en primer lugar por el Tratado de Chaguaramas. El Protocolo I, firmado por los miembros de CARICOM en 1997, se ocupa principalmente de redefinir el papel, las funciones y las facultades de las instituciones de la Comunidad del Caribe. El Protocolo designa a la Conferencia de Jefes de Gobierno y al Consejo de Ministros de la Comunidad como los dos órganos principales de CARICOM.

La Conferencia es el órgano supremo de la Comunidad del Caribe y tiene la responsabilidad primaria de proporcionar orientación política al proceso de integración entre los países miembros. Conforme a ese mandato, tiene facultades para emitir directivas de política a otros órganos de la comunidad, así como establecer nuevos órganos. Además, la conferencia está investida de la autoridad para celebrar acuerdos con terceros en nombre de la comunidad. La conferencia, integrada por los Jefes de Gobierno de los países miembros de CARICOM, toma decisiones por unanimidad.

El segundo órgano de CARICOM en orden de importancia jerárquica es el Consejo de Ministros de la Comunidad. Este órgano, integrado por ministros encargados de los asuntos de la Comunidad (y cualquier otro ministro

---

37. Tratado que establece la Comunidad del Caribe y el Mercado Común del Caribe, artículo 4.

38. Tratado que establece la Comunidad del Caribe y el Mercado Común del Caribe, artículo 3 del Anexo.

designado por los estados miembros), es responsable de la planificación y coordinación estratégicas, con base en las decisiones de política establecidas por la conferencia, en las tres esferas que abarca el Tratado de Chaguaramas: integración económica, cooperación funcional y relaciones externas. A fin de cumplimentar estas amplias funciones, el consejo aprueba los programas de la comunidad y solicita a los consejos de ministros que elaboren propuestas específicas. Además, el consejo aprueba el presupuesto de la comunidad y asigna recursos para la implementación de los programas comunitarios. También fomenta y da seguimiento a la puesta en práctica de las decisiones de la comunidad en los países miembros. Para llevar a cabo esta responsabilidad, el consejo puede, siguiendo instrucciones de la conferencia, emitir directivas a los órganos subsidiarios y a la secretaría con miras a asegurar la ejecución oportuna de las decisiones de la comunidad. Varios consejos de ministros, con responsabilidades en esferas específicas, asisten a los dos órganos principales de la comunidad en el desempeño de sus funciones: el Consejo de Comercio y Desarrollo Económico, el Consejo de Relaciones Externas y Comunitarias, el Consejo de Desarrollo Humano y Social y el Consejo de Finanzas y Planificación.

El Tratado de Chaguaramas también crea una secretaría con sede en Georgetown. La secretaría presta apoyo logístico y administrativo a las reuniones de los órganos de la comunidad, recoge y difunde entre los miembros de CARICOM información sobre aspectos relaciones con los objetivos de la comunidad, proporciona asistencia técnica a los países y coordina las actividades de las entidades donantes, entre otras funciones. Al mismo tiempo, la secretaría, que el Protocolo I considera como "principal funcionario ejecutivo" de la comunidad, puede realizar estudios y formular propuestas a órganos competentes sobre aspectos vinculados con la consecución de los objetivos del tratado. Por último, en 1997, los miembros de CARICOM establecieron una Maquinaria de Negociación Regional del Caribe para las Negociaciones Económicas Internacionales, que presta servicios a las negociaciones que tienen lugar entre CARICOM y terceros países en el contexto de la Organización Mundial del Comercio, el Área de Libre Comercio de las Américas y los acuerdos posteriores al de Lomé con la Unión Europea[39]. A semejanza de la Comunidad Andina y el MERCOSUR, CARICOM participa con una única voz en las negociaciones del ALCA.

---

39. El 23 de junio de 2000 la Unión Europea y 77 países de África, el Caribe y el Pacífico (ACP), incluyendo todos los países miembros de CARICOM, firmaron el Acuerdo de Cotonou, reemplazando así la Convención de Lomé, que desde 1975 proveía el marco básico para la cooperación entre la Unión Europea y los países ACP. El Acuerdo de Cotonou estipula la suscripción de nuevos acuerdos comerciales entre la Unión Europea y los países ACP antes del término del año 2008.

El acuerdo hoy: cobertura

En el campo de la política comercial, el Tratado de Chaguaramas contiene disposiciones sobre barreras arancelarias y no arancelarias, reglas de origen, salvaguardias, medidas *antidumping* y derechos compensatorios, subsidios y normas. Como ocurre con muchos otros mecanismos de integración regional en el Hemisferio, las reglas de origen de CARICOM exigen que una mercadería sea "totalmente producida" dentro de CARICOM o, si el bien se produce con materiales que tienen su origen en terceros países, deberá efectuarse una "transformación sustancial" dentro del Mercado Común[40]. Con respecto a las salvaguardias, los artículos 28 y 29 del anexo al tratado permiten a los miembros de CARICOM imponer restricciones comerciales temporales en caso de dificultades de balanza de pagos o dificultades serias en industrias determinadas. El artículo 19 del anexo autoriza a los países de CARICOM para tomar medidas contra importaciones subvencionadas o en caso de *dumping* de conformidad con sus legislaciones nacionales y sus obligaciones internacionales. El anexo también contiene disposiciones que corresponden a normas industriales y a medidas sanitarias y fitosanitarias. Los miembros de CARICOM crearon el Consejo de Normas del Mercado Común del Caribe, órgano asesor del Consejo de Comercio y Desarrollo Económico, con el objetivo específico de fomentar el desarrollo y la armonización progresivos de normas en la región.

Con la decisión de 1989 de establecer un mercado y economía únicos la formulación de reglas se ha intensificado en muchas esferas que previamente no estaban cubiertas o cuya cobertura no estaba suficientemente detallada en el Tratado de Chaguaramas. Se han formulado o se están formulando reglas nuevas o más claras con respecto al libre movimiento de bienes, servicios, capital y mano de obra, así como a la armonización de leyes sobre aduanas, propiedad intelectual, política de competencia, impuestos a las empresas y *dumping* y subsidios.

Específicamente, en lo que respecta a los servicios y a la inversión, los países han negociado el Protocolo II, que modifica varios artículos del Tratado de Chaguaramas en el ánimo de proveer a los ciudadanos de los países miembros de CARICOM el derecho de establecimiento, el derecho a prestar

---

40. El criterio de "transformación sustancial" se cumple cuando una mercancía se clasifica bajo un rubro arancelario diferente de aquél en el cual figuran los materiales empleados para producirlo o cuando una mercancía tiene un porcentaje mínimo de "contenido local". En el caso de CARICOM, se considera que una mercancía es "local" cuando tiene por lo menos un 65 por ciento de valor agregado local o regional.

servicios y el derecho a transferir capitales dentro de la comunidad[41]. Estas disposiciones se complementan con varios otros instrumentos, entre los que se incluye un acuerdo de 1993 que permite a las compañías basadas en CARICOM cotizar en cualquiera de las bolsas de valores de la región y una decisión política de 1995 que se refiere al libre movimiento de personas calificadas. Varios otros Protocolos también forman parte del marco jurídico básico para el establecimiento del mercado y economía únicos de CARICOM[42]. Su contenido abarca una amplia gama de esferas integrales al funcionamiento de una economía de mercado, es decir, política comercial (Protocolo IV); política de competencia, protección al consumidor, *dumping* y subsidios (Protocolo VIII); y solución de diferencias (Protocolo IX). Además, hay tres protocolos "sectoriales": Protocolo III (política industrial), Protocolo V (política agrícola) y Protocolo VI (política de transportes). El Protocolo VII (países, regiones y sectores en desventaja) establece un marco para un tratamiento especial y diferenciado orientado no sólo a los países de menor desarrollo de CARICOM, sino también a regiones y sectores que experimentan trastornos económicos y que requieren medidas de apoyo temporales.

LA ZONA DE LIBRE COMERCIO. Los países de CARICOM han tenido gran éxito en eliminar las barreras arancelarias y no arancelarias a las importaciones de bienes oriundos de la región, como se prescribe en los artículos 15 (derechos de importación) y 21 (restricciones cuantitativas a la importación) del Anexo al Tratado de Chaguaramas. Las restantes excepciones al libre comercio pueden agruparse bajo dos encabezamientos amplios: salud y seguridad, y el desarrollo de los países de menor desarrollo de CARICOM[43]. Con respecto a la salud y la seguridad, los artículos 23 (excepciones generales) y 24 (excepciones de seguridad) permiten a los miembros de CARICOM adoptar medidas necesarias para proteger, entre otros, sus intereses esenciales de seguridad nacional; la moral pública; la vida humana, animal o vegetal; la propiedad industrial o los derechos de autor; y los tesoros nacionales de valor artístico, histórico o arqueológico. Los miembros de CARICOM también pueden imponer derechos de importación o restricciones cuantitativas a ciertos productos (que

41. Véanse los capítulos 8 y 9 de este volumen.

42. Existen en total nueve Protocolos modificatorios al Tratado de Chaguaramas. Los nueve han sido firmados por los Estados miembros de CARICOM. Cuatro están en vigencia y se están aplicando con carácter provisional (Protocolos I, II, IV y VII).

43. El Tratado de Chaguaramas divide a los miembros de CARICOM en países de menor desarrollo y países de mayor desarrollo. En este último grupo figuran Barbados, Guyana, Jamaica, y Trinidad y Tobago. En el primero están los demás países de CARICOM.

figuran en el Programa I del anexo) en relación con "obligaciones contractuales"[44]. En los últimos años, se ha reducido a sólo nueve productos la cobertura del Programa I.

Con el objetivo de fomentar la actividad de sectores económicos específicos en los países de menor desarrollo, el Tratado de Chaguaramas contiene varias disposiciones que permiten a este último grupo de países aplicar derechos de importación o restricciones cuantitativas a bienes que tienen su origen en los países de mayor desarrollo de CARICOM (Barbados, Guyana, Jamaica y Trinidad y Tobago). Actualmente, tres países de menor desarrollo —Belice, Dominica y Grenada— incluyen ron, cigarrillos y vehículos automotores en esta lista de excepciones (denominada Programa III). Aparte de estas excepciones, que vencen en 2001, el artículo 56 del tratado permite a los países de menor desarrollo fomentar la actividad de una industria específica a través de la suspensión del tratamiento preferencial de CARICOM a las importaciones procedentes de los países de mayor desarrollo. Sin embargo, antes de poner en práctica las medidas dispuestas en el artículo 56, un país de menor desarrollo deberá consultar al Consejo de Ministros de la Comunidad, el cual debe autorizar las medidas en cuestión por decisión mayoritaria. Actualmente, el artículo 56 cubre nueve productos: curry en polvo, pastas, velas, gases industriales, harina de trigo, ciertas bebidas, calefactores de agua por energía solar, y muebles de madera y tapizados; su protección expira en 2004. En un intento adicional por ayudar a los países de menor desarrollo, CARICOM, en el Programa IX del anexo, permite a este grupo de países someter las importaciones de aceites y productos grasos a un régimen especial de licencias.

LA UNIÓN ADUANERA. Los recientes esfuerzos de los países miembros de CARICOM encaminados a profundizar su nivel de integración económica han permitido al grupo ir más allá de una zona de libre comercio y acercarse más a una unión aduanera. El Tratado de Chaguaramas de 1973 prescribe el establecimiento de un arancel externo común, componente central de una unión aduanera. Para 1983, sin embargo, la ejecución de este arancel se había retrasado. No fue sino hasta una reunión cumbre especial realizada en octubre de 1992 que CARICOM adoptó formalmente un nuevo programa para armonizar los regímenes arancelarios de sus países miembros, con base en las propuestas de un panel de expertos nombrados tiempo antes para examinar y formular recomendaciones con respecto al proceso de integración de la región, incluido el aspecto del arancel externo común[45].

44. Véase el Artículo 13 y el Programa I del Anexo al Tratado de Chaguaramas.
45. Gill (1997).

Al adoptar este programa, los miembros de CARICOM se comprometieron también a reducir el nivel del arancel externo común. Esto representó un importante cambio de política, por medio del cual se abandonaban las elevadas barreras a la importación que habían caracterizado la política de protección común en vigor desde la fundación de CARICOM. En el contexto de los profundos cambios que sufrió el entorno económico internacional en la última mitad de la década de los ochenta, los países de CARICOM acordaron un calendario de cuatro fases que se pondría en práctica entre 1993 y 1998 y que daría como resultado un arancel externo común de seis tasas entre cero y cuarenta por ciento. El tope de 40 por ciento se aplicaría únicamente a los productos agrícolas primarios, en tanto que los textiles y las prendas de vestir, las manufacturas generales y los productos agroindustriales estarían sujetos a tasas elevadas pero menores al 40 por ciento. Los aranceles más bajos se aplicarían a los insumos primarios, intermedios y de capital que no existen ni se producen localmente. El grupo de productos restantes estaría sujeto a niveles arancelarios de mediano rango. La aplicación del arancel externo común no ha sido uniforme entre los países: siete países —Barbados, Grenada, Guyana, Jamaica, Santa Lucía, San Vicente y las Granadinas y Trinidad y Tobago— han puesto en práctica la última fase del programa de reducción. A Belice y Montserrat se les concedieron demoras temporales[46]. Los países restantes aún no han aplicado en su totalidad el programa de reducción.

En paralelo con sus esfuerzos para introducir y poner en práctica el arancel externo común, los países de CARICOM han eliminado gradualmente las restricciones cuantitativas que se aplicaban a las importaciones procedentes de países ajenos a la comunidad. Como resultado, las restricciones cuantitativas ya no forman parte del régimen externo común de CARICOM, salvo en el caso de los aceites y productos grasos, los cuales, como ya se señaló, están sujetos a un régimen especial que tiene por objeto respaldar el desarrollo de estos sectores en los países de menor desarrollo de CARICOM.

EL MERCADO COMÚN. Como se señaló anteriormente, en 1989 CARICOM definió su objetivo a largo plazo en términos de un mercado y economía únicos. Esta iniciativa contiene elementos de un mercado común y de una unión económica, dado que estipula no sólo el libre movimiento de bienes, servicios y factores de producción, sino también "una armonización más completa de las leyes que afectan al comercio y la regulación de las actividades económicas" y "una coordinación más intensa de la política y la planificación

---

46. Específicamente, se autorizó a Belice a posponer la implementación de cada fase de programa durante 2 años; por otra parte, se autorizó a Montserrat a implementar el AEC en 1998.

macroeconómicas, del comercio exterior y las relaciones económicas"[47]. Si bien se han tomado medidas significativas en materia de comercio de bienes y servicios, los esfuerzos encaminados a intensificar el movimiento de los factores de producción aún se encuentran en una fase embrionaria. El avance más significativo tal vez se ha dado en el área del libre movimiento de mano de obra, ya que once países miembros de CARICOM han promulgado leyes que proveen el libre movimiento de graduados universitarios dentro de la región. Con respecto a la armonización de políticas, recientemente los países comenzaron a abordar el tema de la armonización fiscal, en particular la armonización de estructuras tributarias empresariales y regímenes de incentivos para la inversión extranjera directa. En definitiva, la medida en la cual los miembros de CARICOM pueden alcanzar las ambiciosas metas vinculadas con sus aspiraciones de una mayor integración económica dependerá no sólo de su continua capacidad para dar contenido específico a los principios generales de la iniciativa sobre el mercado y la economía únicos, sino también de su capacidad para poner en práctica las disciplinas existentes, en particular las acordadas durante la década de los noventa.

Relaciones comerciales externas

Durante los años noventa, los países de CARICOM firmaron acuerdos comerciales con tres países de las Américas: Venezuela en 1992, Colombia en 1994 y la República Dominicana en 1998. Los acuerdos con Colombia y Venezuela contienen elementos no recíprocos, es decir, conceden tratamiento preferencial a exportaciones seleccionadas de CARICOM a Venezuela y Colombia sin exigir que algunos o todos los países de CARICOM concedan a su vez tratamiento preferencial, por lo menos durante un período determinado[48]. El tratado que celebraron CARICOM y la República Dominicana, por otra parte, elimina los aranceles sobre todas las mercancías (excepto las que figuran en los anexos) que se comercializan entre la República Dominicana y los países de mayor desarrollo de CARICOM. No se exige a los países de menor desarrollo de CARICOM que concedan un tratamiento libre de impuestos a los productos oriundos de la República Dominicana hasta el año 2005. Además del comercio de mercancías, el tratado también especifica disciplinas en las esferas de servicios, inversión y compras gubernamentales.

Recientemente, los Estados Unidos adoptaron la Ley de Asociación Comercial con la Cuenca del Caribe que concede tratamiento preferencial a las

47. OMC (2000a).

48. Véase el capítulo 5 de este volumen, donde figura una descripción de los acuerdos celebrados entre CARICOM y Colombia y entre CARICOM y Venezuela.

exportaciones procedentes de la mayoría de los miembros de CARICOM con destino a los Estados Unidos. Esta nueva ley se basa en programas previos a los que se conoce comúnmente como Iniciativa de la Cuenca del Caribe[49].

Los países miembros de CARICOM pertenecen a los 77 países de África, el Caribe y el Pacífico (ACP) que firmaron el Acuerdo de Cotonou con la Unión Europea el 23 de junio de 2000. Dicho acuerdo establece un nuevo marco para el comercio y la cooperación entre la Unión Europea y los países ACP. En el área comercial, el Acuerdo de Cotonou otorga, durante un período "preparatorio" de ocho años a partir de la entrada en vigor de las disposiciones comerciales del acuerdo (1 de marzo de 2000), trato preferencial no recíproco a productos oriundos de los países ACP. El trato que establece el nuevo acuerdo es sustancialmente equivalente al de la Cuarta Convención de Lomé, el acuerdo que previamente gobernaba las relaciones entre la Unión Europea y los países ACP. Durante la fase preparatoria, las dos partes del acuerdo acordaron suscribir acuerdos adicionales con miras a la eliminación gradual de todas las barreras comerciales entre ellas. Para los países del Caribe los principales productos que se benefician del Acuerdo de Cotonou son, entre otros, el plátano, el ron y el arroz.

Mercado Común del Sur

Los presidentes de Argentina, Brasil, Paraguay y Uruguay firmaron el Tratado de Asunción el 26 de marzo de 1991 con el objetivo de establecer el Mercado Común del Sur (MERCOSUR). El tratado prescribe la libre circulación de bienes, servicios y factores de producción entre los países miembros para el 1 de enero de 1995 mediante la eliminación de barreras arancelarias y no arancelarias, el establecimiento de un arancel externo común y la adopción de una política comercial común, la coordinación de políticas macroeconómicas y sectoriales y la armonización de la legislación de los países miembros en esferas relevantes.

En 1999, el MERCOSUR abarcaba una población de 213 millones de habitantes y un producto interno bruto (PIB) de casi $1.100 millones. Brasil, el miembro más grande del MERCOSUR, representa el 70 por ciento del PIB y absorbe casi la tercera parte de las exportaciones argentinas, alrededor del 35 por ciento de las uruguayas y el 40 por ciento de las paraguayas. Chile y Bolivia se convirtieron en miembros asociados del MERCOSUR en 1996 y 1997 respectivamente.

---

49. Véase la explicación en el capítulo cinco de este volumen.

Dos eventos fundamentales dieron lugar al establecimiento del MERCOSUR. Primero, el retorno de la democracia a Argentina y Brasil en los años ochenta contribuyó a la creación de una nueva alianza entre estos dos países. Si bien ambos países, junto con Paraguay, habían firmado un tratado en 1979 por el que daban fin a una prolongada disputa sobre el uso de las aguas del río Paraná, fue la elección de los Presidentes Raúl Alfonsín en Argentina en 1983 y José Sarney en Brasil en 1985 la que impulsó el proceso de integración en el Cono Sur. El primer paso tangible se dio en 1986 cuando Argentina y Brasil concluyeron un acuerdo de cooperación económica bilateral, el Programa de Integración y Cooperación Económica (PICE), negociado en el marco de la Asociación Latinoamericana de Integración (ALADI) y basado en la estrategia industrial y comercial que había dado lugar en los años cincuenta al modelo de sustitución de importaciones en América Latina. Mediante un enfoque sectorial, el PICE estaba encaminado a ampliar el comercio bilateral entre los dos países. Incluía numerosos protocolos en esferas tales como bienes de capital, cooperación tecnológica y las industrias nuclear y automotriz.

La crisis de la deuda externa de los años ochenta y las reformas estructurales que le siguieron produjeron cambios fundamentales en la estrategia de integración de Argentina y Brasil. Para fines de los años ochenta y principios de los noventa, ambos países se habían inclinado por la liberalización del comercio. En 1988, firmaron el Tratado de Integración, Cooperación y Desarrollo, que entró en vigencia un año más tarde. Este tratado estableció el marco jurídico para la integración económica entre Argentina y Brasil y se apoyaba en los principios que ya contemplaba el acuerdo bilateral previo (PICE). Su objetivo era eliminar todas las barreras arancelarias y no arancelarias y crear un mercado común entre los dos países en un plazo de diez años. También fomentaba la armonización y la coordinación de sus políticas en la esfera económica. En junio de 1990, a medida que se intensificaban la liberalización económica y la privatización en ambos países, Argentina y Brasil firmaron el Acta de Buenos Aires para impulsar el proceso de integración y establecer un mercado común para fines de 1994. En agosto del mismo año se celebró en Brasilia una reunión de representantes de alto nivel de Argentina, Brasil, Chile, Paraguay y Uruguay para discutir la creación de un mercado común en el Cono Sur, lo que concluyó con la firma del Tratado de Asunción en marzo de 1991[50]. Chile, cuyo arancel externo era igual al 11 por ciento (e inferior al arancel del MERCOSUR), optó por no adherirse al MERCOSUR en 1991 pero se incorporó como miembro asociado en 1996 tras firmar un acuerdo

50. CEPAL (1992, p. 17).

comercial con el grupo en el marco de la ALADI. Bolivia siguió el mismo camino que Chile unos meses después y se convirtió en miembro asociado en 1997.

Una vez transcurrido el período de transición y tras la firma del Protocolo de Ouro Preto el 17 de diciembre de 1994, los miembros del MERCOSUR centraron sus esfuerzos y recursos en poner en práctica los resultados de las negociaciones que habían llevado a cabo hasta la fecha, así como en profundizar la integración hacia un mercado común. Además, el Protocolo de Ouro Preto introducía acuerdos especiales en los sectores automotriz y azucarero, lo que preveía el establecimiento de una política automotriz común y la eliminación progresiva de aranceles en el comercio de azúcar dentro de la zona para el año 2000.

Para enero de 1995, el MERCOSUR había logrado una de sus principales metas, al quedar incorporados en el arancel externo común el 88 por ciento de los bienes sobre los cuales se imponían aranceles[51]. El comercio dentro del MERCOSUR aumentó a un rápido ritmo hasta 1997. Entre 1991 y 1996, la proporción del comercio intrarregional en las exportaciones totales de los países del MERCOSUR aumentó de 8 por ciento a 21 por ciento. A medida que los países miembros del MERCOSUR iban eliminando progresivamente los aranceles y se iba poniendo en práctica el arancel externo común, el valor de las exportaciones totales de los países del MERCOSUR se elevó de $47.000 millones en 1990 a $84.000 millones en 1997 en tanto que las importaciones crecieron de $32.000 millones a $106.000 millones en el mismo período.

El comercio en la región experimentó una desaceleración temporal tras la crisis financiera asiática de 1997 y la recesión posterior que sufrieron Brasil y Argentina en 1998-99. El volumen del comercio en el MERCOSUR se contrajo un 20 por ciento en 1999. A fines de abril de 2000, los Ministros de Relaciones Exteriores y de Economía de Argentina y los Ministros de Hacienda y de Relaciones Exteriores de Brasil se reunieron en Buenos Aires para "relanzar" el MERCOSUR. Acordaron "eliminar la causa de parte de la fricción reciente imprimiendo mayor armonía a sus economías. Para ello, establecieron un calendario para crear un 'mini-Maastricht', es decir, un conjunto de objetivos de convergencia económica similares a los del Tratado de Maastricht que culminó en el euro"[52].

Casi diez años después de la firma del Tratado de Asunción, el MERCOSUR ha sido un notable éxito, aunque aún no se han logrado todos los objetivos previstos en el tratado. El relanzamiento del MERCOSUR,

51. Valls Pereira (1999, p.12).
52. *The Economist*, "Mercosur's Trial by Adversity", 27 de mayo de 2000.

respaldado a fines de junio de 2000 por todos los países miembros, el compromiso de firmar un tratado de libre comercio con la Comunidad Andina para 2002 y la participación del MERCOSUR como un bloque en las negociaciones del ALCA constituyen una clara indicación de que sus integrantes están comprometidos a actuar en forma colectiva.

El acuerdo hoy: marco jurídico e institucional

El Tratado de Asunción proporcionó varios instrumentos importantes para establecer el mercado común, una estructura institucional provisional para el período de transición y los mecanismos para decidir sobre la estructura definitiva del mercado común[53]. Según el Tratado, los cuatro instrumentos necesarios para integrar el mercado común son:

—La libre circulación de bienes, servicios y factores productivos entre los países, a través, entre otros, de la eliminación de los derechos aduaneros y restricciones no arancelarias a la circulación de mercaderías y de cualquier otra medida equivalente.

—El establecimiento de un arancel externo común y la adopción de una política comercial común con relación a terceros Estados o agrupaciones de Estados y la coordinación de posiciones en foros económico-comerciales regionales e internacionales.

—La coordinación de políticas macroeconómicas y sectoriales entre los Estados Partes: de comercio exterior, agrícola, industrial, fiscal, monetaria, cambiaria y de capitales, de servicios, aduanera, de transportes y comunicaciones y otras que se acuerden, a fin de asegurar condiciones adecuadas de competencia entre los Estados Partes.

—El compromiso de los Estados Partes de armonizar sus legislaciones en las áreas pertinentes, para lograr el fortalecimiento del proceso de integración. (artículo 1, Tratado de Asunción).

El Tratado contiene además cuatro anexos: el primero incluye un programa de reducción arancelaria con diferentes calendarios para los miembros más pequeños (Paraguay, Uruguay), y los otros tres se refieren respectivamente a las normas de origen, solución de controversias y la formación de grupos de trabajo. A nivel institucional, el Tratado estableció un Consejo del Mercado Común (CMC) integrado por los Ministros de Relaciones Exteriores y de Economía de los cuatro países miembros, y el Grupo Mercado Común, integrado por representantes de entidades públicas de los gobiernos nacionales. El

53. Haines Ferrari (2000).

CMC es el órgano que se ocupa de la dirección política del proceso de integración en tanto que el Grupo Mercado Común supervisa la implementación del Tratado bajo la coordinación de los ministerios de relaciones exteriores de los países miembros del MERCOSUR. La sede de la Secretaría Administrativa se estableció en Montevideo, Uruguay.

El Protocolo de Ouro Preto también definió la estructura orgánica del MERCOSUR. Además de reafirmar el papel del Consejo del Mercado Común y del Grupo Mercado Común, el Protocolo agregó a la estructura institucional del MERCOSUR la Comisión de Comercio del MERCOSUR, la Comisión Parlamentaria Conjunta, el Foro Consultivo Económico-Social y la Secretaría Administrativa del MERCOSUR. El Consejo del Mercado Común, el Grupo Mercado Común y la Comisión de Comercio del MERCOSUR son los tres órganos intergubernamentales con capacidad para la toma de decisiones.

El Consejo del Mercado Común está integrado por los Ministros de Relaciones Exteriores y los Ministros de Economía de los países miembros del MERCOSUR. Formula la política para el bloque mediante la adopción de decisiones. El propósito principal del Consejo, en su carácter de órgano decisorio supremo del MERCOSUR, es asegurar que los miembros cumplan con los acuerdos del MERCOSUR, y que se logre el objetivo de crear un mercado común.

El Grupo Mercado Común es el órgano ejecutivo del MERCOSUR y emite resoluciones de carácter vinculante de conformidad con su triple mandato: asegurar que los países miembros respeten el Tratado de Asunción y todos los protocolos y acuerdos auxiliares firmados bajo la autoridad del MERCOSUR; establecer programas de trabajo con miras a avanzar la integración del bloque hacia un mercado común, y negociar en nombre del MERCOSUR, con la participación de representantes de sus países miembros, acuerdos con terceros países, grupos de países y entidades internacionales.

La Comisión de Comercio del MERCOSUR asegura la aplicación uniforme de los mecanismos de la política comercial común acordada por los países miembros. La Comisión da seguimiento a las políticas comerciales de los países miembros y examina los temas y materias en las esferas que caen bajo su competencia, tales como las reglas y disciplinas comerciales dentro del MERCOSUR, la clasificación arancelaria y de bienes, y los sectores tales como los textiles y la industria automotriz.

El Foro Consultivo Económico-Social es el único foro con participación y representación directa del sector privado. En su seno se fomenta el desarrollo económico y social del MERCOSUR como región mediante el análisis y la evaluación del impacto de las políticas de integración en la región. Realiza su trabajo en cooperación y consulta con entidades públicas y privadas, nacionales e internacionales, para conseguir las metas de la integración.

Los principales órganos del MERCOSUR cuentan para su labor con la asistencia de grupos de trabajo y grupos especiales, reuniones de funcionarios de alto nivel en esferas especializadas, y comités y comisiones técnicas. La Secretaría Administrativa del MERCOSUR proporciona apoyo a las reuniones y mantiene la infraestructura de información y documentación para los países que integran el MERCOSUR.

El acuerdo hoy: cobertura

En años recientes, los países miembros del MERCOSUR han negociado protocolos adicionales para complementar el Tratado de Asunción y establecer reglas y disciplinas en esferas específicas. En materia de inversión (véase el capítulo nueve) los países del MERCOSUR firmaron dos acuerdos. El Protocolo de Colonia para la Promoción y Protección Recíproca de Inversiones en el MERCOSUR, firmado el 17 de enero de 1994, exige que cada miembro del MERCOSUR conceda a las inversiones efectuadas por inversionistas de otras partes un tratamiento que no sea menos favorable que el que otorga a las inversiones de sus propios inversionistas y los de terceros países. Prohibe asimismo los requisitos de desempeño, garantiza la libre transferencia de fondos vinculados con la inversión, prescribe la compensación en caso de expropiación e incluye un mecanismo de solución de controversias entre un inversionista y la parte contratante receptora de la inversión además del mecanismo entre partes contratantes. El segundo acuerdo es el Protocolo para la Promoción y Protección de la Inversión de Terceros Estados. Este protocolo, firmado en Buenos Aires el 5 de agosto de 1994, se refiere a la entrada de inversión extranjera de fuentes ajenas al MERCOSUR y permite a cada parte fomentar y admitir inversiones de terceros países de conformidad con sus leyes y reglamentos. Ninguno de estos dos protocolos ha entrado en vigencia.

En diciembre de 1996, los países del MERCOSUR firmaron un protocolo en el que se establecen directrices para una política de competencia común en la región. El Protocolo para la Defensa de la Competencia (véase el capítulo once) prevé el establecimiento de una entidad autónoma que se ocupe de la competencia en cada uno de los países miembros, contemplando que las leyes nacionales sobre competencia se aplicarán a todas las actividades económicas, y que los países miembros compartirán una visión común sobre la interrelación entre la política de competencia y otras acciones gubernamentales.

En materia de servicios, los Estados miembros del MERCOSUR firmaron el Protocolo de Montevideo (véase el capítulo ocho) en diciembre de 1997 con el objetivo de eliminar gradualmente las restricciones al comercio de servicios en un período de diez años, comenzando a partir de la implementación del Protocolo (que aún no está en vigencia). Los países miembros del MERCOSUR llevaron a cabo una primera ronda de negociaciones sobre un intercambio inicial de compromisos en 1998.

Más recientemente, los cuatro países miembros se propusieron reactivar el MERCOSUR y dar pasos para mejorar el funcionamiento del acuerdo subregional. Los días 29 y 30 de junio de 2000, los países que integran el MERCOSUR celebraron la Decimaoctava Reunión del Consejo del Mercado Común en Buenos Aires. Los presidentes de los países miembros, junto con los de Chile y Bolivia, también se reunieron en esa ocasión. En estas reuniones, los miembros aprobaron una serie de Decisiones que se refieren al "Relanzamiento del MERCOSUR". Entre los aspectos que han frenado el avance hacia una mayor liberalización del comercio en la zona del MERCOSUR, y que los países miembros decidieron abordar como parte del plan de reactivación, figuran el arancel externo común, y otras medidas afines como los regímenes especiales de importación y las normas de origen; las restricciones para el acceso a los mercados; medidas para facilitar los procedimientos aduaneros; políticas públicas que tienen un efecto negativo sobre la competencia, así como la política sobre competencia y aspectos más generales de las compras del sector público; el comercio de servicios; y la efectiva incorporación de la legislación del MERCOSUR en el marco jurídico nacional de cada uno de los países miembros (la llamada "internalización" de la legislación del MERCOSUR en las legislaciones nacionales)[54].

ZONA DE LIBRE COMERCIO. La mayoría de los aranceles sobre el comercio de bienes intra-bloque se eliminaron entre junio de 1991 y diciembre de 1994. Las listas de ajustes negociadas en 1994 exigían una eliminación progresiva de los aranceles restantes entre el 1 de enero de 1995 y el 31 de diciembre de 1998 para Argentina y Brasil y entre el 1 de enero de 1996 y el 31 de diciembre de 1999 para Uruguay y Paraguay. Las reducciones arancelarias serían graduales, en todos los renglones y automáticas. No obstante, los sectores automotriz y azucarero se encuentran bajo un régimen especial.

UNIÓN ADUANERA. Entre 1991 y 1995, los países que integran el MERCOSUR iniciaron una serie de negociaciones para establecer un arancel externo común, que ha estado en vigencia desde el 1 de enero de 1995. Como el MERCOSUR no logró su meta de establecer una unión aduanera completa

---

54. INTAL (2000).

Recuadro 3-2. *Azúcar y automotores en el MERCOSUR*

Los desacuerdos entre miembros del MERCOSUR acerca del comercio en dos sectores, el del azúcar y el de los automotores, han frenado el avance del grupo hacia la creación de una unión aduanera.

El sector del azúcar

El azúcar quedó excluido de la estructura arancelaria negociada original-mente por los miembros del MERCOSUR. De acuerdo con el Protocolo de Ouro Preto, el sector quedaría plenamente integrado en el esquema del MERCOSUR y en consecuencia, liberalizado para el año 2001. Desde 1992, Argentina ha aplicado un arancel del 23 por ciento al azúcar importado de Brasil, respondiendo a la práctica de este país de subsidiar su producción azuca-rera (en particular, la producción de caña de azúcar). Desde 1995 se realizan negociaciones entre los miembros del MERCOSUR para eliminar los esquemas de subsidio de Brasil y el arancel de Argentina, y se han llevado a cabo varios estudios en búsqueda de una solución negociada. Dichas actividades han lleva-do a un mejor entendimiento del sector en la región, pero han tenido pocos resultados concretos. Brasil sostiene que ha eliminado la mayoría de las prácti-cas que distorsionan el comercio en este sector (tales como la regulación de precios y cantidades) y que los programas restantes afectan a una proporción muy pequeña de la producción de caña de azúcar.

El azúcar ocupó un lugar importante en el programa de "Relanzamiento del MERCOSUR" de abril de 2000. A fines de agosto de ese año, el Congreso argentino aprobó una ley que prorrogaba indefinidamente los aranceles sobre el azúcar. Posteriormente, el gobierno intervino, prorrogando los aranceles sobre las importaciones de azúcar solamente hasta fines de 2005. Las posicio-nes de los cuatro países todavía difieren en cuanto al régimen arancelario de este producto. En una reunión especial celebrada el 26 de septiembre de 2000, los países miembros presentaron nuevas propuestas. Brasil solicitó que los aran-celes sobre el azúcar se redujeran gradualmente, eliminándose en enero de 2001, mientras que Argentina insistió en aplazar la fecha para la eliminación total de los aranceles, y Paraguay propuso que mantuviera el statu quo hasta 2008, con una eliminación gradual de dichos aranceles durante los doce años siguientes.

El sector de automotores

Conforme a lo estipulado en la Decisión CMC 29/94, se esperaba que el MERCOSUR tuviese en funcionamiento un mercado interno para automotores a principios del año 2000, libre de incentivos internos y con un arancel externo común. El intercambio en este sector representa aproximadamente un tercio de todas las transacciones de importación y exportación dentro del MERCOSUR. Brasil y Argentina representan el 95 por ciento del comercio del sector automotor dentro de la región.

En reuniones anteriores al mes de abril de 1998, se dieron varios pasos importantes hacia el logro de un acuerdo. Sin embargo, las conversaciones se paralizaron en dicho mes de abril a causa de numerosas cuestiones, tales como las asimetrías causadas por los incentivos a las inversiones subnacionales en el sector y el tratamiento de los miembros menores del bloque (Paraguay y Uruguay). En marzo de 2000, Brasil y Argentina pudieron convenir en varios elementos importantes de un acuerdo eventual. Uno de tales elementos era un arancel externo común para las categorías de vehículos y piezas de automotores, al cual se llegaría mediante un aumento arancelario gradual hasta que las partes convergieran totalmente en un arancel común aplicable a todo el comercio del sector.

Argentina y Brasil firmaron un acuerdo sobre automotores el 30 de junio de 2000, con la condición de que las negociaciones proseguirían en breve para la incorporación de Paraguay y Uruguay. El acuerdo tendrá vigencia hasta enero de 2006, fecha en la cual está prevista la liberalización total del comercio de automotores en la región.

Conforme a las disposiciones del nuevo acuerdo, un vehículo se considera procedente del MERCOSUR y se beneficia de la exención de aranceles si su contenido es un 60 por ciento originario del MERCOSUR. Argentina requirió además que un 30 por ciento del contenido nacional debía ser producido en dicho país. El 1 de agosto, Argentina emitió el Decreto Ejecutivo 660, por el cual se daba plena vigencia interna al acuerdo sobre automotores. En el decreto se especificaba que, en la determinación del contenido local del 30 por ciento, las piezas importadas debían excluirse de los cálculos de las reglas de origen. Brasil adujo que dicho decreto aumentaba en efecto el contenido argentino a un 48 por ciento o más. Ambas partes discreparon sobre esta cuestión. El 21 de noviembre de 2000, Argentina y Brasil convinieron en que el contenido local para Argentina sería del 30 por ciento (el 25 por ciento en el caso de los vehículos comerciales) de las piezas, y del 44 por ciento del vehículo (el 37 por ciento en el caso de los vehículos comerciales y camiones). En la decimonovena reunión de los Estados miembros del MERCOSUR, celebrada en Florianópolis el 14 y 15 de diciembre de 2000, Uruguay y Paraguay se adhirieron al acuerdo.

para 1995, el plazo para la plena implementación por parte de todos los miembros y en todos los sectores se extendió hasta 2006[55]. Se cubrirán los bienes de capital al 1 de enero de 2001, en tanto que la implementación del arancel externo común para productos de informática y telecomunicaciones se aplazó hasta 2006. Tal como se señaló previamente, los sectores azucarero y automotriz están cubiertos por acuerdos especiales en el Protocolo de Ouro Preto. En ambos sectores se adoptará una política común para el año 2000 en Argentina y Brasil y para el 2001 en Paraguay y Uruguay.

MERCADO COMÚN. La meta de una coordinación más estrecha de políticas macroeconómicas es un elemento clave en el relanzamiento del proceso de integración del MERCOSUR. Si bien se crearon dos grupos de trabajo especiales para examinar la coordinación de las políticas de comercio y macroeconómicas en junio de 1999[56], el avance fue muy limitado en este sentido hasta el otoño de 2000, cuando los países miembros anunciaron la armonización de sus estadísticas fiscales. El siguiente paso, que se pondría en práctica en 2001, es fijar metas de convergencia fiscal. Políticas cambiarias comunes y el establecimiento de una moneda única podrían eventualmente seguir estas iniciativas.

Relaciones comerciales externas

Pese a las continuas diferencias internas, el programa de trabajo externo del MERCOSUR ha cobrado impulso durante 1999 y 2000. En julio de 2000, el MERCOSUR anunció que iniciaría negociaciones para incorporar a Chile como miembro de pleno derecho en el acuerdo (Chile es estado asociado del MERCOSUR desde 1996) y para ampliar aún más la integración comercial entre el MERCOSUR y la Comunidad Andina con miras a crear una zona de libre comercio en América del Sur.

Chile solicitó ingresar como miembro de pleno derecho al MERCOSUR en julio de 2000 durante el viaje que realizó el Presidente chileno Ricardo Lagos a Brasil. Durante la decimonovena reunión del Consejo del Mercado Común, llevada a cabo en Florianópolis, Brasil, los días 14 y 15 de diciembre de 2000, el presidente de Chile reiteró la voluntad política de su administración de continuar la incorporación gradual de Chile al MERCOSUR a todos los niveles institucionales. Al mismo tiempo, y dadas las diferencias en mate-

55. OMC (1999a, p. 30).
56. BID (1999).

ria de aranceles entre Chile y el MERCOSUR, el Presidente Lagos expresó la necesidad de avanzar de forma gradual en lograr un acuerdo, en el momento oportuno, sobre la forma, el mandato y los plazos para dicha incorporación.

Chile y el MERCOSUR tendrán que superar una difícil cuestión que tiene que ver con las tasas arancelarias antes de que Chile pueda integrarse plenamente al MERCOSUR. La tasa arancelaria uniforme que aplica Chile a las importaciones es actualmente del 9 por ciento y se reducirá un punto porcentual por año hasta llegar al 6 por ciento en 2003. Mientras tanto, la tasa arancelaria externa promedio para el MERCOSUR oscila entre el 10 por ciento y el 30 por ciento para distintos productos, con una tasa promedio del 14 por ciento. Desde que fuera anunciada su intención de incorporarse como miembro pleno, Chile dejó en claro en la reunión con sus contrapartes del MERCOSUR que quisiera seguir disfrutando de su autonomía comercial con respecto a terceras partes. El 6 de diciembre de 2000, Chile y Estados Unidos lanzaron negociaciones sobre un tratado bilateral de libre comercio. Chile cuenta ya con tratados tipo TLCAN con Canadá y México (véase el capítulo cuatro).

En abril de 1998, los países miembros del MERCOSUR y los de la Comunidad Andina dieron el primer paso hacia la negociación de una zona común de libre comercio mediante la firma de un acuerdo marco que abarca varias esferas de cooperación entre ambos bloques. En agosto de 1999 los miembros de la Comunidad Andina negociaron un conjunto de acuerdos preferenciales con Brasil y concluyeron una ronda similar de negociaciones en junio de 2000 con Argentina. Las negociaciones para reducir las barreras al comercio entre los dos bloques subregionales volvieron a confirmarse durante la Reunión de Presidentes de América del Sur, que tuvo lugar en Brasilia a finales de agosto de 2000. Los dirigentes de los países de los dos bloques esperan poder concluir un acuerdo comercial que esté en operación para mediados de 2001. En las reuniones iniciales entre los representantes de ambos bloques que siguieron la reunión cumbre de Brasil se indicó que no era fácil acordar un temario de negociaciones. No obstante, se consideró que en algunas esferas se podrían obtener resultados con mayor prontitud: telecomunicaciones, transportes, normas sanitarias y técnicas, y desarrollo de infraestructura física. Se espera que un acuerdo entre el MERCOSUR y la Comunidad Andina constituya la piedra angular de una zona más amplia de libre comercio en América del Sur antes del 2002, conforme a lo que establece el Comunicado de Brasilia del 1 de septiembre de 2000. Finalmente, en diciembre de 2000, los países miembros del MERCOSUR firmaron un acuerdo marco con Sudáfrica con miras a explorar la posibilidad de firmar un tratado de libre comercio con ese país en el futuro.

Bibliografía

Banco Interamericano de Desarrollo (BID). 1999. "Integración y comercio en las Américas". *Nota Periódica.* Washington, D.C. (octubre).

Bernal, Richard L. 1994. "CARICOM: Externally Vulnerable Regional Economic Integration". En *Economic Integration in the Western Hemisphere,* Roberto Bouzas y Jaime Ros, editores. Notre Dame: University of Notre Dame Press.

BID-CEPAL. 1998. "La integración centroamericana y la institucionalidad regional". Banco Interamericano de Desarrollo/ Naciones Unidas Comisión Económica para América Latina y el Caribe. Washington, D.C.

CEPAL (Comisión Económica para América Latina y el Caribe). 1992. *Panorama reciente de los procesos de integración en América Latina y el Caribe.* LC/R. 1189. Santiago, Chile (septiembre).

Duhamel, Anne. "Le marché commun de la Communauté du bassin des Caraïbes". *Les Notes d'information du GRIC* (www.unites.uqam.ca/gric/CARICOM.htm [12 de noviembre de 2000]).

Gill, Henry S. 1997. "CARICOM and Hemispheric Trade Liberalization". En *Integrating the Hemisphere: Perspectives from Latin America and the Caribbean,* Ana Julia Jatar y Sidney Weintraub, editores. Washington, D.C.: Inter-American Dialogue.

Granados, Jaime. 1999. *La Integración Comercial Centroamericana: Un marco interpretativo y cursos de acción plausible.* Washington, D.C.: Banco Interamericano de Desarrollo.

Haines Ferrari, Marta, ed. 2000. *The MERCOSUR Codes.* London: British Institute of International and Comparative Law.

Hall, Kenneth O. 1988. "The Caribbean Community". En *International Economic Integration,* Ali M. El-Agraa, editor. Basingstoke, R.U.: Macmillan Press.

Lizano, Eduardo y José Manuel Salazar-Xirinachs. 1999. "The Central American Common Market and Hemispheric Free Trade". En *Integrating the Hemisphere, Perspectives from Latin America and the Caribbean,* Ana Julia Jatar y Sidney Weintraub, editores. Washington, D.C.: Inter-American Dialogue.

SIECA (Secretaría de Integración Económica Centroamericana). 1999. "La Unión Aduanera Centroamericana". Ciudad de Guatemala.

———. 2000a. "Avances de la integración económica centroamericana 1995-2000". Ciudad de Guatemala.

———. 2000b. "Informe de las actividades y avances del proceso de la unión aduanera Guatemala y El Salvador". Ciudad de Guatemala.

Valls Pereira, Lia. 1999. "Toward the Common Market of the South: Mercosur's Origins, Evolution, and Challenges". En *MERCOSUR: Regional Integration, World Markets,* Riordan Roett, editor. Boulder: Lynne Rienner.

OMC (Organización Mundial del Comercio). 1999a. "Trade Policy Review Mechanism-Argentina". Ginebra (abril).

———. 1999b. "Trade Policy Review Mechanism-Nicaragua". Ginebra.

———. 2000a. *Caribbean Community and Common Market: Biennial Report on the Operation of the Agreement.* WT/REG92/R/B/1. Ginebra (12 de abril).

———. 2000b. *General Treaty on Central American Economic Integration.* WT/REG93/R/B/1/ G/L/358. Ginebra (27 de marzo).

MARYSE ROBERT

4 | *Tratados de libre comercio*

L as reformas económicas recientemente implementadas por los países de América Latina y el Caribe han dado lugar a un aumento sustancial en el número de tratados de libre comercio negociados a nivel bilateral y regional. A mediados de la década de los ochenta y comienzos de la década de los noventa, estos países abandonaron el modelo de sustitución de importaciones y emprendieron reformas encaminadas a desmantelar las medidas proteccionistas de sus propios mercados y promover una integración más dinámica y más abierta a la economía mundial. Su política de comercio se basa ahora en un enfoque triple en el cual los mecanismos de liberación unilateral, regional y multilateral se complementan entre sí.

Los tratados de libre comercio recientemente negociados por los países en desarrollo van más allá de la reducción arancelaria en unos pocos sectores. Estos tratados abarcan ahora aspectos tales como los aranceles y las medidas no arancelarias, los servicios, la propiedad intelectual, la inversión y la solución de controversias, y con frecuencia sirven para consolidar la liberalización unilateral lograda a nivel interno. En las Américas, la firma del Tratado de Libre Comercio de América del Norte (TLCAN) entre Canadá, Estados Unidos y México, el 17 de diciembre de 1992, y su entrada en vigencia el 1 de enero de 1994, ha dado lugar a la negociación de varios tratados de libre comercio.

Para beneficiarse de los efectos que genera un tratado de libre comercio, muchos países del Hemisferio Occidental han asumido compromisos similares a los del TLCAN. Estos tratados sientan las bases para una economía más fuerte y competitiva, mejoran el acceso a los mercados para los bienes, los servicios y la inversión, y ofrecen un marco normativo en el que puede crecer el comercio y la inversión entre los socios.

México ha actuado con particular dinamismo en el fomento del modelo del TLCAN, habiendo negociado tratados con Bolivia, Chile, Costa Rica, el Grupo de los Tres (Colombia, México, Venezuela), Nicaragua y el Triángulo del Norte (Guatemala, El Salvador y Honduras). Canadá suscribió un tratado del mismo tipo con Chile en 1996, con el objetivo de facilitar el ingreso de Chile al TLCAN, en tanto los países centroamericanos negociaron tratados con la República Dominicana y Chile, de características similares al TLCAN. Por último, teniendo en cuenta la necesidad de ampliar los mercados a fin de alcanzar economías de escala, los países de la CARICOM y la República Dominicana firmaron en agosto de 1998 un tratado bilateral de libre comercio (véase cuadro 1-1 en el capítulo 1).

A fines del año 2000, varios países de las Américas negociaban tratados de libre comercio, incluyendo a Costa Rica y Canadá; Centroamérica y Panamá; México y Panamá; México y Trinidad y Tobago; México y Perú; México y Ecuador; Chile y Estados Unidos; y la Comunidad Andina y el MERCOSUR. Otros, tales como Canadá y el CA-4 (El Salvador, Guatemala, Honduras, y Nicaragua), estuvieron explorando la posibilidad de negociar un tratado de libre comercio.

En este capítulo se analizan el origen del TLCAN, sus disposiciones e instituciones, y los principales elementos de los tratados de libre comercio suscritos entre los países de la región.

Tratado de Libre Comercio de América del Norte (TLCAN)

La integración continental de América del Norte se ha logrado en varias etapas. Hasta 1989, las estrategias empresariales, las políticas gubernamentales y los acuerdos sectoriales habían sido los instrumentos principales que permitían a los productores racionalizar sus operaciones y ser más eficientes. La década de los ochenta marcó un cambio en la relación entre los tres países. Primero, Canadá anunció en 1985 que procuraría un comercio más libre con Estados Unidos. El 2 de enero de 1988 se firmó el Tratado de Libre Comercio entre Canadá y Estados Unidos, que entró en vigencia el 1 de enero de 1989.

El tratado eliminó las barreras al comercio de bienes entre los dos países y redujo varios obstáculos al comercio de servicios y la inversión[1].

México emprendió una serie de reformas económicas ambiciosas a mediados de la década de los ochenta. En el frente comercial, México se incorporó al Acuerdo General sobre Aranceles Aduaneros y Comercio (GATT) en 1986. El arancel máximo se redujo al 20 por ciento y se eliminaron las licencias de importación para el 80 por ciento de las importaciones. En 1989, México firmó un acuerdo marco con Estados Unidos que establecía la obligación de celebrar una serie de negociaciones comerciales sectoriales. Un año después, México propuso a Estados Unidos suscribir un tratado de libre comercio. Canadá anunció que se sumaría a las conversaciones. Las negociaciones del TLCAN se iniciaron el 12 de junio de 1991 en Toronto y culminaron en el Hotel Watergate, en Washington, D.C., el 12 de agosto de 1992[2]. En 1993 se negociaron e implementaron junto con el TLCAN dos acuerdos paralelos, el Acuerdo de Cooperación Laboral de América del Norte (ACLAN) y el Acuerdo de Cooperación Ambiental de América del Norte (ACAAN). Estos acuerdos fueron diseñados para facilitar una mayor cooperación entre los países del TLCAN y promover la observancia efectiva de la legislación y las reglamentaciones de cada país. El TLCAN y los dos acuerdos paralelos entraron en vigencia el 1 de enero de 1994.

Disposiciones del TLCAN

El TLCAN establece la eliminación progresiva de todos los aranceles y otras barreras al comercio de bienes que califican como norteamericanos. Los aranceles (a partir de las tasas de arancel aduanero vigentes el 1 de julio de 1991) entre Estados Unidos y México y entre Canadá y México fueron eliminados en 1994 o están en vía de ser eliminados en plazos de cinco, diez y, en algunos casos, quince años. La eliminación de aranceles entre Canadá y Estados Unidos siguió la lista de desgravación establecida en el tratado de libre comercio entre ambos países, lo que significa que todos los aranceles comprendidos por este tratado quedarían eliminados, a más tardar, el 1 de enero de 1998. Los tres países del TLCAN implementaron el 1 de julio de 1997 una

---

1. El acuerdo representó un hecho de proporciones históricas para Canadá. Desde la Confederación de 1867, el país había considerado en varias ocasiones la idea del libre comercio con Estados Unidos. Para más detalles sobre el Tratado de Libre Comercio entre Canadá y Estado Unidos, véase Hart, Dymond y Robertson (1994).

2. Para más detalles sobre el TLCAN, véanse Cameron y Tomlin (2000), Robert (2000), Rubio (1992), von Bertrab (1996).

primera ronda para acelerar la eliminación de aranceles. Una segunda ronda se efectuó el 1 de enero de 1998 y abarcó un volumen de comercio de aproximadamente $1,000 millones. Las partes del TLCAN, a partir del 1 de enero de 2001, aceleraron la eliminación de aranceles sobre varios productos más. El valor estimado del comercio bilateral de los bienes en las listas canadienses y mexicanas es de aproximadamente CDN $140 millones. El TLCAN permite que las partes apliquen salvaguardias (medidas de emergencia) durante el período de eliminación de aranceles, que es de diez años a partir del 1 de enero de 1994[3]. México y Canadá, y los Estados Unidos y México, pueden imponer, por un período que no supere los tres años en la mayoría de los casos, medidas excepcionales de protección temporal a sectores que han sufrido o pudieran verse amenazados de sufrir daño serio debido a un aumento en las importaciones. Dichas salvaguardias sólo pueden ser utilizadas en una ocasión por producto y conllevan un mecanismo de compensación obligatoria a la parte afectada. Estas medidas bilaterales se aplican a los bienes originarios[4]. También existe una disposición del TLCAN para medidas de emergencia tomadas conforme al artículo XIX del GATT. El TLCAN contiene disposiciones especiales para la aplicación de salvaguardias a los productos agrícolas, textiles y prendas de vestir.

El TLCAN incorpora disciplinas sobre trato nacional en el comercio de bienes pero no se menciona específicamente el trato de nación más favorecida, con excepción del sector automotriz. Sin embargo, las tres partes están obligados por el principio de nación más favorecida establecido en el artículo I del GATT. Existe una cláusula de nación más favorecida en los capítulos sobre comercio transfronterizo de servicios, inversión y servicios financieros.

El tratado también prevé la eliminación de la devolución de aranceles aduaneros sobre productos exportados después de un período de transición de siete años (1 de enero de 2001) y amplió por dos años más (de enero de 1994 a enero de 1996) la devolución de aranceles aduaneros sobre productos exportados previsto bajo el Tratado de Libre Comercio entre Canadá y Estados Unidos. Según los programas de devolución de aranceles aduaneros sobre productos exportados, se excentan o devuelven los aranceles pagados por los insumos importados y utilizados en los bienes de exportación. El 1 de enero de 2001, las maquiladoras mexicanas y las empresas de las zonas francas de Estados Unidos empezaron a pagar aranceles aduaneros por todos los componentes y materias primas extrarregionales que se utilizan en la manufactura de

---

3. El período de transición vence el 1 de enero de 2008 para algunos bienes de la lista de desgravación del TLCAN para Estados Unidos y México.

4. Se incorporaron al TLCAN las salvaguardias bilaterales que habían establecido Estados Unidos y Canadá en su tratado de libre comercio bilateral.

productos destinados al mercado norteamericano. A fin de evitar la doble tributación, el TLCAN permite el establecimiento de programas restringidos de devolución de aranceles para el caso de los bienes que tengan que pagar aranceles.

El TLCAN establece la derogación de las prohibiciones y restricciones a la importación entre las partes, excepto en la medida en que lo permite el artículo XI del GATT sobre la eliminación de las restricciones cuantitativas. El TLCAN prohibe que se apliquen derechos aduaneros por los bienes originarios y dispone la cooperación y observancia aduaneras.

Existen cinco reglas de origen generales en el TLCAN para los bienes producidos o ensamblados en América del Norte con insumos originarios de la región o de fuera de ella. En la zona de libre comercio, las reglas de origen cumplen dos funciones. Primero, especifican los criterios para determinar qué bienes no producidos en su totalidad dentro de la zona tienen derecho a un tratamiento libre de aranceles. También tienen el propósito de evitar la *deflección* (desviación) del comercio. A diferencia de las uniones aduaneras, los miembros de una zona de libre comercio no tienen un arancel externo común. De manera que, si no existen reglas de origen, los bienes importados ingresarían a la zona de libre comercio por el país con el arancel más bajo. Vale la pena señalar que el TLCAN establece una unión aduanera para ciertas categorías de productos informáticos. Los tres países están avanzando hacia tasas arancelarias comunes de nación más favorecida para estos productos. En el anexo 308.1 se exige que cada parte reduzca sus tasas arancelarias de nación más favorecida en cinco etapas, a partir del 1 de enero de 1999. El capítulo sobre reglas de origen no se aplicará a esos productos al cabo del período de transición de cinco años.

Los bienes totalmente producidos en América del Norte reúnen los requisitos para un tratamiento arancelario preferencial bajo el TLCAN. Según el criterio de cambio de clasificación arancelaria, "dependiendo del bien de que se trata, el TLCAN requiere que los insumos extrarregionales estén en un capítulo, una partida, subpartida o fracción arancelarios del SA [Sistema Armonizado o Sistema Armonizado de Designación y Codificación de Mercancías] distintos de los del producto final, para que este último reciba el tratamiento arancelario preferencial previsto en el tratado"[5]. Otros bienes califican para el tratamiento del TLCAN si sufren un cambio de clasificación arancelaria y tienen un valor de contenido regional por lo menos del 50 por ciento o del 60 por ciento, sobre la base del método de valor de transacción o el método del costo neto. En el caso de los productos automotores, se aplica

5. United States General Accounting Office (1993, p. 29).

un requisito diferente en materia de contenido regional y se debe utilizar el método del costo neto. Por último, algunos bienes gozan de un tratamiento preferencial si cumplen el requisito del valor de contenido regional aun sin que exista cambio de clasificación arancelaria. Una disposición especial "*de minimis*" permite que los bienes que no cumplan con las reglas de origen del TLCAN pero contengan no más del 7 por ciento de material no originario califiquen para el tratamiento arancelario preferencial del TLCAN.

En materia de agricultura, se negociaron dos acuerdos bilaterales separados. Los aranceles entre México y Estados Unidos fueron eliminados de inmediato o están en vía de ser eliminados en plazos de cinco, diez o quince años. Los aranceles entre Canadá y México también son objeto de un período de transición de hasta quince años. Las normas del Tratado de Libre Comercio entre Canadá y Estados Unidos, que rigen el comercio agrícola entre los dos países, no incluyen reducciones arancelarias. Aunque el TLCAN permite que Canadá mantenga su sistema de control de la oferta, es decir, que mantenga las barreras comerciales en los sectores lácteos, avícolas y de huevos, este sistema fue posteriormente desmantelado a raíz de la Ronda Uruguay. Las cuotas fueron convertidas en cuotas arancelarias. Sólo se aplican a las tres partes algunas medidas agrícolas en el marco del TLCAN, que se relacionan, por ejemplo, con el apoyo interno y los subsidios a la exportación. El capítulo del TLCAN sobre el sector agropecuario también incluye disposiciones en relación con medidas sanitarias y fitosanitarias.

El TLCAN incorpora otras secciones relacionadas con bienes en materia de textiles y prendas de vestir, y automóviles, así como un capítulo sobre energía. El tratado incluye un capítulo sobre medidas relativas a normalización, que abarca bienes y servicios. El capítulo sobre compras del sector público también comprende disposiciones sobre bienes y servicios, y es similar al Acuerdo sobre Contratación Pública de la Organización Mundial del Comercio (OMC). El capítulo sobre política de competencia (política en materia de competencia, monopolios, y empresas del estado) prevé la cooperación entre las autoridades nacionales.

En el TLCAN, los servicios están contemplados en varios capítulos. Aparte de los ya mencionados, los servicios están incluidos en el capítulo 11 sobre inversión, el capítulo 12 sobre comercio transfronterizo de servicios, el capítulo 13 sobre telecomunicaciones, el capítulo 14 sobre servicios financieros y el capítulo 16 sobre la entrada temporal de personas de negocios. El TLCAN innova en cuanto exige que las partes liberalicen todas las medidas discriminatorias en materia de los servicios transfronterizos, los servicios financieros y la inversión (que abarcan tanto bienes como servicios), excepto las específicamente enumeradas en los anexos al tratado.

Aunque muy similar en su forma, estructura y contenido al Acuerdo sobre Aspectos de los Derechos de Propiedad Intelectual relacionados con el Comercio (ADPIC) de la OMC, el capítulo del TLCAN sobre propiedad intelectual tiene estándares más altos sobre protección y observancia.

Las disposiciones sobre solución de controversias incluyen los procedimientos generales para la solución de controversias (que no se aplican al capítulo sobre política de competencia), la revisión y solución de controversias en materia de "cuotas *antidumping* y compensatorias", el mecanismo de solución de controversias entre una parte y un inversionista de otra parte y la disposición del capítulo sobre servicios financieros que exige que cada parte mantenga una lista diferente de posibles panelistas para los servicios financieros.

Por último, el TLCAN incluye un capítulo sobre excepciones que contiene disposiciones sobre excepciones generales, seguridad nacional, tributación, balanza de pagos, divulgación de información e industrias culturales.

Acuerdos paralelos del TLCAN

El Acuerdo de Cooperación Laboral garantiza que cada país conserva su pleno derecho a establecer sus propias normas laborales internas y adoptar o modificar sus leyes y sus reglamentos laborales. Cada país debe permitir el examen de su legislación laboral y puede solicitar la creación de un comité evaluador de expertos (CEE) independientes para examinar la manera cómo se aplican en la práctica las leyes laborales de la otra parte que protegen varios aspectos de los derechos de los trabajadores y de su seguridad[6]. Si, después de considerar un informe final del comité evaluador de expertos independientes, uno de los países considera que existe un incumplimiento persistente por parte del otro país, puede solicitar consultas adicionales y el establecimiento de un panel arbitral. "Después de considerar el asunto, el panel arbitral puede emitir un dictamen en base al cual las partes podrían acordar el establecimiento de un 'plan de acción'. Si el plan de acción no fuese llevado a cabo, el panel podría imponer el pago de una contribución monetaria"[7]. Si una de las partes no ejecuta la contribución dispuesta, la otra puede suspender a esa parte la aplicación de los beneficios del TLCAN en un monto no mayor que la contribución monetaria impuesta por el panel.

---

6. La prohibición del trabajo forzado, restricciones al trabajo de menores, salario adecuado por jornada trabajada, eliminación de la discriminación en el empleo, salario igual para hombres y mujeres, prevención de lesiones y enfermedades del trabajo, indemnización en caso de lesiones y enfermedades ocupacionales, y protección de los trabajadores migratorios.

7. Obligaciones de los países firmantes del ACLAN (www.naalc.org [17 de diciembre de 2000]).

El Acuerdo de Cooperación Ambiental exige que cada parte garantice que sus leyes y reglamentos prevean altos niveles de protección ambiental. Cada parte acuerda hacer cumplir efectivamente su legislación ambiental mediante el empleo de inspectores, para monitorear su aplicación y la utilización de los medios legales necesarios para procurar una reparación adecuada de las violaciones. El acuerdo también incluye un mecanismo de solución de controversias que permite que un panel imponga una contribución monetaria. Si este monto no es pagado, la otra parte puede suspender los beneficios del TLCAN por un monto no mayor al necesario para cobrar la contribución monetaria.

Instituciones del TLCAN

La Comisión de Libre Comercio es la principal institución del Tratado de Libre Comercio de América del Norte y está integrada por los Ministros de Comercio de cada una de las partes. La Comisión supervisa la implementación del tratado y la labor de las comisiones, de los grupos de trabajo y demás órganos del TLCAN. Asimismo, contribuye a la solución de controversias que puedan surgir entre las partes en relación con la implementación del acuerdo. En abril de 1999, los Ministros concluyeron un examen operativo ("operational review") iniciado en 1998 para analizar la estructura, los mandatos y las prioridades futuras del programa de trabajo del TLCAN.

Se han establecido más de 25 grupos de trabajo, comités y otros órganos (por ejemplo, grupos de trabajo técnico) para llevar adelante la implementación del tratado, formular sugerencias sobre cómo seguir liberalizando el comercio entre las tres partes y "ofrecer también un espacio apolítico para el debate de asuntos y, a través de un diálogo sobre aspectos contenciosos, posiblemente, evitar controversias"[8].

Cada comité y grupo de trabajo está copresidido por un representante de cada país. Los aspectos fundamentales que abordan estos grupos incluyen el comercio de bienes, las reglas de origen, los procedimientos aduaneros, el comercio y los subsidios en la agricultura, las normas, la inversión y los servicios, la entrada temporal de personas de negocios, las compras del sector público y los medios alternativos para la solución de controversias.

La Secretaría del TLCAN está ubicada en cada uno de los países miembros y administra las disposiciones sobre solución de controversias del tratado, previstas en el capítulo 14 (servicios financieros), el capítulo 19 (revisión y solución de controversias en materia de "cuotas *antidumping* y compensatorias"), el capí-

---

8. Véase Canadá, Department of Foreign Affairs and International Trade, "Institutions of the NAFTA". (www.dfait-maeci.gc.ca/nafta-alena/inst-e.asp [17 de diciembre de 2000]).

tulo 20 (disposiciones institucionales y procedimientos para la solución de controversias), y tiene ciertas responsabilidades en relación con el capítulo 11 (inversión). Cada sección nacional de la Secretaría mantiene un "registro tipo judicial" en relación con los procedimientos de los paneles, comités y tribunales. De acuerdo con las instrucciones de la Comisión, la Secretaría respalda la labor de los otros comités y grupos establecidos en virtud del tratado.

La Comisión sobre Cooperación Laboral cuenta con un Consejo ministerial, integrado por los Ministros de Trabajo y una Secretaría. El Consejo supervisa la implementación del acuerdo paralelo, vigila las actividades de la Secretaría y fomenta actividades trinacionales sobre una amplia gama de temas relacionados a la cooperación laboral. Las oficinas administrativas nacionales, ubicadas en los ministerios responsables del trabajo en cada uno de los tres países, contribuyen a la implementación del acuerdo. La Secretaría, con base en Washington, D.C., funciona como entidad administrativa general de la Comisión, realiza investigaciones y análisis de temas laborales y brinda apoyo al Consejo, así como a los comités evaluadores de expertos y a los paneles arbitrales que establece el Consejo.

La Comisión sobre Cooperación Ambiental comprende un Consejo de Ministros (integrado por los Ministros de Medio Ambiente de cada una de las partes), una Secretaría y un comité consultivo público conjunto. La Secretaría, ubicada en Montreal y con oficina de enlace en la Ciudad de México, brinda apoyo técnico, administrativo y operativo al Consejo y a los comités y grupos creados por éste. También es responsable de la administración de las peticiones iniciadas en relación con la aplicación del acuerdo. Toda persona u organización no gubernamental puede iniciar peticiones ante la Secretaría denunciando el incumplimiento por una de las partes de la observancia efectiva de la legislación sobre medio ambiente. La consideración de cada una de estas peticiones puede dar lugar a una decisión del Consejo que instruya a la Secretaría para que elabore un registro de los hechos. El Comité consultivo público conjunto asesora al Consejo. Este Comité está integrado por quince ciudadanos, cinco de cada país, que representan una amplia gama de intereses[9].

9. Se crearon otras dos instituciones bajo los auspicios del TLCAN. El Banco de Desarrollo de América del Norte (BDAN) y su órgano afiliado, la Comisión de Cooperación Ecológica Fronteriza, operan en el marco del acuerdo de noviembre de 1993 entre Estados Unidos y México. Su mandato es actuar en un emprendimiento conjunto para preservar y fomentar la salud y el bienestar de los residentes fronterizos y de su medio ambiente. Específicamente, ambas instituciones fueron establecidas para enfrentar problemas vinculados al abastecimiento de agua, el tratamiento de aguas residuales y la gestión de desechos sólidos municipales en la región fronteriza (la zona comprendida dentro de los 100 kilómetros al norte y al sur de la frontera internacional entre los dos países). Por más detalles sobre estas instituciones, véase (www.nadbank.org) y (www.cocef.org).

Cuadro 4-1. *Capítulos principales en los tratados de libre comercio tipo TLCAN*

	TLCAN	Costa Rica-México	México-Nicaragua	México-Triángulo del Norte	Grupo de los Tres	Bolivia-México	Canadá-Chile	Chile-México	Centroamérica-República Dominicana	Centroamérica-Chile
Disposiciones iniciales/objetivos, definiciones generales[a]	Sí	Sí	Sí	Sí	Sí	Sí	Sí	Sí	Sí	Sí
Trato nacional, acceso de bienes al mercado	Sí	Sí	Sí	Sí	Sí[b]	Sí	Sí	Sí	Sí	Sí
Reglas de origen	Sí	Sí	Sí	Sí	Sí	Sí	Sí	Sí	Sí	Sí
Procedimientos aduaneros	Sí	Sí	Sí	Sí	Sí	Sí	Sí	Sí	Sí	Sí
Energía[c]	Sí	No	No	No	No	No	No	No	No	No
Agricultura, medidas sanitarias y fitosanitarias	Sí	Sí	Sí[d]	Sí[d]	Sí	Sí	No	Sí[e]	Sí[e]	Sí[e]
Medidas de Normalización	Sí	Sí	Sí	Sí	Sí	Sí	No	Sí	Sí	Sí
Compras del sector público	Sí	Sí	Sí	No	Sí	Sí	No	No	Sí	Sí
Inversión	Sí	Sí	Sí	Sí	Sí	Sí	Sí	Sí	Sí	Sí[g]
Comercio transfronterizo de servicios	Sí	Sí	Sí	Sí	Sí	Sí	Sí	Sí	Sí	Sí
Entrada temporal de personas de negocios	Sí	Sí	Sí	Sí	Sí	Sí	No	No	Sí	Sí
Servicios financieros[h]	Sí	No	No	No	Sí	No	No	Sí	No	No
Transporte aéreo	No	No	No	Sí	No	Sí	Sí	Sí	No	Sí
Telecomunicaciones	Sí	No	Sí	Sí	Sí	Sí	Sí	Sí	No	Sí
Salvaguardias	Sí	Sí	Sí	Sí	Sí	No	Sí	Sí	Sí	Sí
Política de competencia	Sí	No	No	No	Sí	Sí	Sí	No	Sí	Sí
Prácticas desleales de comercio/derechos antidumping y compensatorios	No	Sí	Sí	Sí	Sí	Sí	Sí[i]	No	Sí	Sí

Revisión y solución de controversias en
materia de cuotas *antidumping* y

compensatorias	Sí	No	No	No	No	No	No	No	No
Propiedad intelectual	Sí	Sí	Sí	Sí	Sí	No	Sí	Sí	No
Publicación, notificación y administración de leyes	No	Sí	Sí	Sí	Sí	Sí	Sí	Sí	Sí
Administración del tratado^k	Sí	Sí	Sí	Sí	Sí	No	Sí	Sí	Sí
Solución de controversias	Sí	Sí	Sí	Sí	Sí	Sí	Sí	Sí	Sí
Excepciones	Sí	Sí	Sí	Sí	Sí	Sí	Sí	Sí	Sí
Disposiciones finales	Sí	Sí	Sí	Sí	Sí	Sí	Sí	Sí	Sí

a. La mayoría de los tratados también incluyen un preámbulo.

b. Existe un capítulo sobre el sector automotor en este tratado.

c. En la mayoría de los tratados de libre comercio el tema energía se encuentra bajo el capítulo acceso al mercado.

d. Agricultura y medidas sanitarias y fitosanitarias se encuentran en dos capítulos separados.

e. El capítulo cubre medidas sanitarias y fitosanitarias. Agricultura se encuentra bajo el capítulo acceso al mercado.

f. A los 18 meses de la entrada en vigencia del Tratado de Libre Comercio México-Triángulo del Norte, las partes deberán empezar a negociar un acuerdo sobre compras del sector público. En el caso de Chile-México, las partes deberán hacerlo un año después de la entrada en vigencia del tratado.

g. En materia de inversión, se aplican las normas de los acuerdos bilaterales de inversión firmados por cada país centroamericano con Chile. El Artículo 10.02 establece que, dentro de un plazo de dos años a partir de la entrada en vigor del tratado, todas las Partes analizarán la posibilidad de desarrollar y ampliar la cobertura de las normas de estos acuerdos.

h. Chile y México acordaron empezar negociaciones sobre servicios financieros a más tardar el 30 de junio de 1999.

i. Chile y México acordaron empezar negociaciones sobre la eliminación de los derechos *antidumping* un año después de la entrada en vigencia de su tratado de libre comercio.

j. Ninguna parte impondrá la aplicación de derechos *antidumping* después de la primera de las dos fechas siguientes: 1 de enero de 2003 o la fecha en que el arancel aduanero alcance cero.

k. En el TLCAN y el Tratado de Libre Comercio Canadá-Chile el tema de la administración del tratado se encuentra bajo la sección sobre solución de controversias.

Tratados tipo TLCAN

Como se mencionó anteriormente, varios de los tratados de libre comercio suscritos entre los países del continente siguen el modelo del Tratado de Libre Comercio de América del Norte en cuanto a su estructura, ámbito y cobertura (véase cuadro 4-1). Al igual que el TLCAN, los objetivos de la mayor parte de estos tratados, a través de sus principios y normas, que incluyen los de trato nacional, trato de nación más favorecida y transparencia, son: eliminar las barreras al comercio y facilitar la circulación transfronteriza de bienes y servicios entre los territorios de las partes; promover condiciones de competencia leal en la zona del libre comercio; aumentar sustancialmente las oportunidades de inversión en los territorios de las partes; proteger y hacer cumplir, de manera adecuada y efectiva, los derechos de propiedad intelectual en el territorio de cada parte; crear procedimientos eficaces para la aplicación y cumplimiento del tratado, para su administración conjunta y para la solución de controversias, y establecer lineamientos para la ulterior cooperación bilateral/trilateral, regional y multilateral, encaminada a ampliar y mejorar los beneficios del tratado.

Centroamérica-México

El 11 de enero de 1991, los Presidentes de México y de cinco países centroamericanos suscribieron la Declaración de Tuxtla Gutiérrez, Chiapas, en la que disponían la creación de una zona de libre comercio de bienes para el 31 de diciembre de 1996. El 20 de noviembre de 1992, los seis países firmaron el Acuerdo Marco Multilateral para el Programa de Liberalización Comercial entre los Gobiernos de Costa Rica, El Salvador, Guatemala, Honduras, México y Nicaragua. El acuerdo reiteraba la decisión adoptada en Tuxtla Gutiérrez de crear un área de libre comercio y establecer algunos parámetros para las negociaciones bilaterales entre México y cada uno de los países centroamericanos.

COSTA RICA-MÉXICO. El Tratado de Libre Comercio Costa Rica-México fue firmado el 5 de abril de 1994 en la Ciudad de México, y entró en vigencia el 1 de enero de 1995. Fue el primero de varios tratados de libre comercio tipo TLCAN firmados por México. El tratado había estado precedido de un acuerdo de alcance parcial firmado por los dos países el 22 de julio de 1982, al amparo del artículo 25 del Tratado de Montevideo de la Asociación Latinoamericana de Integración (ALADI) que permite a los países miembros de la Asociación negociar acuerdos comerciales con países no miembros de América Latina. En virtud del acuerdo de alcance parcial y de sus protocolos sucesivos, México acordó acceso preferencial a algunos productos costarricenses.

Al igual que en el TLCAN, se están eliminando los aranceles en cuatro plazos principales, a saber, inmediatamente (es decir, desde el día de la entrada en vigor del tratado) y en plazos de cinco, diez y quince años. Cuando entró en vigencia el tratado, se eliminaron los aranceles aduaneros de 70 por ciento de los productos mexicanos que ingresan al mercado costarricense y cerca del 80 por ciento de los productos costarricenses que ingresan al mercado mexicano. En cinco etapas anuales se eliminaron los aranceles de aproximadamente el 12 por ciento de los productos mexicanos y el 7 por ciento de los productos costarricenses. El 1 de enero de 2004, se habrán eliminado los aranceles del 95 por ciento de los productos costarricenses que ingresan al mercado mexicano y del 97 por ciento de los productos mexicanos que ingresan al mercado costarricense. Para el 1 de enero de 2009, prácticamente todos los aranceles habrán sido eliminados. Existen unos pocos productos excluidos que representan el 2 por ciento de los productos mexicanos y el 1 por ciento de los productos costarricenses[10].

Además de los capítulos sobre objetivos y definiciones generales, y del capítulo sobre trato nacional y acceso de bienes al mercado, el tratado contiene capítulos sobre el sector agropecuario y medidas fitosanitarias y zoosanitarias, reglas de origen, procedimientos aduaneros, medidas de salvaguarda, disposiciones en materia de cuotas compensatorias, principios generales sobre el comercio de servicios, entrada temporal de personas de negocios, medidas de normalización, compras del sector público, inversión, propiedad intelectual, información, publicación y garantías de audiencia y legalidad, administración del tratado, solución de controversias, excepciones y disposiciones finales (que abarcan la accesión, la denuncia y la entrada en vigor). El tratado no incluye capítulos sobre energía ni petroquímicos básicos, telecomunicaciones, servicios financieros o política de competencia. El capítulo sobre propiedad intelectual no abarca las patentes, los dibujos y modelos industriales (diseños industriales) y los esquemas de trazado (topografías) de circuitos integrados. A diferencia del TLCAN, que sólo hace referencia a la revisión y solución de controversias en materia de derechos *antidumping* y compensatorios, el Tratado de Libre Comercio Costa Rica-México incorpora también disposiciones sobre prácticas desleales de comercio internacional.

El comercio entre México y Costa Rica pasó de $157,5 millones en 1995 a $536 millones en 1999. Las exportaciones mexicanas a Costa Rica alcanzaron $345 millones en 1999, lo que representa más del 6 por ciento de todas las

---

10. Costa Rica. Ministerio de Comercio Exterior (1998).

exportaciones mexicanas a América Latina. Las importaciones mexicanas de bienes costarricenses alcanzaron un total de $191 millones.

MÉXICO-NICARAGUA. Nicaragua fue el segundo país centroamericano que negoció un tratado tipo TLCAN con México. El tratado fue firmado el 18 de diciembre de 1997 y entró en vigor el 1 de julio de 1998. El 76 por ciento de los aranceles de las exportaciones nicaragüenses a México y el 45 por ciento de las exportaciones mexicanas a Nicaragua fueron eliminados cuando entró en vigencia el tratado. El resto de los aranceles se están eliminando en plazos de cinco, diez y quince años.

El tratado es muy similar al TLCAN e incluye capítulos sobre disposiciones iniciales, definiciones generales, trato nacional y acceso de bienes al mercado, el sector agropecuario, medidas zoosanitarias y fitosanitarias, reglas de origen, procedimientos aduaneros, salvaguardias, prácticas desleales de comercio internacional, principios generales sobre el comercio de servicios, telecomunicaciones, entrada temporal de personas de negocios, servicios financieros, medidas de normalización, compras del sector público, inversión, propiedad intelectual, transparencia, administración del tratado, solución de controversias, excepciones y disposiciones finales. El tratado no incluye un capítulo sobre política de competencia ni sobre energía. El capítulo sobre propiedad intelectual no comprende las patentes, los dibujos y modelos industriales (diseños industriales) ni los esquemas de trazado (topografías) de circuitos integrados.

Después de la devastación causada en Nicaragua por el huracán Mitch en el otoño de 1998, el comercio recíproco, que alcanzaba un total de $72 millones en 1999, se redujo un 13 por ciento. Las exportaciones mexicanas a Nicaragua representaron $57,4 millones y las importaciones mexicanas de bienes nicaragüenses registraron $14,8 millones.

MÉXICO-TRIÁNGULO DEL NORTE. México y los países del Triángulo del Norte, Guatemala, El Salvador y Honduras, firmaron un tratado de libre comercio el 29 de junio de 2000. Cuatro años después de iniciadas, las negociaciones se reanudaron en la Segunda Cumbre de Tuxtla, en 1996, y concluyeron el 10 de mayo de 2000. Con este tratado de libre comercio, México ha suscrito tratados tipo TLCAN con todos los países centroamericanos[11]. Antes de finalizar este tratado, México había firmado un acuerdo de alcance parcial con Guate-

11. Vale la pena señalar que en la Tercera Cumbre de Tuxtla, en El Salvador, el 17 de julio de 1998, los cinco países centroamericanos y México reiteraron su compromiso de iniciar, una vez finalizados los tratados de libre comercio entre México y estos países, el proceso hacia un único acuerdo. Véase III Cumbre Tuxtla Centroamérica-México, Declaración Conjunta de la II Reunión de Jefes de Estado y de Gobierno de los Países Integrantes del Mecanismo de Diálogo y de Concertación de Tuxtla, San Salvador, El Salvador, 17 de julio de 1998, párrafo 37.

mala, el 4 de septiembre de 1984; con El Salvador, el 6 de febrero de 1986 y con Honduras, el 13 de octubre de 1990, al amparo del artículo 25 del Tratado de Montevideo, otorgando a algunos productos de estos países un acceso preferencial al mercado mexicano. Estos acuerdos fueron renovados varias veces.

Aproximadamente el 57 por ciento de las exportaciones mexicanas al Triángulo del Norte gozarán de un acceso libre de aranceles cuando entre en vigor el tratado. Los aranceles de otro 15 por ciento de los bienes serán eliminados en tres a cinco años. México eliminará los aranceles del 65 por ciento de las exportaciones del Triángulo del Norte cuando entre en vigencia el tratado y el 24 por ciento será liberalizado en tres a cinco años. Asimismo, el 30 por ciento de las exportaciones agrícolas mexicanas estarán libres de aranceles aduaneros cuando entre en vigencia el tratado; el 12 por ciento será liberalizado en cinco años, y el 41 por ciento, entre cinco y once años.

El Tratado de Libre Comercio México-Triángulo del Norte incluye capítulos sobre disposiciones iniciales, definiciones generales, trato nacional y acceso de bienes al mercado, el sector agropecuario, medidas sanitarias y fitosanitarias, reglas de origen, procedimientos aduaneros para el manejo del origen de las mercancías, medidas de salvaguardia, prácticas desleales de comercio internacional, comercio transfronterizo de servicios, servicios financieros, telecomunicaciones, entrada temporal de personas de negocios, inversión, medidas relativas a la normalización, propiedad intelectual, transparencia, administración del tratado, solución de controversias, excepciones y disposiciones finales. El tratado no incluye capítulos sobre compras del sector público, política de competencia o energía. Sin embargo, 18 meses después de la entrada en vigor del tratado, las partes deben empezar a negociar un capítulo sobre compras del sector público, que tendrá una amplia cobertura y otorgará trato nacional[12]. Los modelos de utilidad no previstos en el TLCAN están incluidos en el capítulo sobre propiedad intelectual, pero no se incluyen los esquemas de trazado (topografías) de circuitos integrados.

Guatemala, El Salvador y Honduras son los socios comerciales más importantes de México en América Latina. Los tres países representan el 25 por ciento del total de exportaciones mexicanas a la región, es decir, el equivalente a las exportaciones totales de México a Argentina, Brasil y Chile.

Grupo de los Tres

Los líderes de Colombia, México y Venezuela, en lo que se denominó el Grupo de los Tres, firmaron un tratado de libre comercio el 13 de junio de 1994, en vísperas de la Cuarta Cumbre Iberoamericana que se celebró en

---

12. Véase el artículo 21-02 del Tratado de Libre Comercio México-Triángulo del Norte.

Cartagena, Colombia. El tratado entró en vigor el 1 de enero de 1995. El Grupo de los Tres tiene su origen en el Grupo de Contadora (Colombia, Panamá, México y Venezuela) establecido en 1983 para ayudar a resolver los conflictos políticos y fomentar el proceso de paz en Centroamérica durante la década de los ochenta. Los países del Grupo de Contadora fueron más tarde respaldados en sus esfuerzos por los del Grupo de Lima (Perú, Argentina, Brasil y Uruguay). En 1986, estos países formaron el Grupo de Río[13]. En noviembre de 1989, en una reunión del Grupo de Río, el Grupo de los Tres, que se había creado en abril, acordó avanzar hacia la integración económica. Un año después, en septiembre de 1990, los presidentes de los tres países decidieron iniciar conversaciones sobre la posible firma de un tratado de libre comercio. Sus Ministros de Comercio se reunieron por primera vez en Puerto Vallarta, México, en noviembre de 1990.

Los aranceles entre Colombia y México y entre México y Venezuela se están eliminando de forma automática y progresiva a un 10 por ciento anual, lo que permitirá crear para el año 2005 una área de libre comercio. Como fue señalado en el capítulo tres, los aranceles entre Colombia y Venezuela fueron eliminados como parte del Area de Libre Comercio Andina (vigente desde febrero de 1993).

Además de las disposiciones iniciales y las definiciones generales, el trata-do incluye capítulos sobre trato nacional y acceso de bienes al mercado, sector automotor, sector agropecuario y medidas fitosanitarias y zoosanitarias, reglas de origen, procedimientos aduanales, salvaguardias, prácticas desleales de co-mercio internacional, principios generales sobre el comercio de servicios, tele-comunicaciones, servicios financieros, entrada temporal de personas de negocios, normas técnicas, compras del sector público, política en materia de empresas del estado, inversión, propiedad intelectual, solución de controver-sias, administración del tratado, transparencia, excepciones y disposiciones finales. El tratado no incluye un capítulo sobre energía y el capítulo sobre propiedad intelectual no cubre patentes, dibujos y modelos industriales (dise-ños industriales) ni esquemas de trazado (topografías) de circuitos integrados.

Las disposiciones sobre trato nacional y acceso de bienes al mercado, sec-tor automotor, sector agropecuario, reglas de origen, salvaguardias, prácticas desleales de comercio internacional, política en materia de empresas del esta-do, y propiedad intelectual no se aplican entre Colombia y Venezuela, ambos miembros de la Comunidad Andina.

---

13. El Grupo de Río cuenta ahora con 19 miembros: Argentina, Bolivia, Brasil, Colombia, Costa Rica, Chile, Ecuador, El Salvador, Guatemala, Honduras, México, Nicaragua, Panamá, Paraguay, Perú, Repú-blica Dominicana, Uruguay, Venezuela y Guyana, que representa a la Comunidad del Caribe.

Las exportaciones de México a Venezuela representan aproximadamente el 12 por ciento de las exportaciones totales de México a América Latina. Las exportaciones a Colombia, por su parte, representan el 10 por ciento del total de exportaciones mexicanas a la región. El comercio bilateral entre Colombia y México aumentó un 35 por ciento entre 1994 y 1999, registrando $625 millones en 1999, en tanto el comercio bilateral entre México y Venezuela aumentó casi el 60 por ciento entre 1994 y 1999, registrando $754 millones en 1999.

Bolivia-México

Después de dos años de negociaciones, Bolivia y México firmaron un tratado de libre comercio el 10 de septiembre de 1994 que entró en vigencia el 1 de enero de 1995. La firma tuvo lugar al cabo de la reunión del Grupo de Río, celebrada en Río de Janeiro el 9 y 10 de septiembre de 1994. Bolivia pasó a ser el tercer país andino que suscribe un tratado de libre comercio tipo TLCAN con México. Las relaciones comerciales entre ambos países habían estado regidas hasta entonces por las preferencias arancelarias regionales de la ALADI, dispuestas en los artículos 5 y 18 del Tratado de Montevideo.

El tratado redujo inmediatamente los aranceles del 97 por ciento de las exportaciones mexicanas a Bolivia y del 99 por ciento de las importaciones mexicanas procedentes de Bolivia. Aproximadamente el 98 por ciento de los productos se intercambiarán libres de aranceles a los diez años de la entrada en vigor del tratado. El dos por ciento restante quedará completamente liberalizado en 2010.

El tratado incorpora capítulos sobre disposiciones iniciales, definiciones generales, trato nacional y acceso de bienes al mercado, sector agropecuario y medidas zoosanitarias y fitosanitarias, reglas de origen, procedimientos aduaneros, medidas de salvaguardia, prácticas desleales de comercio internacional, comercio de servicios, telecomunicaciones, entrada temporal de personas de negocios, servicios financieros, medidas de normalización, compras del sector público, inversión, propiedad intelectual, transparencia, administración del tratado, solución de controversias, excepciones y disposiciones finales. El tratado no incluye capítulos sobre política de competencia o energía. A diferencia del TLCAN, el capítulo sobre propiedad intelectual incluye una sección sobre modelos de utilidad pero no abarca los esquemas de trazado (topografías) de circuitos integrados.

El comercio total entre los dos países aumentó de $35,8 millones en 1994 a $42,4 millones en 1999. Las exportaciones mexicanas a Bolivia representan la mayor parte de este comercio, que registró $34,6 millones en 1999.

Canadá-Chile

El Tratado de Libre Comercio Canadá-Chile fue firmado el 5 de diciembre
de 1996 y entró en vigor el 5 de julio de 1997. La intención era que fuera un
tratado temporal mientras Chile se adhería al TLCAN. En el preámbulo las
partes acordaron facilitar la incorporación de Chile al TLCAN.

Con la entrada en vigor del tratado, quedaron eliminados la mayor parte
de los aranceles aduaneros sobre bienes originarios de los dos países. Cerca del
90 por ciento de los bienes están ahora libres de aranceles aduaneros. El 4 de
noviembre de 1999, con ocasión de la segunda reunión de la Comisión del
Tratado de Libre Comercio Canadá-Chile, ambos países firmaron un acuerdo
para acelerar la eliminación de aranceles por un monto aproximado de
CDN$25 millones en bienes. Los aranceles aduaneros de algunos productos
industriales y productos mineros se eliminarán dentro de un plazo máximo de
cinco años a partir de la entrada en vigor del acuerdo. Los aranceles sobre los
textiles y las prendas de vestir se eliminarán en un máximo de seis años.

El tratado incluye capítulos sobre objetivos, definiciones generales, trato
nacional y acceso de bienes al mercado, reglas de origen, procedimientos aduaneros, medidas de emergencia, inversión, comercio transfronterizo de servicios, telecomunicaciones, política en materia de competencia, monopolios y
empresas del estado, entrada temporal de personas de negocios, publicación,
notificación y administración de leyes, derechos *antidumping* y compensatorios,
disposiciones institucionales y procedimientos para la solución de controversias, excepciones y disposiciones finales. El tratado no tiene capítulos sobre
compras del sector público, servicios financieros, derechos de propiedad intelectual, energía, medidas sanitarias y fitosanitarias o medidas de normalización. El tratado, sin embargo, incluye algunas disposiciones sobre derechos de
propiedad intelectual (véase el capítulo 10). Un aspecto innovador del tratado
es la decision por parte de sus signatarios de no aplicar sus legislaciones internas relativas a *antidumping* cuando el arancel de un bien llegue a cero o el 1de
enero de 2003, lo que ocurra primero[14]. Al igual que en el TLCAN, existen
dos acuerdos paralelos sobre cooperación laboral y cooperación ambiental[15].

El comercio recíproco anual entre los dos socios registró aproximadamente $525 millones en 1999, lo que representa un ligero incremento del 8
por ciento con respecto a 1995. La relación es particularmente sólida en materia de inversiones, dado que Canadá es el segundo inversionista extranjero
en Chile (y el primero en minería).

---

14. Véase el artículo M-03 del Tratado de Libre Comercio Canadá-Chile. Para más detalles sobre esta
cuestión, véase el capítulo 11 de este volumen.

15. Estos acuerdos son diferentes de los acuerdos paralelos del TLCAN.

Chile-México

El 22 de septiembre de 1991, Chile y México firmaron un tratado de libre comercio que abarcaba solamente el comercio de bienes. El tratado entró en vigencia el 1 de enero de 1992. Dado el crecimiento sostenido del comercio bilateral, ambos países decidieron ampliar la cobertura del tratado de 1991 y el 17 de abril de 1998, en el curso de la Segunda Cumbre de las Américas, firmaron un tratado de libre comercio más amplio, modelado a partir del TLCAN.

La mayor parte de los aranceles que no habían sido eliminados en el primer tratado fueron eliminados inmediatamente después de la entrada en vigencia del segundo tratado, el 1 de agosto de 1999. Al igual que otros tratados tipo TLCAN, el tratado de libre comercio entre Chile y México contiene capítulos específicos sobre disposiciones iniciales, definiciones generales, trato nacional y acceso de bienes al mercado (incluida una sección sobre el sector automotor), reglas de origen, procedimientos aduaneros, medidas de salvaguardia, medidas sanitarias y fitosanitarias, medidas relativas a la normalización, inversión, comercio transfronterizo de servicios, servicios de transporte aéreo, telecomunicaciones, entrada temporal de personas de negocios, política en materia de competencia, monopolios y empresas del estado, propiedad intelectual, transparencia, administración del tratado, solución de controversias, excepciones y disposiciones finales. El tratado no incluye capítulos sobre energía, compras del sector público, prácticas desleales de comercio internacional o servicios financieros. Sin embargo, las partes acordaron empezar negociaciones sobre compras del sector público y eliminación de los derechos *antidumping* un año después de la entrada en vigor del tratado. En el caso de los servicios financieros, el tratado estipula que las partes deben iniciar las negociaciones sobre este tema, a más tardar, el 30 de junio de 1999[16]. El capítulo sobre propiedad intelectual no cubre patentes, dibujos y modelos industriales (diseños industriales), secretos industriales o esquemas de trazado (topografías) de circuitos integrados.

El comercio recíproco anual aumentó sustancialmente en la década de los noventa, pasando de $188 millones en 1991 a $1.260 millones en 1999. Las exportaciones mexicanas a Chile representaron el 9,7 por ciento del total de las exportaciones a América Latina en 1999, una proporción mayor que la de Argentina (6,8 por ciento) aunque inferior a la de Brasil (10,6 por ciento).

Centroamérica-República Dominicana

El Tratado de Libre Comercio Centroamérica-República Dominicana suscrito entre Guatemala, El Salvador, Honduras, Nicaragua, Costa Rica y

---

16. Véase el artículo 20-08 del Tratado de Libre Comercio Chile-México.

República Dominicana fue firmado en Santo Domingo el 16 de abril de 1998. El Protocolo del tratado, que incluye los bienes excluidos del tratado, fue suscrito el 29 de noviembre de 1998 por Costa Rica, El Salvador, Guatemala y República Dominicana. Honduras firmó el Protocolo el 4 de febrero de 2000 y Nicaragua, el 13 de marzo de 2000.

El tratado, que se aplica bilateralmente entre cada país centroamericano y la República Dominicana, sigue el modelo del TLCAN. El mismo incluye capítulos sobre disposiciones iniciales, definiciones generales, trato nacional y acceso de bienes al mercado, reglas de origen, procedimientos aduaneros, medidas sanitarias y fitosanitarias, prácticas desleales de comercio, medidas de salvaguardia, inversión, comercio de servicios, entrada temporal de personas de negocios, compras del sector público, propiedad intelectual, política de competencia, solución de controversias, excepciones, administración del tratado, transparencia y disposiciones finales. El tratado no incluye capítulos sobre telecomunicaciones, servicios financieros o energía. El capítulo sobre propiedad intelectual en esencia hace referencia al Acuerdo ADPIC de la OMC, en tanto que el capítulo de inversión no establece el derecho al establecimiento de inversiones o inversionistas de la otra parte, como lo hace el TLCAN. El capítulo sobre compras del sector público, por su parte, no contiene ningún umbral para la adquisición de bienes o la contratación de servicios, lo que implica que el tratado es más liberalizador que el TLCAN.

El comercio recíproco entre los países centroamericanos y la República Dominicana pasó de $38,6 millones en 1994 a $95,2 millones en 1998. Costa Rica y Guatemala, respectivamente, con $33 millones y $29 millones de exportaciones y $6,3 millones y $1,4 millones de importaciones en 1998, son los socios comerciales de Centroamérica más importantes de la República Dominicana.

Centroamérica-Chile

El tratado de libre comercio entre Centroamérica y Chile fue firmado el 18 de octubre de 1999 y se aplica bilateralmente entre cada país centroamericano y Chile. Los aranceles aduaneros entre Costa Rica y Chile serán eliminados en cuatro períodos, a saber, inmediatamente después de la entrada en vigencia del tratado y dentro de plazos de cinco, 12 y 16 años. En el caso de Nicaragua, Chile eliminará sus aranceles en cinco períodos principales, a saber, inmediatamente después de la entrada en vigor del tratado y en plazos de cuatro, cinco, siete y 15 años. Nicaragua, por otro lado, eliminará sus aranceles a los bienes chilenos inmediatamente o en plazos de dos, cuatro, nueve y 15 años. Existen cinco listas entre El Salvador y Chile. El Salvador eliminará sus aranceles inmediatamente o en plazos de cinco, ocho, 10 y 16 años, en tanto Chile eliminará sus aranceles inmediatamente o en plazos de tres, cinco, ocho y 10 años. Al momento de la entrada en vigencia del tratado, el 95 por ciento de las exportaciones costarricenses ingresarán al mercado chileno libres de todo arancel. En el caso de Nicaragua y El Salvador, el porcentaje es, respectivamente, del 77 por ciento y del 83 por ciento de los productos. Las negociaciones sobre acceso al mercado con Guatemala y Honduras aún no han concluido.

El tratado contiene capítulos sobre disposiciones iniciales, disposiciones generales, trato nacional y acceso de mercancías al mercado, reglas de origen, procedimientos aduaneros, medidas de salvaguardia, prácticas desleales de comercio, medidas sanitarias y fitosanitarias, medidas de normalización, metrología y procedimientos de autorización, inversión, comercio transfronterizo de servicios, transporte aéreo, telecomunicaciones, entrada temporal de personas de negocios, políticas de competencia, contratación pública, transparencia, administración del tratado, solución de controversias, excepciones, y disposiciones finales. El tratado no incluye capítulos sobre propiedad intelectual o servicios financieros. Las normas sobre inversión son las correspondientes a los acuerdos bilaterales de inversión firmados por cada país centroamericano con Chile pero el capítulo de inversión estipula que las partes pueden decidir en cualquier momento —pero tienen que analizar la posibilidad dentro de los dos años a partir de la entrada en vigor del tratado— desarrollar y ampliar la cobertura de estas normas sobre inversión. El capítulo sobre contratación pública, al igual que el capítulo sobre compras del sector público del Tratado de Libre Comercio Centroamérica-República Dominicana, no incluye ningún umbral.

El comercio entre Centroamérica y Chile pasó de $59,2 millones en 1994 a $103,2 millones en 1998. Costa Rica, Guatemala, Nicaragua y El Salvador exportaron bienes a Chile por valor, respectivamente, de $19,6 millones, $11,8 millones, $4,9 millones y $1,4 millones en 1998, en tanto que Honduras exportó sólo $28,636 en bienes.

Tratado de Libre Comercio CARICOM-República Dominicana

El Tratado de Libre Comercio entre la CARICOM y la República Dominicana fue firmado el 22 de agosto de 1998. El 28 de abril de 2000 se firmó un protocolo de aplicación del tratado. Los productos elegibles para la eliminación gradual de aranceles no pagarán ningún arancel en enero de 2004. Abarcan productos tales como *anthuriums*, lirios y orquídeas; café; salchichas; tocino; pasta; galletas; mermeladas, jaleas, jugo de granadilla; ron; aceites esenciales, perfumes y agua de colonia; cajas y envases; cubiertos y productos de plástico; ciertos elementos para el calzado y colchones. Se han excluido aproximadamente 50 productos, que incluyen bebidas sin alcohol, chocolates, cosméticos, jugos, algunos productos agrícolas, aceites y grasas. Cuando entre en vigencia el tratado, se eliminarán los aranceles de todos los demás productos.

El tratado abarca el comercio de bienes, de servicios, la inversión y la solución de controversias. Las partes acordaron empeñarse en adoptar un acuerdo sobre compras del sector público para estimular y facilitar una mayor participación de sus agentes económicos en las oportunidades comerciales que surjan de las actividades de adquisiciones del sector público. Las partes también acordaron formular y aprobar un acuerdo sobre derechos de propiedad intelectual, teniendo en cuenta los derechos y obligaciones establecidos en el Acuerdo ADPIC y en otros acuerdos pertinentes de los que todos los estados miembros de CARICOM y la República Dominicana son signatarios.

Bibliografía

Cameron, Maxwell A. y Brian W. Tomlin. 2000. *The Making of the NAFTA: How the Deal Was Done*. Ithaca, N.Y.: Cornell University Press.

Costa Rica, Ministerio de Comercio Exterior. 1998. *Tratado de Libre Comercio entre la República de Costa Rica y los Estados Unidos Mexicanos*. San José: COMEX.

Hart, Michael, con Bill Dymond y Colin Robertson. 1994. *Decision at Midnight: Inside the Canada-US Free-Trade Negotiations*. Vancouver, B.C: UBC Press.

Robert, Maryse. 2000. *Negotiating NAFTA: Explaining the Outcome in Culture, Textiles, Autos, and Pharmaceuticals*. Toronto: University of Toronto Press.

Rubio, Luis. 1992. *¿Cómo va a afectar a México el tratado de libre comercio?* Ciudad de México: Fondo de Cultura Económica.

U.S. General Accounting Office. 1993. *North American Free Trade Agreement: Assessment of Major Issues*. Vol. 2. Washington, D.C.

von Bertrab, Hermann. 1996. *El redescubrimiento de América: Historia del TLC*. Ciudad de México: Nacional Financiera/Fondo de Cultura Económica.

KARSTEN STEINFATT

5 | *Acuerdos comerciales preferenciales y de alcance parcial*

Los Acuerdos comerciales preferenciales no recíprocos son concesiones unilaterales que contemplan la eliminación o reducción de aranceles y otras barreras a las importaciones de un grupo determinado de productos originarios de los países beneficiarios. Con la adición de la Parte IV sobre "Comercio y Desarrollo" al Acuerdo General sobre Aranceles Aduaneros y Comercio (GATT) en 1965, el principio de la no reciprocidad se arraigó firmemente en las reglas del comercio multilateral. Desde entonces, muchos países industrializados han ofrecido unilateralmente tasas arancelarias preferenciales para ciertos productos de exportación de países en desarrollo a través del Sistema Generalizado de Preferencias (SGP)[1]. Aparte de los esquemas preferenciales generales aplicados por Estados Unidos y Canadá, existen cinco programas preferenciales no recíprocos entre países del hemisferio: la Iniciativa para la Cuenca del Caribe, la Ley de Preferencias

El autor quisiera reconocer la ayuda de Jorge Mario Martínez en la elaboración de la sección sobre la Iniciativa para la Cuenca del Caribe. Elizabeth Cadena, Larisa Caicedo y la Secretaría de CARICOM aportaron información de utilidad para la sección sobre los acuerdos de CARICOM. Finalmente, la sección sobre la Asociación Latinoamericana de Integración se basa en un borrador redactado por Donald R. Mackay.

1. El equivalente canadiense del SGP de Estados Unidos se conoce con el nombre de Arancel Preferencial General (General Preferential Tariff o GPT).

Comerciales Andinas, CARIBCAN y los acuerdos entre CARICOM y Venezuela y CARICOM y Colombia.

El presente capítulo aporta una visión general de las principales características de cada uno de estos cinco acuerdos preferenciales no recíprocos. En el capítulo se incluye además una explicación de la Asociación Latinoamericana de Integración (ALADI), una organización intergubernamental que cubre una vasta gama de acuerdos comerciales (preferenciales y no preferenciales) entre países de las Américas.

Iniciativa para la Cuenca del Caribe

La Iniciativa para la Cuenca del Caribe (ICC) es el nombre por el que comúnmente se conocen dos amplios programas preferenciales no recíprocos: la Ley de Recuperación Económica de la Cuenca del Caribe (CBERA) de 1983 y la Ley de Expansión de la Recuperación Económica de la Cuenca del Caribe (CBEREA) de 1990. Ambas leyes brindan acceso preferencial al mercado estadounidense a las exportaciones originarias de Centroamérica y el Caribe. La reciente promulgación del Título II de la Ley de Comercio y Desarrollo de 2000 amplía aún más los beneficios disponibles en virtud de la ICC, al expandir la lista de productos para los cuales se permite el acceso libre de aranceles aduaneros al mercado estadounidense.

En febrero de 1982, Ronald Reagan, entonces presidente de Estados Unidos, anunció la Iniciativa para la Cuenca del Caribe en medio de una serie de conflictos armados en América Central. Los proponentes de la ICC veían el programa como una poderosa herramienta para fomentar la estabilidad política en la región, ya que promovería el crecimiento de las exportaciones de la Cuenca del Caribe y reduciría la dependencia de la región de la exportación de productos agrícolas y materias primas. La Ley de Recuperación Económica de la Cuenca del Caribe, en la cual se especifican las preferencias arancelarias unilaterales que constituyen el núcleo de la ICC, fue aprobada por el Congreso de Estados Unidos en julio de 1983 y promulgada por el Presidente Reagan un mes después.

Las ventajas del programa ICC quedaron a la disposición de 20 "países beneficiarios" a partir del 1 de enero de 1984[2]: Antigua y Barbuda, Antillas Neerlandesas, Barbados, Belice, Costa Rica, Dominica, El Salvador, Grenada, Guatemala, Haití, Honduras, Islas Vírgenes Británicas, Jamaica, Montserrat,

---

2. En 19 U.S.C. 2702(b) se enumeran los países potencialmente elegibles para los beneficios de la CBERA. Es sólo cuando el presidente estadounidense firma una Proclama mediante la cual se designa a un "país beneficiario" que éste puede recibir los beneficios especificados en el programa.

Panamá, República Dominicana, St. Kitts y Nevis, Sta. Lucía, San Vicente y las Granadinas y Trinidad y Tobago. Aruba, las Bahamas y Guyana fueron designados beneficiarios de la ICC en años posteriores, mientras que Nicaragua adquirió esta condición después de que el sucesor del Presidente Reagan, George Bush, anunciase el levantamiento de las sanciones económicas contra ese país en marzo de 1990. La condición de Panamá como país beneficiario fue suspendida en marzo de 1988 y reinstituida en diciembre de 1989, cuando un gobierno elegido democráticamente sustituyó al régimen encabezado por el General Manuel Noriega. Honduras perdió parte de sus beneficios en virtud de la CBERA durante dos meses en 1988, cuando el Representante Comercial de Estados Unidos concluyó que el país no había logrado "suministrar una protección adecuada y eficaz de los derechos de propiedad intelectual"[3]. En la actualidad, tan sólo Anguila, las Islas Caimán, Suriname y las islas Turcos y Caicos, pudiendo optar por participar en el programa, no han solicitado la designación como países beneficiarios. Sin embargo, en 1999, tanto Anguila como Suriname expresaron su interés en aprovechar plenamente los beneficios ofrecidos por el programa[4].

Originalmente, la CBERA debía expirar después de diez años. Pero en 1990, el Congreso de Estados Unidos aprobó la Ley de Expansión de la Recuperación Económica del Caribe, la cual hizo permanente el programa y a su vez expandió la cobertura de productos. Sin embargo, la posterior entrada en vigor del Tratado de Libre Comercio de América del Norte (TLCAN), en enero de 1994, erosionó parcialmente el acceso privilegiado de los países de la ICC al mercado estadounidense. El TLCAN eliminó los obstáculos al comercio entre Canadá, México y Estados Unidos, lo que condujo a que los países de la Cuenca del Caribe solicitaran "paridad TLCAN" para sus productos[5].

La ICC recibió un nuevo impulso el 18 de mayo de 2000, cuando el presidente estadounidense Bill Clinton promulgó la Ley de Comercio y Desarrollo de 2000, que incluye la Ley de Asociación Comercial con la Cuenca del Caribe. La nueva ley entró en vigor el 2 de octubre de 2000, fecha en que el Presidente Clinton decidió ampliar los beneficios de esta ley a los 24 países de la ICC. La nueva ley estará en vigencia hasta la primera de las dos fechas

---

3. Comisión de Comercio Internacional de Estados Unidos (1999, p. 2).

4. Comisión de Comercio Internacional de Estados Unidos (1999, p. 1).

5. Desde el anuncio, en 1990, de que México y Estados Unidos habían acordado formar un área de libre comercio, los países de la ICC manifestaron sus inquietudes en torno a las posibles consecuencias de desviación del comercio y las inversiones que originaría un tratado de esta índole, en particular a la luz de la similitud entre las ventajas comparativas y los recursos de México y los países de la ICC. Existe una amplia bibliografía que busca documentar los efectos del TLCAN sobre las economías de Centroamérica y el Caribe. Véanse, por ejemplo, Federación de Entidades Privadas de Centroamérica y Panamá (1992); Comisión Económica para América Latina y el Caribe (1996); y Gitli y Randall Arce (2000).

siguientes: el 30 de septiembre de 2008 o la fecha de entrada en vigor del Área de Libre Comercio de las Américas.

Con la promulgación de la nueva legislación, la lista de productos caribeños que no reciben trato preferencial se limita ahora a un pequeño grupo de productos agrícolas conformado fundamentalmente por arroz, azúcar y tabaco. Las importaciones de estos productos al mercado estadounidense, independientemente de su fuente, están sujetas a restricciones bajo la forma de cuotas arancelarias[6]. Los productos que están ahora cubiertos y que estaban previamente excluidos de la ICC son los textiles, prendas de vestir, atún en lata, petróleo y sus derivados y ciertos relojes y sus piezas[7]. De estos productos, el trato preferencial acordado a ciertos textiles y prendas de vestir es de particular significación para los países de la ICC pues tendrá un impacto significativo sobre el desempeño de las exportaciones de estos países en el transcurso de los próximos años[8]. Bajo la nueva legislación, las prendas de vestir hechas en los países de la Cuenca del Caribe a partir de telas estadounidenses hechas con hilados de Estados Unidos reciben un trato libre de aranceles y cuotas. Dicho trato también estará disponible para las prendas de vestir confeccionadas en los países ICC a partir de telas consideradas de "escasa oferta" en Estados Unidos, así como para determinados artículos "hilados a manos, hechos a mano o folclóricos". Otros artículos de vestir, incluidas ciertas prendas tejidas hechas en países de la ICC a partir de telas formadas en la región de la Cuenca del Caribe con hilados estadounidenses no pagan derechos de importación, pero están sujetos a cuotas. Estas cuotas aumentarán en un 16 por ciento anual durante tres años luego de la promulgación de la legislación. Dado que la legislación estadounidense sólo especifica cuotas globales, la responsabilidad de la asignación de las cuotas entre los países beneficiarios queda en manos de éstos mismos.

6. Las cuotas arancelarias son mecanismos por los que se establece la aplicación de cierta tasa arancelaria a las importaciones de un producto hasta determinada cantidad (cantidad dentro de la cuota), y una tasa diferente a las importaciones de ese producto que excedan tal cantidad.

7. Cámara de Representantes del Congreso de Estados Unidos, *Ley de Comercio y Desarrollo de 2000* (*H.R. 434*), Sección 211.

8. Sin embargo, es de hacer notar que, antes de la promulgación de la nueva legislación, ciertas importaciones de textiles y prendas de vestir provenientes de países de la Cuenca del Caribe, aunque excluidas de la ICC, ingresaban a Estados Unidos a tasas preferenciales de derechos por medio de dos esquemas: primero, la llamada disposición 807, que estipulaba pago de derechos de importación por parte de los países del Caribe (bajo tasa de NMF) únicamente por la porción de "valor agregado" caribeño de la prenda de vestir ensamblada a partir de telas estadounidenses, cortada por patrón en Estados Unidos y cosida en la región del Caribe. Bajo el segundo esquema, llamado Programa de Acceso Especial, los productos textiles y de vestir que calificasen estaban exentos de las cuotas estadounidenses (pero no de la tasa de derecho NMF) bajo la condición de que el país beneficiario concluyese un acuerdo textil bilateral en virtud del cual se limitasen las importaciones de ciertos otros productos textiles y de vestir que no tuviesen suficiente contenido estadounidense.

La Ley de Asociación Comercial con la Cuenca del Caribe introduce criterios nuevos y más específicos que el presidente estadounidense debe tomar en cuenta a la hora de designar a un país beneficiario[9]. Estos criterios, los cuales se agregan a los establecidos previamente por la legislación de la ICC y no pretenden sustituirlos, hacen referencia explícita a acuerdos internacionales y leyes nacionales. Por ejemplo, el presidente debe tomar en cuenta la medida en que la protección que los países brindan a los derechos de propiedad intelectual es compatible o mayor de la prevista en el Acuerdo sobre Aspectos de los Derechos de Propiedad Intelectual relacionados con el Comercio (ADPIC) de la Organización Mundial del Comercio (OMC), o si los países han dado pasos para eliminar las peores formas de trabajo infantil, conforme a la definición de la Sección 507(6) de la Ley de Comercio de 1974 de Estados Unidos. El presidente también debe tomar en cuenta el grado en que los países aplican procedimientos de compras del sector público equivalentes a aquellos contemplados en el Acuerdo sobre Contratación Pública de la OMC, así como el grado en que los países han intentado convertirse en partes de (o aplicar) la Convención Interamericana contra la Corrupción.

Como otros acuerdos preferenciales no recíprocos, la nueva ley de asociación establece reglas de origen para garantizar que las ventajas conferidas por el programa vayan únicamente hacia los países beneficiarios. En este ámbito, la legislación trata a los países beneficiarios como si fuesen partes del TLCAN. Los bienes son considerados originarios de uno o más países beneficiarios si cumplen con los requisitos previstos en el capítulo 4 del TLCAN[10].

Finalmente, la nueva legislación requiere que la Comisión de Comercio Internacional de Estados Unidos (USITC) presente un informe bienal al Congreso y el presidente en el cual se analice "el impacto económico de [la legislación] sobre las industrias y los consumidores estadounidenses, así como sobre la economía de los países beneficiarios"[11]. Los informes de la ITC han concluido que el efecto general sobre la economía estadounidense de las preferencias arancelarias otorgadas bajo la ICC es mínimo. Mientras tanto, los consumidores estadounidenses han experimentado un aumento de su bienestar como consecuencia de las importaciones estadounidenses de veinte categorías de productos que ingresan al país en el marco del programa preferencial. La ITC también ha concluido que la ICC ha desempeñado un papel fundamental en

---

9. Cámara de Representantes del Congreso de Estados Unidos, *Ley de Comercio y Desarrollo de 2000 (H.R. 434)*, Sección 211.

10. Cámara de Representantes del Congreso de Estados Unidos, *Ley de Comercio y Desarrollo de 2000 (H.R. 434)*, Sección 211.

11. Cámara de Representantes del Congreso de Estados Unidos, *Ley de Comercio y Desarrollo de 2000 (H.R. 434)*, Sección 211.

respaldo a los esfuerzos de los países de la Cuenca del Caribe por ampliar, fortalecer y diversificar sus sectores de exportación. Sin embargo, los estudios de la ITC también han demostrado que los beneficios del programa varían considerablemente de un país a otro.

Ley de Preferencias Comerciales Andinas

El 4 de diciembre de 1991, el presidente de Estados Unidos, George Bush, promulgó la Ley de Preferencias Comerciales Andinas (ATPA), un paquete de medidas comerciales que confiere trato preferencial a una amplia gama de productos importados por Estados Unidos desde Bolivia, Colombia, Ecuador y Perú. El objetivo del ATPA es doble: en primer lugar, promover el desarrollo económico general de la región andina; y en segundo lugar, brindar incentivos económicos en apoyo a los esfuerzos de los países andinos por retirar recursos dedicados al cultivo de coca y la producción de cocaína.

El origen de la ATPA se remonta a la Cumbre Andina celebrada en Cartagena, Colombia, en febrero de 1990[12], donde el Presidente Bush y sus homólogos andinos discutieron los esfuerzos conjuntos que se requerían para combatir el tráfico ilegal de drogas. En este contexto, los líderes subrayaron el papel positivo que un mayor acceso al mercado estadounidense podría tener en la expansión de las alternativas económicas frente al cultivo y la producción de coca en la región andina. Poco después de la Cumbre de Cartagena el Presidente Bush anunció su intención de poner en marcha un paquete de beneficios comerciales unilaterales dirigido específicamente a los cuatro países andinos. En este paquete estaba incluido el sistema de aranceles preferenciales conocido como ATPA. La ATPA entró en vigor el 2 de julio de 1992, con la designación de Bolivia y Colombia como beneficiarios del programa por parte del Presidente Bush. Ecuador y Perú adquirieron condición de beneficiario al año siguiente. El programa ha de permanecer en vigencia hasta el 3 de diciembre de 2001.

Si bien sigue el modelo de la Iniciativa para la Cuenca del Caribe, la ATPA es un programa más reducido que no confiere a los países elegibles muchos de los beneficios no arancelarios concedidos en virtud de la legislación sobre la ICC. No obstante, al igual que esta última, la ATPA especifica ciertos criterios que los países han de satisfacer para que el presidente los designe como beneficiarios del programa[13]. Estos criterios tienen que ver fundamentalmente con la protección de los derechos de propiedad intelectual, los

---

12. Para una relación detallada de los orígenes de la ATPA, véase Smith (1992, pp. 149-158).
13. 19 U.S.C 3202.

derechos laborales y los derechos de los inversionistas estadounidenses en los países beneficiarios. Hasta la fecha, ningún país ha perdido los beneficios del programa sobre la base de los criterios especificados en la legislación[14].

Las preferencias arancelarias establecidas por la ATPA rigen para una amplia gama de productos[15]. En 1999, casi un quinto de los $9,800 millones en bienes exportados desde los cuatro países andinos a los Estados Unidos ingresó a través de la ATPA[16]. Un pequeño grupo de productos, entre los que figuran los bolsos de cuero, valijas, artículos planos, guantes de trabajo y prendas de vestir de cuero, si bien no ingresan al mercado estadounidense libres de aranceles aduaneros, gozan de aranceles reducidos. Los textiles y las prendas de vestir, ciertos calzados, el atún en lata, el petróleo y sus derivados, ciertos relojes y piezas de reloj, ciertos productos de azúcar y el ron están excluidos del programa. Finalmente, la ATPA no elimina las cuotas arancelarias establecidos por Estados Unidos para el azúcar, la carne de res y otros productos agropecuarios, como tampoco exime de los requisitos sanitarios y fitosanitarios de aplicación general a las importaciones de alimentos.

La ATPA contiene reglas de origen que deben cumplir los productos andinos para poder obtener un trato arancelario preferencial. Estas reglas garantizan que sólo los bienes cultivados, producidos o fabricados en su totalidad—o, si son hechos con insumos de fuera de la región ATPA, sustancialmente transformados—en los cuatro países andinos reciban trato preferencial. Básicamente, el costo de los materiales originarios de los cuatro países y los costos de procesamiento en que incurra uno o más de éstos deben por lo menos ser iguales al 35 por ciento del valor en aduanas del producto para que éste pueda ingresar a Estados Unidos a tasas arancelarias reducidas o sin pago de derechos al amparo de la ATPA[17]. El umbral del 35 por ciento puede ser cumplido a través del uso de insumos provenientes de cualquiera de los cuatro países andinos. Insumos de Puerto Rico, las Islas Vírgenes de Estados Unidos y países designados en virtud de la Ley de Recuperación Económica de la Cuenca del Caribe también cuentan como productos "locales".

Finalmente, bajo la ATPA, la Comisión de Comercio Internacional de Estados Unidos (USITC) debe presentar informes bienales en los que ha de analizar el impacto económico de la ATPA "sobre las industrias y los consumidores de Estados Unidos y examinar, conjuntamente con otros organismos, la eficacia [de la Ley] en la promoción de la erradicación de cultivos relacionados con

14. Comisión Internacional de Comercio de Estados Unidos (2000, p. 2).
15. 19 U.S.C 3203.
16. 19 U.S.C 3203.
17. 19 U.S.C 3203.

drogas y de los esfuerzos de sustitución de cultivos de los países beneficiarios"[18]. La USITC ha concluido de forma consistente que el efecto general de la ATPA sobre la economía de Estados Unidos es mínimo y se concentra en un pequeño grupo de productores estadounidenses. Al mismo tiempo, las importaciones de las principales categorías de productos que reciben preferencias arancelarias bajo la ATPA se han traducido en ganancias netas de bienestar para los consumidores estadounidenses. La mayoría de los informes de la USITC han concluido que el programa ha tenido un efecto pequeño, aunque positivo, sobre las economías de los países beneficiarios, generalmente como resultado de inversiones adicionales en sectores que reciben preferencias arancelarias. Igualmente, el informe del año 2000 atribuye a la ATPA una pequeña porción de la tendencia descendente registrada en la producción ilícita de coca en la región andina[19].

CARIBCAN

En respuesta a las instancias por parte de los líderes caribeños, el Primer Ministro de Canadá, Brian Mulroney, propuso, a finales de 1985, la puesta en marcha de un programa de asistencia al desarrollo comercial y económico denominado CARIBCAN. El programa, promulgado el 15 de junio de 1986[21], tiene por meta brindar una vía para que los países o territorios dependientes caribeños amplíen sus ingresos por concepto de exportaciones y atraigan inversiones, y al mismo tiempo promover la cooperación y la integración económicas entre Canadá y los países del Caribe. A tal efecto, CARIBCAN elimina unilateralmente los aranceles canadienses para una extensa lista de productos originarios del Caribe. En el transcurso de los años esta lista de productos se ha ampliado para incluir todas las importaciones del Caribe, salvo los textiles, las prendas de vestir y calzados y bienes sujetos a tasas de nación más favorecida (NMF) de derechos por encima del 35 por ciento[21]. En 1999, a penas un 12 por ciento de las importaciones canadienses provenientes del Caribe se

---

18. 19 U.S.C. 3204(b). El requisito de elaboración de informes de la ATPA fue enmendado por la Ley de Comercio y Desarrollo de 2000. En lugar de elaborar informes anuales, la Comisión de Comercio Internacional de Estados Unidos (USITC) debe ahora presentar informes cada dos años.

19. Comisión Internacional de Comercio de Estados Unidos (2000).

20. Los países que pueden optar al trato libre de derechos en virtud del CARIBCAN son: Anguila, Antigua y Barbuda, Bahamas, Barbados, Belice, Bermuda, Dominica, Grenada, Guyana, Islas Caimán, Islas Turcos y Caicos, Islas Vírgenes Británicas, Jamaica, Montserrat, St. Kitts y Nevis, Sta. Lucía, San Vicente y las Granadinas y Trinidad y Tobago.

21. Los productos que fueron originalmente excluidos del programa pero que ahora gozan de cobertura son las valijas y prendas de vestir de cuero, ciertos productos de fibras vegetales, aceites lubricantes y el metanol. Véase OMC (1996,1999).

beneficiaron del trato preferencial de CARIBCAN, mientras que un 80 por ciento recibieron un trato libre de derechos sobre una base de nación más favorecida (NMF)[22]. Los principales productos caribeños que se benefician del trato preferencial de CARIBCAN son el mineral y las barras de hierro, la caña de azúcar, el pescado, los licores y ciertos productos agropecuarios.

Al igual que otros esquemas preferenciales unilaterales, CARIBCAN establece reglas de origen. Específicamente, para que un producto reciba trato preferencial en virtud de CARIBCAN, al menos el 60 por ciento de su valor debe tener su origen en uno o varios países beneficiarios o en Canadá[23]. Finalmente, CARIBCAN difiere de esquemas preferenciales estadounidenses en que no condiciona las preferencias que otorga al cumplimiento de ciertos requisitos por parte de los países beneficiarios.

CARICOM-Venezuela y CARICOM-Colombia

Fue el Presidente Carlos Andrés Pérez quien, durante una reunión de Jefes de Gobierno de CARICOM celebrada en St. Kitts en 1991 propuso el Acuerdo sobre Comercio e Inversiones entre la República de Venezuela y la Comunidad del Caribe (CARICOM). Firmado en octubre de 1992, el acuerdo entró en vigor el 1 de enero de 1993. Casi dos años después, los países de CARICOM firmaron un acuerdo similar con Colombia, el cual entró en vigencia el 1 de enero de 1995. Ambos acuerdos fueron concluidos dentro del marco de la cláusula de acuerdos de alcance parcial no recíprocos de la Asociación Latinoamericana de Integración (ALADI), de la cual son miembros Colombia y Venezuela. En razón de ello, los dos esquemas están abiertos a la adhesión por parte de otros países de la ALADI.

El objetivo principal de ambos acuerdos reside en fortalecer los vínculos económicos entre sus respectivos miembros a través de la promoción del comercio—en particular las exportaciones de la Comunidad del Caribe hacia Colombia y Venezuela—y los flujos de inversión. A tales efectos, los acuerdos establecen programas de liberalización a tres niveles en virtud de los cuales los aranceles de un primer grupo de exportaciones de CARICOM hacia Colombia y Venezuela (Anexo I) se eliminan con la entrada en vigor de los acuerdos, los aranceles aplicados a un segundo grupo de bienes (Anexo II) se reducen en etapas anuales hasta alcanzar cero, y los aranceles aplicados al resto de los

22. OMC (2000, p. 2).
23. OMC (2000, p. 2).

productos (Anexo III) reciben trato NMF[24]. En el caso del acuerdo CARICOM-Venezuela, los bienes que figuran en la lista del Anexo II están sujetos a cuatro reducciones anuales de 25 puntos porcentuales; el acuerdo CARICOM-Colombia, en cambio, establece tres reducciones anuales de 33,3 puntos porcentuales cada una para los bienes incluidos en el Anexo II. En la mayoría de los casos, los productos cubiertos por ambos acuerdos caen dentro de las mismas categorías amplias, las cuales incluyen las plantas y los árboles vivos, flores, café, té y especias, hierro y acero, maquinaria eléctrica y aparatos mecánicos. En algunos casos, los productos que aparecen en el anexo de uno de los acuerdos aparecen en un anexo diferente en el otro acuerdo, con lo cual dichos productos quedan sujetos a regímenes de liberalización distintos. Tal es el caso del pescado, frutas y vegetales y ciertas prendas de vestir y artículos confeccionados, los cuales se incluyen en el Anexo I del acuerdo CARICOM-Colombia y en el Anexo II del acuerdo CARICOM-Venezuela.

Ambos esquemas preferenciales establecen que CARICOM ha de conferir trato NMF y abstenerse de aplicar obstáculos no arancelarios—distintos de aquellos vigentes o autorizados por el tratado que establece a la Comunidad del Caribe—para todas las importaciones provenientes de Colombia y Venezuela. Sin embargo, en un llamado explícito a una "reciprocidad pospuesta", el acuerdo CARICOM-Colombia lleva las obligaciones de cuatro miembros de la CARICOM—Barbados, Guyana, Jamaica y Trinidad y Tobago, también conocidos como los países más desarrollados (PMD) de CARICOM—un paso más lejos. Específicamente, el artículo 6 estipula que estos países conferirán trato preferencial a una lista negociada de bienes provenientes de Colombia a partir del cuarto año de entrada en vigor del acuerdo. En este marco, Colombia y los países de CARICOM firmaron en mayo de 1998 un protocolo por medio del cual convinieron en eliminar los aranceles aplicados a un conjunto de productos determinados de Colombia y los países más desarrollados de CARICOM a partir del 1 de junio de 1998. El protocolo también requiere la puesta en marcha de un mecanismo por medio del cual los aranceles aplicados a un segundo grupo de bienes se reduzcan en 25 puntos porcentuales cada año a partir de enero de 1999. Así pues, el protocolo agrega 207 bienes, incluidos los aceites lubricantes, pescado y químicos, a la lista de productos de los países de CARICOM que reciben algún tipo de trato preferencial de parte de Colombia. Al mismo tiempo, más de 1.000 productos originarios de Colombia disfrutan ahora de algún tipo de trato preferencial

---

24. De conformidad con el artículo 5 del Acuerdo CARICOM- Colombia, el Anexo III contiene productos que, además de recibir trato NMF de parte de Colombia, podrán "recibir tratamiento preferencial en Colombia, previa negociación entre las Partes, a partir del cuarto año de entrada en vigencia de este Acuerdo".

por parte de los países más desarrollados de CARICOM[25]. Los bienes en cuestión incluyen el tabaco, maquinaria agrícola, químicos y textiles.

Para asegurarse de que los beneficios asociados al trato preferencial sean conferidos exclusivamente a los signatarios, ambos acuerdos contienen reglas de origen que especifican qué productos tienen derecho a recibir preferencias arancelarias[26]. Además, los miembros pueden aplicar salvaguardias en caso de daño (o amenaza del mismo en el caso del acuerdo CARICOM-Colombia) a la producción nacional o cuando enfrenten desequilibrios en la balanza de pagos. Las cláusulas de los acuerdos relativas a las prácticas desleales de comercio también contemplan la aplicación de medidas antidumping y compensatorias por parte de los signatarios de conformidad con sus respectivas legislaciones internas.

Finalmente, ambos acuerdos establecen un "consejo conjunto" encargado no sólo de administrar los programas preferenciales, sino también de resolver cualquier problema que pueda surgir en relación con su aplicación. Los consejos conjuntos deben reunirse al menos una vez al año y pueden proponer medidas que ayuden a las partes al mejor logro de los objetivos del acuerdo.

La Asociación Latinoamericana de Integración

El 12 de agosto de 1980, once países latinoamericanos (Argentina, Bolivia, Brasil, Colombia, Chile, Ecuador, México, Paraguay, Perú, Uruguay y Venezuela) firmaron el Tratado de Montevideo instituyendo así la Asociación Latinoamericana de Integración (ALADI) con miras a fomentar el objetivo a largo plazo de crear en forma gradual un mercado común latinoamericano. Los orígenes de la ALADI se remontan a 1960, cuando México y seis países suramericanos establecieron la Asociación Latinoamericana de Libre Comercio (ALALC). Basada en gran medida en la negociación anual de reducciones arancelarias, esta asociación de libre comercio buscaba eliminar los obstáculos al comercio entre sus miembros para 1972. Si bien los esfuerzos por expandir el alcance geográfico de la ALALC fueron exitosos—para 1967, el grupo contaba con 11 países miembros—los esfuerzos por liberalizar las relaciones comerciales se limitaron a ejercicios bilaterales de reducción de aranceles que

25. Venezuela supuestamente ha presentado una solicitud formal para que se confiera a los productos venezolanos los aranceles preferenciales concedidos a Colombia por parte de los PMD de CARICOM. Se espera que CARICOM y Venezuela comiencen las negociaciones en torno a este tema en el transcurso del primer trimestre de 2001.

26. Con miras a establecer reglas de origen definitivas, el artículo 9 del acuerdo CARICOM-Colombia contempla la revisión de las normas de origen establecidas en el Anexo IV luego de transcurridos tres años de la entrada en vigor del acuerdo. El protocolo firmado entre los países de CARICOM y Colombia en mayo de 1998 modificó las normas de origen contenidas en el acuerdo original.

por lo general afectaban a sectores en buena medida poco relevantes. Desilusionados con el ritmo de liberalización, cinco de los miembros del grupo (Bolivia, Chile, Colombia, Ecuador y Perú) establecieron un esquema más ambicioso a finales de los años sesenta.[27]

La transformación de la ALALC en la ALADI le dio un nuevo ímpetu al proceso de integración económica en América Latina. Desde sus inicios, la nueva iniciativa adoptó un enfoque "flexible" respecto a la integración, basado fundamentalmente en negociaciones sectoriales bilaterales o plurilaterales. Sin embargo, a principios de la década de los noventa, los acuerdos adoptados bajo el esquema "flexible" perdieron parte de su importancia, a medida que los miembros de la ALADI instituyeron tratados más integrales y de mayor alcance, como el MERCOSUR (Mercado Común del Sur, compuesto por Argentina, Brasil, Paraguay y Uruguay) o el Grupo de los Tres (Colombia, México, Venezuela).

Estructura institucional

Los artículos 28 y 29 del Tratado de Montevideo identifican a los tres órganos políticos que conforman la ALADI: el Consejo de Ministros de Relaciones Exteriores, la Conferencia de Evaluación y Convergencia y el Comité de Representantes. El consejo es el órgano supremo de la ALADI, y su responsabilidad consiste en fijar la orientación política del proceso de integración entre los miembros de la Asociación. Sus miembros son los Ministros de Relaciones Exteriores de los países miembros. La Conferencia de Evaluación y Convergencia, formada por plenipotenciarios, examina el funcionamiento del proceso de integración y fomenta la concertación entre los acuerdos existentes. El Comité de Representantes es un órgano político permanente y foro de negociación responsable de analizar y acordar las iniciativas necesarias para alcanzar los objetivos del Tratado de Montevideo. Las resoluciones del comité son adoptadas por mayoría de dos tercios; cada miembro tiene derecho a un voto. La ALADI cuenta también con una secretaría, basada en Montevideo, y diseñada para brindar apoyo a las negociaciones entre los miembros de la ALADI.

Estructura del sistema de la ALADI

Para alcanzar su objetivo de un mercado común latinoamericano en forma "gradual y progresiva", el Tratado contempla una variedad de instrumentos para facilitar la integración de sus miembros[28]:

---

27. Venezuela se unió a este grupo en 1973, y Chile se retiró en 1976.
28. Tratado de Montevideo, capítulo II.

1. Preferencia arancelaria regional, en virtud de la cual los miembros de la ALADI se otorgan preferencias arancelarias en forma recíproca;

2. Acuerdos de alcance regional, que requieren la participación de todos los miembros de la ALADI y contemplan esquemas que confieren preferencias arancelarias no recíprocas a los "países menos desarrollados" de la ALADI (Bolivia, Ecuador y Paraguay); y

3. Acuerdos de alcance parcial, que no estipulan la participación de todos los países miembros de la ALADI y abarcan acuerdos comerciales y de complementación económica, entre otros.

A medida que los países de América Latina comenzaron a adoptar amplios esquemas de liberalización del comercio a finales de la década de los ochenta y principios de los noventa, la preferencia arancelaria regional, los acuerdos de alcance regional, y los acuerdos "selectivos" de alcance parcial (aquellos negociados producto a producto y los que abarcan el universo arancelario pero no eliminan completamente las barreras al comercio) perdieron parte de su importancia en términos económicos. En efecto, a medida que el ritmo de la liberalización del comercio en el hemisferio cobró velocidad, estos acuerdos cedieron el paso a los acuerdo de alcance parcial de "nueva generación", los cuales contienen programas para la eliminación automática de obstáculos arancelarios y no arancelarios al comercio de todos los bienes, con algunas excepciones (véase cuadro 5-1). La gran mayoría de los 26 acuerdos de alcance parcial selectivos y todos los acuerdos de alcance parcial de nueva generación están registrados como "acuerdos de complementación económica" o ACEs.

Casi todas las excepciones especificadas en los acuerdos de alcance parcial firmados en el marco de la ALADI tienden a ser excepciones compartidas, es decir, excepciones que figuran en más de un acuerdo. La mayoría de estas excepciones tiene que ver con el sector automotor, productos de petróleo y derivados, productos agropecuarios, plásticos y textiles, prendas de vestir y calzados.

Más allá de la ALADI

La actitud introspectiva que por tanto tiempo caracterizara a la mayoría de los países de América Latina durante los años precedentes e inmediatamente siguientes a la creación de la ALADI se disipó hace ya tiempo. A medida que abandonaron las estrategias de desarrollo de los años setenta y principios de los ochenta, que instaban a la creación de acuerdos de liberalización comercial parcial entre un puñado de países del hemisferio, los miembros de la ALADI intentaron cada vez con mayor ahínco unirse a socios más allá de las

Cuadro 5-1. *Acuerdos de nueva generación de la ALADI*

Acuerdo	Países signatarios	Fecha de la firma
ACE 18	Argentina, Brasil, Paraguay, Uruguay	29 de noviembre de 1991
ACE 23	Chile, Venezuela	2 de abril de 1993
ACE 24	Chile, Colombia	6 de diciembre de 1993
ACE 31	Bolivia, México	10 de septiembre de 1994
ACE 32	Chile, Ecuador	20 de diciembre de 1994
ACE 33	Colombia, México, Venezuela	13 de junio de 1994
ACE 35	Chile, MERCOSUR	30 de septiembre de 1996
ACE 36	Bolivia, MERCOSUR	17 de diciembre de 1996
ACE 38	Chile, Perú	22 de junio de 1998
ACE 41	Chile, México	22 de septiembre de 1991

Fuente: Secretaría de la ALADI, El Sistema de Preferencias de la ALADI, ALADI/SEC/Estudio 128 (27 de junio de 2000).
ACE: acuerdo de complementación económica.

fronteras del grupo. Pronto, sobre la base de las disposiciones del Tratado de Montevideo, y en particular el artículo 25, que contempla la conclusión de acuerdos con terceras partes, comenzaron a forjarse nuevos acuerdos entre países miembros y no miembros de la ALADI[29].

Esta estrategia de mayor compromiso de los países de la ALADI frente a terceros países ha conducido recientemente a cambios en la membresía de la Asociación. El 26 de agosto de 1999, Cuba se convirtió en el duodécimo miembro de la ALADI. Al momento de su ingreso, Cuba ya había firmado acuerdos con nueve de los once miembros de la ALADI en el marco del artículo 25. De estos acuerdos, aquellos firmados con Bolivia, Colombia, Ecuador y Perú fueron negociados de forma paralela a la Ronda Uruguay e incorporan disposiciones relativas a servicios, propiedad intelectual y obstáculos técnicos al comercio. Los miembros de la ALADI se encuentran en proceso de actualizar acuerdos previos con Cuba; en el caso de Chile (que no tenía acuerdos anteriores con la isla caribeña), se están negociando nuevos acuerdos que tomen en cuenta a Cuba como nuevo miembro de la organización regional.

29. Para los acuerdos concluidos entre países miembros y no miembros de la ALADI fuera del marco de la Asociación, el artículo 44 del Tratado de Montevideo contempla que el país miembro de la ALADI ha de extender a todos los miembros de la Asociación cualquier beneficio conferido a una tercera parte. En este contexto, el Consejo de Ministros aprobó en junio de 1994 el Protocolo Interpretativo del artículo 44 del Tratado de Montevideo. El Protocolo permite a los miembros que han otorgado preferencias a terceros países el derecho a no aplicar la cláusula de NMF del artículo 44, siempre y cuando se inicien negociaciones para compensar a los países de la ALADI. México ratificó el protocolo, y lo invocó en septiembre de 1994, en el contexto de su carácter de miembro del TLCAN.

Bibliografía

CEPAL (Comisión Económica para América Latina y el Caribe). 1996. *Las exportaciones de países pequeños en el Mercado de EE.UU: efectos del TLCAN y la devaluación mexicana.* México, D.F.

Comisión de Comercio Internacional de Estados Unidos (USITC). 1999. *Caribbean Basin Economic Recovery Act, 14ᵗʰ Report 1998.* Washington, D.C. (septiembre).

————. 2000. *Andean Trade Preference Act: Impact on U.S. Industries and Consumers and on Drug Crop Eradication and Crop Substitution, Seventh Report.* Washington, D.C. (septiembre).

Federación de Entidades Privadas de Centroamérica y Panamá (FEDERICAP). 1992. *U.S.-Latin American Relations in the 1990s: A New Partnership for Development and Competitiveness: A Caribbean Basin Proposal.* San José.

Gitli, Eduardo y Randall Arce. 2000. "Los desbalances de los países de la Cuenca del Caribe frente al TLCAN: La industria de la confección", *Integración y Comercio* 11 (mayo-agosto): 109–34.

OMC (Organización Mundial del Comercio). 1996. *Canadian Tariff Treatment for Commonwealth Caribbean Countries: 1996 Report of the Government of Canada on the Trade-Related Provisions of CARIBCAN.* WT/L/175. Ginebra (16 de septiembre).

————. 2000. *Canada—Tariff Treatment for Commonwealth Caribbean Countries: Report of the Government of Canada on the Trade-Related Provisions of CARIBCAN Under the Decision of 14 October 1996.* WT/L/365. Ginebra (26 de octubre).

————. 1999. *Trade Policy Review: Canada 1998.* Ginebra (marzo).

Smith, Guy C. 1992. "The Andean Trade and Preference Act". *Denver Journal of International Law and Policy* 21 (Otoño): 149–58.

TERCERA PARTE

Disciplinas comerciales en las Américas

DONALD R. MACKAY
MARYSE ROBERT
ROSINE M. PLANK-BRUMBACK

6 | Comercio de bienes y de productos agrícolas

La negociación de las normas que rigen el intercambio comercial de bienes ha sido tradicionalmente el núcleo de las negociaciones comerciales y es el cimiento en el que se basa la política comercial. El garantizar un acceso abierto y recíproco a los mercados para los productos agrícolas ha demostrado ser más difícil de lograr, pese a ciertos progresos alcanzados en la Ronda Uruguay de Negociaciones Comerciales Multilaterales y a nivel regional y bilateral en las Américas.

La década de los noventa constituyó un laboratorio fascinante para observar el nivel sin precedentes de negociaciones comerciales y de liberalización del comercio entre los países de las Américas. Al inicio de la década, pocos países en el hemisferio habían liberalizado sus aranceles. A mediados de los noventa, en cambio, se había generalizado a tal punto la tendencia hacia la liberalización bilateral y plurilateral del comercio que a fines de la década se había hecho muy difícil determinar en un momento dado qué país estaba negociando acuerdos comerciales y de inversión y con quién[1].

Las uniones aduaneras y los tratados de libre comercio comprendidos en este volumen contemplan la liberalización de aranceles y la mayoría de las barreras no arancelarias. Algunos acuerdos negociados en el contexto de la

---

1. Para más detalles sobre la liberalización del comercio en el hemisferio, véase Devlin y Estevadeordal (2000), Estevadeordal (1999), y Devlin, Estevadeordal, y Garay (1999).

Asociación Latinoamericana de Integración (ALADI) también prevén una eliminación gradual de los aranceles aduaneros para la mayoría de los bienes. Estos acuerdos son los firmados por Chile con Colombia, Ecuador, el MERCOSUR, Perú y Venezuela, y los acuerdos Bolivia-MERCOSUR y México-Uruguay[2]. Otros acuerdos, de alcance parcial y también negociados en el marco de ALADI, abarcan un número más reducido de productos.

La liberalización del comercio de bienes y de productos agrícolas, sin embargo, no es el único tema que ocupa a los negociadores comerciales. Deben, asimismo, prestar atención a los nuevos desafíos derivados del crecimiento en los intercambios comerciales a nivel global. Las normas (o reglas) de origen, en particular, se han tornado mucho más complejas desde que la globalización de la producción ha hecho mucho más difícil establecer el país de origen de un bien. Los primeros regímenes de origen, que se basaban en porcentajes establecidos de "valor agregado o de contenido local" y se encuentran fundamentalmente en ALADI y en el Tratado de Libre Comercio Canadá-Estados Unidos, han sido gradualmente sustituidos por criterios de "cambio o salto de clasificación arancelaria" para determinar los bienes que se benefician de un tratamiento arancelario preferencial.

Otro aspecto importante de la dimensión del acceso a los mercados tiene que ver con las medidas de salvaguardia, es decir, la aplicación de medidas excepcionales de protección temporal a sectores que han sufrido o pudieran verse amenazados de sufrir daño serio (o grave) o material debido al aumento de importaciones de la otra parte.

Liberalización del comercio de bienes y de productos agrícolas: convergencias y divergencias

Desde la perspectiva del comercio de bienes y de productos agrícolas, los enfoques para la liberalización comercial en las uniones aduaneras, los tratados de libre comercio y los acuerdos preferenciales no recíprocos son totalmente diferentes entre sí, en tanto que cada categoría de acuerdo ha tendido a seguir en términos generales criterios coherentes en su tratamiento de las cuestiones. La diferencia más pronunciada entre las diferentes categorías de acuerdo radica en sus estructuras básicas. Las uniones aduaneras, por su naturaleza, procuran establecer condiciones de libre comercio a su interior junto con un

---

2. El 29 de diciembre de 1999, México y Uruguay firmaron un acuerdo que profundizaba el acuerdo de complementación económica que habían firmado en 1986 en el marco de la ALADI. El nuevo acuerdo comprende el 90 por ciento de las fracciones arancelarias e incluye también disposiciones sobre normas de origen, salvaguardias, prácticas comerciales desleales, medidas sanitarias y fitosanitarias, normas y solución de controversias.

arancel externo común. La negociación de uniones aduaneras —para no mencionar la tarea de implementar los resultados— ha tendido, pues, a ser más difícil porque se requiere acuerdo, no sólo en torno a la lista de desgravación arancelaria de cada parte, sino también para establecer un arancel externo común. Los tratados de libre comercio, en contraste, están orientados a eliminar las barreras internas al comercio preservando la independencia comercial externa de cada participante. Los acuerdos preferenciales no recíprocos, por último, se diferencian de los anteriores porque contemplan concesiones unilaterales.

Las uniones aduaneras con frecuencia han enfrentado dificultades en el establecimiento de aranceles externos comunes para todos los productos y, por tanto, han incluido disposiciones que permiten excepciones limitadas y específicas. De forma similar, los signatarios de los tratados de libre comercio han considerado necesario prever un número limitado de excepciones, especialmente en el sector agropecuario, los textiles y el sector automotor.

Aparte de la liberalización del comercio y la eliminación de aranceles, en este capítulo se abordan las semejanzas y diferencias en el tratamiento de las normas (o reglas) de origen y las salvaguardias en acuerdos comerciales suscritos entre países de las Américas. Las normas de origen son herramientas que permiten a los gobiernos determinar el país de origen de un bien o servicio. En una zona de libre comercio, se trata de instrumentos discriminatorios que ayudan a determinar qué bienes o servicios gozan de un tratamiento preferencial. Las medidas de salvaguardia, por otra parte, permiten que una parte en un acuerdo comercial adopte medidas de emergencia en respuesta al aumento significativo de importaciones en casos en que dicho incremento constituya causa de daño grave (serio) o, en algunos casos, daño material, o amenaza de daño grave o material.

Al final de capítulo se hace referencia a los desafíos que enfrentan los negociadores del ALCA y se evalúan los progresos ya alcanzados en las Américas en la esfera del comercio de bienes.

Liberalización del comercio: cobertura universal y excepciones

En su gran mayoría, los tratados de libre comercio y las uniones aduaneras, particularmente los más recientes, tienden a incluir programas de liberalización de cobertura universal o casi universal. Casi todos los acuerdos, sin embargo, dejan de cubrir algunos sectores. Esto es particularmente cierto en el área agrícola o en partes de ese sector donde pocos esfuerzos de liberalización han sido exitosos. En el caso del Tratado de Libre Comercio de América del Norte (TLCAN), por ejemplo, no fue posible acordar un conjunto único de normas agrícolas. De allí que el TLCAN incorpore tres acuerdos bilaterales, incluidas las normas que regían el comercio agrícola entre Estados Unidos y Canadá, en el marco de su anterior tratado de libre comercio. Las excepciones en este sector reflejan las sensibilidades particulares de cada parte[3]. Otros ejemplos de sectores donde la liberalización ha demostrado ser sumamente compleja, por lo menos hasta hace poco, son los sectores de los automotores y el azúcar en el MERCOSUR (véase el capítulo tres).

En su mayor parte, las reducciones arancelarias se han cumplido de acuerdo con los plazos de desgravación arancelaria de cada acuerdo e incluso, en algunos casos, se han acelerado más allá de lo previsto inicialmente. Como se menciona en el capítulo cuatro de este volumen, las tres partes signatarias del TLCAN han implementado rondas de desgravación acelerada en 1997, 1998 y 2001. La ronda de 1998 cubrió aproximadamente un volumen de comercio de $1.000 millones. En cuanto a la ronda de 2001, el valor estimado del comercio bilateral de los bienes en las listas canadienses y mexicanas es de aproximadamente $140 millones. Los tratados tipo TLCAN también incluyen disposiciones sobre desgravación acelerada. Aunque en la mayoría de los casos las listas de desgravación originales prácticamente no han variado, se produjo una eliminación acelerada de aranceles en los tratados de libre comercio Canadá-Chile y Costa Rica-México[4]. Los tratados de libre comercio negociados hacia la segunda mitad de los noventa (como los suscritos por Chile, México y Canadá) tienden a seguir el modelo del TLCAN. Si bien los calendarios de desgravación negociados reflejan intereses bilaterales o, en algunos casos, plurilaterales, sus estructuras básicas e inclusive su organización son similares al TLCAN.

El MERCOSUR, en general, ha logrado éxito en la eliminación de productos de las listas de excepciones que fueron permitidas en la etapa inicial del acuerdo. Otros acuerdos, que han sido recientemente "revitalizados", como el de la Comunidad Andina y CARICOM, han cumplido sus obligaciones iniciales en materia de acceso a los mercados o se encuentran en vías de hacerlo. El Mercado Común Centroamericano (MCCA) logró desde el comienzo eliminar la mayor parte de los aranceles aduaneros al comercio de mercancías y sus países miembros han reducido la lista de productos que no gozan de un tratamiento libre de aranceles. Actualmente, se aplican aranceles sólo al café tostado, las bebidas alcohólicas y los productos del petróleo.

---

3. Por ejemplo, los productos controlados por la oferta (productos avícolas y lácteos) en el caso de Canadá, y el azúcar y los productos con contenido de azúcar en el caso de Estados Unidos.

4. Véase Canadá, Department of Foreign Affairs and International Trade (1999) y *La Nación* (1999).

Normas (o reglas) de origen

En los tratados de libre comercio las partes se conceden mutuamente acceso preferencial. Para asegurar que los bienes que contienen materiales provenientes de terceros países hayan sufrido una transformación suficiente dentro del área de comercio preferencial, los acuerdos comerciales incluyen disposiciones sobre normas (o reglas) de origen. Un bien que satisface las normas de origen será clasificado como "originario" y, de tal forma, goza de un tratamiento arancelario preferencial.

Existen dos tipos principales de normas de origen en los acuerdos comerciales en las Américas. El criterio de valor agregado define un porcentaje máximo de insumos y materias primas de terceros países que pueden incluirse si el bien ha de tener acceso a un tratamiento arancelario preferencial. Este criterio plantea algunas limitaciones porque depende mucho de las fluctuaciones de una amplia gama de factores que determinan el precio y el costo del bien. También es muy onerosa su administración para las aduanas, que deben auditar el costo de estos materiales pues los métodos contables varían ampliamente de un país a otro. Además, los países con salarios bajos están en desventaja cuando usan este método porque deben usar un porcentaje más alto de insumos originarios para cumplir con los requisitos.

El criterio de "cambio de clasificación arancelaria" requiere que se determine que una de las partes ha modificado lo suficientemente un bien elaborado con insumos de terceros países como para que varíe su clasificación en el Sistema Armonizado (o Sistema Armonizado de Designación y Codificación de Mercancías) y, por lo tanto, pueda beneficiarse del tratamiento arancelario preferencial[5]. Este método no deja de plantear algunos problemas. No siempre garantiza que realmente haya ocurrido una transformación sustancial en la producción del bien. En realidad, el Sistema Armonizado no fue diseñado con el propósito de determinar origen, sino con fines estadísticos y de clasificación.

En términos generales, se encuentran ejemplos de ambos sistemas (el criterio de valor agregado y el modelo de "cambio de clasificación arancelaria") en los acuerdos de integración económica en las Américas y con frecuencia el mismo país puede aplicar regímenes diferentes o variaciones sustanciales de un determinado régimen a diferentes socios comerciales. El criterio de cambio de clasificación arancelaria, por ejemplo, se vincula más al TLCAN y a

---

5. Para un panorama general sobre las reglas de origen en los acuerdos comerciales de las Américas, véase Garay y Cornejo (1999) y Banco Interamericano de Desarrollo (1998).

tratados de ese tipo. Pero el TLCAN no aplica un criterio puro de cambio de clasificación arancelaria pues también incluye requisitos de contenido regional, sujetos a distintas metodologías contables. Además, las reglas de origen del TLCAN son específicas por producto en casos tales como el del sector automotriz, y los bienes textiles y del vestido[6].

El criterio de valor agregado se vincula más a la ALADI por lo cual con frecuencia se le denomina modelo ALADI. La resolución 78 de la ALADI establece la norma de origen general para que una mercancía pueda considerarse originaria, lo que constituye un cambio de clasificación arancelaria a nivel de partida del Sistema Armonizado (cuatro dígitos) o un valor de contenido regional igual o superior al 50 por ciento del valor FOB de la mercancía. Este criterio se encuentra de una u otra forma en el MERCOSUR y en la Comunidad Andina. El MERCOSUR requiere un cambio de partida arancelaria y un contenido del 60 por ciento del valor agregado en el caso de algunas mercancías. El MERCOSUR también aplica normas de origen específicas a sectores tales como el procesamiento de datos, las sustancias químicas y el hierro y el acero. El régimen de la Comunidad Andina fue aprobado en 1997[7] e incluye cuatro categorías de mercancías. La primera categoría cubre las mercancías totalmente producidas en la región y comprende a los productos naturales (minería, agricultura y pesca) y aquellos manufacturados totalmente a partir de éstos y de materiales originarios. La segunda categoría engloba las mercancías que incluyen materiales no andinos. Para este tipo de mercancías, el criterio básico es que los materiales no originarios se sometan a una transformación, la cual se determina a través del cambio de partida arancelaria. También se recurre al concepto de valor agregado, según el cual el valor CIF de los materiales no originarios no debe exceder del 50 por ciento del valor FOB de la mercancía final en el caso de Colombia, Venezuela y Perú, y del 60 por ciento en el caso de Bolivia y Ecuador. La tercera categoría incluye a las mercancías que son el resultado de la operación de ensamblaje, para las cuales la exigencia es también la del valor agregado indicado anteriormente. En la cuarta categoría están aquellas mercancías que son objeto de Requisitos Específicos de Origen, cuya fijación está a cargo de la Secretaría General. Se utilizan cuando los otros criterios no resultan adecuados para determinada producción. El sistema también incluye procedimientos conforme a los cuales la Secretaría de la Comunidad puede sancionar a funcionarios nacionales que emitan certificados de origen "irregulares".

---

6. Para más detalles sobre las reglas de origen del TLCAN, véase el capítulo cuatro de este volumen.
7. Véanse las Decisiones 416 y 417.

En algunos casos, se aplican normas diferentes a países que se encuentran en distintos niveles de desarrollo. No existen diferencias de tratamiento en cuanto a las normas de origen dentro del propio MERCOSUR, pero el acuerdo comercial que el MERCOSUR suscribió con Bolivia incluye disposiciones especiales respecto a Paraguay y Bolivia. El acuerdo MERCOSUR-Chile también incluye normas menos restrictivas para las mercancías paraguayas. De la misma manera, el régimen andino admite un tratamiento especial en el caso de Ecuador y Bolivia.

La principal regla de origen del Mercado Común Centroamericano (MCCA) es un cambio de clasificación arancelaria. Esta regla general puede ir acompañada de requisitos adicionales como el contenido regional. Al igual que el TLCAN y los tratados de libre comercio tipo TLCAN, el MCCA también incluye una disposición que permite la acumulación. La disposición sobre acumulación permite que un productor acumule su producción con la de otro productor del MCCA a los efectos de determinar si la mercancía goza de un tratamiento preferencial. La norma *de minimis* garantiza que una mercancía que no cumple con la regla de origen pero contiene sólo el 7 por ciento (el 10 por ciento hasta el año 2000) de materiales no originarios puede ser considerada originaria.

CARICOM también utiliza elementos de los dos modelos. La principal norma de origen del Protocolo IV de CARICOM para mercancías producidas en la Comunidad, a partir, total o parcialmente, de materiales importados de fuera de la Comunidad, es el cambio de clasificación arancelaria. El Protocolo IV también dispone que las mercancías que hayan sido enviadas para reparación, renovación o mejoramiento a otro estado miembro pueden ser reimportadas bajo el régimen preferencial siempre que el valor de los materiales provenientes de fuera de la Comunidad que hayan sido utilizados no supere cierto porcentaje (el 65 por ciento cuando la reparación o el mejoramiento se realiza en un país más desarrollado y el 80 por ciento cuando se realiza en un país menos desarrollado).

Salvaguardias

El TLCAN y la mayoría de los tratados de libre comercio tipo TLCAN permiten a las partes aplicar medidas de salvaguardia bilaterales durante el período de desgravación arancelaria. Medidas especiales de salvaguardia también se aplican a productos agrícolas y a los textiles y el vestido. En el caso del TLCAN, México y Canadá y los Estados Unidos y México pueden imponer, por un período que no supere los tres años en la mayoría de los casos, medidas excepcionales de protección temporal a sectores que han sufrido o pudieran verse amenazados de sufrir daño serio debido a un aumento en las importaciones. Dichas salvaguardias sólo pueden ser utilizadas en una ocasión por producto y conllevan un mecanismo de compensación obligatoria a la parte afectada. Estas medidas bilaterales se aplican a los bienes originarios. También se aplican disposiciones especiales de salvaguardia a los productos agrícolas y los bienes textiles y de vestido. El TLCAN y los tratados de libre comercio tipo TLCAN también permiten medidas de salvaguardia globales contra las importaciones de terceros, que se aplican sobre una base del trato de nación más favorecida, permitiendo que cada parte retenga sus derechos y obligaciones en virtud del artículo XIX del GATT de 1994. Aunque admitidas en el artículo XIX del GATT de 1947, las medidas de salvaguardia raramente se utilizaron porque los gobiernos con frecuencia prefirieron proteger sus industrias nacionales mediante medidas de la "zona gris" fuera del marco del GATT, como las "limitaciones voluntarias de las exportaciones" conforme a las cuales los países exportadores restringirían "voluntariamente" las exportaciones. Los automóviles, el acero y los semiconductores fueron el blanco principal de las limitaciones "voluntarias" de las exportaciones y de los acuerdos de comercialización ordenada. El Acuerdo sobre Salvaguardias de la OMC prohíbe estas medidas y también establece plazos para las salvaguardias (cuatro años, hasta un máximo de ocho años). Un país miembro de la OMC puede aplicar una medida de salvaguardia a un producto si dicho miembro ha determinado que las importaciones de ese producto en su territorio han aumentado en tal cantidad, en términos absolutos o en relación con la producción nacional, y se realizan en condiciones tales que causan o amenazan causar un daño grave a la rama de producción nacional que produce productos similares o directamente competidores. En principio, las medidas de salvaguardia se aplican al producto importado independientemente de su procedencia, es decir, no pueden aplicarse exclusivamente contra las importaciones provenientes de un país en particular. El acuerdo, sin embargo, describe cómo se pueden asignar las cuotas entre los países proveedores, inclusive en la circunstancia excepcional cuando las importaciones provenientes de ciertos países hayan aumentado en forma desproporcionadamente rápida[8]. No pueden aplicarse medidas de salvaguardia contra un producto originario de un país en desarrollo si no excede del 3 por ciento de las importaciones de dicho producto, a menos que los países en desarrollo con una participación menor de 3 por ciento representen, en conjunto, más del 9 por ciento del total de las importaciones.

El Protocolo IV sobre política comercial de CARICOM permite la aplicación de medidas de salvaguardias si el aumento en la importación de un

8. Véase el sitio web de la OMC en (www.wto.org/english/thewto_e/whatis_e/tif_e/agrm7_e.htm).

producto de otro estado miembro tiene como consecuencia una disminución sustancial de la demanda de un producto similar. Sin embargo, al aplicar las restricciones, el estado miembro no puede discriminar entre las fuentes de abastecimiento o la nacionalidad de los proveedores[9]. De acuerdo con el Protocolo VII de CARICOM, ningún estado miembro tiene derecho a aplicar medidas de salvaguardia contra los productos importados de un estado miembro menos desarrollado cuando esos productos no superen el 20 por ciento del mercado del estado miembro importador.

El Acuerdo de Cartagena establece que cuando ocurran importaciones de productos originarios de la subregión en cantidades o en condiciones tales que causen perturbaciones en la producción nacional de productos específicos de un país miembro, éste podrá aplicar medidas correctivas, no discriminatorias, de carácter provisional, sujetas al posterior pronunciamiento de la Secretaría General[10]. Los países de la Comunidad Andina sólo han recurrido en muy escasas oportunidades a las medidas de salvaguardia. Bolivia y Ecuador sólo pueden ser objeto de salvaguardias agrícolas e industriales en casos excepcionales, es decir sólo en casos debidamente calificados y previa comprobación, por la Secretaría General, de que los perjuicios graves provienen sustancialmente de dichas importaciones[11].

El MERCOSUR admite medidas de salvaguardia globales en el caso de un aumento de las importaciones de un estado no miembro[12]. Para que se adopte una medida de salvaguardia en el Mercado Común Centroamericano debe existir un nexo causal entre las importaciones investigadas y el daño grave o amenaza de daño grave a la rama de producción nacional.

De manera que, de una u otra forma, los países tienden a considerar las medidas de emergencia ya sea como transitorias o sujetas a ciertas disciplinas. Aunque la eliminación de los obstáculos al comercio se ha visto acompañada de la adopción de mecanismos paliativos de los efectos de las importaciones, las economías más grandes del hemisferio han preferido utilizar los derechos *antidumping* con ese propósito, tal como se señala en el capítulo once de este volumen. Las medidas de salvaguardia representan una alternativa válida para las pequeñas economías abiertas y son, desde el punto de vista administrativo, menos onerosas que los derechos *antidumping*, pues su único requisito es determinar si un aumento de las importaciones ha causado un daño grave o serio a un sector nacional.

9. Véase el artículo 26 de CARICOM, Protocolo IV (política comercial), y el artículo 59 del Protocolo VII de CARICOM (países, regiones y sectores desaventajados).
10. Véase el artículo 109 del Acuerdo de Cartagena.
11. Véase el artículo 129 del Acuerdo de Cartagena.
12. Véase MERCOSUR/CMD/DEC No. 04/97 Anexo II.

Comercio de bienes y de productos agrícolas en el ALCA

Los 34 países que participan en las negociaciones del ALCA han dedicado tiempo y recursos considerables a examinar las cuestiones del comercio de bienes y de productos agrícolas. Entre las Cumbres de Miami y Santiago, es decir, entre diciembre de 1994 y abril de 1998, una serie de grupos de trabajo se encargaron de considerar estos temas. Los líderes, reunidos en Santiago en abril de 1998, acordaron el establecimiento de grupos de negociación que se han venido reuniendo regularmente desde entonces. Las deliberaciones sobre los temas del acceso a los mercados y los productos agrícolas empezaron en 1995, aunque inicialmente las conversaciones sobre las cuestiones agrícolas quedaron inmersas en el Grupo de Trabajo sobre Subsidios, *Antidumping* y Derechos Compensatorios. Cuando se lanzaron las negociaciones, los doce grupos de trabajo existentes fueron reconfigurados en nueve grupos de negociación, uno de los cuales se ocuparía específicamente de los temas agrícolas.

Para fines del año 2000, el Grupo de Negociación del ALCA sobre Acceso a Mercados (GNAM) se había reunido once veces y el Grupo de Negociación sobre Agricultura (GNAG) un total de diez veces. De los nueve grupos de negociación, el GNAM tal vez sea el que ha recibido el mandato más amplio. El GNAM fue encargado de diseñar un régimen hemisférico para los aranceles y las medidas no arancelarias (así como otras medidas equivalentes), las reglas de origen, los procedimientos aduaneros, las salvaguardias, y los obstáculos técnicos al comercio.

Durante la etapa preparatoria (1995-97), el mayor progreso en torno a estos temas se registró en la generación, recolección y compilación de información que sería vital para la conducción de las negociaciones en sí. Para el grupo encargado de acceso a los mercados, esta etapa preparatoria comportaba tratar de construir una base de datos hemisférica sobre comercio y aranceles que hasta entonces no existía. La base de datos tendría que cubrir los aranceles (ya fuesen consolidados, aplicados o preferenciales) así como perfiles comerciales, de forma de poder medir de alguna manera el valor de las concesiones negociadas.

El Grupo de Trabajo que se ocupó del tema agrícola, particularmente la cuestión de los subsidios internos y a la exportación, se enfrentó a un desafío similar cuando procuró establecer una base de información común. En el caso de la agricultura, se prestó atención a las prácticas de subsidio fuera del hemisferio, particularmente las de la Unión Europea, que sigue siendo el mayor exportador de productos agrícolas a las Américas y cuyos subsidios, por tanto, inciden en la situación competitiva de los mercados individuales.

Objetivos del acceso a los mercados en el ALCA

En su reunión de San José, en marzo de 1998, los Ministros responsables del comercio establecieron los siguientes objetivos en materia de acceso a mercados para las negociaciones del ALCA:

—En forma congruente con las disposiciones de la OMC, incluyendo el artículo XXIV del Acuerdo General sobre Aranceles y Comercio (GATT de 1994) y su Entendimiento Relativo a la Interpretación del Artículo XXIV del Acuerdo General sobre Aranceles y Comercio de 1994, eliminar progresivamente los aranceles y las barreras no arancelarias, así como otras medidas de efecto equivalente, que restringen el comercio entre los países participantes.

—Todo el universo arancelario estará sujeto a negociación.

—Se podrían negociar diferentes cronogramas de liberalización comercial.

—Facilitar la integración de las economías más pequeñas y su plena participación en las negociaciones del ALCA.

Los Ministros también establecieron los siguientes objetivos en materia de reglas de origen y procedimientos aduaneros para las negociaciones:

—Desarrollar un sistema eficiente y transparente de reglas de origen, incluida la nomenclatura y los certificados de origen, que facilite el intercambio de mercancías, sin crear obstáculos innecesarios al comercio.

— Simplificar los procedimientos aduaneros, a fin de facilitar el comercio y reducir los costos administrativos.

—Crear e implementar mecanismos de intercambio de información en materia aduanera entre los países del ALCA.

—Diseñar mecanismos eficaces para detectar y combatir el fraude y otros ilícitos aduaneros, sin crear obstáculos innecesarios al comercio exterior.

—Promover mecanismos y medidas aduaneras que aseguren que las operaciones se lleven a cabo con transparencia, eficiencia, integridad y responsabilidad.

Como se señala en el capítulo siete, los Ministros establecieron objetivos en relación con los obstáculos técnicos al comercio.

La Declaración de San José también especifica que los objetivos del Grupo de Negociación sobre Acceso a Mercados deberán aplicarse al comercio de productos agrícolas. Los Ministros reconocieron la interacción entre el acceso a los mercados y la agricultura y encomendaron al GNAM y el GNAG que identificaran aquellas áreas que puedan merecer una ulterior consideración ministerial, e informaran de sus resultados al Comité de Negociaciones Comerciales (CNC), a más tardar, en diciembre de 2000. En San José, el Grupo de Negociación sobre Agricultura encaró una tarea igualmente difícil de abordar: las medidas sanitarias y fitosanitarias, los subsidios a las exportaciones agrícolas que afectan el comercio en el hemisferio, y otras prácticas distorsionen el comercio de productos agrícolas.

Medidas de Facilitación de Negocios referentes a Asuntos Aduaneros

En su reunión de Toronto, de noviembre de 1999, los ministros responsables del comercio de los 34 países del ALCA acordaron una serie de medidas de facilitación de negocios específicas, cubiertas en detalle en el capítulo catorce de este volumen, como parte de sus continuos esfuerzos para lograr progresos en la creación del ALCA. Los ministros han adoptado un enfoque temático en relación con la facilitación de negocios y han concentrado su trabajo inicial en las áreas de los procedimientos aduaneros y una mayor transparencia como respuesta a las prioridades identificadas por sus comunidades empresariales. En el área de aduanas, los ministros acordaron implementar, a partir del 1 de enero de 2000, ocho medidas específicas que contribuirían significativamente a la realización de negocios en el hemisferio mediante la reducción del costo de las transacciones y la creación de un ambiente de negocios más consistente y predecible. Esas medidas abarcan: la importación temporal/admisión temporal de determinados bienes relacionados con viajeros de negocios; despacho expreso de envíos; procedimientos simplificados para envíos de bajo valor; sistemas compatibles de intercambio electrónico de datos (IEE) y elementos de datos comunes; Sistema Armonizado de Designación y Codificación de Mercancías; divulgación de información aduanera/Guía Hemisférica sobre Procedimientos Aduaneros; códigos de conducta aplicables a los funcionarios aduaneros; y análisis de riesgo/métodos de selección. Un grupo especial de expertos sobre medidas de facilitación de negocios referentes a asuntos aduaneros está informando al Comité de Negociaciones Comerciales acerca de la situación de la implementación lograda por los 34 países del ALCA en relación con los elementos primarios identificados para cada una de estas ocho medidas, incluidas las actividades de asistencia técnica pertinentes[13]. La Guía Hemisférica sobre Procedimientos Aduaneros, que contiene información sobre los 34 países del ALCA, ha sido actualizada a noviembre de 2000 y divulgada a través de la página del ALCA en (www.ftaa-alca.org).

Base de Datos Hemisférica de Comercio y Aranceles para Acceso a los Mercados

Con respecto a la transparencia, los Ministros afirmaron en Toronto que la información sobre aranceles y flujos comerciales preparada en el contexto

---

13. Véase el documento FTAA.TNC/CBF/W/01/REV. 6 o su versión actualizada, a la que se puede tener acceso en (www.ftaa-alca.org/Alca_e.asp).

del Grupo de Negociación sobre Acceso a Mercados debía divulgarse a través de la página web del ALCA y actualizarse periódicamente. En consecuencia, se incorporó la Base de Datos Hemisférica de Comercio y Aranceles para Acceso a los Mercados en (alca-ftaa.iadb.org/esp/NGMADB_S.HTM). La información ha sido compilada a partir de datos oficiales suministrados por los países sobre:

—Los aranceles aduaneros nacionales basados en la versión de 1996 del Sistema Armonizado (SA96) con el máximo detalle por renglón arancelario, con la correspondiente descripción de productos. Debe suministrarse la siguiente información, según corresponda, para cada renglón arancelario: las tasas arancelarias NMF consolidadas, las tasas arancelarias NMF aplicadas, las tasas arancelarias preferenciales y los países para los que rigen, y otros gravámenes, cargos y mediciones que afecten al arancel aplicado.

—Las estadísticas de importación y exportación por contraparte comercial, en valor y volumen, al nivel arancelario más detallado.

La información será actualizada anualmente con los aranceles disponibles en marzo y las corrientes de comercio en septiembre. La Base de Datos Hemisférica será una herramienta esencial para los negociadores en la próxima etapa de las negociaciones sobre aranceles.

De acuerdo con las instrucciones de la Declaración Ministerial de Toronto (párrafo 8), el Grupo de Negociación sobre Acceso a Mercados preparó en noviembre de 2000 su informe al Comité de Negociaciones Comerciales, en el que se incluían las distintas opciones propuestas en materia de modalidades y procedimientos de negociación de los aranceles, un informe sobre la interacción entre el GNAM y el GNAG y un proyecto de texto normativo sobre aranceles y medidas no arancelarias, salvaguardias, reglas de origen, procedimientos aduaneros y obstáculos técnicos al comercio. Al igual que en otros grupos y órganos de negociación del ALCA, el GNAM y el GNAG han aprovechado la experiencia y el apoyo analítico del Comité Tripartito (Organización de los Estados Americanos, Banco Interamericano de Desarrollo y Comisión Económica de las Naciones Unidas para América Latina y el Caribe) y, de acuerdo con la división de tareas entre estas instituciones, más específicamente, del Banco Interamericano de Desarrollo.

Desafíos del futuro

Los países de las Américas han logrado avances importantes en la liberalización del comercio de bienes. Ello es particularmente cierto en la década de los noventa, que fue testigo de una profundización de los acuerdos subregionales y de la suscripción de varios tratados de libre comercio. El ALCA se basará en estos acuerdos y reafirmará la tendencia hacia la liberalización que se observa actualmente en todas las subregiones del hemisferio.

Algunas de las cuestiones específicas que deben ser abordadas por los redactores de los textos normativos sobre las áreas temáticas del acceso a mercados en un eventual acuerdo del ALCA son las siguientes:

—El calendario para un acuerdo sobre las modalidades y procedimientos para la negociación arancelaria incluyendo el arancel base (tasas arancelarias consolidadas de la OMC, tasas aplicadas); el período de referencia (un año base o promedio); la nomenclatura arancelaria (las futuras actualizaciones del Sistema Armonizado); el calendario y el ritmo de desgravación; los tipos de concesiones arancelarias (desgravación lineal o márgenes porcentuales de preferencias); los métodos para determinar las concesiones (método de fórmula o de solicitud/oferta).

—El calendario y la modalidad para el establecimiento de las reglas de origen del ALCA, incluyendo una definición sobre si las responsabilidades de certificación deban recaer fundamentalmente en las autoridades certificadoras o en los operadores económicos que participan en las transacciones y la necesidad de aprovechar las nuevas tecnologías.

—La consideración de cómo tener en cuenta las diferencias en los niveles de desarrollo y tamaño de las economías del hemisferio, incluyendo los de las economías pequeñas.

—El establecimiento de una base de datos sobre medidas no arancelarias, incluyendo el intercambio de notificaciones y contranotificaciones.

—La necesidad, de haberla, de disposiciones sobre medidas de salvaguardia en el marco del ALCA que vayan más allá de las existentes en el artículo XIX del GATT de 1994 y el Acuerdo sobre Salvaguardias de la OMC.

—El vínculo, de haberlo, con el calendario para la reducción y eliminación de los subsidios a la exportación de productos agrícolas.

Teniendo en cuenta todos los acuerdos suscritos o las negociaciones comerciales y arancelarias emprendidas entre los países del ALCA, es un ejercicio útil tratar de trazar la red de relaciones comerciales que aún no se han liberalizado.

Canadá tendría que negociar la eliminación de aranceles aduaneros con Centroamérica, la Comunidad Andina, el MERCOSUR, la República Dominicana y Panamá. El eventual resultado de las negociaciones actuales entre Canadá y Costa Rica y la posible negociación y suscripción de un tratado de libre comercio entre Canadá y los demás países centroamericanos, implican que Canadá enfrentaría cuatro negociaciones dentro del ALCA de una cierta complejidad técnica y política. Probablemente, las concesiones arancelarias a negociar con CARICOM serían limitadas dado que ya están vigentes el arancel preferencial de Canadá (General Preferential Tariff) y el programa CARIBCAN (véase el capítulo cinco).

Los Estados Unidos tendrían que negociar con Centroamérica, CARICOM, República Dominicana, Panamá, la Comunidad Andina, MERCOSUR y Chile. El Sistema Generalizado de Preferencias de Estados Unidos (GSP) y la Iniciativa de la Cuenca del Caribe (ICC) podrían servir de base para los acuerdos con los primeros cuatro socios, quedando tres otros conjuntos importantes de negociaciones. A diciembre de 2000, los Estados Unidos estaban negociando un tratado de libre comercio con Chile.

México, en esencia, tendría que negociar con CARICOM, República Dominicana y MERCOSUR y su agenda de negociaciones arancelarias en el hemisferio quedaría completa. A diciembre de 2000, México estaba negociando con Panamá, Perú y Ecuador.

Centroamérica tendría que negociar con Estados Unidos, CARICOM, la Comunidad Andina y el MERCOSUR, suponiendo que las negociaciones actualmente emprendidas con Canadá y Panamá hayan concluido. Como se señaló antes, las negociaciones con Estados Unidos probablemente pudieran utilizar como base los acuerdos preferenciales vigentes.

CARICOM se encuentra en una posición de alguna manera única. Si bien la región goza de acceso preferencial a una serie de mercados externos, ha asumido muy pocos compromisos de su parte. Con excepción de los acuerdos no recíprocos suscritos con Colombia y Venezuela, y el reciente tratado de libre comercio con la República Dominicana, la región tiene pocos "modelos" reales a que recurrir.

La República Dominicana ha negociado tratados de libre comercio con Centroamérica y CARICOM. Por lo tanto, el país enfrentaría negociaciones con Canadá, Estados Unidos, México, Panamá, la Comunidad Andina, Chile y el MERCOSUR.

Panamá, al igual que CARICOM, ha suscrito muy pocos acuerdos comerciales con los países del ALCA. A diciembre de 2000, estaba negociando con México y Centroamérica. Por lo tanto, en el ALCA, Panamá tendría que negociar la eliminación de aranceles aduaneros con Canadá, Estados Unidos, CARICOM, la Comunidad Andina, Chile y MERCOSUR.

La Comunidad Andina, en su mayor parte, tendría que negociar concesiones arancelarias con Canadá, Estados Unidos, Centroamérica, CARICOM, la República Dominicana y Panamá. Las negociaciones con el MERCOSUR ya están encaminadas. Las dos agrupaciones se han comprometido a suscribir un tratado de libre comercio en enero de 2002, a más tardar. En el caso de CARICOM, Colombia y Venezuela ya han otorgado concesiones arancelarias y de acceso a los mercados. Podría pensarse que éstas podrían ampliarse a efectos de incluir a los demás miembros de la Comunidad Andina. El principal desafío para la Comunidad radicará en sus negociaciones con Canadá y, más particularmente, con Estados Unidos. Ambos irán a la mesa de negociación con pedidos comercialmente significativos.

MERCOSUR tendría que negociar con Canadá, Estados Unidos, México, República Dominicana, Panamá, Centroamérica y CARICOM. La negociación con Estados Unidos y, posiblemente, con Canadá y México en algunos sectores será compleja. La clave para un continente totalmente liberalizado en materia arancelaria radica realmente, entre muchas otras, en esta negociación con Estados Unidos.

Al igual que México, Chile se encuentra en la mejor posición. Prácticamente ha concluido sus negociaciones de acceso a los mercados y le resta hacerlo con sólo tres socios, CARICOM, República Dominicana, y Panamá. Chile ha logrado una extraordinaria diversificación de sus relaciones comerciales, respaldada y alentada por la política comercial más orientada al exterior en la región. Las reformas internas de Chile y, particularmente, la reducción unilateral de aranceles y medidas no arancelarias han preparado al país para las negociaciones comerciales en que participe.

Existen varios desafíos en el área del comercio de bienes pero el número de acuerdos comerciales suscritos entre los países de las Américas indica que se puede continuar avanzando. Son numerosos los acontecimientos o las fechas que son considerados hitos porque marcan cambios importantes en un sentido u otro. Sigue siendo cierto, sin embargo, que la década de los noventa fue única en lo que respecta a la liberalización del comercio en las Américas. Estos diez años fueron testigo de una liberalización extraordinaria de las relaciones comerciales bilaterales, plurilaterales y subregionales. Un análisis cuantitativo, que va más allá del alcance de este trabajo, seguramente indicaría que más del 80 por ciento del comercio continental se conduce ahora dentro del contexto de uno u otro acuerdo comercial de liberalización. La década ha presenciado el nacimiento y la implementación del TLCAN, el MERCOSUR y una amplia gama de tratados bilaterales entre México, Chile, Centroamérica y Canadá. Subregiones vinculadas por esquemas de integración de más larga data han respondido a estas tendencias liberalizadoras y han procurado activamente renovar sus acuerdos, incluyendo la Comunidad Andina, el Mercado Común Centroamericano y CARICOM. Al mismo tiempo, muchos países han negociado con socios no tradicionales (Chile y Centroamérica, Canadá y Costa Rica, y CARICOM y la República Dominicana, por ejemplo) ante la necesidad de encontrar y abrir nuevos mercados en respaldo de un crecimiento y una inversión impulsados por la exportación. Estos acuerdos han sido casi todos de "nueva generación" pero, en el fondo, se han arraigado en el tradicional intercambio de concesiones que siempre caracterizó a los acuerdos comerciales de bienes.

Bibliografía

Banco Interamericano de Desarrollo. 1998. *Principales disposiciones de los regímenes de origen en las Américas*. Washington, D.C.

Canadá. Department of Foreign Affairs and International Trade. 1999. *International Trade Minister Signs Tariff Acceleration Agreement with Chile*. Ottawa (4 de noviembre).

Devlin, Robert y Antoni Estevadeordal. 2000. *What's New in the New Regionalism in the Americas*. Washington, D.C.: Banco Interamericano de Desarrollo.

Devlin, Robert, Antoni Estevadeordal y Luis J. Garay. 1999. *The FTAA: Some Longer Term Issues*. Buenos Aires: INTAL.

Estevadeordal, Antoni. 1999. *Negotiating Preferential Market Access: The Case of NAFTA*. Buenos Aires: INTAL.

Garay, Luis J. S. y Rafael Cornejo. 1999. "Rules of Origin in Free Trade Agreements in the Americas." En *Trade Rules in the Making: Challenges in Regional and Multilateral Trade Negotiations*, editado por Miguel Rodríguez Mendoza, Patrick Low y Barbara Kotschwar. Brookings/ Secretaría General de la Organización de los Estados Americanos.

La Nación. 1999. "México dijo sí a carne y leche". San José: 16 de enero.

BARBARA R. KOTSCHWAR

7 | *Normas y obstáculos técnicos al comercio*

Las medidas normativas tendientes a garantizar la seguridad de los ciudadanos y del medio ambiente reciben cada vez más prominencia en la agenda de los gobiernos en materia de políticas comerciales. Es un hecho conocido y aceptado que las normas y los reglamentos técnicos dirigidos a proteger la salud y la seguridad podrían restringir el comercio. Sin embargo, a medida que se han eliminado los obstáculos arancelarios en el transcurso de las dos últimas décadas, los efectos de los reglamentos técnicos sobre el comercio se han hecho más evidentes. En tal sentido, las normas y los reglamentos técnicos están convirtiéndose en un componente cada vez más importante de los tratados internacionales de comercio. En esa misma medida ha aumentado la incidencia de asuntos relacionados con los reglamentos técnicos en el ámbito del comercio multilateral; en los primeros cinco años de funcionamiento del Entendimiento de la Organización Mundial del Comercio (OMC) Relativo a la Solución de Diferencias (ESD), 25 casos (el 13 por ciento del total) tuvieron que ver con disposiciones relacionadas con normas. En su primer año de operación, un cuarto de los casos sometidos al ESD —11 de 44— hizo referencia a las disposiciones del Acuerdo sobre Obstáculos Técnicos al Comercio (Acuerdo OTC) y del Acuerdo sobre la Aplicación de Medidas Sanitarias y Fitosanitarias (Acuerdo SFS)[1]. Si

1. Hufbauer, Kotschwar y Wilson (2000, cuadro 4).

bien son escasos los datos cuantitativos disponibles para medir el impacto real de los obstáculos técnicos al comercio, las cifras existentes confirman las inquietudes de los negociadores que están tratando de contener el impacto de tales reglamentos sobre el comercio. En un estudio de 1996 que es citado con suma frecuencia, economistas de la Organización para la Cooperación y Desarrollo Económicos (OCDE) concluyeron que las normas y los reglamentos técnicos divergentes, sumados al costo de los ensayos y la certificación de cumplimiento, podrían constituir entre un 2 por ciento y un 10 por ciento del total de los costos de producción, cantidad ésta nada despreciable, en especial en el caso de las compañías más pequeñas[2]. Más recientemente, un equipo de economistas del Banco Mundial concluyó que la imposición de una determinada norma armonizada de la Unión Europea (UE) sobre aflotoxina —una toxina que se ha encontrado en los cereales, las frutas y las nueces— disminuiría las exportaciones africanas de cereales en un 51 por ciento[3].

El desafío específico que los obstáculos técnicos al comercio plantean a los negociadores reside en que estas barreras están dirigidas a alcanzar metas legítimas de interés público y sirven, al menos teóricamente, para corregir una distorsión de mercado. Se establecen normas y reglamentos técnicos para proteger la salud, la seguridad y el medio ambiente, así como para promover la eficiencia entre consumidores y productores. En tal sentido, a diferencia de los aranceles, que crean una brecha entre el precio de mercado y el verdadero precio de un bien, y cuya eliminación es la meta última, la eliminación o atenuación de las normas y reglamentos técnicos es contraproducente. Estas medidas pueden ser utilizadas de hecho para obstaculizar las importaciones y, de aplicarse de forma arbitraria y discriminatoria, pueden introducir nuevas distorsiones, prohibir la entrada de bienes extranjeros y mantener una conducta rentista. Esto puede ocurrir cuando las normas de un país importador son aplicadas a través de requisitos de prueba o ensayo y certificación que resultan difíciles u onerosos para los fabricantes o productores extranjeros.

Unas medidas que resultan particularmente susceptibles de convertirse en obstáculos al comercio son los procedimientos de evaluación de la conformidad: los procedimientos técnicos, como las pruebas o ensayos, verificación, inspección y certificación, los cuales son ejecutados para asegurar que un producto cumpla con las especificaciones establecidas en los reglamentos y normas. Los obstáculos surgen cuando estos procedimientos no son claros o no son bien divulgados, o cuando las diferencias entre las normas de distintos países no justifican el objetivo que buscan alcanzar. Por lo general, los

2. Organización para la Cooperación y Desarrollo Económicos (1996).
3. Otsuki, Wilson y Sewadeh (2000).

exportadores asumen el costo de estos procedimientos, por lo que pueden ser disuadidos de ingresar a un mercado si el costo de cumplir con los reglamentos es demasiado alto. Estos costos intimidan particularmente a las pequeñas y medianas empresas. Los obstáculos se generan por la duplicación de esfuerzos relacionados con procedimientos distintos de evaluación de la conformidad, los cuales son necesarios cuando las especificaciones obligatorias de un producto varían de país en país. Este criterio se aplica incluso si los países se basan en las normas internacionales. La meta del negociador, cuyo objetivo consiste en facilitar el comercio, es lograr que estos objetivos sean compatibles de manera que tengan el menor efecto restrictivo en el comercio, y al mismo tiempo continúen satisfaciendo las necesidades para las cuales fueron creadas las normas.

En el contexto de los acuerdos internacionales de comercio, debe hacerse una importante distinción entre una "norma" y un "reglamento técnico". Tanto las normas como los reglamentos técnicos establecen las características específicas de un producto, como su tamaño, forma, diseño, funciones y rendimiento, etiquetado y empaquetado, así como el proceso y los métodos de producción conexos. La diferencia entre normas y reglamentos técnicos tiene que ver con la naturaleza de su cumplimiento. Los reglamentos técnicos son aquellas normas adoptadas por los gobiernos como las normas que representan las especificaciones técnicas; el cumplimiento de estas normas es obligatorio y el velar por su observancia es responsabilidad de entidades oficiales. Por su parte, el cumplimiento de las normas, que con frecuencia son promulgadas por organismos y asociaciones no gubernamentales, es voluntario y su observancia queda en manos del mercado. Por lo tanto, si un producto no satisface el requisito de un reglamento técnico en un país importador —por ejemplo, si un automóvil excede los niveles de emisiones especificados por la Agencia de Protección del Medio Ambiente de Estados Unidos (EPA)— el producto en cuestión no podrá ingresar al mercado del país importador. No obstante, si un producto no satisface una norma voluntaria, tiene toda la libertad de entrar al mercado. Sin embargo, podría no conseguir mayor mercado para su venta. Los productores de papel tamaño A-4 tienen plena libertad de vender su mercancía en Estados Unidos, pero podrían enfrentar la resistencia de una población habituada a trabajar con una norma de papel tamaño "carta" o "legal".

Si bien el efecto económico de las normas generales y de las normas relativas a la seguridad de los alimentos es similar, el presente capítulo se concentra en las normas y reglamentos técnicos que no son considerados medidas sanitarias o fitosanitarias. El potencial de estas normas y reglamentos técnicos para actuar como obstáculos al comercio fue reconocido formalmente por primera vez a nivel multilateral durante la Ronda Tokio, con las negociaciones del Acuerdo sobre Obstáculos Técnicos al Comercio, también conocido como el Código de Normas, el cual entró en vigor en 1980. Junto a una serie de otros códigos que produjo la Ronda Tokio, éste fue un acuerdo plurilateral voluntario cuyas obligaciones eran vinculantes únicamente para aquellos miembros que optaron por firmarlo. Al principio fueron 32 signatarios; para 1993, 46 países (entre ellos seis participantes del ALCA) habían adherido a las obligaciones del Código. Con el Acuerdo de la Ronda Uruguay sobre Obstáculos Técnicos al Comercio (el Acuerdo OTC), las cuestiones relativas a las normas pasaron a formar parte del cauce de las negociaciones comerciales internacionales y, bajo el concepto de compromiso único, se convirtieron en obligatorias para todos los miembros de la OMC. El Acuerdo OTC amplía y fortalece el alcance y la cobertura de las disciplinas internacionales en materia de normas y reglamentos técnicos y brinda un conjunto integral de lineamientos para la regulación de los obstáculos técnicos al comercio internacional. Debido a que la OMC establece la adhesión de sus miembros al Acuerdo OTC, éste vinculará a un número mucho mayor de países a las obligaciones que el Código de Normas[4].

En el Acuerdo OTC, la definición de norma y de reglamento técnico adquiere un significado más amplio, al incorporar los procesos y métodos de producción, así como las características de los productos manufacturados[5]. El Acuerdo OTC se ocupa más de las reglas relativas a la forma en que se fabricaba o cosechaba un producto que del producto en sí[6]. Mientras el Código de Normas estableció las reglas que debían seguir los gobiernos centrales signatarios, el Acuerdo OTC amplió su cobertura para incluir a los organismos locales, no gubernamentales y privados a cargo de la elaboración de normas. Este es un paso significativo: en muchos países, las actividades relativas a la normalización son ejecutadas por organizaciones a nivel subfederal o son iniciativa de actores no gubernamentales, como los consorcios o asociaciones de la industria de que se trate. Conforme a las obligaciones de la Ronda Uruguay, los gobiernos son responsables de "aplicar medidas positivas" para asegurar la observancia por parte de sus instituciones locales y las organizaciones no gubernamentales (ONG)[7]. Los principios generales para el desarrollo y la

---

4. Al mes de diciembre de 2000, 140 países eran miembros de la OMC.

5. Anexo 1, Acuerdo de la OMC sobre Obstáculos Técnicos al Comercio.

6. En el Código de la Ronda Tokio, podían utilizarse procedimientos de solución de controversias si se pensaba que los requisitos de proceso o producción estaban siendo utilizados como un medio para evitar las obligaciones atinentes a las características del producto.

7. Para una discusión sobre la historia de las negociaciones de la Ronda Uruguay sobre normas y obstáculos técnicos al comercio, véase Croome (1996).

aplicación de normas para los gobiernos centrales, instituciones públicas locales, entidades no gubernamentales e instituciones regionales de normalización figuran en el Anexo 3, el llamado "Código de buena conducta". Se desarrollaron nuevas disciplinas para aumentar la transparencia del trabajo de normalización ejecutado a nivel bilateral y regional; también se ampliaron los requisitos relativos al intercambio de información. Las terceras partes recibieron el derecho de dar a conocer sus comentarios "a su debido tiempo" sobre las actividades de normalización llevadas a cabo por otros países en foros regionales o bilaterales. Adicionalmente, las controversias relativas a los OTC serán solucionadas con ajuste a los procedimientos del Entendimiento sobre Solución de Diferencias de la estructura de la OMC.

El Acuerdo OTC tiene por meta suministrar lineamientos mediante los cuales las normas restrinjan el comercio en la menor medida posible; el acuerdo también establece los principios básicos para abordar el desarrollo y la aplicación de los reglamentos técnicos y las normas voluntarias, así como los procedimientos para garantizar que dichos reglamentos y normas se cumplan, incluidos los programas de prueba o ensayo, certificación, acreditación de laboratorios, reconocimiento y registro de sistemas de calidad. Sus disposiciones rigen para todos los niveles de gobierno y abarcan todos los productos industriales y agropecuarios. El Acuerdo no cubre los servicios y las actividades de compras públicas. Las disposiciones sobre OTC no rigen para las medidas sanitarias y fitosanitarias, las cuales son tema de otro acuerdo, el Acuerdo Relativo a la Aplicación de Medidas Sanitarias y Fitosanitarias[8].

El Acuerdo OTC contiene cuatro objetivos de política. El primero, sobre el cual descansan los otros objetivos, consiste en mantener los principios fundamentales de *no discriminación* y la prevención de los *obstáculos innecesarios al comercio*. El segundo objetivo principal reside en exhortar a los miembros a que reconozcan como *equivalentes* las normas y procedimientos de prueba o ensayo de otros miembros. Ello significa que si dos países tienen el mismo objetivo, pero distintas formas de alcanzarlo, los países deberían aceptar las formas en que cada cual alcanza estos objetivos. Ello elimina el costo de tener que ajustar la producción para cumplir con algunas especificaciones particulares de otro país, cuando los dos países buscan y alcanzan el mismo objetivo. El tercer objetivo persigue que las normas nacionales y locales se basen, en la medida de lo posible, en las *normas internacionales*. El cuarto objetivo, en el cual se lograron los mayores avances durante las negociaciones de la Ronda Uruguay, consiste en ampliar el intercambio de información entre los gobier-

---

8. El Acuerdo SFS cubre las medidas relativas a las plagas o enfermedades que afectan a animales o plantas, así como los contaminantes de alimentos.

nos miembros y aumentar *la transparencia* en el proceso de establecimiento de normas.

Disposiciones sobre medidas relativas a la normalización en los acuerdos subregionales de las Américas

Mientras el Acuerdo OTC de la OMC establece un conjunto compartido de lineamientos sobre los reglamentos y las actividades relativas a normalización para los países de las Américas, muchos tratados subregionales de integración, en particular los recientemente concluidos, incorporan disciplinas integrales sobre normas. La presente sección examina los enfoques que sobre normas, reglamentos técnicos y evaluación de la conformidad han adoptado varios tratados subregionales de integración. Las disposiciones en cuestión varían en longitud, profundidad y alcance. Mientras algunos acuerdos contienen un lenguaje legal que detalla disciplinas integrales, otros que no incluyen un lenguaje explícito sobre normas contemplan actividades de cooperación y el desarrollo de políticas comunes en esta área. Muchos de los acuerdos hacen referencia a la OMC y extienden sus requisitos de transparencia hasta el nivel subregional; en otros tratados, las disposiciones difieren en cuanto a alcance y cobertura, o bien se separan significativamente de las disposiciones de la OMC. El resto de este capítulo estará dedicado al examen de los lineamientos y las actividades que en materia de normas tienen lugar entre los países de las Américas con miras a identificar convergencias y divergencias en cuanto a la forma en que los países han optado por abordar estas cuestiones en sus acuerdos subregionales.

La principal diferencia de enfoque entre los acuerdos subregionales para cumplir el objetivo de evitar obstáculos técnicos innecesarios tiene importantes implicaciones para el comercio. Aquellos tratados que buscan alcanzar una integración más profunda, por lo general las uniones aduaneras, apuntan hacia la *armonización* de las normas, reglamentos técnicos y criterios de certificación. Las áreas de libre comercio, incluidos el Tratado de Libre Comercio de América del Norte (TLCAN), el tratado de libre comercio del Grupo de los Tres (G-3) y los tratados bilaterales de libre comercio (TLC) firmados por México luego de negociar el TLCAN y por Chile con la República Dominicana, favorecen la *promoción de la compatibilidad*. Esta última tendencia muestra una estructura común cada vez mayor en los tratados bilaterales y plurilaterales. Como consecuencia de los tratados bilaterales negociados por Canadá y, sobre todo, México, las normas del TLCAN han sido "exportadas" hacia otros países latinoamericanos. Aunque existen dos enfoques primordiales en el hemisferio, estos mecanismos no son mutuamente excluyentes a nivel regional, por lo que el desafío que ahora enfrentan los países estriba en la selección del atado de elementos que los llevarán más cerca de cumplir con el objetivo del ALCA.

Hacia la armonización: Las uniones aduaneras

El MERCOSUR es el tratado de integración subregional más grande que busca una integración profunda y que adscribe una gran importancia a la armonización de reglas y prácticas entre sus miembros. Si bien ni el Tratado de Asunción, instrumento fundador, ni el Protocolo de Ouro Prêto de 1994 contienen un lenguaje específico sobre medidas relativas a la normalización, el MERCOSUR ha trabajado muy activamente en la coordinación de los reglamentos nacionales sobre las actividades de normalización. En virtud del Tratado de Asunción, se crearon diez grupos de trabajo; el SGT-3 es el grupo responsable de los reglamentos técnicos. Se emiten directivas sobre la materia a través de las resoluciones del Grupo del Mercado Común (GMC). La Resolución 02/92 del GMC estableció un Comité de Normalización y estipuló la creación de comités sectoriales de normalización[9]. Los principales objetivos de la política de normalización del MERCOSUR son armonizar los reglamentos técnicos que los países miembros identifiquen como obstáculos al comercio, lograr la compatibilidad de las estructuras nacionales de evaluación de la conformidad y desarrollar una metodología común para elaborar un régimen común de normas para el MERCOSUR[10]. Hasta la fecha, el MERCOSUR ha elaborado un número significativo de normas MERCOSUR comunes. En 1996 y 1997, el MERCOSUR concluyó acuerdos de "complementación económica" con Bolivia y Chile. Estos acuerdos liberaron el comercio entre los países participantes y allanan el camino para su futuro ingreso a la unión aduanera. Ellos también incluyen disposiciones relativas al trato que ha de acordarse al tema de las normas.

La Comunidad Andina comenzó a tratar los temas relativos a la normalización a principios de los ochenta, mediante la Decisión 180, la cual fue complementada en 1983 por la Decisión 376, que a su vez fue enmendada y complementada en 1997 por la Decisión 419. El Protocolo de Trujillo de 1996 por el que se establece la Comunidad Andina confirió a la Comisión de

---

9. Los comités sectoriales fueron conformados en las siguientes áreas: energía eléctrica, acero, electrónica y telecomunicaciones, juguetes, cemento y concreto, máquinas y equipos, automóviles, neumáticos, anillos y válvulas, plásticos, tecnología de la información, odontología, medicina y atención hospitalaria, papel y celulosa, control de calidad, soldadura, muebles y medio ambiente.

10. Resolución 152/96 del GMC del 13 de diciembre de 1996 y Resolución 61/97 del GMC del 13 de diciembre de 1997.

la Comunidad la responsabilidad de supervisar el Sistema Andino de Normalización, Acreditación, Prueba, Certificación, Reglamentos Técnicos y Metrología. Se ha elaborado una serie de normas comunes y se han emprendido muchas actividades de cooperación.

En el Mercado Común Centroamericano (MCCA), el artículo 26 del Protocolo de Guatemala al Tratado General de Integración Económica Centroamericana obliga a los miembros a armonizar y adoptar normas y reglamentos técnicos comunes. Este aspecto es abordado con mayor detalle en el Reglamento Centroamericano sobre Medidas Relativas a Normas, Metrología y Procedimientos de Autorización. Se han desplegado esfuerzos por promover una infraestructura de normalización regional, sin que hasta la fecha se haya cosechado fruto alguno de tales intentos.

El Tratado de CARICOM no incorpora disposiciones detalladas sobre normas, pero el objetivo de política está claramente enunciado en el artículo 42, en el cual los miembros reconocen "la conveniencia de armonizar, tan pronto como sea posible, aquellas disposiciones impuestas por ley o por prácticas administrativas que afecten el establecimiento y funcionamiento del Mercado Común en las siguientes áreas", entre las que se incluyen las normas industriales y la rotulación de alimentos y drogas. En 1992, como parte de la modificación que hiciera CARICOM de su proceso de integración, se introdujo el Protocolo III sobre Política Industrial, cuyo artículo 47 versa sobre normas y reglamentos técnicos. Si bien a esta fecha el Protocolo no ha sido firmado por todos los miembros, será a sus disposiciones que se hará referencia en la discusión del presente capítulo sobre CARICOM.

Tratados de libre comercio: Promoción de la compatibilidad

En contraste con las uniones aduaneras, que buscan una integración más profunda de los enfoques de normalización, los tratados de libre comercio tienen por meta hacer las medidas más compatibles. Los tratados plurilaterales y casi todos los bilaterales contienen disposiciones sobre normas y reglamentos técnicos. El capítulo nueve del TLCAN aborda las medidas relativas a la normalización. Todos los tratados bilaterales de libre comercio de México contienen disposiciones sobre medidas relativas a la normalización que son similares a las que figuran en el TLCAN y el Tratado del G-3. Los tratados bilaterales firmados por la República Dominicana con CARICOM y Centroamérica también contienen disposiciones detalladas sobre obstáculos técnicos al comercio. El tratado de libre comercio Canadá-Chile se destaca porque no incorpora disposición alguna sobre normas y obstáculos técnicos al comercio.

Areas de convergencia y divergencia en el trato acordado a las normas y los obstáculos técnicos al comercio en los acuerdos regionales de comercio

El Acuerdo OTC de la OMC hace referencia a las definiciones establecidas por entidades internacionales de normalización, tales como la Organización Internacional de Normalización (ISO), la Comisión Electrotécnica Internacional (CEI) y el sistema de Naciones Unidas (con la advertencia de que ha de tomarse en cuenta su contexto), específicamente la Guía 2 de la ISO/CEI. Las principales áreas cubiertas en el acuerdo: "reglamento técnico", "normas" y "procedimientos de evaluación de la conformidad" son definidas y acompañadas de una nota explicativa en el Anexo I.

El TLCAN introduce una innovación en cuanto a la terminología, al emplear el término *medidas relativas a normalización* en referencia y reemplazo de "una norma, reglamento técnico o procedimiento de evaluación de la conformidad"[11]. Este uso fue posteriormente adoptado por el Tratado del G-3 y por los tratados bilaterales de libre comercio firmados por México, Chile y la República Dominicana, así como por el MCCA.

La OMC y los tratados concebidos tras el modelo del TLCAN definen los procedimientos de evaluación de la conformidad como todo procedimiento "utilizado, directa o indirectamente, para determinar que se cumplen las prescripciones pertinentes de los reglamentos técnicos o normas"[12]. El TLCAN ahonda sobre este aspecto, al hacer mención de muestreos, pruebas, inspección, evaluación, verificación, seguimiento, auditoría, aseguramiento de la conformidad, acreditación, registro o aprobación. Los procedimientos de aprobación son definidos en renglón aparte como "el registro, notificación o cualquier otro procedimiento administrativo obligatorio para el otorgamiento de un permiso con el fin de que un bien o servicio sea producido, comercializado o utilizado para fines definidos o conforme a condiciones establecidas"[13]. Los tratados de libre comercio firmados por México, Chile y la República Dominicana contienen definiciones similares. El tratado entre Centroamérica y la República Dominicana no contempla procedimiento de aprobación en sus definiciones.

El término *objetivos legítimos* se encuentra tanto en el Acuerdo OTC como en los acuerdos tipo TLCAN. El término no figura en la sección de la OMC dedicada a las definiciones, sino más bien es incorporado al artículo 2.2 del

11. TLCAN, artículo 915.
12. Acuerdo OTC de la OMC, anexo I.
13. TLCAN, artículo 915.

Acuerdo OTC en los términos siguientes: "entre otros, los imperativos de la seguridad nacional; la prevención de prácticas que puedan inducir a error; la protección de la salud o seguridad humanas, de la vida o la salud animal o vegetal, o del medio ambiente"[14]. La definición del TLCAN, establecida en el artículo 915, contempla la seguridad, la protección de la vida o la salud humana, animal o vegetal, del medio ambiente y de los consumidores, pero además incluye el desarrollo sostenible (el cual no es contenido en el artículo 2.2 del Acuerdo OTC) y omite la seguridad nacional. El TLC entre la República Dominicana y CARICOM sigue esta definición. Los TLC bilaterales firmados por México y el TLC entre Centroamérica y la República Dominicana emplean una mezcla de los términos de la OMC y el TLCAN al mencionar todos los factores comunes y al omitir tanto la seguridad nacional como el desarrollo sostenible. Las definiciones del tratado entre Centroamérica y Chile siguen lo estipulado en la OMC, incluida la seguridad nacional, pero no el desarrollo sostenible. La Comunidad Andina no utiliza el término *objetivos legítimos*.

Objetivos de política

El cuadro 7-1 muestra un panorama de los objetivos de política de los diversos tratados comerciales de las Américas. Como se indicase anteriormente, la meta del MERCOSUR en esta área reside primeramente en identificar los obstáculos técnicos a los flujos comerciales entre los miembros y luego armonizar los reglamentos técnicos que se identifiquen como barreras[15]. El MERCOSUR es el único acuerdo que busca explícitamente identificar los reglamentos técnicos restrictivos al comercio y eliminar los obstáculos que éstos crean a través de la armonización. En sus acuerdos de complementación económica con Bolivia y Chile, el MERCOSUR busca la coordinación y la compatibilidad, con la armonización planteada como meta únicamente para las medidas SFS con Chile. La Comunidad Andina establece el objetivo de "iniciar un proceso gradual de armonización"[16]. Esta meta ha de alcanzarse a medida que la Comunidad Andina busque "coordinar, desarrollar y armonizar a nivel subregional, las actividades y servicios de normalización, ensayos, acreditación, certificación, reglamentos técnicos y metrología dentro de las prioridades del proceso de integración".

---

14. Acuerdo OTC de la OMC, artículo 2.2.

15. MERCOSUR, Resolución del GMC 61/97.

16. Decisión 419 de la Comunidad Andina: Modificación de la Decisión 376 (Sistema Andino de Normalización, Acreditación, Ensayos, Certificación, Reglamentos Técnicos y Metrología).

Cuadro 7-1. *Objetivos de políticas y cobertura de las medidas relativas a la normalización*

Acuerdo	Objetivos de políticas	Compatibilidad y equivalencia	Derecho a establecer el nivel de protección
Uniones aduaneras			
MERCOSUR (Tratado de Asunción; resoluciones GMC)	Armonizar	No	No
Comunidad Andina (Decisión 419: Modificación de la Decisión 376 (Sistema Andino de Normalización, Acreditación, Pruebas, Certificación, Reglamentos Técnicos y Metrología)	Armonizar	No	No
Mercado Común Centroamericano (Protocolo de Guatemala y el Reglamento Centroamericano de Medidas de Normalización, Metrología y Procedimientos de Autorización)	Armonizar	No	No
CARICOM (Tratado de Chaguaramas / III Protocolo: Política Industrial – Protocolo que enmienda el Tratado por el cual se establece la Comunidad del Caribe)	Armonizar	No	No
Tratados de libre comercio			
TLCAN (Tercera parte: Barreras Técnicas al Comercio Capítulo 9: Medidas relativas a la normalización)	Hacer compatible	Sí	Sí
G-3 (México, Colombia, Venezuela) (Capítulo XIV: Normas Técnicas)	Hacer compatible	Sí	Sí
Bolivia-México (Capítulo XIII: Medidas de normalización)	Hacer compatible	Sí	No
Chile-México (Capítulo 8: Medidas relativas a la normalización)	Hacer compatible	Compatibilidad	Sí
Costa Rica-México (Capítulo XI: Medidas de normalización)	Hacer compatible	Sí	Sí
México-Nicaragua (Capítulo XIV: Medidas relativas a la normalización)	Hacer compatible	Sí	Sí
México-Triángulo del Norte (Capítulo XV: Medidas relativas a la normalización)	Hacer compatible	Sí	Sí
Canadá-Chile	...	...	...
Centroamérica-Chile (Capítulo 9: Medidas de normalización, metrología y procedimientos de autorización)	Hacer compatible	Sí	No
Centroamérica-República Dominicana (Capítulo XII: Barreras técnicas al comercio)	Hacer compatible	Sí	No
CARICOM-República Dominicana (Apéndice VI al Anexo I: Barreras técnicas al comercio)	Hacer compatible	Sí	No

Nota: El tratado Canadá-Chile no aborda el tema de barreras técnicas al comercio.

En Centroamérica, los países han de armonizar sus respectivas medidas relativas a normalización, procedimientos de autorización y medidas de metrología sin reducir el nivel de seguridad o protección de la salud o la vida[17]. CARICOM también busca armonizar las medidas relativas a normalización. El programa sobre normas y reglamentos técnicos consiste en incluir "la armonización de las normas y reglamentos técnicos, así como la transparencia en el desarrollo y la promulgación de los mismos"[18].

Los tratados de libre comercio adoptan un enfoque distinto al de las uniones aduaneras. El TLCAN introduce en el léxico de normas el uso de la frase "hacer compatible"[19]. Esta frase se define como llevar hacia un mismo nivel medidas relativas a normalización diferentes que tengan el mismo alcance, de tal manera que resulten idénticas, equivalentes o que permitan el uso de bienes o servicios indistintamente o para cumplir el mismo propósito. El objetivo del TLCAN reside en hacer "compatibles, en el mayor grado posible, sus respectivas medidas relativas a normalización"[20] y lograr, "mediante las medidas apropiadas, promover la compatibilidad de una norma o un procedimiento de evaluación de la conformidad específico que exista en su territorio, con las normas o procedimientos de evaluación de la conformidad que existan en territorio de la otra Parte"[21]. Otro elemento notable del TLCAN es su estipulación explícita de que los países han de mantener la capacidad de establecer niveles diferentes de protección. Una clara demostración de que el TLCAN no pretende lograr la armonización es la disposición de que, para lograr sus objetivos legítimos, cada una de los países podrá fijar los niveles de protección que considere apropiados[22]. Ello significa que los países están en capacidad de expresar sus niveles diferentes de tolerancia al riesgo. La OMC no contempla una disposición de esta índole en términos explícitos, aunque ésta se encuentra implícitamente presente en el Acuerdo OTC. El TLCAN enuncia explícitamente que los países podrán adoptar medidas relativas a la normalización, siempre y cuando las mismas sean compatibles con el tratado, incluso si prohíben la importación de bienes o servicios de otros países del TLCAN si no se concluyen los procedimientos de aprobación o las medidas respectivas no cumplen con la normativa.

El Tratado del G-3 repite este enfoque, al igual que lo hacen los TLC de Costa Rica y México, Chile y México y México y el Triángulo Norte. Los

17. Artículo 9 del Reglamento Centroamericano sobre Normalización, Metrología y Procedimientos de Autorización.
18. CARICOM, Protocolo III, artículo 47.
19. TLCAN, artículo 906.
20. TLCAN, artículo 906.2.
21. TLCAN, artículo 906.3.
22. TLCAN, artículo 904.2.

otros TLC buscan la compatibilidad como meta, pero no incluyen referencia alguna sobre la fijación de niveles de protección. Los acuerdos de complementación económica entre Chile y MERCOSUR y Bolivia y MERCOSUR siguen el enfoque de los TLC en cuanto a lograr la compatibilidad de sus normas y reglamentos técnicos, pero dejan abierta la posibilidad de alcanzar una integración más profunda mediante la coordinación de algunas actividades.

Alcance y cobertura

Las disposiciones sobre normas contenidas en los tratados regionales entre países del Hemisferio Occidental reflejan diferencias en cuanto a su cobertura, fundamentalmente con respecto a los servicios o la inclusión de las medidas sanitarias y fitosanitarias en el mismo capítulo o sección que los OTC. Adicionalmente, muchos acuerdos regionales de comercio del hemisferio también contienen disposiciones relacionadas con la metrología.

El cuadro 7-2 muestra que todas las uniones aduaneras prevén la cobertura de los servicios en sus disciplinas sobre normas. El MERCOSUR hace referencia a la necesidad de "armonizar las normas para eliminar las barreras no arancelarias originadas en requerimientos vinculados con la calidad de productos y servicios" para tener libre circulación de bienes y servicios en la región[23]. La Comunidad Andina cubre las actividades relativas a normalización para "todos los productos y servicios que se fabriquen o comercialicen en la Subregión"[24]. El régimen centroamericano cubre las medidas relativas a la normalización, los procedimientos de autorización y las medidas de metrología que podrían afectar, directa o indirectamente, el comercio de bienes y servicios. CARICOM también hace referencia tanto a los bienes como a los servicios: uno de los objetivos del artículo consiste en incrementar la "eficiencia en la producción y suministro de bienes y servicios"[25].

La mayoría de los tratados de libre comercio incluyen además algún tipo de servicio. El TLCAN abarca los servicios en sus disposiciones sobre normas, pero la definición de servicios se limita a los servicios de transporte terrestre y los servicios de telecomunicaciones. El Tratado del G-3 también cubre los servicios, pero excluye los servicios financieros, al igual que lo hace el TLC Bolivia-México; el TLC Costa Rica-México excluye los servicios relacionados con el transporte aéreo, los servicios financieros, cualquier préstamo o subsi-

---

23. MERCOSUR, Resolución GMC 05/92.

24. Artículo 4 de la Decisión 419 de la Comunidad Andina: Modificación de la Decisión 376 (Sistema Andino de Normalización, Acreditación, Ensayos, Certificación, Reglamentos Técnicos y Metrología).

25. CARICOM, Protocolo III, artículo 47.

Cuadro 7-2. *Alcance y cobertura de las medidas relativas a la normalización*

Acuerdo	Servicios	Medidas incluidas								Disposiciones separadas sobre	
		SFS	N	RT	A, P, C	PEC	PAu/PAp	M	ARMs	Etiquetado	Protección del medio ambiente
Uniones aduaneras											
MERCOSUR	Sí	Sí	Sí	Sí	No	Sí	No	Sí	Sí	No	No
Comunidad Andina	Sí	No	Sí	Sí	Sí	No	No	Sí	No	No	No
MCCA	Sí	No	Sí	Sí	No	Sí	No	Sí	Sí	No	No
CARICOM	Sí	No	Sí	Sí	No	Sí	No	Sí	Sí	No	No
Tratados de libre comercio											
TLCAN	Sí	No	Sí	Sí	No	Sí	Sí	No	Sí	No	No
Grupo de los Tres (G-3)	Sí	No	Sí	Sí	No	Sí	Sí	Sí	Sí	Sí	No
Bolivia-México	Sí	No	Sí	Sí	No	Sí	Sí	Sí	Sí	Sí	No
Chile-México	Sí	No	Sí	Sí	No	Sí	Sí	No	Sí	No	No
Costa Rica-México	Sí	No	Sí	Sí	No	Sí	Sí	Sí	Sí	Sí	No
México-Nicaragua	Sí	No	Sí	Sí	No	Sí	Sí	Sí	Sí	Sí	Sí
México-Triángulo del Norte	Sí	No	Sí	Sí	No	Sí	Sí	Sí	Sí	Sí	No
Centroamérica-Chile	Sí	No	Sí	Sí	No	Sí	No	Sí	Sí	No	No
Centroamérica- República Dominicana	Sí	No	Sí	Sí	No	Sí	No	Sí	Sí	Sí	Sí
CARICOM-República Dominicana	Sí	No	Sí	Sí	No	Sí	No	Sí	No	Sí	Sí

N=Normas; RT=Reglamentos Técnicos; PEC=Procedimientos de Evaluación de la Conformidad; A=Acreditación; C=Certificación; P=Pruebas; M=Metrología; PAu= Procedimientos de Autorización; PAp= Procedimientos de Aprobación.

dio autorizado por una parte del estado, incluidos los préstamos y seguros respaldados por el gobierno, y los servicios gubernamentales. El TLC entre Chile y México incluye los servicios de información y conexos, así como cualquier otro subsector acordado por el Comité de Normalización.

El segundo punto sobre el cual existe una desviación frente a la OMC en términos de cobertura es la ubicación de las medidas SFS y OTC juntas en un capítulo. Ello ocurre únicamente con los acuerdos relacionados con MERCOSUR: el MERCOSUR mismo, así como los acuerdos de complementación económica de éste con Bolivia y Chile, incluyen capítulos sobre normas, reglamentos técnicos, medidas sanitarias y fitosanitarias y otras medidas. El resto de los tratados que especifican su cobertura siguen la norma de la OMC y separan específicamente las disposiciones sobre SFS de aquellas relativas a los OTC.

Una tercera diferencia en cuanto a la cobertura resulta del hecho de que muchos de los acuerdos subregionales de América Latina y el Caribe incluyen la cobertura de medidas de metrología, las cuales solo son tratadas de manera implícita en el Acuerdo OTC. Ni el TLCAN ni el TLC Chile-México contienen secciones sobre metrología. Sin embargo, éste es un elemento en el cual los tratados de libre comercio firmados después del TLCAN difieren de éste último. El Tratado del G-3 y los demás TLC bilaterales de México, con excepción del concluido con Chile, contienen medidas sobre metrología, al igual que lo hacen los tratados de libre comercio Centroamérica-Chile, Centroamérica-República Dominicana y CARICOM-República Dominicana. En general, estas disposiciones invocan el uso del Sistema Internacional de Unidades como la base para las medidas de metrología e instan a los miembros a asegurar la "trazabilidad" de las normas de metrología hasta las medidas internacionales. Varios de los tratados contienen recomendaciones relacionadas con la cooperación y la coordinación en materia de infraestructura metrológica.

Además, un buen número de los tratados bilaterales de libre comercio entre países de América Latina y el Caribe incorporan disposiciones apartes sobre etiquetado o rotulación en sus acuerdos. Tanto en la OMC como en el TLCAN, el etiquetado está incluido en la definición de norma y reglamento técnico. El Tratado del G-3 y los TLC de México con Bolivia, Costa Rica, Nicaragua y el Triángulo Norte contienen disposiciones que apuntan hacia un sistema común de símbolos para ser utilizados en las etiquetas entre los miembros, y establecen comités responsables de esta tarea. El TLC entre Centroamérica y la República Dominicana estipula la armonización de los procedimientos de etiquetado, mientras que el TLC CARICOM-República Dominicana habla del desarrollo de normas en esta materia.

Finalmente, como puede observarse en el cuadro 7-2, tres tratados relativamente recientes —el TLC México-Nicaragua y los TLC de la República Dominicana con Centroamérica y CARICOM— incluyen disposiciones específicas sobre la protección del medio ambiente. Si bien la protección del medio ambiente figura como parte de los objetivos legítimos por los cuales los países podrían desarrollar o aplicar reglamentos técnicos en todos los acuerdos bajo algún esquema, estos tratados consagran específicamente el derecho a preservar y proteger el medio ambiente, y en ellos se invocan las recomendaciones del Programa de las Naciones Unidas para el Medio Ambiente (PNUMA) y otros acuerdos internacionales. El artículo del tratado México–Nicaragua sobre la materia incluye además el derecho del país a regular el transporte y tránsito de materiales peligrosos o radiactivos.

Normas y reglamentos técnicos

En el ámbito de las normas, la meta enunciada por el MERCOSUR, la Comunidad Andina y CARICOM es la de desarrollar normas subregionales comunes. El MERCOSUR ha trabajado muy activamente al respecto y ha creado un régimen común sobre normas técnicas con el fin de eliminar los obstáculos técnicos al comercio y facilitar la libre circulación de bienes y la integración regional entre las partes. En el marco de la normalización del MERCOSUR se ha establecido una jerarquía: internacional, regional, subregional y nacional.

La Comunidad Andina, por su parte, fomenta la armonización en forma gradual de las normas nacionales con miras a desarrollar un conjunto de normas andinas oficiales. Deben adoptarse normas "que [los países] consideren de interés regional"[26]. En el desarrollo y la adopción de normas, se insta a los países miembros a utilizar como referencia las normas internacionales, regionales o nacionales de otros países. Las normas han de basarse en los resultados de la ciencia, la tecnología y la experiencia y deben obtener beneficios óptimos para la comunidad. Existe una disposición que señala que "sin perjuicio" de las previas exhortaciones a la armonización "los países podrán elaborar normas de interés nacional"[27]. Si insta a los miembros a "armonizar en forma gradual los reglamentos técnicos vigentes en cada País Miembro"[28], permitiendo el derecho a mantener, elaborar o aplicar reglamentos técnicos para

---

26. Artículo 10, Decisión 419 de la Comunidad Andina.

27. Artículo 12 de la Decisión 419 de la Comunidad Andina: Modificación de la Decisión 376 (Sistema Andino de Normalización, Acreditación, Ensayos, Certificación, Reglamentos Técnicos y Metrología).

28. Artículo 25 de la Decisión 419 de la Comunidad Andina: Modificación de la Decisión 376 (Sistema Andino de Normalización, Acreditación, Ensayos, Certificación, Reglamentos Técnicos y Metrología).

proteger la vida o la seguridad humana, animal y vegetal y del medio ambiente. Pueden elaborarse reglamentos técnicos basados en diseño y características descriptivas en la medida en que éstas se encuentren relacionadas con el uso y empleo.

El acuerdo de CARICOM se refiere a las obligaciones internacionales y a la facilitación del desarrollo de una infraestructura de normas en los ámbitos nacional y regional. Hasta la fecha, se han desarrollado normas regionales para 72 productos. El régimen centroamericano de normas no establece la armonización de manera obligatoria, pero las partes pueden firmar acuerdos a fin de armonizar sus medidas relativas a normalización, procedimientos de autorización y medidas de metrología. Asimismo, cada parte ha de utilizar las normas internacionales como base para elaborar o aplicar sus propias medidas relativas a normalización. En ausencia de normas internacionales, el régimen centroamericano insta a los países a utilizar las normas adoptadas en otros tratados de integración regional o por terceros países o en organizaciones privadas internacionalmente reconocidas.

El TLCAN promueve el uso de normas internacionales, excepto cuando ellas constituyan un medio ineficaz o inadecuado para lograr sus objetivos legítimos, por ejemplo, debido a factores fundamentales de naturaleza climática, geográfica, tecnológica o de infraestructura o bien por razones científicamente justificadas o porque no se obtenga el nivel de protección que la parte considere adecuado. El apartado 4 del artículo 906 del TLCAN contempla el reconocimiento mutuo de las normas técnicas si la parte exportadora puede demostrar, a satisfacción de la parte importadora, que su reglamento técnico cumple de manera adecuada con los objetivos legítimos de la parte importadora.

Los TLC bilaterales generalmente contienen disposiciones por las que se exhorta a los miembros a hacer sus medidas compatibles en la medida de lo posible. Casi todos los acuerdos instan a sus miembros a recurrir a las normas internacionales, en la medida en que ello resulte posible o adecuado, como la base para la definición de sus reglamentos técnicos y normas.

Procedimientos de evaluación de la conformidad

El Acuerdo OTC de la OMC establece que ha de evitarse que los procedimientos de evaluación de la conformidad se conviertan en obstáculos al comercio, al estipular que dichos procedimientos no serán más estrictos de lo necesario para dar la debida seguridad de que el producto está en conformidad. Los procedimientos han de ser rápidos y aplicados en un orden no discriminatorio. También se establecen obligaciones relacionadas con el procesamiento de solicitudes, solicitudes de información, trato de información confidencial o patentada, imposición de derechos, emplazamiento de instalaciones y trato de las muestras.

Los acuerdos de reconocimiento mutuo (ARM) han sido utilizados como vehículos para evitar la duplicación y los costos de los procedimientos de evaluación de la conformidad. Los ARM son acuerdos en los cuales "dos partes independientes convienen en reconocer los resultados de una inspección, informes de un ensayo y/o los certificados de conformidad emitidos por órganos acreditados y previamente acordados ubicados en el territorio de la otra parte[29]. Casi todos los acuerdos subregionales incluyen disposiciones en las cuales se insta a sus miembros a considerar la conclusión de ARM. Otros medios que buscan la disminución de los costos para el comercio son los acuerdos de reconocimiento recíproco, certificación por terceras partes, y declaraciones de conformidad de los proveedores.

El MERCOSUR fomenta la compatibilidad de los sistemas, estructuras y actividades de evaluación de la conformidad, con el objetivo de alcanzar el reconocimiento mutuo en la región[30]. Las disposiciones de la Comunidad Andina promueven la utilización de sistemas de certificación internacionalmente reconocidos y la armonización de la aplicación de los mismos. La Secretaría General de la Comunidad Andina tiene la responsabilidad de establecer un registro de entidades de certificación, acreditadas por los órganos nacionales de acreditación. El marco centroamericano no contempla una exhortación regional a favor de los ARM, pero permite que dos o más miembros concluyan un ARM, el cual debe estar abierto a la participación de otros miembros. CARICOM busca el reconocimiento de los procedimientos de evaluación de la conformidad a través del reconocimiento mutuo u otros medios.

El TLCAN contiene requisitos detallados sobre la evaluación de la conformidad. Tales requisitos son similares a los definidos en la OMC, aunque con una redacción distinta, y sin el requisito de que el procedimiento ha de incluir un proceso de examen de las reclamaciones. El TLCAN estipula que los requisitos que rigen para los procedimientos de evaluación de la conformidad también rigen para los procedimientos de aprobación. El TLCAN prescribe que, en la medida de lo posible, un miembro ha de aceptar los resultados de un procedimiento de evaluación de la conformidad que se lleve a cabo en otro país del TLCAN, si a su satisfacción, el procedimiento garantiza que el bien pertinente cumple con los objetivos de su propio reglamento técnico. En el artículo 1304 también se exhorta a las partes del TLCAN a aceptar los

29. Stephenson (1999).
30. MERCOSUR, Resolución del GMC 61/97.

resultados de las pruebas realizadas por los laboratorios o instalaciones de pruebas en territorio de otra parte en el área de las telecomunicaciones.

Los TLC bilaterales generalmente promueven el principio de la compatibilidad e instan a los miembros a alcanzar, en la medida de lo posible, el reconocimiento mutuo de los sistemas de certificación, laboratorios de ensayo y resultados de evaluación de la conformidad.

Referencia al Acuerdo de la OMC

Casi todos los acuerdos firmados después del establecimiento de la OMC hacen referencia a las disposiciones del Acuerdo OTC[31]. El MERCOSUR señala que en el proceso de preparación y examen de los reglamentos técnicos, el MERCOSUR deberá utilizar como base los principios y lineamientos generales establecidos en la Acuerdo de la Organización Mundial de Comercio sobre Obstáculos Técnicos al Comercio, en especial en lo concerniente a transparencia, información y notificación[32]. Los acuerdos de complementación entre el MERCOSUR y Bolivia y Chile hacen ambos referencia a las obligaciones de los acuerdos OTC y SFS de la OMC. Muchos de los tratados subregionales y bilaterales también incluyen explícitamente disposiciones sobre no discriminación —trato nacional y trato de nación más favorecida— los principios fundamentales de la OMC. El TLCAN y el G-3 hacen referencia a disposiciones del GATT (al momento de la firma de estos tratados estaban en vigor las disposiciones de la Ronda Tokio).

Transparencia y sistemas de información

En la OMC, los países están obligados a establecer puntos de consulta o centros de información que puedan responder a todas las peticiones razonables y suministrar la documentación pertinente relacionada con reglamentos técnicos, normas y procedimientos de evaluación de la conformidad en su territorio de una forma oportuna. Estos centros de información deben estar en capacidad de suministrar documentación sobre estas materias relativas a normalización a un precio equitativo. La gran mayoría de los tratados regionales en las Américas igualmente estipula o fomenta el uso de un centro de información y prescribe que los países han de notificarse entre sí sus medidas relativas a normalización (véase cuadro 7-3).

---

31. El TLCAN y el Tratado del Grupo de los Tres (G-3) hacen referencia al Acuerdo General sobre Aranceles Aduaneros al Comercio (GATT) dado que cuando se suscribieron estos dos acuerdos, estaban en vigencia las disposiciones de la Ronda Tokio.

32. Resolución GMC 152/96.

Cuadro 7-3. *Transparencia, información y asuntos institucionales*

Acuerdo	Estable- cimiento de puntos de consulta	Comités de norma- lización/ organismos	Coopera- ción entre organismos nacionales	Solución de controversias y mecanismos alternativos
Uniones aduaneras				
MERCOSUR	Sí	Sí	Sí	No
Comunidad Andina	Sí	Sí	Sí	Sí
Mercado Común Centroamericano	Sí	Sí	Sí	No
CARICOM	No	Sí	Sí	No
Tratados de libre comercio				
TLCAN	Sí	Sí	Sí	Sí
Grupo de los Tres	Sí	Sí	Sí	Sí
Bolivia-México	Sí	Sí	Sí	Sí
Chile-México	Sí	Sí	Sí	Sí
Costa Rica-México	Sí	Sí	Sí	Sí
México-Nicaragua	Sí	Sí	Sí	Sí
México-Triángulo del Norte	Sí	Sí	Sí	Sí
Centroamérica-Chile	Sí	Sí	Sí	Sí
Centroamérica-República Dominicana	Sí	Sí	Sí	Sí
CARICOM- República Dominicana	Sí	No	Sí	No

En el MERCOSUR se establecen procedimientos para la organización de la información sobre reglamentos técnicos, normas técnicas y evaluación de la conformidad para permitir la transparencia en el proceso de notificación intra-MERCOSUR y las notificaciones internacionales[33]. También se fijan algunas medidas para facilitar la identificación de barreras y la organización de esta información. La Comunidad Andina incluye una serie de disposiciones relativas a la forma en que los países podrán notificarse entre sí cualquier nuevo reglamento técnico, norma, procedimiento de evaluación de la conformidad y otras medidas obligatorias que pretendan adoptar. Esta notificación ha de realizarse con no menos de 90 días de antelación a la aplicación de las medidas en cuestión, salvo en casos de urgencia. El Centro de Información y Registro fue establecido como centro de información. En CARICOM, se establecieron oficinas nacionales de normas, las cuales han de fungir como centros de información. Igualmente, el Protocolo III prevé la creación de un órgano regional de normalización.

33. Resolución 61/97 del GMC.

El TLCAN estipula la creación de centros de información sobre medidas relativas a normalización. Debe emitirse una notificación pública con antelación a la adopción o reforma de normas o medidas relativas a normalización que pudieran afectar el flujo comercial en el área de libre comercio. La notificación debe identificar el bien o servicio objeto de la medida, los objetivos y los motivos de la misma; en la notificación se brindará a las otras partes y cualquier persona interesada en alguna medida de normalización en particular la oportunidad de hacer observaciones. Existen disposiciones similares en los TLC de México. Los TLC de Chile incluyen métodos para la notificación e intercambio de información entre los países signatarios en su debida oportunidad a la hora de adoptar o modificar medidas de normalización.

Grado de institucionalización

En general, los acuerdos contemplan el establecimiento de un comité u órgano de supervisión que ayude en la aplicación de los acuerdos y, en algunos casos, asista en la solución de controversias que surjan entre los miembros. El grado de institucionalización tiende a correlacionarse con la meta de una integración más profunda. Como correspondería en este caso, el acuerdo más institucionalizado en esta área es el de la Comunidad Andina. Se estableció un comité subregional conformado por dos representantes de cada país, acreditados ante la Secretaría General de la Comunidad Andina. El comité se encarga de supervisar la Red Andina de Normalización, conformada por los organismos nacionales de normalización de todos los países miembros, la Red Andina de Organismos Nacionales de Acreditación, la Red Andina de Laboratorios de Ensayos y la Red Andina de Organismos de Certificación Acreditados. Los reglamentos de todos estos organismos han de ser establecidos y comunicados a la Secretaría de la Comunidad Andina. Fue creado un Centro de Información y Registro para normas, reglamentos técnicos y procedimientos de evaluación de la conformidad para actuar como centro de información.

En el MERCOSUR, el Comité de Normalización orienta el proceso de armonización. Se estableció un comité para avanzar en la "compatibilización" de las estructuras y los sistemas de evaluación de la conformidad.

En Centroamérica se creó un comité sobre medidas relativas a la normalización, procedimientos de autorización y metrología para supervisar la implementación del régimen centroamericano de normas. La meta del comité consiste en facilitar la armonización de las medidas de normalización, los procedimientos de autorización y las medidas de metrología. También le fue confiada la tarea de mantener la comunicación con organismos internacionales y regionales para identificar y promover mecanismos de cooperación técnica y

proponer modificaciones al régimen. En CARICOM se ha previsto el establecimiento de un órgano regional de normalización, pero no se ha alcanzado la
etapa operativa.

En el TLCAN se creó un Comité de Medidas Relativas a la Normalización, además de un conjunto de subcomités (Subcomité de Normas de Telecomunicaciones, Subcomité de Etiquetado de Bienes Textiles y del Vestido y
Subcomité de Normas de Transporte Terrestre). El G-3 estableció un Comité
de Medidas Relativas a la Normalización y un Subcomité de Armonización de
Normas Sanitarias. Los tratados bilaterales tienden a establecer comités encargados de la aplicación de los acuerdos, amén de subcomités sobre temas específicos tales como salud, etiquetado, envasado, empaquetado, información al
consumidor y telecomunicaciones.

Solución de controversias

En la OMC, todo desacuerdo relacionado con la operación del acuerdo
ha de ser tratado mediante los procedimientos del Órgano de Solución de
Diferencias de la OMC (véase el cuadro 7-3). Muchos de los tratados regionales permiten la celebración de consultas por intermedio de los comités de
normalización establecidos en los acuerdos y discutidos anteriormente. Por
ejemplo, el Comité de Normas Relativas a Normalización del TLCAN fue
creado para dar seguimiento a la aplicación y administración de las disposiciones del Acuerdo OTC, facilitar el alcance de la compatibilidad, ampliar la
cooperación en el desarrollo, aplicación y cumplimiento de las medidas relativas a la normalización y facilitar las consultas relativas a las controversias en
esta área. El Tratado del G-3 contempla consultas técnicas, mientras que en
los tratados bilaterales entre México y Costa Rica y México y Bolivia las controversias en torno a medidas de normalización pueden ser referidas al Grupo
de Trabajo sobre Medidas de Normalización o al mecanismo de solución de
controversias.

Las normas y OTC en el ALCA: Pasos futuros en las Américas

El Hemisferio Occidental sigue encontrándose lejos de alcanzar un enfoque regional común ante los temas de las normas relacionadas con el comercio. Muchos de los países del hemisferio son relativamente nuevos en lo que
concierne a este tema, al haber incorporado medidas relativas a la normalización a sus acuerdos subregionales apenas en la década de los noventa o vivido
su primera experiencia en materia de disciplinas multilaterales sobre este tópi-
co cuando se unieron a la OMC. No obstante, hay una gran actividad en el

área de las normas, ya sea en la creación de nuevas disposiciones en nuevos acuerdos comerciales o en el contexto de controversias comerciales con sus vecinos, o bien a través de la colaboración en organizaciones regionales e internacionales de normalización.

Cada vez más, está emergiendo y creciendo una base común para la reglamentación hemisférica de las medidas relativas a normalización, tanto en la palabra como en los hechos. La aplicación de las obligaciones del Acuerdo OTC es cada vez mayor entre los países del Hemisferio Occidental. Hasta hoy, de los 34 países del ALCA, 14 han presentado su Declaración de Aplicación (artículo 15.2); 28 han establecido un centro de información (de los cuales seis son centros de información exclusivamente para SFS) y 21 han aceptado el Código de Buena Conducta[34]. En un estudio publicado en 1997, apenas siete países del ALCA habían presentado su Declaración de Aplicación, 14 habían establecido un centro de información y 8 habían aceptado el Código de Buena Conducta[35]. Un número mayor de estos países ha participado en los exámenes que cada tres años se hace del Acuerdo OTC de la OMC y está participando en organizaciones internacionales de normalización; por ejemplo, con su participación en grupos de trabajo sobre la elaboración de normas internacionales o con la ocupación de la Presidencia de la Organización Internacional de Normalización (ISO). Al presente, Brasil preside esta organización.

En la Declaración Ministerial de San José, los países que participan en las negociaciones del ALCA se comprometieron a "eliminar y prevenir las barreras técnicas innecesarias al comercio en el ALCA, tomando como base las propuestas contenidas en el 'Documento de Objetivos Comunes' aprobado por el Grupo de Trabajo". Un desafío que han de enfrentar los negociadores será el cumplir con este mandato, determinando en qué aspectos podría un acuerdo hemisférico ir más allá de las disciplinas multilaterales existentes, así como erigir los mecanismos más eficaces para asegurarse de que las inevitables diferencias entre las normas y los reglamentos técnicos nacionales no constituyan obstáculos al comercio entre los países del ALCA.

Bibliografía

Croome, John. 1996. *Reshaping the World Trading System : A History of the Uruguay Round.* Boston: Kluwer Law International.

Hufbauer, Gary, Barbara Kotschwar y John S. Wilson. 2000. "Trade, Standards and Development Perspectives for Central America", trabajo presentado en el Taller sobre facilitación del co-

---

34. Cifras basadas en Carmiña Londoño (1999), actualizadas a febrero de 2000 a partir de información de la OMC (www.wto.org).

35. Stephenson (1997).

mercio, reglamentos y normas: el desafío de desarrollo de centroamérica, 27-29 de junio de 2000. Disponible en (www.worldbank.org/research/trade/conference/WBI_OAS_papers.htm).

Londoño, Carmiña. 1999. *Free Trade Area of the Americas (FTAA) Conformity Assessment Structure*, Publicación Especial 941 de NIST, Departamento de Comercio de Estados Unidos. Disponible en (www.ts.NIST.gov).

Organización para la Cooperación y Desarrollo Económicos. 1996. *Proceedings from the Conference on Consumer Product Safety Standards and Conformity Assessment: Their Effect on International Trade*. París.

Otsuki, Tsunehiro, John S. Wilson y Mirvat Sewadeh. 2000. Saving Two in a Billion: A Case Study to Quantify the Trade Effect of European Food Safety Standards on African Exports", Borrador de documento de trabajo del Banco Mundial, octubre.

Stephenson, Sherry. 1999. "Mutual Recognition and its Role in Trade Facilitation", *Journal of World Trade*, Vol. 33 (2): 141-76.

Stephenson, Sherry. 1997. Standards and Conformity Assessment as Nontariff Barriers to Trade, Documento de trabajo del Banco Mundial N° 1826, septiembre.

SHERRY M. STEPHENSON

8 | *Servicios*

Vientos de liberalización del comercio de servicios han soplado con fuerza sobre el Hemisferio Occidental desde 1994, cuando entró en vigencia el Tratado de Libre Comercio de América del Norte (TLCAN), y 1995, cuando entraron en vigencia las primeras disciplinas multilaterales sobre servicios en el marco de la Organización Mundial del Comercio (OMC). Desde mediados de los noventa, los países del hemisferio han concluido no menos de catorce acuerdos subregionales sobre el comercio de servicios, los cuales abarcan en su conjunto a la totalidad de los países del Area de Libre Comercio de las Américas (ALCA). Estos acuerdos constituyen una evidencia concreta del marcado interés en el área de los servicios, además de reconocer la importancia que para el crecimiento y desarrollo económicos tiene contar con sectores de servicios eficientes, y dejar de manifiesto el deseo de liberalizar mercados de servicios tradicionalmente cerrados al comercio y la competencia internacionales. Al mismo tiempo, este proceso de liberalización de los servicios a nivel subregional ha contribuido a fomentar el interés y la participación activa en las negociaciones de servicios a nivel hemisférico en el marco del proceso del ALCA y en la segunda ronda de negociaciones de servicios en el contexto de la OMC.

La autora expresa su agradecimiento a Soonhwa Yi por su valiosa asistencia en la investigación.

Enfoques sobre la liberalización del comercio de servicios

La liberalización del comercio de servicios, tanto en el Hemisferio Occidental como en otras regiones integrantes del sistema multilateral de comercio, se ha implementado principalmente a través de dos enfoques alternativos: el enfoque de "lista positiva" (bottom up), y el enfoque de "lista negativa" (top down). Los catorce acuerdos subregionales del hemisferio que cubren los servicios han optado por una u otra de estas modalidades como vía para liberalizar el comercio de servicios. El primero de los enfoques promueve la liberalización progresiva del comercio de servicios mediante la adopción de compromisos sobre el acceso a los mercados y/o el trato a los proveedores extranjeros de servicios en sectores de servicios específicos. La liberalización de sectores donde no se asuman compromisos inicialmente habrá de realizarse a través de rondas periódicas de negociaciones. El enfoque de "lista positiva" fue el acordado y aplicado durante la Ronda Uruguay y es el que está actualmente en vigencia a nivel multilateral en el Acuerdo General sobre el Comercio de Servicios de la OMC, o AGCS, que entrase en vigor en enero de 1995. En enero de 2000 se inició una segunda ronda de negociaciones de servicios a nivel multilateral.

En el Hemisferio Occidental, los miembros del Mercado Común del Cono Sur (MERCOSUR) han optado por seguir una variante del enfoque de "lista positiva" para la liberalización de los servicios, definiendo un plazo fijo para el establecimiento de dicho mercado común. En forma similar al enfoque del AGCS, el Protocolo de Montevideo sobre el Comercio de Servicios del MERCOSUR, firmado en diciembre de 1997, estipula que la liberalización de los servicios debe realizarse de forma progresiva entre los miembros y mediante rondas anuales de negociaciones. No obstante, en contraste con lo previsto en el AGCS, cuyo preámbulo enuncia el deseo del *". . . pronto logro de niveles cada vez más elevados de liberalización del comercio de servicios a través de rondas sucesivas de negociaciones multilaterales encaminadas a promover los intereses de todos los participantes, sobre la base de ventajas mutuas . . .",* los miembros del MERCOSUR han convenido en que el resultado final de su proceso de liberalización progresiva será la eliminación completa de todas las restricciones que afectan el comercio de servicios o a sus proveedores en todos los sectores. Esta meta ha de alcanzarse en un plazo de diez años, contados a partir de la fecha de implementación del Protocolo (el cual no ha entrado aún en vigor).

Los miembros de la Comunidad Andina han adoptado el mismo objetivo que los miembros del MERCOSUR, pero estableciendo un plazo de cinco años para la plena eliminación de las barreras al comercio intrarregional de servicios. La Decisión 439 sobre el Comercio de Servicios, adoptada por los miembros de la Comunidad Andina en junio de 1998, establece que este proceso de liberalización debe comenzar una vez que se hayan finalizado los inventarios integrales nacionales de medidas que afectan el comercio de servicios para todos los miembros de la Comunidad Andina. Las restricciones discriminatorias identificadas en estos inventarios deberán ser levantadas gradualmente mediante una serie de negociaciones, para culminar con un mercado común libre de obstáculos al comercio de servicios. También se deberá llevar adelante un proceso paralelo de armonización de los regímenes normativos nacionales en sectores de servicios clave.

La gran mayoría de los acuerdos subregionales del Hemisferio Occidental sobre servicios ha adoptado un enfoque alternativo de liberalización del comercio en esta área (el enfoque de "lista negativa"), el cual obliga a los miembros del acuerdo a liberalizar todas las formas de trato discriminatorio en todos los sectores de servicios, con excepción de lo indicado específicamente en las listas de reservas que acompañan el acuerdo. Estas reservas incluyen aquellos sectores y medidas excluidos de la liberalización, ya sea temporal o permanentemente. Sin embargo, en algunos acuerdos, estas reservas han de liberalizarse progresivamente mediante la celebración de negociaciones periódicas. Este enfoque fue introducido inicialmente por Canadá, Estados Unidos y México en el Tratado de Libre Comercio de América del Norte (TLCAN), que entrase en vigor en enero de 1994. Tras la implementación del TLCAN, México ha desempeñado un papel fundamental en la diseminación de este enfoque de liberalización y disciplinas similares con respecto al comercio de servicios hacia otros países de Centro y Suramérica a través de diversos acuerdos subregionales. Se han incorporado disposiciones similares sobre servicios en el Tratado del Grupo de los Tres (G-3), negociado entre México, Colombia y Venezuela, así como en tratados bilaterales de libre comercio concluidos por México con Bolivia, Costa Rica, Nicaragua, Chile y el grupo de países del Triángulo del Norte (El Salvador, Guatemala y Honduras). Chile ha firmado otros tratados que siguen el modelo del TLCAN y en los cuales se adopta el enfoque de "lista negativa" ante la liberalización del comercio de servicios. Tal es el caso del tratado firmado con Canadá, que entrase en vigor el 5 de julio de 1997, y el acordado con los países de Centroamérica en conjunto, el cual fue firmado en octubre de 1999. Este último contiene disposiciones similares, si bien no idénticas, sobre servicios. La República Dominicana firmó un tratado tipo TLCAN con Centroamérica en su conjunto, el que a diciembre del 2000 aún no entraba en vigencia; y otro tratado de libre comercio con los países de CARICOM en agosto de 1998.

Los miembros de CARICOM finalizaron en julio de 1997 el Protocolo II sobre Establecimiento, Servicios y Capital, el cual abarca el comercio de servicios. El Protocolo entró provisionalmente en vigor en julio de 1997. El Protocolo no especifica un enfoque de liberalización del sector servicios, pero prevé la remoción de todas las restricciones al comercio de servicios en la región mediante un programa que será establecido tras la entrada en vigencia del Protocolo.

Los catorce tratados subregionales sobre servicios que existen en el Hemisferio Occidental constituyen un conjunto de acuerdos en ocasiones yuxtapuestos y con niveles distintos de disciplinas y obligaciones. Sin embargo, todos estos tratados se distinguen por sus ambiciosos objetivos, que en la mayoría de los casos van mucho más allá de las metas definidas a nivel multilateral. Mientras las reglas y disciplinas del AGCS ofrecen el menor denominador común para el comercio de servicios en el hemisferio, todos los tratados subregionales postulan un comercio de servicios mucho más libre y disciplinas más estrictas que el AGCS[1]. Ello puede ser con respecto al tipo de disciplinas que contienen, el mayor alcance de la liberalización que contemplan, los objetivos finales que se plantean, o bien una combinación de todos estos factores. En el área de los servicios, puede aseverarse que los esfuerzos subregionales de liberalización contribuyen al avance de la liberalización multilateral.

Convergencias y divergencias

Existe un alto grado de convergencia entre un gran número de tratados subregionales en el Hemisferio Occidental, en particular entre aquellos que han seguido el modelo del TLCAN con respecto a la liberalización de los servicios. En la presente sección se analizan las convergencias y divergencias entre los enfoques sobre la liberalización del comercio de servicios en estos acuerdos con respecto a seis criterios: principios; reglas y disciplinas; acceso a los mercados; modalidad de negociación; exclusiones; y trato sectorial especial.

---

1. El contenido de estos acuerdos se encuentra resumido en el documento de referencia Unidad de Comercio, OEA (1999). En contraste con estos tratados comerciales integrales, se ha firmado también acuerdos sectoriales, en algunos casos bajo la forma de tratados formales, en otros como acuerdos de cooperación más informales. Algunos de estos tratados subregionales y acuerdos sectoriales bilaterales sobre servicios incorporan reglas y disciplinas, mientras que otros se limitan a especificar buenas intenciones o acciones de cooperación. Estos acuerdos sectoriales independientes, por su propia naturaleza, no pueden ser considerados de la misma forma que aquellos tratados de integración que contienen disposiciones y reglas comprensivas relativas a todos los servicios. Ver Unidad de Comercio, OEA (1998).

Principios sobre el comercio de servicios

Todos los tratados subregionales que cubren los servicios en el Hemisferio Occidental contienen obligaciones básicas relativas al trato nacional y al trato de nación más favorecida (NMF) (con la excepción, en el caso de éste último, del Protocolo II de CARICOM)[2]. Al igual que en el sector de los bienes, estos principios constituyen dos de los elementos más fundamentales para cualquier acuerdo sobre servicios. En el caso del Protocolo del MERCOSUR y la Decisión de la Comunidad Andina, estos dos principios son enunciados sin reserva alguna, lo que significa que no puede haber ninguna desviación de la aplicación de los principios de trato NMF o de trato nacional entre los miembros de cada uno de estos dos grupos de integración. Esto contrasta con el trato que reciben los principios en cuestión a nivel multilateral en el marco del AGCS, en el cual el trato nacional no es una obligación general del AGCS sino el resultado de compromisos específicos de cada miembro de la OMC y donde el trato de NMF, si bien una obligación general, puede ser condicionado a través de exenciones vinculadas con límites de tiempo[3].

En el caso de los tratados de libre comercio que han seguido el modelo TLCAN, tanto el trato de NMF como el trato nacional figuran como principios incondicionales. No obstante, puede recurrirse a excepciones específicas por país (también llamadas reservas o medidas disconformes) para ciertos sectores de servicios en contra de ambos principios, de forma temporal o permanente. Estas excepciones deben especificarse a nivel federal, estatal o provincial al momento de la entrada en vigor del tratado o dentro de un plazo específico subsiguiente a esa fecha y figurar en las listas de reservas anexas al tratado. Además de estos dos principios fundamentales, existe también una disciplina básica en los tratados tipo TLCAN que consiste en no imponer un requisito

2. El hecho de que CARICOM no contenga una disposición sobre trato NMF en el Protocolo II significa que ningún miembro de CARICOM está obligado a conferir un trato NMF a otros miembros de CARICOM por ninguna concesión comercial hecha a terceras partes, o no miembros.

3. De conformidad con el Artículo II del AGCS, el principio de NMF puede ser objeto de excepciones temporales con respecto a sectores de servicios específicos. Se adjunta al AGCS un anexo sobre el Artículo II que especifica los procedimientos mediante los cuales puede recurrirse a dichas exenciones y el plazo estipulado para las mismas (en principio, no más de diez años). El anexo condiciona las exenciones al trato NMF a exámenes periódicos y negociaciones futuras. La definición que contiene el AGCS de NMF no implica necesariamente condiciones liberales o restrictivas de acceso a los mercados; simplemente estipula que el trato más favorable concedido a cualquier proveedor de servicios debe ser acordado por igual a todos los proveedores extranjeros de servicios, en todos los sectores y para todos los modos de suministro. El trato nacional es un principio de una naturaleza específica bajo el AGCS que resulta del proceso de negociación y sólo se aplica a aquellos sectores y modos de suministro que los participantes incorporan específicamente en sus listas nacionales de compromisos.

de presencia local al proveedor de servicios de otro país miembro, es decir, no requerir el establecimiento de una oficina de representación o sucursal en el territorio de un país miembro como condición para la prestación transfronteriza de un servicio. Esta disciplina se conoce como el "derecho de no establecimiento".

Todos los tratados subregionales que cubren el comercio de servicios en el Hemisferio Occidental se adhieren al principio de transparencia y contienen un artículo a tal efecto. Todos los tratados (con excepción del Protocolo II de CARICOM) estipulan una obligación de publicar las medidas pertinentes que afectan el comercio de servicios, y la mayoría de ellos va más allá al requerir también la notificación. CARICOM estipula que cada miembro ha de notificar las restricciones existentes a la prestación de servicios y el derecho de establecimiento al Consejo de Comercio y Desarrollo Económico tras la entrada en vigor del Protocolo[4]. Al igual que el AGCS, el Protocolo de MERCOSUR, la decisión de la Comunidad Andina, el TLCAN y todos los tratados tipo TLCAN contemplan como obligación la publicación expedita de las medidas que afectan el comercio de servicios y sus proveedores a nivel nacional. Y como el AGCS, tanto el MERCOSUR como el TLCAN y los tratados que siguen su modelo también estipulan la notificación de cambios en las leyes existentes y cualquier ley, reglamento o procedimiento administrativo nuevo que afecte el comercio de servicios. En lo que constituiría una innovación al respecto, el TLCAN y los tratados tipo TLCAN contienen además el derecho a comentario previo sobre propuestas de cambio, en la medida de lo posible. El TLCAN y los tratados tipo TLCAN, así como el Protocolo del MERCOSUR, disponen el establecimiento de puntos de contacto o centros de información a fin de suministrar, previa solicitud, información sobre las medidas que afectan el comercio de servicios. Este aspecto es similar al requisito previsto a nivel multilateral en el ámbito del AGCS.

Reglas y disciplinas: Areas de convergencia

Varias de las reglas y disciplinas relativas al comercio de servicios que figuran en los acuerdos subregionales del Hemisferio Occidental son muy similares, no obstante los distintos enfoques de liberalización adoptados por los miembros de los acuerdos. Entre dichas reglas y disciplinas cabe mencionar las siguientes: reglamentación nacional, reconocimiento (de licencias o

---

4. El Protocolo II de CARICOM define el derecho de establecimiento como el derecho a participar en cualquier actividad de naturaleza comercial, industrial, profesional o artesanal que no genere ingresos salariales y a crear y administrar asociaciones económicas en la región.

Cuadro 8-1. *Resumen de principios relevantes para el comercio de servicios*

Acuerdo	Trato de NMF[a]	Trato nacional	Transparencia	Ausencia de presencia local
AGCS	Sí	Sí	Sí	No
MERCOSUR	Sí	Sí	Sí	No
CARICOM	No	Sí	Sí	No
Comunidad Andina	Sí	Sí	Sí	No
TLCAN	Sí	Sí	Sí	Sí
Grupo de los Tres	Sí	Sí	Sí	Sí
Bolivia-México	Sí	Sí	Sí	Sí
Costa Rica-México	Sí	Sí	Sí	Sí
Canadá-Chile	Sí	Sí	Sí	Sí
Chile-México	Sí	Sí	Sí	Sí
Centroamérica-República Dominicana	Sí	Sí	Sí	Sí
CARICOM-República Dominicana	Sí	Sí	Sí	Sí
México-Nicaragua	Sí	Sí	Sí	Sí
Centroamérica-Chile	Sí	Sí	Sí	Sí
México-Triángulo del Norte	Sí	Sí	Sí	Sí

a. Incluye excepciones al trato de NMF permitido en el anexo del AGCS y sujeto a una lista de reservas—como en el caso del trato nacional—para todos los demás acuerdos, excepto para MERCOSUR y la Comunidad Andina.

certificados obtenidos en un país miembro); restricciones cuantitativas; subsidios; denegación de beneficios; y excepciones generales[5]. En el cuadro 8-2 se presenta un resumen de las áreas de convergencia de las principales reglas y disposiciones.

REGLAMENTACIÓN NACIONAL. El AGCS reconoce el derecho de los miembros de la OMC a reglamentar los servicios en sus territorios con el fin de realizar los objetivos de sus políticas nacionales. Sin embargo, las leyes y reglamentos nacionales deben ser transparentes, administrados con apego al debido proceso y modificados o adaptados de una forma predecible. Además, dichas leyes y reglamentos no deben ejercer un efecto de restricción del comercio más gravoso de lo necesario para alcanzar un objetivo legítimo (prueba de necesidad). Previa solicitud, los miembros deben explicar los objetivos específicos

5. El AGCS hace referencia a evitar la doble tributación. Los tratados tipo TLCAN también incluyen una disposición de esta naturaleza en sus respectivos capítulos sobre excepciones generales.

Cuadro 8-2. *Reglas y disciplinas relativas al comercio de servicios: áreas de convergencia*

Acuerdo	Reglamentación nacional	Reconoci-miento	Restricciones cuantitativas	Disciplinas sobre sub-venciones	Denegación de beneficios
AGCS	Sí	Sí	Sí[a]	En el Futuro	Sí
MERCOSUR	Sí	Sí	Sí[a]	En el Futuro	Sí
CARICOM	Sí[b]	Sí	No especificadas	No	Sí
Comunidad Andina	Sí[b]	Sí	Sí	No	Sí
TLCAN	Sí	Sí[b]	Sí	No	Sí
Grupo de los Tres	Sí[b]	Sí	Sí	No	Sí
Bolivia-México	Sí[b]	Sí	Sí	No	Sí
Costa Rica-México	Sí[b]	Sí	Sí	No	Sí
Canadá-Chile	Sí[b]	Sí	Sí	No	Sí
Chile-México	Sí[b]	Sí	Sí	No	Sí
México-Nicaragua	Sí[b]	Sí	Sí	No	Sí
Centroamérica-República Dominicana	Sí[b]	Sí	Sí	No	Sí
CARICOM-República Dominicana	Sí[b]	Referencia: (AGCS)	Sí	No	Sí
Centroamérica-Chile	Sí[b]	Sí	Sí	No	Sí
México-Triángulo del Norte	Sí[b]	Sí	Sí	No	Sí

a. Las disciplinas relativas a restricciones cuantitativas sólo se aplican a aquellos sectores sujetos a compromisos específicos.

b. Las reglas relativas a la reglamentación nacional establecidas en estos acuerdos se estipulan de una manera más restringida y se aplican sólo a las licencias y certificación de proveedores de servicios profesionales

que persiguen sus reglamentaciones, brindar la oportunidad a sus socios comerciales para que presenten sus comentarios sobre las reglamentaciones propuestas y dar a los mismos su debida consideración.

Mientras el Protocolo del MERCOSUR prevé una disposición similar sobre reglamentación nacional, ni el TLCAN ni los acuerdos tipo TLCAN del Hemisferio Occidental contienen un artículo sobre reglamentación nacional per se en sus respectivos capítulos sobre el comercio de servicios. No obstante, el equivalente de la disciplina del AGCS está presente en un artículo de alcance más limitado que tiene que ver con las licencias y certificados de profesionales. Estos requisitos buscan asegurar que ninguna medida relativa a la concesión de licencias o la certificación de nacionales de otro país miembro (sólo los proveedores de servicios profesionales) constituya un obstáculo innecesario al comercio. Sin embargo, mientras el artículo del AGCS establece que la medida en cuestión no debería constituir una restricción al suministro de un servicio (bajo ningún modo), los acuerdos tipo TLCAN limitan este requisito a la prestación transfronteriza de un servicio[6].

De la misma manera, la Decisión de la Comunidad Andina sobre servicios no contiene disciplinas sobre reglamentación nacional per se, pero aborda parcialmente este aspecto a través de un artículo que compromete a los miembros a no establecer nuevas medidas que aumenten al grado de disconformidad o que no logren cumplir con los compromisos de liberalización contenidos en el tratado.

RECONOCIMIENTO. Mientras el AGCS contiene un artículo que promueve el reconocimiento de la educación, las licencias o certificados de los proveedores de servicios en general, con la posibilidad de permitir a otros miembros de la OMC negociar su adhesión a acuerdos de esta índole, en los tratados subregionales sobre servicios del Hemisferio Occidental este reconocimiento se restringe a los proveedores de servicios profesionales. En forma similar a lo que contempla el AGCS, los tratados del Hemisferio promueven este tipo de reconocimiento, sin que ello constituya una obligación.

Todos los tratados subregionales contienen también una obligación para desarrollar un modelo genérico dirigido a definir los procedimientos para asistir a las profesiones de servicios a lograr el reconocimiento mutuo de licencias y certificados. Los tratados que siguen el modelo del TLCAN contienen la obligación de abolir los requisitos de nacionalidad o residencia permanente vigentes para el reconocimiento de diplomas y la concesión de licencias para los proveedores de servicios profesionales de otros miembros en el plazo de dos años contados a partir de la entrada en vigor de los tratados respectivos. Sin embargo, de no cumplirse la fecha límite prevista, la otra parte es libre de no respetar la obligación. Los miembros de estos tratados también deben celebrar consultas periódicas con el fin de determinar la viabilidad de estos objetivos. El tratado entre la República Dominicana y CARICOM no incluye una disposición sobre reconocimiento, pero especifica que aquellas materias no

---

6. Los tratados tipo TLCAN han sido estructurados de tal forma que las disciplinas del capítulo sobre servicios abarcan únicamente el comercio transfronterizo de servicios (modos 1 y 2 de suministro de servicios, de acuerdo con la definición del AGCS), mientras que la presencia comercial para los servicios (modo 3 de suministro de servicios) está cubierta en un capítulo aparte sobre inversiones que abarca disciplinas pertinentes tanto para los bienes como para los servicios, al tiempo que el movimiento de personas naturales (modo 4 de suministro de servicios) está cubierto en un capítulo aparte sobre la entrada temporal de personas de negocios. Una persona de negocios significa "el nacional de una Parte que participa en el comercio de bienes o prestación de servicios, o en actividades de inversión" (véase el artículo 1608 del TLCAN).

cubiertas en el acuerdo deben ser tratadas según lo establecido en las disposiciones correspondientes del AGCS. Las partes de este tratado están realizando esfuerzos para definir un capítulo aparte sobre servicios profesionales con el propósito de lograr el reconocimiento mutuo de licencias y certificados.

El Protocolo del MERCOSUR sobre servicios contiene una disposición sobre el reconocimiento de profesionales a través del desarrollo de criterios mutuamente aceptables para determinar la equivalencia de las licencias, los certificados, títulos profesionales y acreditaciones conferidas por otro país miembro. El protocolo promueve igualmente la elaboración de normas y criterios mutuamente aceptables para el ejercicio de servicios profesionales que posteriormente serían adoptados por los gobiernos miembros. Los miembros de la Comunidad Andina se encuentran en proceso de redactar los criterios que permitan el reconocimiento mutuo de licencias, certificados, títulos profesionales y acreditaciones conferidos en los distintos estados miembros. Estos criterios serán detallados en una futura decisión que adoptará la Comunidad Andina.

RESTRICCIONES CUANTITATIVAS. Todos los tratados subregionales sobre servicios contienen un artículo sobre restricciones cuantitativas no discriminatorias, pero el enfoque seguido difiere entre los acuerdos. En el Protocolo del MERCOSUR, se prohíbe la introducción de nuevas medidas cuantitativas no discriminatorias en cualquier compromiso y sector incluido en las listas. Este requisito refleja lo dispuesto en el AGCS.

El enfoque adoptado en el TLCAN y los acuerdos que siguen su modelo estipula la elaboración de un listado de las restricciones cuantitativas sobre servicios en anexos, en los cuales han de separarse las restricciones discriminatorias de las no discriminatorias; también ha de notificarse a las partes del tratado correspondiente cualquier nueva restricción cuantitativa no discriminatoria que pudiera adoptarse. Con el fin de lograr una mayor liberalización o remoción de las restricciones cuantitativas identificadas en los anexos, estos acuerdos tipo AGCS estipulan que las partes han de celebrar consultas periódicamente y esforzarse por negociar la liberalización o remoción de dichas restricciones.

DISCIPLINAS EN MATERIA DE SUBSIDIOS. El AGCS no contempla ninguna disciplina específica sobre el uso de subsidios para las actividades de servicios, pero especifica que, en el futuro, se sostendrán discusiones para definir disciplinas multilaterales con miras a evitar los efectos de distorsión del comercio originados por los subsidios, así como para tratar el tema de la conveniencia de los procedimientos de compensación. Las negociaciones no han alcanzado aún acuerdo alguno en esta materia. El TLCAN y los tratados que siguen su modelo, así como el acuerdo firmado por los países de la Comunidad Andina y el Protocolo de CARICOM, no contienen disposiciones sobre subsidios. El Protocolo del MERCOSUR especifica que, una vez elaboradas, las disciplinas generales sobre subsidios se aplicarán a los servicios.

DENEGACIÓN DE BENEFICIOS. El AGCS permite a un miembro negar las ventajas previstas en el acuerdo al suministro de un servicio o al proveedor del servicio que provenga o se encuentre en el territorio de un país no miembro de la OMC. En la OMC, un proveedor de servicios que es una persona jurídica se define como una entidad jurídica que sea propiedad mayoritaria, esté bajo el control efectivo y esté afiliada a otra persona. Todos los acuerdos subregionales del hemisferio (con la excepción del MERCOSUR) van más allá que el AGCS, al definir a un proveedor de servicios no sólo como una entidad jurídica bajo propiedad mayoritaria o control efectivo, sino además como entidad que debe desarrollar actividades u operaciones comerciales sustantivas en el territorio de alguno de los países miembros para poder beneficiarse de un acuerdo determinado.

Reglas y disciplinas: Áreas de divergencia

En materia de reglas y disciplinas, los acuerdos subregionales difieren con respecto al nivel de trato, trato que dan a las inversiones, disciplinas monopolistas, salvaguardias y modificación de las listas de compromisos.

NIVEL DE TRATO. Muchos de los tratados tipo TLCAN incluyen una cláusula sobre "nivel de trato" como una de las disciplinas básicas del acuerdo. El artículo estipula que cada parte otorgará a los proveedores de servicios de cualquiera de las otras partes el mejor de los tratos conferidos en virtud de los principios de NMF y trato nacional. La disposición figura en el TLCAN y en los tratados bilaterales firmados entre Canadá y Chile, Chile y México y Centroamérica y Chile.

A diferencia de otros tratados subregionales, el TLCAN y todos los tratados tipo TLCAN contienen además una cláusula de "cremallera" (*ratcheting*), en virtud de la cual las partes están obligadas a consolidar en el acuerdo toda liberalización futura que elimine las restricciones aplicadas a un sector de servicios o al trato discriminatorio dado a un proveedor de servicios originario de un tercer país.

TRATO DE LAS INVERSIONES. Una diferencia importante entre los enfoques adoptados por los países del Hemisferio Occidental en materia de liberalización

Cuadro 8-3. *Reglas y disciplinas relativas al comercio de servicios: áreas de divergencia*

Acuerdo	Nivel de trato	Trato de inversiones	Disciplinas monopolistas	Salvaguardias generales	Modificación de las listas
AGCS	No	En AGCS	Sí	En el futuro	Sí
MERCOSUR	No	Protocolos separados	Protocolos separado	No	Sí
CARICOM	No	En Protocolo II	Protocolos separado	Sí	No se especifica
Comunidad Andina	No	Decisiones 439 y 291[a]	Decisión separado	No	...
TLCAN	Sí	Capítulo separado	Sí	No	...
Grupo de los Tres	No	Capítulo separado	Sí	No	...
Bolivia-México	No	Capítulo separado	No	En el futuro	...
Costa Rica-México	No	Capítulo separado	En el futuro	En el futuro	...
Canadá-Chile	Sí	Capítulo separado	Sí	No	...
Chile-México	Sí	Capítulo separado	Sí	No	...
México-Nicaragua	No	Capítulo separado	En el futuro	En el futuro	...
Centroamérica-República Dominicana	No	Capítulo separado	Sí	En el futuro	...
CARICOM-República Dominicana	No	Capítulo separado	Sí	No	...
Centroamérica-Chile	Sí	Acuerdo bilateral	Sí	No	...
México-Triángulo del Norte	No	Capítulo separado	No	En el futuro	...

a. Para mayor detalle respecto de la Decisión 291 vea el capítulo 9.

del comercio de servicios tiene que ver con la interacción entre servicios e inversiones. A nivel multilateral, el AGCS no contiene un conjunto integral de disciplinas para proteger las inversiones, pero incorpora el tema de las inversiones en los servicios como uno de los cuatro modos de suministro de servicios (modo 3, presencia comercial). En el hemisferio, tal es el enfoque seguido por los miembros del MERCOSUR. Este grupo de países también cuenta con protocolos distintos sobre inversiones[7].

Esto difiere del enfoque adoptado por el TLCAN y los acuerdos tipo TLCAN (con la excepción del tratado entre Centroamérica y Chile), en los cuales las reglas y disciplinas de inversión, tanto para los bienes como para los servicios, son establecidas en un capítulo separado. Estos acuerdos garantizan la libre entrada de inversiones, pero incluyen reservas específicas por país. El tratado Centroamérica-Chile incorpora en su capítulo de inversión los acuerdos bilaterales de inversión que cada país centroamericano firmó con Chile. Las partes podrán en cualquier momento analizar la posibilidad de desarrollar y ampliar la cobertura de las normas de inversión incluidas en estos acuerdos pero deben hacerlo en un plazo de dos años a partir de la entrada en vigor del tratado. El Protocolo II de CARICOM incluye la presencia comercial como parte integral del acuerdo. La Comunidad Andina también incluye la presencia comercial como parte de su acuerdo sobre servicios y cuenta con una Decisión sobre inversiones (Decisión 291), firmada en 1991 (véase el capítulo nueve de este volumen).

DISCIPLINAS SOBRE MONOPOLIOS. A diferencia del GATT, el AGCS contiene disciplinas muy generales sobre prácticas monopolistas y exclusividad de proveedores de servicios. Esas disciplinas pretenden asegurar que un proveedor monopolista no abuse de su posición de mercado o actúe de forma incompatible con los compromisos específicos adquiridos por un miembro de la OMC. Algunos de los acuerdos existentes en el Hemisferio Occidental contienen disciplinas sobre proveedores de servicios monopolistas, mientras que otros no[8]. El TLCAN, el tratado del Grupo de los Tres y varios de los tratados bilaterales contienen disciplinas sobre prácticas monopolistas respecto tanto de bienes como de servicios, las que además se extienden a empresas estatales. El tratado entre la República Dominicana y CARICOM contiene una

---

7. Antes de concluir su Protocolo sobre Servicios, los miembros del MERCOSUR elaboraron dos protocolos que contienen amplias disciplinas sobre inversiones. El Protocolo de Colonia para la Promoción Recíproca y la Protección Mutua de las Inversiones fue firmado el 17 de junio de 1994, y el Protocolo de Buenos Aires para la Promoción y Protección de las Inversiones de Terceros Estados fue firmado el 5 de agosto de 1994. Estos dos protocolos, al igual que el de los servicios, no han entrado aún en vigor.

8. Véase también el capítulo once de esta obra, sobre política de competencia.

disposición sobre proveedores de servicios monopolistas y exclusivos, y además contempla la futura elaboración de una disposición sobre prácticas comerciales anticompetitivas. La Comunidad Andina tiene una Decisión aparte sobre competencia (Decisión 285), al igual que CARICOM en su Protocolo VIII. Los otros acuerdos del hemisferio no contienen disciplinas en esta materia, ni tampoco las prevén. Los miembros del MERCOSUR se encuentran en proceso de definir protocolos aparte sobre política de competencia.

SALVAGUARDIAS GENERALES. El AGCS contiene un artículo relativo a salvaguardias generales, el cual se inspira en un artículo similar del GATT[9]. A la fecha de redacción de este trabajo, el Protocolo II de CARICOM era el único acuerdo en el Hemisferio Occidental en incluir un artículo operativo sobre salvaguardias. Varios de los tratados subregionales, incluyendo el TLCAN y MERCOSUR, no contienen un artículo general sobre salvaguardias para el comercio de servicios, mientras que otros acuerdos especifican que podrán aplicarse salvaguardias generales una vez que se desarrollen disciplinas futuras en esta materia[10].

MODIFICACIÓN DE LAS LISTAS. El AGCS prevé la posibilidad de modificar las listas (es decir, retirar concesiones). Ello permite a cualquier miembro de la OMC modificar o retirar un compromiso contenido en su lista de servicios después de transcurridos tres años, sujeto a la negociación de ajustes compensatorios apropiados. La modificación de las listas nacionales también está contemplada como posibilidad en el acuerdo del MERCOSUR, con sujeción a condiciones similares. Esto no se aplica a ninguno de los tratados tipo TLCAN, dado que éstos no contienen listas de compromisos.

Acceso a los mercados

Dado que los servicios no enfrentan obstáculos bajo la forma de aranceles o impuestos en la frontera, el acceso a los mercados para los proveedores de servicios es restringido a través de un trato discriminatorio contenido en las leyes, decretos y reglamentaciones nacionales. Por lo tanto, la liberalización

---

9. El Artículo X del AGCS permite a los miembros modificar o retirar de las listas compromisos específicos un año después que el compromiso entre en vigor. Como requisito, sin embargo, los países deben probar ante el Consejo del Comercio de Servicios que la modificación o retiro es necesaria y por tanto no puede esperar el plazo de tres años requerido por el Artículo XX del AGCS.

10. El TLCAN, el tratado del Grupo de los Tres y los tratados bilaterales entre Canadá y Chile, Chile y México y Chile y Centroamérica, si bien no contienen un artículo sobre salvaguardias generales, sí incluyen un artículo sobre salvaguardias frente a dificultades en las balanzas de pagos, en el caso de desequilibrios en las cuentas corrientes.

del comercio de servicios implica modificar las leyes y reglamentaciones nacionales, lo que hace que las negociaciones sobre servicios sean más difíciles y más sensibles para los gobiernos, además de convertirlas en un proceso a largo plazo. El cuadro 8-4 contiene los siguientes componentes de acceso a los mercados que figuran en los tratados sobre comercio de servicios del hemisferio: cobertura sectorial, cobertura de modos de suministro y compras del sector público.

De acuerdo con el enfoque "bottom up", el acceso a los mercados y el trato nacional son el objeto de los compromisos que especifican las condiciones bajo las cuales los proveedores extranjeros de servicios pueden tener acceso a un mercado determinado. Estos compromisos son asumidos para cada sector o actividad de servicios y, una vez incluidos en la lista, se consideran vinculantes. El AGCS estipula seis tipos de limitaciones o restricciones que pueden aplicarse a los compromisos de acceso a los mercados asumidos por los miembros de la OMC; no se permiten otras formas de restricción[11]. En el enfoque "top down" o tipo TLCAN, el concepto de "acceso a los mercados" no aparece como un artículo aparte en el capítulo sobre servicios, pero es tratado bajo las disciplinas relacionadas con las restricciones cuantitativas no discriminatorias, así como a través de una disposición de trato nacional garantizado que rige para las medidas discriminatorias. Con respecto a ambas áreas, la obligación contemplada en los acuerdos tipo TLCAN consiste en incorporar en una lista toda medida que sea disconforme con estas disciplinas (principio de "listar o perder"), garantizando de esta forma la transparencia.

El AGCS incluye los siguientes cuatro modos de suministro de servicios en su ámbito de aplicación: comercio transfronterizo, consumo en el exterior, presencia comercial y movimiento de personas naturales. En los dos últimos casos, son los factores de producción —capital y mano de obra— los que se desplazan para suministrar el servicio en un lugar del exterior. Como se muestra en el cuadro 8-4, los cuatro modos de suministro de un servicio forman parte del ámbito de aplicación de los tratados subregionales del hemisferio, pero el trato acordado al último de los modos de suministro, movimiento de personas naturales, varía considerablemente. En el Protocolo del MERCOSUR,

---

11. Los seis tipos de limitaciones al acceso a los mercados previstos en el AGCS son: (i) limitaciones al número de proveedores de servicios, (ii) limitaciones al valor total de los activos o transacciones de servicios, (iii) limitaciones al número total de operaciones de servicios o a la cuantía total de la producción de servicios, (iv) limitaciones al número total de personas físicas que puedan emplearse en un determinado sector de servicios o que un proveedor de servicios pueda emplear y que sean necesarias para el suministro de un servicio específico y estén directamente relacionadas con él, (v) medidas que restrinjan o prescriban los tipos específicos de persona jurídica o de empresa conjunta, y (vi) limitaciones a la participación de capital extranjero.

Cuadro 8-4. *Acceso a mercados para proveedores de servicios*

Acuerdo	Cobertura de sectores	Cobertura de modos	Compras del sector público
AGCS	Selectiva	Todos	En el futuro[a]
MERCOSUR[a]	Universal	Todos[b]	Protocolo separado, en el futuro
CARICOM	Indeterminada	Todos[b]	No
Comunidad Andina[a]	Universal	Todos[b]	Decisión separada, en el futuro
TLCAN	Universal[c]	Todos[b]	Incluidas
Grupo de los Tres	Universal[c]	Todos[b]	Incluidas
Bolivia-México	Universal[c]	Todos[b]	Incluidas
Costa Rica-México	Universal[c]	Todos[b]	Incluidas
Canadá-Chile	Universal[c]	Todos[b]	No
Chile-México	Universal[c]	Todos[b]	No
México-Nicaragua	Universal[c]	Todos[b]	Incluidas
Centroamérica-República Dominicana	Universal[c]	Todos[b]	Incluidas
CARICOM-República Dominicana	Universal[c]	Todos[b]	En el futuro
Centroamérica-Chile	Universal[c]	Todos[b]	Incluidas[d]
México-Triángulo del Norte	Universal[c]	Todos[b]	No

a. El Protocolo de Montevideo sobre el comercio de servicios del MERCOSUR especifica la plena liberalización de servicios en todos los sectores y medidas en un período de diez años. La Decisión 439 de la Comunidad Andina establece que este objetivo debe cumplirse en un período de cinco años.

b. El modo 4 se cubre parcialmente.

c. Excluido el transporte aéreo.

d. A diferencia de la mayoría de los acuerdos del hemisferio, los cuales utilizan el término "compras del sector público", el AGCS y el Acuerdo entre Centroamérica y Chile utilizan el término "contratación pública".

al igual que el AGCS, la capacidad de los proveedores de servicios para trasladarse dentro de la región de forma temporal depende de los compromisos incluidos en la lista (por lo menos durante el período de transición de diez años). La Decisión de la Comunidad Andina estipula que sus miembros han de facilitar el libre movimiento y la presencia temporal de personas naturales o físicas para el suministro de un servicio. El Protocolo II de CARICOM contempla el movimiento temporal de personas en calidad de proveedores de servicios sólo si éstas están ligadas al establecimiento de actividades comerciales de propiedad extranjera, incluido el personal de administración, supervisión y técnico y sus cónyuges. El TLCAN y los acuerdos tipo TLCAN incluyen obligaciones que se limitan también al movimiento temporal de proveedores de servicios de negocios únicamente, y no al movimiento de personas naturales en general, por lo que este modo de suministro de un servicio está cubierto sólo parcialmente en varios acuerdos.

Las compras del sector público conforman un importante componente del acceso a los mercados en el sector de los servicios, habida cuenta del gran número de contratos que son ofrecidos por los gobiernos en el área de servicios[12]. Las compras del sector público han sido incluidas en el AGCS, pero durante y después de la Ronda Uruguay no se alcanzó ningún acuerdo sobre qué trato dar a la compra de servicios. La intención enunciada en el AGCS consiste en que los miembros de la OMC negocien futuras disciplinas en esta área. A nivel subregional, el TLCAN fue pionero en ésta área al incluir en el ámbito de aplicación del capítulo sobre compras del sector público las compras de servicios que éste realiza, estipulando que en las tres partes todos los organismos federales y un número determinado de empresas del Estado han de someter los contratos públicos a procesos de licitación (bajo un enfoque de "lista positiva" para la cobertura de las entidades y un enfoque de "lista negativa" para la cobertura de los servicios). Existen disposiciones similares en el tratado del Grupo de los Tres y ciertos tratados bilaterales de libre comercio (ver cuadro 8-4).

La Decisión de la Comunidad Andina sobre servicios incluye las compras del sector público en su ámbito de aplicación, mas no establece disciplinas relativas al comercio de servicios. De no concluirse un acuerdo aparte antes de enero de 2002, los miembros de la Comunidad Andina deberán aplicar al sector servicios el principio de trato nacional para las compras del sector público. El Protocolo del MERCOSUR no incluye las compras del sector público en su ámbito de aplicación, pero actualmente está negociándose la definición de un instrumento aparte en esta área. El Protocolo II de CARICOM no incluye las compras del sector público, como tampoco se ha previsto hasta la fecha un protocolo aparte para esta materia.

Modalidad de negociación

Como se explicase previamente en este capítulo, la modalidad de negociación adoptada bajo el enfoque "bottom up" se basa en un concepto de lista positiva mediante el cual los miembros de un acuerdo elaboran una lista con los compromisos de trato nacional y acceso a los mercados que especifican el tipo de acceso o trato a los servicios y proveedores de servicios en los sectores que figuran en la lista. Ésta es la modalidad adoptada por el MERCOSUR como el medio para llevar a cabo la liberalización del comercio de servicios durante un período de transición de diez años. Rondas anuales de negociaciones basadas en el listado de un número cada vez mayor de compromisos en

12. Véase también el capítulo doce de esta obra, relativo a las compras del sector público.

todos los sectores (sin exclusiones) han de resultar en la eliminación de todas las restricciones al comercio de servicios entre los miembros, una vez que el Protocolo entre en vigor.

La modalidad alterna de negociación adoptada bajo el enfoque "top down" se basa en un concepto de lista negativa en virtud del cual todos los sectores y medidas han de ser liberalizados, a menos que se prevea lo contrario en los anexos que contienen reservas o medidas disconformes. Ésta es la técnica de "listar o perder". Cualquier excepción a la cobertura sectorial y al trato no discriminatorio debe ser especificada en los anexos. Las medidas disconformes contenidas en los anexos han de ser liberalizadas a través de consultas y/o negociaciones periódicas. Nuevamente es el TLCAN el tratado que marcó la pauta con la aplicación de este enfoque, el cual ha sido desde entonces seguido por todos los acuerdos tipo TLCAN.

Aunque el TLCAN representa básicamente un acuerdo de "statu quo" con respecto a los servicios, en el sentido de que no se incorporó en el tratado ningún mecanismo para la futura liberalización de las reservas o las medidas disconformes ni se especificó un plazo para los esfuerzos de continuación de la liberalización, algunos de los tratados de libre comercio que incluyen los servicios y que fueron concluidos después del TLCAN van más allá en su compromiso con la actividad de la liberalización. Todos los tratados firmados por México (aunque no aquéllos firmados posteriormente por Chile) contienen un artículo que estipula la "liberalización futura", en virtud del cual las partes habrán de negociar la liberalización y remoción de todas las medidas disconformes contenidas en los anexos, con lo cual se introduce un pronunciado elemento de dinamismo en estos últimos acuerdos.

Los miembros de la Comunidad Andina han optado por una modalidad de negociación basada en el enfoque de lista negativa, pero que ha de aplicarse durante un período de transición y que enfatiza la transparencia durante el proceso de liberalización. La Decisión 439 establece la meta de la eliminación de todas las restricciones al comercio de servicios y a sus proveedores entre los miembros del acuerdo en un plazo de cinco años (contados a partir de comienzos de 2000 o poco después). Ese proceso ha de ejecutarse sobre la base del intercambio de inventarios nacionales de medidas que afectan el comercio de servicios; estos inventarios contendrán el universo de medidas tanto discriminatorias como no discriminatorias. Las negociaciones han de concluir con la remoción de todas las medidas discriminatorias, y ha de emprenderse un proceso paralelo dirigido a armonizar lo esencial de aquellas medidas no discriminatorias que impidan el acceso a los mercados. CARICOM apunta hacia la total eliminación de todas las restricciones al comercio de servicios y los proveedores de servicios a través del Protocolo II. Los miembros

Cuadro 8-5. *Modalidad de negociación para la liberalización del comercio de servicios*

Acuerdo	Modalidad	Foco de las negociaciones
AGCS	Lista positiva	Compromisos estipulados
MERCOSUR	Lista positiva	Compromisos estipulados
CARICOM	No definida aún	No definido aún
Comunidad Andina	Lista negativa	Contenido del inventario de las medidas
TLCAN	Lista negativa	Lista de reservas
Grupo de los Tres	Lista negativa	Lista de reservas
Bolivia-México	Lista negativa	Lista de reservas
Costa Rica-México	Lista negativa	Lista de reservas
Canadá-Chile	Lista negativa	Lista de reservas
Chile-México	Lista negativa	Lista de reservas
Centroamérica-República Dominicana	Lista negativa	Lista de reservas
CARICOM-República Dominicana	Lista negativa	Lista de reservas
México-Nicaragua	Lista negativa	Lista de reservas
Centroamérica-Chile	Lista negativa	Lista de reservas
México-Triángulo Norte	Lista negativa	Lista de reservas

se encuentran negociando un plazo y seleccionando una modalidad de negociación con tales fines.

El cuadro 8-5 resume las modalidades de negociación adoptadas por los catorce acuerdos subregionales del hemisferio que incluyen los servicios, e indica el enfoque relativo de los negociadores de servicios en cada caso. En las negociaciones de servicios realizadas bajo la modalidad de "lista positiva", el enfoque de las negociaciones ha recaído sobre la inclusión de compromisos en listas nacionales y sobre la necesidad de determinar ampliamente sus equivalencias a los fines de la "reciprocidad". Esto resulta mucho más difícil de lograr para los servicios que para los bienes, ya que los obstáculos que enfrentan los proveedores extranjeros de servicios no adoptan la forma de medidas fronterizas cuantificables, como los aranceles y las cuotas, sino la forma de elementos discriminatorios contenidos en leyes, decretos y reglamentaciones nacionales. Bajo la modalidad de "lista negativa", el enfoque de las negociaciones se centra sobre el contenido de las listas de reservas, o medidas disconformes, para garantizar que las mismas no comprometan de manera excesiva el objetivo de liberalización del acuerdo.

En realidad, ninguna de las dos modalidades alternativas de negociación garantiza la plena liberalización del comercio de servicios, ni se supone que así sea, a menos que este objetivo sea explícitamente enunciado por los miembros de un determinado tratado de integración. Los acuerdos "top down"aportan, en forma transparente, grandes volumenes de información sobre los obstáculos que frenan el comercio de servicios (medidas disconformes), lo que facilita a los proveedores nacionales de servicios conocer los mercados extranjeros. En el caso de los acuerdos "bottom up", la cobertura sectorial de los compromisos puede variar significativamente entre las partes, y el tipo de condiciones y limitaciones especificadas con respecto al acceso a los mercados y el trato nacional en las listas nacionales no refleja necesariamente la práctica real (ya que con frecuencia se incluyen en las listas como consolidaciones tope o niveles mínimos de trato). Esta posibilidad se traduce en una menor transparencia para los proveedores de servicios y una menor certidumbre jurídica y económica con respecto al acceso a los mercados.

Exclusiones

Ciertos sectores de servicios han sido excluidos del AGCS y de la cobertura de los tratados subregionales. Tal es el caso del sector del transporte aéreo en cuanto a los derechos de tráfico o los acuerdos de ruta, los cuales están excluidos tanto del AGCS como de todos los tratados subregionales. Igualmente, el AGCS y todos los tratados subregionales excluyen los servicios suministrados en ejercicio de facultades gubernamentales, cuando éstos no se suministren en condiciones comerciales ni en competencia con uno o más proveedores de servicios.

Casi todos los tratados subregionales excluyen los subsidios de su cobertura (con el MERCOSUR y la Comunidad Andina como excepciones en este caso), y cerca de la mitad de los tratados excluyen las compras del sector público en materia de servicios. Los servicios financieros están excluidos del tratado firmado entre México y Costa Rica, mientras que los servicios financieros transfronterizos no figuran en los tratados concluidos por Chile con Canadá, México y Centroamérica.

Es importante que los proveedores de servicios puedan conocer qué sectores, en los acuerdos "top down", han sido excluidos del alcance de la liberalización del acuerdo o condicionados por las reservas o medidas disconformes. En algunos acuerdos, tales reservas fueron finalizadas al momento de la firma y publicadas como anexos. Tal es el caso del TLCAN, el Tratado Canadá-Chile y el Tratado Chile-México, así como para el componente Costa Rica-Chile del Tratado Chile-Centroamérica. En los tratados sobre los cuales se dispone de esta información, los siguientes sectores se encuentran entre los que figuran con reservas (para una o más partes del acuerdo): servicios de transporte aéreo, terrestre y marítimo; servicios de comunicaciones; servicios de construcción; servicios culturales; servicios financieros; servicios de energía; servicios profesionales; servicios sociales; servicios de recreación y deportes; y servicios prestados a las empresas.

En el caso de los otros tratados tipo TLCAN, estas listas de reservas no fueron publicadas con el acuerdo respectivo. Las listas fueron concluidas posteriormente y publicadas en fuentes nacionales (como ocurriese con los tratados del Grupo de los Tres y Costa Rica-México) o no han sido finalizadas (caso éste de los Tratados Bolivia-México, México-Nicaragua, Centroamérica-República Dominicana, CARICOM-República Dominicana y Chile-resto de los países centroamericanos). La falta de acceso a una información tan crítica elimina el elemento vital de la transparencia de estos últimos acuerdos y los hace menos valiosos para los proveedores de servicios.

Trato sectorial especial

Habida cuenta de la amplia naturaleza y la complejidad de los numerosos sectores que componen el área de los servicios, con frecuencia se ha prestado una atención especial a varios sectores. Estos han sido tratados en capítulos apartes en diversos acuerdos subregionales de integración o bien han sido sumados como anexos a un capítulo o protocolo. Estos capítulos específicos o anexos dan mayor precisión a las reglas y disciplinas que rigen el sector en cuestión, a la forma de intervención normativa o a la definición del alcance de la liberalización.

El cuadro 8-6 agrupa los distintos sectores de servicios que han recibido una atención especial en catorce tratados subregionales del Hemisferio Occidental. Los que aparecen con mayor frecuencia son la entrada temporal de personas de negocios (que es en realidad un modo de suministro de un servicio y no un sector), los servicios profesionales y las telecomunicaciones.

Como comentaramos previamente, el modo cuatro ha sido definido en términos más restringidos en casi todos los tratados subregionales del Hemisferio Occidental como "entrada temporal de personas de negocios", mientras que el AGCS se refiere en términos más amplios al "movimiento de personas naturales". Por lo tanto, sólo el componente de "negocios" de la movilidad laboral ha sido incorporado en los acuerdos hemisféricos (con la excepción del MERCOSUR y la Comunidad Andina). Los servicios profesionales son destacados en la mayoría de los acuerdos subregionales, con el fin de promover el reconocimiento de los requisitos de concesión de licencias y calificaciones, a

Cuadro 8-6. *Disposiciones en sectores específicos contenidas en los acuerdos de integración subregional*

Acuerdo	Comercio de servicios	Entrada temporal de personas de negocios	Servicios profesionales	Telecomunicaciones	Servicios financieros	Transporte aéreo	Transporte terrestre
MERCOSUR	Protocol de Montevideo	Anexo al protocolo	...	...	Anexo al protocolo	Anexo al protocolo	Anexo al protocolo
Comunidad Andina	Decisión 439	...	...	Decisión 462	...	...	...
CARICOM	Protocolo II	...	Decisiones de política de 1995 y 1996[a]	...	...	Acuerdo multilateral[b]	...
TLCAN	Capítulo 12	Capítulo 16	Anexo al Capítulo 12	Capítulo 13	Capítulo 14	...	Anexo al Capítulo 12
Grupo de los Tres	Capítulo 10	Capítulo 13	Anexo al Capítulo 10	Capítulo 11	Capítulo 12	Anexo al Capítulo 10	...
Bolivia-México	Capítulo 9	Capítulo 11	Anexo al Capítulo 9	Capítulo 10	Capítulo 12	...	...
Costa Rica-México	Capítulo 9	Capítulo 10	Anexo al Capítulo 9	...	...	...	...
Canadá-Chile	Capítulo H	Capítulo K	Anexo al Capítulo H	Capítulo I	...	...	...
Chile-México	Capítulo 10	Capítulo 13	Anexo al Capítulo 10	Capítulo 12	...	Capítulo 11	...
México-Nicaragua	Capítulo10	Capítulo 12	Anexo al Capítulo 10	Capítulo 11	Capítulo 13	...	Anexo al Capítulo 10
Centroamérica-República Dominicana	Capítulo 10	Capítulo 11	Anexo al Capítulo 10	...	...	...	...
CARICOM-República Dominicana	Anexo II	Anexo sobre ingreso temporal de personas de negocios	En el futuro				
Centroamérica-Chile	Capítulo 11	Capítulo 14	Anexo al Capítulo 11	Capítulo 13	...	Capítulo 12	...
México-Triángulo Norre	Capítulo 10	Capítulo 13	Anexo al Capítulo 10	Capítulo 12	Capítulo 11	...	Anexo al Capítulo 10

a. Estas decisiones permiten el libre movimiento entre los países miembros de CARICOM de personas que cuentan con grados universitarios, así como artistas, deportistas, músicos y personas ligadas a los medios de comunicación.

b. El acuerdo multilateral sobre Servicios Aéreos de CARICOM regula la operación de servicios aéreos en la Comunidad del Caribe.

través de la definición de un conjunto acordado de criterios para la equivalencia de diplomas y títulos para las distintas profesiones entre los miembros de un acuerdo.

Los servicios en las negociaciones del ALCA

La Declaración de San José de marzo de 1998 definió los siguientes objetivos a ser considerados en las negociaciones de servicios en el contexto del ALCA: establecer disciplinas para liberalizar progresivamente el comercio de servicios, de modo que permita alcanzar un área hemisférica de libre comercio, en condiciones de certidumbre y transparencia, y asegurar la integración de las economías más pequeñas en el proceso del ALCA. Los Viceministros definieron posteriormente el mandato del Grupo de Negociación sobre Servicios del ALCA (GNSV), al cual correspondería el desarrollo de un marco que incorpore los derechos y obligaciones comprensivos para los servicios, e identificar las normas suplementarias posibles para sectores específicos.

Durante la primera fase de las negociaciones (junio de 1998 – noviembre de 1999), los miembros del GNSV discutieron el alcance de un futuro acuerdo sobre servicios y seis elementos de consenso que habían sido acordados al concluir la fase preparatoria del proceso del ALCA (marzo de 1995 a marzo de 1998). Estos seis elementos de consenso son: cobertura sectorial, trato de nación más favorecida, trato nacional, acceso a los mercados, transparencia y denegación de beneficios. La discusión se ha centrado en el trato que ha de acordarse a estos elementos en un futuro capítulo sobre servicios. Las reuniones del GNSV se han alimentado de un intercambio de opiniones en estas áreas, las cuales se han nutrido tanto de las reglas y disciplinas contenidas en el AGCS de la OMC como de aquéllas incorporadas en los tratados subregionales del hemisferio. En todas las reuniones que celebrara el GNSV durante el año 2000, los miembros avanzaron hacia el cumplimiento del mandato conferido por los Ministros de Comercio en la Reunión Ministerial de Toronto de noviembre de 1999 y dieron inicio a la preparación de un borrador de texto de un acuerdo sobre servicios. A finales del año 2000, el GNSV pudo finalizar un borrador de texto que contiene entre corchetes el lenguaje propuesto por diversas delegaciones para los seis elementos de consenso, así como para otros temas que, en opinión de las delegaciones participantes, están relacionados con éstos.

Al igual que con otros grupos de negociación y entidades del ALCA, el GNSV se ha beneficiado de los conocimientos técnicos y el apoyo analítico del Comité Tripartito (en particular de la Organización de los Estados Americanos), así como de los estudios elaborados por éste a solicitud del Grupo.

Entre estos estudios destaca un compendio de las "Disposiciones sobre el comercio de servicios en los acuerdos de comercio e integración del Hemisferio Occidental". El compendio presenta, en un formato comparable, las disposiciones sobre comercio de servicios que se encuentran en los distintos tratados subregionales del hemisferio. Otro estudio conducido y publicado por el Comité Tripartito se titula "Acuerdos sectoriales sobre servicios en el Hemisferio Occidental"[13]. El Comité Tripartito también ha brindado asistencia técnica a los miembros del GNSV en cuatro áreas específicas: i) talleres subregionales organizados con el fin de facilitar la conclusión, por parte de los participantes del ALCA, de los inventarios de medidas que afectan al comercio de servicios en cada país; ii) la elaboración de un programa de trabajo sobre estadísticas del comercio internacional de servicios; iii) la preparación de un glosario de términos sobre el comercio de servicios para facilitar las negociaciones; y iv) la elaboración de un "Manual para la preparación del cuestionario sobre las medidas que afectan al comercio de servicios en el Hemisferio".

Desafíos futuros

Existen tres temas críticos en el área de servicios hasta la conclusión de la segunda fase de negociaciones del ALCA (enero de 2000 – marzo de 2001) que deben ser resueltos antes de poder dar por finalizado un capítulo sobre servicios y poder comenzar las negociaciones sobre acceso a los mercados en esta área.

La primera consiste en decidir cuál será la modalidad de liberalización del comercio de servicios, es decir, si adoptar, por ejemplo, un enfoque de lista positiva para la liberalización de los servicios o un enfoque de lista negativa, o alguna forma modificada de alguno de éstos. Es necesario resolver esta cuestión tan crítica para poder avanzar más en la inclusión de reglas, obligaciones y disciplinas en el capítulo sobre servicios, ya que muchas de éstas deben ser compatibles con una determinada modalidad de liberalización.

El segundo punto consiste en decidir si los compromisos formulados por los países reflejarán el "statu quo" y cuánto más lejos irán que la actual apertura de los mercados para los proveedores de servicios y de qué forma procederán para lograrlo.

El tercer aspecto que debe resolverse es la relación entre servicios e inversiones. Dada la importancia de las inversiones para el comercio de servicios, será importante identificar claramente esta relación y asegurarse de que las

---

13. Ambos estudios son actualizados regularmente y están disponibles en el sitio oficial del ALCA en Internet (www.ftaa-alca.org).

modalidades negociadas por los Grupos de Negociación sobre Servicios e Inversión sean compatibles. Una vez resueltos estos tres puntos, habrá que abordar el problema de cómo tratar la elaboración de disciplinas sectoriales específicas.

Bibliografía

Unidad de Comercio, OEA. 1998. *Acuerdos sectoriales sobre servicios en el Hemisferio Occidental.* Washington, D.C. Abril. (www.ftaa-alca.org).

———. 1999. *Disposiciones sobre el comercio de servicios en los acuerdos de comercio e integración del Hemisferio Occidental.* Washington, D.C. Octubre. (www.ftaa-alca.org).

MARYSE ROBERT

9 | *Inversión*

Durante la última década hemos sido testigos de la convergencia de las reglas que rigen la inversión extranjera en las Américas. Tras años de imponer controles que excluían o restringían la entrada de empresas extranjeras, a mediados de la década de los ochenta y principios de los noventa, los países de América Latina y el Caribe emprendieron una serie de ambiciosas reformas económicas. La región abandonó el modelo de sustitución de importaciones y se propuso liberalizar el comercio y relajar las restricciones a la inversión extranjera. Ahora, a principios del siglo XXI, la mayoría de los países del Hemisferio Occidental están intentando atraer inversiones del extranjero como una forma de fomentar el crecimiento y el desarrollo económico y estimular la transferencia de tecnología y la competencia. En 1999, las entradas de inversión extranjera directa (IED) alcanzaron una cifra sin precedentes en América Latina y el Caribe con un total de $90.000 millones de dólares, doce veces el promedio anual alcanzado entre 1984 y 1989. La región se ha hecho tan atractiva como los países en desarrollo de Asia, cuyas entradas de IED en 1999 sumaron $106.000 millones de dólares[1]. Las políticas de reforma económica, entre ellas los programas

---

1. Varios países latinoamericanos experimentaron un incremento significativo de las entradas de inversión extranjera directa (IED) en 1999. Las inversiones extranjeras en Brasil sumaron $31.000 millones de dólares, mientras que los flujos de IED a Argentina se multiplicaron más de tres veces para alcanzar $23.000 millones, debido en gran parte a la adquisición de YPF, la compañía petrolera más grande de

de privatización, han desempeñado un papel significativo en el aumento de las inversiones que se experimentó en la región durante los años noventa.

Enfoques sobre la inversión: protección y liberalización

Además de leyes y reglamentos más favorables a la inversión, los gobiernos del hemisferio han adoptado compromisos vinculantes que crean condiciones más propicias para la IED. Tradicionalmente, los tratados de inversión han establecido criterios de trato y protección a las inversiones y los inversionistas, además de incluir una cláusula de admisión, que remite a las leyes del país anfitrión para la admisión de la inversión, y un mecanismo para la solución de controversias entre el inversionista y el país anfitrión. Durante la década de los noventa, un número cada vez mayor de países de América suscribió acuerdos que van más allá de este enfoque tradicional. Estos nuevos acuerdos incluyen el derecho de establecerse (derecho de establecer una nueva empresa o adquirir una ya existente) sin una disposición sobre admisión, con lo que añaden un componente de "acceso a mercados" al "elemento de protección" de un tratado de inversión tradicional. Los tratados de inversión por sí mismos no sirven para atraer inversión, sino que actúan como complemento de los principales factores que determinan los flujos de IED. Los países que han consolidado la liberalización alcanzada a nivel nacional se han beneficiado de las señales positivas que resultan de estos acuerdos vinculantes.

Tratados bilaterales de inversión y acuerdos regionales comerciales

Desde principios de los años noventa se han suscrito más de sesenta tratados bilaterales de inversión (TBI) entre países del hemisferio. Aunque los primeros TBI se originaron en Europa a fines de la década de los cincuenta, debieron pasar más de 30 años antes de que los países de las Américas comenzaran a negociar tratados bilaterales de inversión entre sí. El primer TBI suscrito en la región fue el concluido entre Estados Unidos y Panamá en 1982. De hecho, en los años ochenta, sólo Estados Unidos se mostró activo en la

---

Argentina, por parte de la empresa española Repsol, a un costo de $13.000 millones. Durante 1999 también aumentaron las inversiones en México ($11.000 millones), Chile ($9.000 millones) y Perú ($2.000 millones). Sin embargo, se redujeron en Venezuela ($2.600 millones) y Colombia ($1.300 millones). Véanse UNCTAD (2000) y el *Financial Times*, "Latin America Sees Investment Surge", 2 de febrero de 2000, p. 7.

celebración de tratados bilaterales de inversión con otros países de la región. Además de su tratado con Panamá, Estados Unidos firmó uno con Haití en 1983 y otro con Grenada en 1986. La gran mayoría de los países del hemisferio ha suscrito por lo menos un tratado bilateral de inversión. De hecho, sólo dos países aún no lo han hecho (el Commonwealth de Las Bahamas y St. Kitts y Nevis), en tanto que 24 han suscrito por lo menos un TBI con otro país de la región. De todos estos tratados bilaterales de inversión, los suscritos por Estados Unidos y Canadá incluyen un derecho de establecimiento y una lista de reservas.[2] A nivel regional, el Tratado de Libre Comercio de América del Norte (TLCAN), el tratado de libre comercio (TLC) entre los miembros del Grupo de los Tres (Colombia, México y Venezuela) y los TLC bilaterales celebrados por México con, respectivamente, Bolivia, Chile, Costa Rica, Nicaragua y el Triángulo del Norte (El Salvador, Guatemala y Honduras), así como el suscrito entre Chile y Canadá, adoptan este nuevo enfoque. Incorporan un elemento de protección y un componente de acceso a mercados. El capítulo sobre inversión del tratado de libre comercio entre los países centroamericanos y la República Dominicana incluye un elemento adicional, una cláusula de admisión. El Protocolo de Colonia para los países miembros del MERCOSUR también incluye una cláusula de admisión. El Protocolo de Buenos Aires, para los países no miembros del MERCOSUR, sigue el enfoque tradicional adoptado en los tratados bilaterales de inversión, al igual que el tratado de inversión entre CARICOM y la República Dominicana. Otros acuerdos, como la Decisión 291 de la Comunidad Andina y el Protocolo II de CARICOM, contienen algunas disposiciones sobre inversión. El Protocolo II establece que los miembros no introducirán en sus territorios ninguna restricción nueva respecto al derecho de establecimiento de ciudadanos de otros estados miembros excepto cuando se disponga lo contrario en el acuerdo[3]. Por último, las reglas de inversión en el tratado de libre comercio entre Chile y los

---

2. A diferencia de una excepción general, cuyo efecto suele consistir en facultar a una parte para eximirse del cumplimiento de la totalidad de las obligaciones del tratado, una reserva solamente se aplica en relación con una disposición específica. En este sentido, los Estados suelen realizar reservas en materia de trato nacional, trato de nación más favorecida, requisitos de desempeño y con respecto al personal de alta dirección. Una reserva identifica al sector en el que se ha hecho la reserva y las obligaciones con respecto de las cuales se ha hecho la misma. Con frecuencia, también se refiere a la medida específica (leyes, reglamentos u otras medidas) respecto de la cual se ha hecho la reserva.

3. El 17 de enero de 1994 se firmó el Protocolo de Colonia para la Promoción y Protección Recíproca de Inversiones en el MERCOSUR. El Protocolo sobre Promoción y Protección de Inversiones Provenientes de Estados no Partes de Mercosur (el Protocolo de Buenos Aires) se firmó el 5 de agosto de 1994. El Protocolo II de CARICOM entró en vigor provisionalmente el 4 de julio de 1998. La Decisión 291 de la Comunidad Andina se firmó en Lima el 21 de marzo de 1991.

países de Centroamérica son aquéllas de los tratados bilaterales de inversión suscritos por cada uno de estos países con Chile[4].

La inversión en la OMC

Varios de los acuerdos derivados de la Ronda Uruguay incluyen disposiciones sobre inversión, pero en la OMC no existe un acuerdo integral sobre esta materia. En el Acuerdo de la OMC sobre Medidas en Materia de Inversiones relacionadas con el Comercio (Acuerdo MIC) se aborda el tema de los requisitos de desempeño, mientras que, como se explica en el capítulo ocho, el Acuerdo General sobre el Comercio de Servicios (AGCS) aborda el tema de la inversión en dos de sus cuatro modos de suministro: presencia comercial (modo 3) y movimiento de personas físicas (modo 4). El Acuerdo MIC contiene una lista ilustrativa de requisitos de desempeño prohibidos: aquéllos que son contrarios al principio de trato nacional (Artículo III del GATT 1994), como los de contenido local y balanza comercial, así como aquéllos que son incompatibles con la obligación general de eliminar las restricciones cuantitativas (Artículo XI del GATT 1994), como son las restricciones de balanza comercial y de divisas y los requisitos de ventas nacionales. Los países miembros tenían un plazo de 90 días a partir de la entrada en vigor del Acuerdo de la OMC para notificar al Consejo del Comercio de Mercancías todas las MIC incompatibles. Los países desarrollados tenían que eliminar sus requisitos de desempeño dentro de un lapso de dos años a partir de la entrada en vigor del Acuerdo de la OMC. Para los países en desarrollo, este período era de cinco años (1 de enero de 2000), mientras que a los países menos desarrollados se les exigía que adoptaran estos mismos compromisos dentro de un lapso de siete años. El Consejo puede extender el período de transición para los países en desarrollo y los países menos desarrollados. En la práctica, unos cuantos países han solicitado la extensión de la fecha límite que les correspondía.

Las disposiciones del AGCS sobre trato nacional (Artículo XVII) y acceso a los mercados (Artículo XVI) son condicionales, lo que constituye una clara desviación de lo que se acostumbra en los tratados de inversión en lo que toca a la disposición sobre trato nacional[5]. Estos beneficios se otorgan de acuerdo con compromisos específicos que se consignan en una lista de cada miembro

---

4. El tratado de libre comercio entre Chile y los países de Centroamérica se firmó el 18 de octubre de 1999. Su Artículo 10.02 señala que las partes podrán decidir ampliar la cobertura de las normas y disciplinas de inversión en los tratados de inversión bilaterales entre Chile y cada uno de los países de Centroamérica en cualquier momento, aunque deberán analizar la posibilidad en un plazo no mayor de dos años a partir de la entrada en vigor del Tratado.

5. OMC (1996, p. 71).

donde se indica a qué sectores y modos de suministro se aplican estas disposiciones. El AGCS está empleando así lo que se conoce como una "lista positiva", en la que se identifican los sectores cubiertos por el acuerdo. Esto significa, más específicamente, que se permiten nuevas medidas discriminatorias en sectores no incluidos en la lista de un miembro. Asimismo, en aquellos sectores donde se han asumido compromisos, no tienen que eliminarse las medidas existentes que son incompatibles con el acuerdo, siempre y cuando éstas aparezcan en la lista del país miembro[6]. De hecho, una vez que un sector aparece en la lista del miembro, existe el compromiso pleno de cumplir las obligaciones de acceso a mercados y trato nacional para los cuatro modos de suministro, excepto si se especifica una limitación a este trato (el enfoque de la lista negativa) para uno o varios de los modos que figuran en las columnas tituladas "limitaciones al acceso a los mercados" y "limitaciones al trato nacional". Las listas incluyen un número de compromisos "no consolidados" para cada modo de suministro, lo cual significa que el miembro de la OMC no está obligado a cumplir ningún compromiso en el AGCS para un modo particular en un sector particular con respecto a trato nacional ni a acceso a mercados. Cuando los compromisos son no consolidados, los países no están obligados a mantener el mismo nivel de apertura o a aumentar la liberalización. El modo que tiene el más bajo porcentaje de compromisos no consolidados es el de presencia comercial. Aproximadamente el 20 por ciento de los miembros de la OMC han asumido compromisos de apertura total con respecto a la presencia comercial. En el caso de la liberalización del modo 4 —movimiento de personas físicas— la apertura total es mucho menos extendida: menos del 1 por ciento de los miembros de la OMC.

A diferencia de los acuerdos al estilo del TLCAN, el AGCS no contiene un derecho de no establecimiento, que promueve el comercio de servicios conforme a ventajas comparativas. Este derecho garantiza que ninguna de las partes puede requerir al proveedor de servicios de otra parte que establezca o mantenga en su territorio una oficina representativa o alguna forma de empresa, o que sea residente del mismo como condición para la prestación transfronteriza de un servicio. El derecho de no establecimiento prohíbe que las autoridades exijan el establecimiento como condición previa a la prestación de un servicio.

El Acuerdo sobre los Aspectos de los Derechos de Propiedad Intelectual relacionados con el Comercio (ADPIC) fue el primer acuerdo multilateral integral en establecer estándares mínimos de protección en todas las áreas de los derechos de propiedad intelectual (derechos de autor y derechos conexos,

---

6. Sauvé (1994).

marcas de fábrica y de comercio, indicaciones geográficas, dibujos y modelos industriales, patentes, esquemas de trazado (topografías) de los circuitos integrados e información no divulgada), el primero en incluir medidas de observancia y el primero en contar con un mecanismo de solución de controversias. Su impacto sobre los temas relacionados con la inversión, aunque indirecto, sigue siendo significativo. El Acuerdo ADPIC contribuye a fortalecer la protección de la inversión extranjera al ofrecer una mayor protección de los derechos de propiedad intelectual, uno de los elementos principales que a menudo se citan en la definición de "inversión" que se establece en los TBI y TLC más recientes actualmente en vigor en todo el mundo.

El Acuerdo sobre Subvenciones y Medidas Compensatorias (ASMC) contiene disciplinas que cubren temas en materia de inversión. De hecho, algunos ejemplos de incentivos para la inversión (fiscales, financieros o indirectos) caen dentro del significado de subvención, según se define en el ASMC. A reserva de lo dispuesto en el Acuerdo sobre la Agricultura, estas subvenciones se consideran prohibidas si se supeditan a los resultados de exportación o al empleo de productos nacionales con preferencia a los importados (Artículo 3). Otras, que pueden no estar prohibidas pero sobre las cuales se determina que producen efectos adversos, están sujetas a compensaciones. No obstante, como señala la OMC, "los conceptos en que se basa el [ASMC] están orientados hacia el comercio de mercancías, por lo que no en todos los casos pueden ser fácilmente aplicables a los incentivos a la inversión". Por ejemplo, un incentivo a la inversión generalmente se otorga *antes* de que se inicie la producción, lo cual implica que "ni las recomendaciones de que se retire o se modifique una subvención ni la aplicación de derechos compensatorios a las mercancías exportadas permitirán 'deshacer' o cambiar una inversión ya efectuada"[7].

Convergencias y divergencias

La década de los noventa ha sido testigo del surgimiento de un nuevo consenso en las Américas respecto a las reglas que rigen la inversión extranjera. A través de tratados de inversión suscritos entre países que negocian el Área de Libre Comercio de las Américas (ALCA) se han adoptado enfoques comunes en torno a temas que hace una década parecían controvertidos. En esta sección se analizan las convergencias y divergencias en torno a los siguientes temas: ámbito de aplicación (incluidas las definiciones de "inversión" e "inversionista"), nivel general de trato, requisitos de desempeño, personal clave, compensación por pérdidas, transferencias, expropiación y solución de controversias.

7. OMC (1996, pp. 72-73).

Ámbito de aplicación

El ámbito de aplicación de un tratado de inversión tiene tres componentes esenciales. El ámbito sustantivo consiste en las disciplinas y la definición de los términos clave, como *"inversión"* e *"inversionista"*. El ámbito territorial se refiere al territorio de las partes cubierto por el tratado, incluida la aplicación de las disposiciones a nivel subnacional. En general, los TLC abordan esta cuestión a través de un artículo que cubre la totalidad del acuerdo. El ámbito de aplicación en el tiempo indica si el tratado se aplica a las inversiones y controversias surgidas antes de la entrada en vigor del tratado. La disposición sobre el ámbito de aplicación puede incluir también actividades económicas reservadas al Estado que las partes decidan excluir del tratado. Éste es el caso de los tratados tipo TLCAN.

DEFINICIÓN DE "INVERSIÓN". Con excepción del Protocolo II de CARICOM, que no incluye una definición de *"inversión"*, y de la Decisión 291 de la Comunidad Andina, que cubre solamente la IED, todos los tratados de inversión de las Américas han adoptado una definición de "inversión" amplia, abierta y basada en los activos. Esta definición abarca más que la tradicional definición de "inversión extranjera directa", porque incluye también inversiones de cartera y activos intangibles, como los derechos de propiedad intelectual. Típicamente, las definiciones modernas emplean frases como "todo tipo de bienes", "cualquier clase de bienes", o "todo tipo de inversión", acompañadas por una lista ilustrativa pero no exhaustiva de ejemplos. La lista normalmente incluye los siguientes cinco componentes: a) bienes muebles e inmuebles y cualquier derecho de propiedad relacionado con ellos, como hipotecas, prendas o garantías; b) acciones, bonos, obligaciones comerciales o cualquier otra forma de participación en una compañía, firma o empresa mixta (joint venture); c) dinero, títulos de crédito, derechos a prestaciones contractuales que tengan un valor financiero y préstamos directamente relacionados con una inversión específica; d) derechos de propiedad intelectual; y e) derechos conferidos por la ley (por ejemplo, concesiones) o por contrato. Aunque el objetivo de utilizar una definición tan amplia es garantizar la protección de tantas formas de inversión como sea posible, se ha intentado evitar la cobertura de flujos puramente monetarios o especulativos no relacionados con una inversión. Así pues, los tratados recientes incluyen reservas a la cobertura. Por ejemplo, algunos excluyen de la definición de las inversiones cubiertas "bienes raíces u otras propiedades, tangibles o intangibles, no adquiridos o utilizados con el propósito de obtener beneficio económico o para otros fines empresariales". Esta excepción está incluida en la definición de "inversión" en el TLCAN y los

Cuadro 9-1. *Ámbito de aplicación de los acuerdos sobre inversión*

Acuerdo	Definición de inversión	Definición de inversionista	Aplicación en el tiempo
MERCOSUR			
Colonia	Sí	Sí	Sí
Buenos Aires	Sí	Sí	Sí
CARICOM			
Protocolo II	No	Sí	No
Comunidad Andina			
Decisión 291	Sí, IED solamente	Sí	No
TLCAN	Sí	Sí	Sí
Grupo de los Tres	Sí	Sí	Sí
Bolivia-México	Sí	Sí	Sí
Costa Rica-México	Sí	Sí	Sí
México-Nicaragua	Sí	Sí	Sí
México-Triángulo del Norte	Sí	Sí	Sí
Canadá-Chile	Sí	Sí	Sí
Chile-México	Sí	Sí	Sí
Centroamérica-República Dominicana	Sí	Sí	Sí
CARICOM-República Dominicana	Sí	Sí	No

tratados del Grupo de los Tres, Canadá–Chile, México–Nicaragua y México–Triángulo del Norte. Su definición "basada en activos" cubre una amplia lista de activos expresamente vinculados con las actividades de una empresa y excluye, por ejemplo, las transacciones que podrían ocurrir en los mercados de capital o dinero sin conexión con una inversión específica y las reclamaciones pecuniarias derivadas exclusivamente de contratos comerciales.

DEFINICIÓN DE "INVERSIONISTA". La definición de "*inversionista*" cubre a las personas naturales o jurídicas (u otras entidades legales). En la mayoría de los instrumentos de inversión, la nacionalidad es el único criterio que se emplea para determinar si una persona natural o física debe considerarse como "inversionista" de conformidad con el tratado. En algunos tratados, por ejemplo, los suscritos por Canadá, la definición se amplía para incluir a los residentes permanentes. La residencia también se utiliza algunas veces para excluir a las personas físicas de la cobertura de los tratados.

    Con respecto a las personas jurídicas, se han empleado tres criterios distintos para definir la nacionalidad de una compañía o entidad legal: constitución, asiento y control. Los países con tradición de derecho consuetudinario, como Estados Unidos, Canadá y CARICOM, utilizan el lugar de constitución de una compañía para determinar su nacionalidad. Otros instrumentos de inversión, como el TLCAN y el TLC Canadá–Chile, por ejemplo, siguen este mismo enfoque. Según el TLCAN, para ser "inversionista de una parte" una empresa (y una sucursal de una empresa) debe estar constituida u organizada de conformidad con la legislación de una parte. No se requiere que la empresa esté controlada por inversionistas de un país miembro del TLCAN. Sin embargo, si una empresa está controlada por inversionistas de un país no miembro del TLCAN, se le pueden negar los beneficios del Tratado si la empresa no tiene negocios sustanciales en el territorio de la parte bajo cuya ley se constituyó. La cláusula de denegación de beneficios dispone asimismo que el país anfitrión puede denegar los beneficios del tratado si no mantiene relaciones diplomáticas con el país que no es parte o si adopta o mantiene medidas en relación con el país que no es parte que prohíben transacciones con esa empresa. El criterio de constitución también se ha empleado entre países con tradiciones de derecho civil (el Grupo de los Tres y los TLC suscritos por México con Bolivia, Chile, Costa Rica, Nicaragua y el Triángulo Norte). Pero los países de derecho civil tradicionalmente se basan en el lugar donde está instalada la administración o donde tiene asiento la compañía. Los dos protocolos del MERCOSUR sobre inversión siguen este criterio. En el caso de los TBI suscritos entre países latinoamericanos, este criterio se combina con el del lugar de constitución y, en algunos casos, con el requisito de que la compañía realmente realice actividades económicas efectivas en el país de origen. En algunos casos, los TBI usan el control de la compañía por parte de nacionales como único criterio para determinar su nacionalidad. Así sucede con el TBI suscrito entre Colombia y Perú. Finalmente, algunos acuerdos combinan los criterios mencionados o los usan como alternativas. En general, puede afirmarse que se usa la combinación de diferentes criterios en los casos en que los gobiernos tienen interés en restringir los beneficios del acuerdo a las entidades jurídicas que efectivamente mantienen vínculos con el país de origen. Por el contrario, cuando el objetivo consiste en ampliar el campo de aplicación, los acuerdos ofrecen la posibilidad de aplicar diferentes criterios en forma alternativa.

APLICACIÓN EN EL TIEMPO. Todos los tratados de inversión que abordan este tema dejan claro que quedan cubiertas todas las inversiones, es decir, las realizadas antes y después de la entrada en vigor del tratado de inversión. En algunos casos —por ejemplo, el TLC entre México y Costa Rica y el de Centroamérica con República Dominicana— el tratado estipula que no se aplica a controversias surgidas antes de su entrada en vigor.

Nivel general de trato

Es amplio el consenso en la región en torno al trato aplicable a las inversiones una vez realizadas por el inversionista de una parte en el territorio de otra parte. Los estados han incorporado varios criterios relativos al trato en sus tratados de inversión, entre ellas la de trato justo y equitativo, trato nacional y trato de nación más favorecida (véase el cuadro 9-2).

TRATO JUSTO Y EQUITATIVO. El trato justo y equitativo es un concepto general sin definición precisa. Consiste en un criterio básico que no está relacionado con la legislación interna del Estado anfitrión y que sirve como un elemento adicional en la interpretación de las disposiciones de los tratados de inversión. Casi todos los tratados incluyen una disposición respecto a trato justo y equitativo. Destacan como excepciones los suscritos por México con Bolivia, Costa Rica y Nicaragua. Este criterio generalmente se combina con el principio de no discriminación o de protección y seguridad plenas. El principio de protección y seguridad plenas tiene su origen en los Tratados de Amistad, Comercio y Navegación modernos suscritos por Estados Unidos hasta los años sesenta. Aunque este principio no genera ninguna responsabilidad para el Estado anfitrión, "sirve para ampliar las obligaciones que las partes han adquirido" y ofrece un nivel general de acuerdo con el cual el país anfitrión debe "ejercer la debida diligencia para la protección de la inversión extranjera"[8]. En algunos casos, los tres principios se combinan. En otros, el trato justo y equitativo debe ser congruente con los principios del derecho internacional. En la mayoría de los tratados se requiere alguna forma de protección, aunque no necesariamente protección y seguridad plenas.

TRATO NACIONAL Y DE NACIÓN MÁS FAVORECIDA (NMF). Se han adoptado dos enfoques distintos en torno a la entrada de inversiones e inversionistas de una parte al territorio de otra parte. Los instrumentos más recientes, como el TLCAN, el TLC entre los miembros del Grupo de los Tres y los TLC bilaterales suscritos por México con, respectivamente, Bolivia, Chile, Costa Rica, Nicaragua y el Triángulo del Norte, y por Chile con Canadá, establecen el derecho de establecimiento para los inversionistas y las inversiones de la otra parte. De hecho, estos instrumentos se diseñaron con la intención de asegurar la libre entrada de estas inversiones al territorio del país anfitrión, si bien con reservas específicas por cada país. Estos instrumentos contemplan la aplicación del trato nacional y de nación más favorecida y prohiben ciertos requisi-

---

8. Dolzer y Stevens (1995, p.61). Estos tratados contemplaban "la más constante protección y seguridad".

Cuadro 9-2. *Nivel general de trato en los acuerdos sobre inversión*

Acuerdo	Trato justo y equitativo	Trato nacional	Trado de nación más favorecida
MERCOSUR			
Colonia	Sí	Sí	Sí
Buenos Aires	Sí	Sí	Sí
CARICOM	No	Derecho de	No
Protocolo II		establecimiento	
Comunidad Andina			
Decisión 291	No	Sí	No
TLCAN	Sí	Sí	Sí
Grupo de los Tres	Sí	Sí	Sí
Bolivia-México	No	Sí	Sí
Costa Rica-México	No	Sí	Sí
México-Nicaragua	No	Sí	Sí
México-Triángulo del Norte	Sí	Sí	Sí
Canadá-Chile	Sí	Sí	Sí
Chile-México	Sí	Sí	Sí
Centroamérica-República Dominicana	Sí	Sí	Sí
CARICOM-República Dominicana	Sí	Sí	Sí

tos específicos de desempeño como condición para el establecimiento. Estipulan que dicho trato se aplicará a inversiones realizadas en "circunstancias similares". Como se mencionó al principio de este capítulo, el TLC entre Centroamérica y República Dominicana incluye una cláusula de admisión que se refiere a la legislación de cada una de las partes. El Protocolo de Colonia para los países miembros del MERCOSUR también incluye una cláusula de admisión, pero no menciona las leyes y reglamentos de las partes. Otros tratados requieren que el trato nacional y de NMF se apliquen a las inversiones de inversionistas *después* de que estas inversiones han sido admitidas.

El trato nacional es una norma relativa que prohibe el trato discriminatorio. La intención es evitar los casos en que las inversiones —y los inversionistas— de otras partes no pueden competir en términos equivalentes a los del país anfitrión. Todos los tratados de inversión de las Américas establecen que, una vez efectuada la inversión, el Estado anfitrión debe otorgar trato nacional a las inversiones o inversionistas de las otras partes, es decir, un trato no menos favorable que el que concede a sus inversiones e inversionistas. La Decisión 291 de la Comunidad Andina otorga trato nacional a los inversionistas extranjeros, salvo lo dispuesto en las legislaciones de cada país miembro. El Protocolo II de CARICOM no incluye una disposición *per se* sobre trato nacional. Sin embargo, como ya mencionamos, establece que los miembros no introducirán en sus territorios ninguna restricción nueva relacionada con el derecho de establecimiento de ciudadanos de otros estados miembros salvo cuando el tratado determine lo contrario.

Con respecto al trato de NMF, la mayoría de los tratados de inversión de la región estipulan que, una vez establecida la inversión, cada parte debe otorgar a las inversiones de inversionistas de las otras partes un trato no menos favorable que el que conceden a las inversiones de inversionistas de terceros países. Pero la Decisión 291 de la Comunidad Andina y el Protocolo II de CARICOM no incluyen una disposición sobre NMF. Por ende, los miembros de estos dos tratados no están obligados a conceder a los otros miembros el trato más favorable que hayan otorgado a países no miembros. Cabe resaltar también que los tratados tipo TLCAN requieren que se otorgue a la inversión y al inversionista de la otra parte el mejor de los tratos entre el trato nacional y el de NMF.

El trato nacional y el trato de NMF rara vez se otorgan sin limitaciones. Los tratados que siguen el modelo del TLCAN y el TLC ente CARICOM y República Dominicana señalan que estos dos niveles de trato deben otorgarse en "circunstancias similares". Los TBI de Estados Unidos y Canadá se refieren a "situaciones similares" o "circunstancias similares". Los tratados tipo TLCAN, que contemplan el derecho de establecimiento, incluyen una lista de reservas al trato nacional y al trato de NMF. Esta lista incluye medidas disconformes a niveles federal y subfederal. El Protocolo de Colonia para los miembros del MERCOSUR incluye una lista de reservas sectoriales transitorias.

Algunos de los tratados de inversión prevén una excepción con respecto al trato de NMF en el caso de privilegios por ser miembro o parte de una zona de libre comercio, una unión aduanera, un mercado común o un tratado regional. Los dos protocolos del MERCOSUR sobre inversión, los TLC de México con Bolivia, Costa Rica, Nicaragua y el Triángulo del Norte y los TLC suscritos por la República Dominicana con Centroamérica y CARICOM incluyen esta disposición. Los dos protocolos del MERCOSUR, el Grupo de los Tres, y el TLC CARICOM-República Dominicana también estipulan que el trato de NMF no se aplica a preferencias o privilegios resultantes de un acuerdo internacional relacionado total o principalmente con asuntos tributarios. El TLCAN y los tratados de libre comercio suscritos entre Chile y Canadá y Chile y México incluyen una excepción general para tratados en materia tributaria que cubre no solamente el capítulo sobre inversión, sino la totalidad del tratado.

Requisitos de desempeño

En las Américas, la mayoría de los tratados bilaterales de inversión suscritos entre países en desarrollo no abordan el tema de los requisitos de desempeño. Las excepciones son los tratados bilaterales de inversión entre la República Dominicana y Ecuador y entre El Salvador y Perú. No obstante, los tratados de libre comercio sí incluyen disposiciones sobre requisitos de desempeño. Los tratados firmados por la República Dominicana con Centroamérica y CARICOM hacen referencia al Acuerdo MIC de la OMC, mientras que los otros (TLCAN, los suscritos por México con Bolivia, Chile, Costa Rica, Nicaragua y el Triángulo del Norte y el TLC de Canadá con Chile) van más allá de este acuerdo. Lo mismo ocurre con el Protocolo de Colonia del MERCOSUR. El Acuerdo MIC sólo cubre bienes y claramente establece que ningún miembro puede aplicar una MIC incompatible con las disposiciones de los Artículos III (principio de trato nacional) y XI (eliminación general de las restricciones cuantitativas) del GATT 1994.

Los tratados que siguen el modelo del TLCAN prohiben ciertos requisitos específicos de desempeño *tanto* para bienes *como* para servicios. Por ejemplo, el TLCAN y los TLC de Chile con Canadá y México estipulan que los requisitos de desempeño de alcanzar un nivel o porcentaje específico de contenido local, de adquirir bienes y servicios locales, de imponer requisitos de balanza comercial o de divisas, de restringir las ventas nacionales de bienes o servicios, de exportar un nivel o porcentaje específico de bienes o servicios, de transferir tecnología y de actuar como proveedor exclusivo de bienes y servicios han de prohibirse como condición para el establecimiento, la adquisición, la expansión, la administración, la conducción o la operación de una inversión cubierta. Los primeros cuatro requisitos se prohiben también como condición para obtener una ventaja (un subsidio o incentivo a la inversión). Sin embargo, esta limitación no existe con respecto a requisitos de ubicación de producción, suministro de un servicio, capacitación o empleo de trabajadores, construcción o ampliación de instalaciones particulares o realización de investigación y desarrollo. Existen asimismo algunas excepciones a la prohibición de requisitos de desempeño. Por ejemplo, el TLCAN establece en el apartado (6) de su Artículo 1106 que se permiten los requisitos para alcanzar niveles determinados de contenido local o para adquirir bienes y servicios locales, siempre que dichas medidas no se apliquen de manera arbitraria o injustificada, o constituyan una restricción encubierta, en caso de que estas medidas sean necesarias: para asegurar el cumplimiento de leyes y reglamentaciones que no sean incompatibles con las disposiciones del tratado; para proteger la vida o salud humana, animal o vegetal; o para la preservación de recursos naturales no renovables. Por último, la prohibición de los requisitos de desempeño no se aplica a algunos de los requisitos mencionados con respecto a programas de promoción de las exportaciones y de ayuda externa, a las compras del sector público, o a los bienes que, en virtud de su contenido, califiquen para aranceles o cuotas preferenciales en el caso de una parte importadora.

Por otro lado, la Comunidad Andina establece disposiciones específicas relacionadas con la ejecución de contratos para licencia de tecnología, asistencia técnica, servicios técnicos, y otros contratos de tecnología bajo la legislación nacional de cada miembro.

Personal clave

La mayoría de los tratados de libre comercio y algunos tratados bilaterales de inversión en las Américas (esencialmente los suscritos por Estados Unidos y Canadá) incluyen disposiciones para el ingreso temporal de gerentes y otro personal clave relacionado con una inversión. Algunos tratados permiten a los inversionistas de otras partes contratar al personal de alta dirección que deseen, sin importar su nacionalidad. Otros tratados establecen que ninguna parte puede exigir que una empresa de esa parte designe a individuos de una nacionalidad en particular para ocupar puestos de alta dirección. Estos tratados estipulan también que una parte puede exigir que la mayoría de los miembros de un consejo de administración de una empresa que constituya una inversión con base en el tratado sean de una nacionalidad en particular, siempre y cuando este requisito no menoscabe significativamente la capacidad del inversionista para ejercer el control sobre su inversión. Asimismo, la mayoría de los tratados de libre comercio, en su respectivo capítulo sobre entrada temporal de personas de negocios, otorgan entrada temporal a una persona de negocios para establecer, desarrollar o administrar una inversión, o para prestar asesoría o servicios técnicos clave para su explotación, siempre y cuando la persona de negocios o su empresa hayan comprometido o estén en proceso de comprometer una cantidad importante de capital. La persona de negocios debe cumplir con las leyes de inmigración y de trabajo vigentes y desempeñarse en un puesto de supervisor o ejecutivo o que implique destrezas esenciales.

Compensación por pérdidas

Ningún tratado de inversión exige compensación por pérdidas debido a guerras u otros conflictos armados, disturbios civiles y otras causas de fuerza mayor (incluso desastres naturales, que se mencionan en el TLC Costa Rica–México). Sin embargo, en la mayoría se dispone el trato nacional y el trato de

Cuadro 9-3. *Disposiciones sobre protección a la inversión y solución de controversias*

Acuerdo	Compensación por pérdidas	Transferencias	Expropiación	Solución de controversias
MERCOSUR				
Colonia	Sí	Sí	Sí	Sí
Buenos Aires	Sí	Sí	Sí	Sí
CARICOM	Sí, bajo	Sí	No	Sí, otro
Protocolo II	trato nacional			protocolo
Comunidad Andina	Sí	Sí	No	Sí, Tribunal
Decisión 291				de justicia de la
				Comunidad Andina
TLCAN	Sí	Sí	Sí	Sí
Grupo de los Tres	Sí	Sí	Sí	Sí
Bolivia-México	Sí	Sí	Sí	Sí
Costa Rica-México	Sí	Sí	Sí	Sí
México-Nicaragua	Sí	Sí	Sí	Sí
México-Triángulo del Norte	Sí	Sí	Sí	Sí
Canadá-Chile	Sí	Sí	Sí	Sí
Chile-México	Sí	Sí	Sí	Sí
Centroamérica-República				
Dominicana	Sí	Sí	Sí	Sí
CARICOM-República				
Dominicana	Sí, solamente NMF	Sí	Sí	Sí

NMF con respecto a cualquier medida que el Estado adopte o mantenga en relación con este tipo de pérdidas. Este tema se aborda ya sea en una disposición específica sobre compensación por pérdidas o en las disposiciones relativas a trato nacional y de NMF. Cabe resaltar que el TLC CARICOM–República Dominicana sólo otorga en esos casos trato de NMF (véase el cuadro 9-3).

Transferencias

Todos los tratados de inversión establecen que el país anfitrión debe garantizar la libre transferencia de fondos relacionados con la inversión a los inversionistas de la otra parte. La mayoría incluye una lista ilustrativa de los tipos de pagos garantizados; por ejemplo, rendimientos (ganancias, intereses, dividendos y otros ingresos corrientes), pagos de préstamos y productos derivados de la liquidación total o parcial de la inversión. Además se enumeran con frecuencia otros tipos de pagos, como contribuciones adicionales al capital para el mantenimiento o desarrollo de una inversión; bonos y honorarios; salarios y otras remuneraciones a ciudadanos de la otra parte; compensaciones o indemnizaciones; y pagos derivados de una controversia sobre la inversión (véase el cuadro 9-3).

La mayoría de los tratados estipulan que la transferencia debe hacerse libremente y sin demora, en divisa libremente convertible o de libre uso[9] y al tipo de cambio normal en la fecha de la transferencia. Algunos tratados permiten limitaciones o excepciones a las transferencias, por ejemplo, en el caso de dificultades con la balanza de pagos o medidas cautelares, siempre y cuando estas restricciones se apliquen durante un período limitado, en forma equitativa, de buena fe y de manera no discriminatoria. Chile se reserva el derecho de mantener requisitos y adoptar medidas para preservar la estabilidad de su moneda[10].

Expropiación

Una preocupación importante de los inversionistas extranjeros es asegurar que sus intereses estén protegidos en caso de expropiación de su inversión por parte del país anfitrión. Los tratados de inversión se refieren generalmente a expropiación o nacionalización (o ambas), sin distinguir entre dichos conceptos. De hecho, el lenguaje usado es suficientemente amplio para permitir abarcar las expropiaciones indirectas, es decir, medidas que tienen efectos equivalentes a la expropiación o la nacionalización. En el derecho internacional consuetudinario se permite a los Estados expropiar las inversiones extranjeras siempre y cuando lo hagan sobre bases no discriminatorias (es decir, de trato nacional y de NMF), por razones de utilidad pública[11], con apego al principio de legalidad y con indemnización. Excepción hecha de la Decisión 291 de la Comunidad Andina y del Protocolo II de CARICOM, que no cubren este tema, todos los tratados de inversión que se consideran en este capítulo prohíben la expropiación de inversiones, salvo cuando se cumplen estas condiciones. La mayoría de los tratados aplican la fórmula de Hull[12], según la cual la

---

9. El Fondo Monetario Internacional define cinco divisas como de libre uso: dólar, yen, marco alemán, franco francés y libra esterlina. Véanse los TBI de Estados Unidos, el TLCAN, el TLC Canadá-Chile y el TLC Chile-México.

10. Estas medidas se explican en el Anexo G-09.1 del TLC Canadá-Chile. En los TBI suscritos por Chile, las transferencias de capital se limitan a un período de un año.

11. En algunos tratados se incluyen expresiones como "interés nacional", "uso público", "interés público", "beneficio público", "interés social" o "seguridad nacional". A pesar de que "utilidad pública" es difícil de definir en términos precisos, el consenso general es que un Estado solamente puede adoptar medidas de expropiación cuando así lo justifique un interés colectivo.

12. Ese criterio fue formulado por el Secretario de Estado de Estados Unidos Cordell Hull, quien señaló en 1938, en correspondencia dirigida al Gobierno de México, que "de conformidad con todas las normas legales y de equidad, ningún gobierno tiene derecho a expropiar bienes privados, sea cual fuere la finalidad, sin que se disponga un pago pronto, adecuado y efectivo por ese concepto". Véase Dolzer (1981).

indemnización debe ser "pronta, adecuada y efectiva". En muy pocos casos se usa la expresión más general de "justa compensación". En relación con el valor de las inversiones expropiadas, la mayor parte de los tratados usan la expresión "valor de mercado" o "justo valor de mercado", en tanto que otros usan expresiones como "valor genuino" inmediatamente antes de que se realice la expropiación o antes de que ésta se haga pública, protegiendo de esta manera al inversionista de la reducción en el valor que pudiera resultar como consecuencia de la expropiación. Los acuerdos también estipulan que la compensación deberá incluir intereses y, en la mayoría de los casos, especifican que éstos deben ser calculados a la tasa normal de mercado desde la fecha de la expropiación. En general, el pago debe ser efectivamente realizable, libremente transferible y efectuado sin demora. En algunos casos los tratados añaden que el pago debe ser transferible al tipo de cambio vigente en la fecha de la expropiación. Sin embargo, en la mayoría de los casos, no se incluyen en el contexto de las expropiaciones disposiciones sobre tipos de cambio sino que se aplican las disposiciones generales sobre transferencias (véase el cuadro 9-3).

Solución de controversias

Conforme a lo que es tradicionalmente la práctica en los acuerdos internacionales, los tratados bilaterales de inversión y los acuerdos comerciales regionales que incluyen capítulos sobre inversión contienen disposiciones para la solución de controversias entre las partes contratantes. En el caso de todos los tratados de libre comercio, estas controversias son sometidas al respectivo mecanismo general de solución de controversias de cada acuerdo. El mecanismo se basa en las consultas; de no resolverse por ese medio, se remite el caso a un panel o grupo especial. En la Comunidad Andina, las controversias entre Estados son referidas al Tribunal Andino de Justicia. El Protocolo de Colonia dispone que la solución de controversias relativas a su interpretación y aplicación se hará de conformidad con los mecanismos establecidos en el Protocolo de Brasilia del 17 de diciembre de 1991. Cuando las controversias involucran a un tercer Estado, el Protocolo de Buenos Aires las remite a arbitraje ad-hoc. El Protocolo IX de CARICOM considera la cuestión de las controversias entre sus miembros. En Centroamérica no existe un tratado regional sobre inversión, pero sí hay un acuerdo para la solución de controversias entre Estados aprobado el 27 de septiembre de 2000, lo que significa que si los miembros del Mercado Común Centroamericano firmaran un tratado de inversión, las controversias sobre inversión entre Estados estarían cubiertas en su mayoría por este nuevo acuerdo.

Casi todos los instrumentos sobre inversión incluyen disposiciones apartes para la solución de controversias entre inversionistas y estados. Esto constituye un cambio respecto de lo que era la práctica tradicional en este campo, que no contemplaba este tipo de mecanismos. De allí que el inversionista extranjero estuviese limitado a demandar al país anfitrión en los tribunales nacionales o a hacer que su país de origen asumiera su demanda en contra del país anfitrión (protección diplomática). Los tratados de inversión incluyen una referencia a un determinado mecanismo institucional de arbitraje. Normalmente se refieren al arbitraje bajo el Convenio sobre Arreglo de Diferencias Relativas a Inversiones entre Estados y Nacionales de otros Estados (CIADI), o conforme a las reglas del Mecanismo Complementario del CIADI, si el país anfitrión o el de origen del inversionista extranjero no es parte contratante de CIADI[13]. Siguiendo lo que constituye cada vez más la práctica en los tratados modernos sobre inversiones, en la mayor parte de los acuerdos se incluyen formas alternas de arbitraje, como las reglas de arbitraje de la Comisión de las Naciones Unidas sobre Derecho Mercantil Internacional (CNUDMI)[14]. Éstas podrían resultar particularmente pertinentes para aquellos casos en que el arbitraje en el marco de la CIADI no es aplicable debido a limitaciones jurisdiccionales.

La mayoría de los tratados dispone que el inversionista y el país anfitrión han de intentar solucionar la controversia de manera amigable mediante consultas y negociaciones antes de someterla a arbitraje. En algunos casos, debe cumplirse un plazo antes de que la controversia pueda ser sometida a arbitraje. Evidentemente, los inversionistas también tienen derecho de someter las controversias ante los tribunales nacionales del país anfitrión. No obstante, los tratados varían en la forma de recurrir a las opciones locales. El enfoque más común consiste en permitir que el inversionista elija entre someter la controversia a los tribunales locales o recurrir al arbitraje. Cuando aplican este enfoque, varios TBI suscritos entre países latinoamericanos y el Protocolo de Colonia establecen que la elección del inversionista entre el arbitraje internacional o los recursos nacionales "será final". Otros tratados permiten el arbitraje solamente cuando el caso se ha sometido previamente a los tribunales locales y 1) ha transcurrido cierto tiempo (generalmente 18 meses) sin que se llegue a un fallo definitivo; o 2) la decisión es incompatible con el tratado; o 3) la decisión

---

13. El Convenio sobre Arreglo de Diferencias Relativas a Inversiones entre Estados y Nacionales de otros Estados (CIADI) entró en vigor en 1966. Sobre la Convención, véase CIADI (1985). Sobre las Reglas del Mecanismo Complementario del CIADI, véase CIADI (1979).

14. Sólo en el caso del TBI Estados Unidos-Haití se hace referencia al arbitraje en el marco de la Cámara Internacional de Comercio (CIC). Sobre la CNUDMI, véase Comisión de Naciones Unidas sobre Derecho Mercantil Internacional (1976).

es "manifiestamente injusta". Los TBI recientes de Estados Unidos adoptan un enfoque distinto. Para evitar decisiones incongruentes en diferentes foros, los tratados no permiten que se recurra al arbitraje internacional si el inversionista ha sometido ya la controversia ante los tribunales locales o administrativos (véase el cuadro 9-3).

Otros temas

Otros temas están también incluidos en algunos acuerdos sobre inversión. Dos se mencionarán aquí: excepciones generales y el tema ambiental.

EXCEPCIONES GENERALES Y OTRAS DEROGACIONES. Las excepciones generales permiten a los países exceptuar de las obligaciones de los tratados lo referido, por ejemplo, al mantenimiento de la seguridad nacional, la paz y la seguridad internacionales y el orden público. En las Américas, los tratados de libre comercio, los TBI firmados por Estados Unidos y los TBI suscritos por Perú con Bolivia, Paraguay y Venezuela permiten tales excepciones. Los tratados también pueden contemplar excepciones en materia tributaria y con respecto al trato de nación más favorecida cuando una parte concede privilegios a otro país miembro de una zona de libre comercio, una unión aduanera, un mercado común o un acuerdo regional. Otras derogaciones incluyen las reservas formuladas por cada país signatario al trato nacional, trato de nación más favorecida, requisitos de desempeño, y a las obligaciones con respecto a altos ejecutivos y consejos de administración; las derogaciones temporales en caso de balanza de pagos; y la posibilidad de utilizar medidas precautorias para proteger los derechos de los acreedores y la estabilidad del sistema financiero.

TEMA AMBIENTAL. Los tratados de libre comercio y la mayoría de los TBI firmados por Canadá después del TLCAN estipulan que nada de lo dispuesto se interpretará como impedimento para que una parte adopte, mantenga o ponga en ejecución cualquier medida, por lo demás compatible con el acuerdo, que considere apropiada para asegurar que las inversiones en su territorio se efectúen tomando en cuenta inquietudes en materia ambiental. Las partes reconocen que es inadecuado alentar la inversión por medio de un relajamiento de las medidas internas aplicables a salud o seguridad o relativas a medio ambiente. En consecuencia, ninguna parte debería renunciar a aplicar o de cualquier otro modo derogar, u ofrecer renunciar o derogar, dichas medidas como medio para inducir el establecimiento, la adquisición, la expansión o conservación de la inversión de un inversionista en su territorio. Si una parte estima que otra parte ha alentado una inversión de tal manera, podrá solicitar consultas con esa otra parte y ambas consultarán con el fin de evitar incentivos de esa índole.

La inversión en las negociaciones del ALCA

En marzo de 1998, en la Declaración de San José, los Ministros de Comercio acordaron el objetivo del nuevo Grupo de Negociación sobre Inversión (GNIN): establecer un marco jurídico justo y transparente que promueva la inversión a través de la creación de un ambiente estable y previsible que proteja al inversionista, su inversión y los flujos relacionados, sin crear obstáculos a las inversiones provenientes de fuera del Hemisferio. Unos meses después, en junio de 1998, el Comité de Negociaciones Comerciales definió como mandato del GNIN desarrollar un marco normativo comprensivo que incorpore los derechos y obligaciones sobre inversión, teniendo en cuenta las áreas sustantivas previamente identificadas por el Grupo de Trabajo sobre Inversión (GTIN) del ALCA y desarrollar una metodología a fin de considerar las eventuales reservas y excepciones a las obligaciones.

Durante la primera fase de las negociaciones, el GNIN discutió doce temas identificados por el GTIN como elementos que podrían incluirse en un capítulo sobre inversión. Las discusiones se han centrado en las definiciones básicas de inversión e inversionista; ámbito de aplicación; trato nacional; trato de nación más favorecida; trato justo y equitativo; expropiación; compensación por pérdidas; personal clave; transferencias; requisitos de desempeño; excepciones generales y reservas y solución de controversias. Durante la segunda fase de las negociaciones del ALCA, desarrolladas durante el año 2000, el GNIN inició la elaboración de un borrador de capítulo sobre inversión por mandato de los Ministros Responsables del Comercio en su Quinta Reunión Ministerial, que se llevó a cabo en Toronto en noviembre de 1999.

El Comité Tripartito, particularmente a través de la Organización de los Estados Americanos, proporciona asistencia analítica y técnica al GNIN. El GNIN solicitó al Comité Tripartito que actualizara los dos compendios que se prepararon con la orientación del Grupo de Trabajo sobre Inversión: "Acuerdos sobre inversión en el Hemisferio Occidental: Un compendio", documento elaborado por la Organización de los Estados Americanos (OEA), y "Regímenes de inversión extranjera en las Américas: Estudio comparativo", cuya preparación estuvo a cargo del Banco Interamericano de Desarrollo (BID). El GNIN también ha discutido los estudios estadísticos de la Comisión Económica de las Naciones Unidas para América Latina y el Caribe (CEPAL) sobre flujos de inversión en la región[15].

---

15. Estos estudios están disponibles en el sitio oficial del ALCA en Internet (www.ftaa-alca.org).

Desafíos futuros

Un primer desafío es determinar de qué manera un tratado de inversión hemisférico representaría un compromiso de trascender el status quo. Los países de la región, en su mayoría, han aceptado la noción del derecho de establecimiento acompañado de una lista de reservas o han liberalizado sustancialmente sus regímenes de inversión. Con la consolidación de estos compromisos en un acuerdo hemisférico, se estaría enviando una señal muy positiva a los inversionistas en términos de credibilidad y seguridad jurídica. Relacionado a esto, habría que determinar si un capítulo sobre inversión en el ALCA podría ir más allá de un compromiso de mantener el status quo para avanzar hacia una liberalización progresiva con, por ejemplo, una "agenda incorporada" (*built-in agenda*) que contemple un programa de negociaciones futuras y un mecanismo de "cremallera" (*ratcheting*) que asegure que toda liberalización que se obtenga quede automáticamente consolidada en el tratado.

Un segundo reto es la vinculación con los servicios. Uno de los cuatro modos de suministro definidos en el AGCS —presencia comercial— se refiere en su totalidad a la inversión, lo que significa que las modalidades de negociación de los capítulos de inversión y de servicios del ALCA deben ser compatibles.

Sin embargo, la cuestión central consiste en determinar qué papel debe desempeñar el capítulo sobre inversión del ALCA. ¿Debe tener como finalidad establecer el trato no discriminatorio y la protección de las inversiones, con un mecanismo eficiente de solución de controversias y, además, consolidar el status quo, y de qué forma debe garantizar una liberalización progresiva?

Bibliografía

CIADI. 1979. *ICSID Additional Facility.* Washington, D.C.

———. 1985. *ICSID Basic Documents.* Washington, D.C.

CNUDMI. 1976. "Decision on UNCITRAL Rules". UN doc. A/CN.9/IX/CRP.4/Add.1, amended by UN doc. A/CN.9/SR. 198.

Dolzer, Rudolph. 1981. "New Foundations of the Law of Expropriation of Alien Property". *American Journal of International Law* 75.

Dolzer, Rudolph y Margrete Stevens. 1995. *Bilateral Investment Treaties.* Boston: Martinus Nijhoff Publishers.

OMC. 1996. *Annual Report, Special Topic: Trade and Foreign Investment.* Ginebra.

Sauvé, Pierre. 1994. "A First Look at Investment in the Final Act of the Uruguay Round". *Journal of World Trade* 28 (octubre).

UNCTAD. 2000. *World Investment Report 2000.* Ginebra.

CÉSAR PARGA

10 | *Derechos de Propiedad Intelectual*

En los últimos diez años, el Hemisferio Occidental ha sido testigo de una ola de cambios extraordinarios en los regímenes de propiedad intelectual. La incorporación a la Organización Mundial del Comercio (OMC) y la adhesión al Acuerdo sobre los Aspectos de los Derechos de Propiedad Intelectual relacionados con el Comercio (ADPIC) por parte de 33 de los 34 países del ALCA representan un compromiso firme al establecer normas mínimas de protección de los derechos de propiedad intelectual[1]. Los países de las Américas han modificado o adoptado nueva legislación en todas las áreas de propiedad intelectual y se han sumado a las convenciones internacionales más importantes sobre patentes, marcas y derecho de autor[2]. Además, los países han dedicado enormes esfuerzos y recursos a adoptar reglamentos y medidas para fortalecer las instituciones y los procedimientos administrativos y judiciales destinados a garantizar una adecuada protección y una observancia eficaz de los derechos de propiedad

1. Bahamas está considerando su incorporación a la OMC.

2. Para una descripción de las leyes, países y áreas en que se han logrado avances sustanciales, véase Correa (1997). Véase también la sección sobre propiedad intelectual en SICE (Sistema de Información sobre Comercio Exterior [www.sice.oas.org]) que incluye un listado y el texto de la legislación nacional de los 34 países del ALCA. Actualmente todos los países del ALCA son miembros de los Convenios de París y de Berna. Véase la situación de ratificación de la OMPI (www.wipo.int/eng/ratific/doc/d-paris.doc). [20 de septiembre de 2000] (www.wipo.int/eng/ratific/doc/e-berne.doc [20 septiembre de 2000]).

intelectual. Algunos países han buscado incorporar una mayor y mejor protección a través de acuerdos bilaterales y subregionales de comercio.

No se puede identificar un factor único para explicar los nuevos regímenes de propiedad intelectual en las Américas. Las reformas en las políticas o estrategias económicas, la necesidad de atraer inversión extranjera, los avances en la tecnología y los sistemas de información, y la evolución de las opiniones sobre propiedad intelectual en la región han contribuido de manera significativa a estos cambios. El Tratado de Libre Comercio de América del Norte (TLCAN) y el Acuerdo sobre los ADPIC de la OMC, los primeros acuerdos de comercio que involucran a países del Hemisferio con disposiciones sobre derechos de propiedad intelectual, han sido también una influencia importante en los nuevos enfoques adoptados en la región. Estos acuerdos han servido de referencia para las reformas de los regímenes de propiedad intelectual y sus disposiciones se reflejan en varios acuerdos de comercio suscritos entre países del ALCA.

Acuerdo sobre los ADPIC: la propiedad intelectual en las negociaciones comerciales

El Acuerdo sobre los ADPIC representa el instrumento internacional más ambicioso y de mayor cobertura en materia de propiedad intelectual concertado hasta la fecha[3]. El Acuerdo surgió de la Ronda Uruguay de Negociaciones Comerciales Multilaterales, en la que originalmente se buscaba evitar la producción y el comercio de mercancías falsificadas. Sin embargo, el alcance del Acuerdo sobre los ADPIC se extiende actualmente a cada una de las categorías principales de los derechos de propiedad intelectual: derecho de autor y derechos conexos, marcas de fábrica o de comercio, indicaciones geográficas, dibujos y modelos industriales, patentes, esquemas de trazado (topografías) de los circuitos integrados, protección de información no divulgada y control de prácticas anticompetitivas en las licencias contractuales. El Acuerdo establece estándares mínimos de protección y reglas para la observancia, y prevé la aplicación del Entendimiento sobre Solución de Diferencias (ESD) de la OMC para resolver las controversias entre los Estados Miembros.

Los resultados de la Ronda Uruguay han tenido un efecto directo en la legislación sobre propiedad intelectual de los países miembros de la OMC ya que toda legislación nacional debe cumplir con los estándares mínimos de protección de los ADPIC. El Acuerdo sobre los ADPIC también innovó al establecer a la protección de la propiedad intelectual como parte integral del

3. Otten y Wager (1996, p. 393), Reichman (1996, p. 366).

sistema de comercio multilateral. Junto con el comercio de mercancías y servicios, la propiedad intelectual es ahora uno de los tres pilares del régimen de la OMC[4]. La influencia de los ADPIC ha ido más allá de las negociaciones sobre comercio. El Acuerdo ha servido de base para el desarrollo de normas internacionales sobre propiedad intelectual y ha facilitado la negociación de acuerdos en el marco de la Organización Mundial de la Propiedad Intelectual (OMPI)[5]. A partir de 1994, las actividades relacionadas con todas las esferas de los derechos de propiedad intelectual se incrementaron considerablemente. Sobre la base de la labor de los Comités Permanentes sobre el Derecho de Patentes (SCP), el Derecho de Marcas, Dibujos y Modelos Industriales e Indicaciones Geográficas (SCT) y de Derecho de Autor y Derechos Conexos, los países miembros de la OMPI celebraron conferencias diplomáticas y aprobaron nuevas convenciones de propiedad intelectual. Por ejemplo, en 1994, se abrió a firma el Tratado sobre el Derecho de Marcas (TLT)[6], que entró en vigencia en 1996 y tiene como objetivo disminuir y uniformar en lo posible las formalidades en el registro. En diciembre de 1996, en una Conferencia Diplomática, se aprobaron los denominados "Tratados de Internet" de la OMPI sobre Derecho de Autor (WCT) e Interpretación o Ejecución y Fonogramas (WPPT). Estos tratados incluyen disposiciones que buscan hacer frente a los desafíos de la tecnología digital, en particular Internet. El Tratado de la OMPI sobre Derecho de Autor, un tratado especial bajo el artículo 2 del Convenio de Berna, constituye la primera actualización de ese Convenio desde 1972.

4. Otten y Wager (1996, p. 393).

5. Los dos instrumentos más importantes administrados por la OMPI sobre propiedad industrial (Convenio de París) y sobre derecho de autor y derechos conexos (Convenio de Berna) datan de fines del siglo XIX. Sus últimas revisiones fueron acordadas en 1967 y 1971, respectivamente. Desde entonces, todos los empeños por actualizar o perfeccionar las convenciones internacionales existentes resultaron infructuosos. En los veinticinco años anteriores a los ADPIC no se negoció ningún acuerdo sobre propiedad intelectual con disposiciones sustantivas. El Convenio de París para la protección de la propiedad industrial es el principal tratado internacional que rige las patentes, las marcas de fábrica o de comercio y la competencia desleal. Concertado en 1883, el Convenio de París fue el primer esfuerzo internacional por armonizar y simplificar la protección de los derechos de propiedad intelectual en los Estados Miembros. Este tratado ha sido posteriormente enmendado en varias oportunidades, habiéndolo sido por última vez en 1967, en Estocolmo. El Convenio de París para la Protección de la propiedad industrial, abierto a firma el 20 de marzo de 1883 con las enmiendas de Estocolmo, 14 de julio de 1967, 21 U.S.T. 1630, 828 U.N.T.S. 305 [en adelante, el Convenio de París]. El Convenio de Berna para la Protección de Obras Literarias y Artísticas del 9 de septiembre de 1886, que entró en vigencia el 14 de julio de 1967, 331 U.N.T.S. 217 [en adelante, Convenio de Berna].

6. El Tratado sobre Derecho de Marcas (TLT) entró en vigencia el 1 de agosto de 1996. El TLT busca la armonización procesal fijando una lista de requisitos máximos que los miembros pueden imponer para varias acciones. Además, el TLT prohíbe la imposición de formalidades adicionales. Tratado sobre Derecho de Marcas, abierto a la firma el 28 de octubre de 1994, que entró en vigencia el 1 de agosto de 1996 [en adelante, TLT]. Ver Leaffer (1998).

La OMPI recientemente aprobó en conferencias diplomáticas "La Nueva Acta del Arreglo de La Haya relativo al Depósito Internacional de Dibujos y Modelos Industriales (Arreglo de la Haya)", en julio de 1999, y el Tratado sobre el Derecho de Patentes (PLT) en junio de 2000. Una tercera conferencia diplomática examinó las disposiciones sustantivas de un instrumento sobre la protección de las interpretaciones o ejecuciones audiovisuales en diciembre de 2000[7].

Otros desarrollos importantes son las "Recomendaciones Conjuntas relativas a las Disposiciones sobre la Protección de las Marcas Notoriamente Conocidas", encaminadas a mejorar la protección internacional de marcas notoriamente conocidas, aprobadas en septiembre de 1999, y la "Recomendación Conjunta relativa a las Licencias de Marcas", en septiembre de 2000, en la que los países procuraron simplificar y armonizar las formalidades en relación con el registro de licencias para la utilización de marcas.

Los países trabajan en otras áreas y acuerdos. En materia de derecho de autor y derechos conexos, cabe mencionar la actualización de la protección internacional de los organismos de radiodifusión, así como la posible introducción de protección a las bases de datos, que actualmente no reúnen los requisitos para ser consideradas como obras protegidas bajo derecho de autor. En torno a las marcas, se examinan las implicaciones legales de su utilización en Internet para identificar áreas en que pareciera necesario y viable buscar la cooperación internacional. Otros temas en discusión incluyen materias de interés para los países en desarrollo, como las cuestiones relacionadas con la propiedad intelectual que surgen en el contexto del acceso a los recursos genéticos y la distribución de sus beneficios, la protección de los conocimientos tradicionales y de las expresiones de folklore. Otros asuntos vinculados a las nuevas tecnologías son la relación entre marcas y las denominaciones comunes internacionales para sustancias farmacéuticas, y los nombres de dominio en Internet, además de la propiedad intelectual y la biotecnología.

Los cambios en la protección internacional motivados por los ADPIC también han fomentado el interés por participar en tratados multilaterales y aceleraron la adhesión de los países a las convenciones sobre propiedad intelectual. De 1970 a 1990, la adhesión a los principales tratados de propiedad

---

7. El Tratado sobre Derecho de Patentes busca armonizar las formalidades nacionales sobre patentes en todo el mundo. Tiene el objetivo de facilitar y armonizar los requisitos formales que fijan las oficinas nacionales o regionales de patentes para la presentación de solicitudes nacionales o regionales de patentes, el mantenimiento de patentes y ciertos requisitos adicionales relacionados con las patentes o con las solicitudes de patentes. Para información sobre la Conferencia Diplomática sobre la Protección de las Ejecuciones Audiovisuales, diciembre de 2000, ver: (www.wipo.org/end/meetings/2000/iavp/index_2.htm).

Cuadro 10-1. *Número total de ratificaciones o adhesiones a los Convenios de Paris y Berna antes y después del Acuerdo de los ADPIC de la OMC*

	Convenio de Paris		Convenio de Berna	
Fechas	Total Mundial	Países del ALCA	Total Mundial	Países del ALCA
Antes de 1970	76	9	59	5
1970–1990	22	3	20	9
1990–2000	59	22	64	20

Fuente: Estado de ratificación de la OMPI (www.wipo.org/treaties/index.html).

intelectual se mantuvo estancada. Sin embargo, en los años posteriores a los ADPIC, el número de países, en especial de naciones en desarrollo, que suscribieron las convenciones de propiedad intelectual se incrementó considerablemente. Esta situación se ilustra por el número de Estados que se adhirieron a los Convenios de Berna y París antes y después de los ADPIC (véase cuadro 10-1). En ambos Convenios, el número de adhesiones aumentó más del doble en comparación con las dos décadas anteriores. Un tercio del número actual de miembros se adhirió en los últimos años. Esta situación es aún más notoria entre los países del Hemisferio Occidental. Al sumarse Nicaragua al Convenio de Berna el 23 de agosto de 2000, todos los países del ALCA son ahora miembros de los Convenios de París y Berna, lo que significa que más de la mitad de los 34 países del ALCA pasaron a ser partes de estos acuerdos, directa o indirectamente, como resultado de los ADPIC.

Enfoques de la propiedad intelectual en los acuerdos de comercio e integración

Los acuerdos de comercio e integración constituyen otra alternativa para armonizar y fortalecer la protección de los derechos de propiedad intelectual en las Américas. Prácticamente todos los acuerdos existentes tratan sobre cuestiones relacionadas con la propiedad intelectual. Sin embargo, no todos incluyen disposiciones sustantivas o un capítulo sobre derechos de propiedad intelectual. La cobertura y los criterios varían, pero la mayor parte de los acuerdos han sido influenciados por el TLCAN y los ADPIC.

La estructura y el alcance de los acuerdos es un elemento clave para determinar el tipo de disposiciones sobre propiedad intelectual que se pueden negociar a nivel regional y subregional. En el caso de los tratados de libre comercio, la mayoría de los países han podido negociar estándares de protección que se implementarán de acuerdo con las características de sus sistemas jurídicos

Cuadro 10-2. *Alcance y cobertura de los acuerdos de comercio e integración con disposiciones sobre propiedad intelectual*

Acuerdo	Derecho de autor y derechos conexos	Marcas	Indicaciones geográficas	Patentes	Diseños industriales	Modelos de utilidad	Variedades vegetales	Esquemas de trazado de los circuitos integrados	Información no divulgada	Señales de satélite	Control de prácticas anticompetitivas en licencias contractuales	Observancia
ADPIC	Sí	Sí	Sí	Sí	Sí	No	Sí	Sí	Sí	No	Sí	Sí
TLCAN	Sí	Sí	Sí	Sí	Sí	No	Sí	Sí	Sí	Sí	Sí	Sí
Comunidad Andina	Sí	Sí	Sí	Sí	Sí	Sí	Sí	Sí	Sí	No	No	Sí
Bolivia-México	Sí	Sí	Sí	Sí	Sí	Sí	Sí	No	Sí	Sí	Sí	Sí
Costa Rica-México	Sí	Sí	Sí	No	No	No	No	No	Sí	Sí	Sí	Sí
Chile-México	Sí	Sí	Sí	No	No	No	No	No	No	Sí	Sí	Sí
Grupo de los Tres	Sí	Sí	Sí	No	No	No	Sí	No	Sí	Sí	Sí	Sí
México-Nicaragua	Sí	Sí	Sí	No	No	No	Sí	No	Sí	Sí	Sí	Sí
México-Triángulo del Norte	Sí	Sí	Sí	Sí	Sí	Sí	Sí	No	Sí	Sí	Sí	Sí

Nota: MERCOSUR y el MCCA sólo cubren los temas de marcas e indicaciones geográficas.

nacionales. El primero fue el capítulo 17 del TLCAN que establece estándares de protección de la propiedad intelectual y observancia de los derechos de propiedad intelectual en los tres países que lo integran. El tratado requiere que cada gobierno aplique disposiciones sustantivas de las convenciones internacionales más importantes sobre propiedad intelectual, complementadas con protecciones adicionales, y garantizan la existencia de procedimientos de observancia para proteger los derechos de propiedad intelectual en cada país. No obstante que el TLCAN contiene disposiciones similares al Acuerdo de los ADPIC, una de las principales contribuciones del TLCAN fue su influencia en los resultados de las negociaciones de la OMC sobre los ADPIC, que estaban todavía en proceso cuando se firmó el TLCAN.

Todos los Tratados de Libre Comercio bilaterales firmados por México con Colombia y Venezuela (Grupo de los Tres o G3), Bolivia, Chile, Costa Rica, Nicaragua y el Triángulo del Norte (El Salvador, Guatemala y Honduras) incluyen un capítulo extenso sobre propiedad intelectual. Existen algunas diferencias con respecto a las áreas sustantivas incluidas en estos tratados pero la mayor parte de sus disposiciones tienen una estructura comparable al capítulo 17 del TLCAN.

El capítulo sobre propiedad intelectual del tratado de libre comercio entre Centroamérica y la República Dominicana confirma los derechos y obligaciones de las partes establecidos en los ADPIC y dispone la creación de una comisión de propiedad intelectual.

El tratado de libre comercio Canadá-Chile y el tratado de libre comercio Centroamérica-Chile no cuentan con un capítulo sobre propiedad intelectual. Sin embargo, el tratado entre Canadá y Chile incluye algunas disposiciones relacionadas con los derechos de propiedad intelectual y referencias al Acuerdo sobre los ADPIC. Por ejemplo, conforme al artículo C-11, "considerando el Acuerdo ADPIC, las partes protegerán las indicaciones geográficas de los productos" especificadas en el anexo. De acuerdo con el artículo G-40, la definición de inversión incluye "bienes intangibles". El artículo D-16 dispone que pagos "por el uso o el derecho a usar cualquier derecho de autor, obra artística, literaria o trabajo científico, patentes, marcas registradas, diseños, modelos, planes, fórmulas o procesos secretos" se considerarán dentro de la definición de "regalías" .

La Comunidad Andina, el Mercado Común Centroamericano (MCCA) y el MERCOSUR han negociado disposiciones más exhaustivas que las incluidas en los tratados de libre comercio. Generalmente concentradas en un área de propiedad intelectual, este tipo de disposiciones tienen el objetivo de armonizar las normas que regulan la protección de los derechos de propiedad intelectual en los países miembros, y son comparables por su estructura y nivel de detalle a la redacción de una ley nacional.

El régimen de propiedad intelectual de los cinco países de la Comunidad Andina se encuentra en cuatro decisiones adoptadas por la Comisión Andina, la máxima autoridad supranacional. Sus decisiones son directamente aplicables en cada uno de los países andinos. Las materias no cubiertas por las decisiones son materia de la legislación nacional de los países miembros. Asimismo, cada país puede establecer una protección más amplia cuando lo consideran adecuado. La Decisión 486 recientemente aprobada, Régimen Común sobre Propiedad Industrial, contiene normas para la protección de patentes, modelos de utilidad, dibujos y modelos industriales, marcas, indicaciones geográficas y denominaciones de origen, esquemas de trazado de circuitos integrados, información no divulgada y competencia desleal. Incluye además disposiciones sobre la observancia de los mencionados derechos. Además de las normas comunes sobre propiedad industrial, la Comunidad Andina ha adoptado regímenes sobre Derecho de Autor y Derechos Conexos en la Decisión 351, Acceso a Recursos Genéticos (Decisión 391) y Protección de los Derechos de los Obtentores de Variedades Vegetales (Decisión 345)[8].

Aunque el Tratado de Asunción del MERCOSUR no establece expresamente un marco para un régimen de propiedad intelectual dentro del MERCOSUR, sus miembros firmaron un "Protocolo de armonización de normas sobre propiedad intelectual" el 5 de agosto de 1995[9]. El Protocolo establece normas para la protección efectiva de las marcas, las indicaciones de procedencia y denominaciones de origen y está considerado como un primer paso hacia la armonización de las normas sobre dicha materia en la región[10]. Sin embargo, los cuatro miembros del MERCOSUR aún no han ratificado el documento que está actualmente en revisión. Por lo tanto, no existe un acuerdo

---

8. Decisión 486 Régimen Común sobre Propiedad Industrial, 24 de septiembre de 2000, que entró en vigencia el 1 de diciembre de 2000. Publicada en el Diario Oficial del Acuerdo de Cartagena, año XVII, n. 600, 19 de septiembre de 2000. Esta decisión sustituyó a la decisión 344, Disposiciones Comunes sobre Propiedad Industrial (el 1 de enero de 1994), compilada en las Leyes y Tratados sobre Propiedad Industrial, Tratados Multilaterales - Texto 1-012 (Organización Mundial de Propiedad Intelectual No. 609(E), marzo de 1994). Decisión 351, Régimen Común sobre Derecho de Autor y Derechos Conexos, 17 de diciembre de 1993. Decisión 345, Régimen Común de Protección de los Derechos de Obtentores de Variedades Vegetales, 21 de octubre de 1993. Decisión 391, Régimen Común sobre Acceso a los Recursos Genéticos, 2 de julio de 1996.

9. Ver el Protocolo del MERCOSUR sobre Marcas de Fábrica o de Comercio (www.mercosur. org.uy/español/snor/normativa/decisiones/DEC895.htm. [20 septiembre de 2000]).

10. Hicks y Holbein (1997).

obligatorio vigente a nivel regional en el MERCOSUR en relación con la protección de los derechos de propiedad intelectual[11].

El único instrumento del MCCA sobre propiedad intelectual es la Convención Centroamericana para la Protección de la Propiedad Industrial de 1968 que aborda aspectos tales como las marcas, los nombres comerciales, expresiones o señales de propaganda, y las denominaciones de origen y las indicaciones geográficas. La Convención también incluye disposiciones relacionadas con la competencia desleal. Aunque en 1994 se firmó un protocolo para actualizar la Convención, ésta fue derogada el 1 de enero de 2000. Seguirá siendo considerada legislación nacional en aquellos países miembros hasta la fecha en que entre en vigor una nueva ley nacional que regule estas materias.

La Comunidad del Caribe y el Mercado Común del Caribe (CARICOM) no cuentan con una legislación o con una normativa regional que afecte a la protección de los derechos de propiedad intelectual, dado que estas cuestiones son tratadas exclusivamente por la legislación nacional de cada Estado Miembro. En el Tratado de Libre Comercio firmado entre CARICOM y la República Dominicana, las partes acordaron elaborar y aprobar un acuerdo sobre derecho de propiedad intelectual, teniendo en cuenta los derechos y obligaciones establecidas en el Acuerdo ADPIC y en otros acuerdos pertinentes de los que todos los Estados Miembros de CARICOM y la República Dominicana son signatarios.

Algunos tratados de libre comercio recientemente firmados por los países de las Américas con países fuera del Hemisferio Occidental incluyen enfoques interesantes sobre el tratamiento de la propiedad intelectual. El Tratado de Libre Comercio México-Unión Europea (TLCMUE) incluye disposiciones sobre propiedad intelectual que no tienen carácter exhaustivo pero establecen la creación de un "Mecanismo de Consulta para asuntos de propiedad intelectual". De acuerdo con el artículo 40 de la Decisión 2/2000 del Consejo Conjunto CE (Comunidad Europea)-México, un Comité Especial integrado por representantes de las partes procurará alcanzar soluciones mutuamente satisfactorias en caso de dificultades en la protección de la propiedad intelectual[12]. En cuanto a los aspectos sustantivos, en el artículo 36 de la Decisión 1, el acuerdo confirmó las obligaciones derivadas de importantes convenios de propiedad intelectual[13]. Además, las partes acordaron adherirse, o completar los

---

11. El Protocolo fue recientemente ratificado por Paraguay por la Ley No. 912 de 1996. Ver la Gaceta Oficial, No. 89 BIS, Ley No. 912 (7 de agosto de 1996). Uruguay también ratificó el Protocolo pero no ha depositado el instrumento correspondiente. Brasil sólo lo ratificó parcialmente.

12. Ver el TLC Unión Europea-México firmado el 23 de marzo de 2000, que entró en vigor el 1 de julio de 200. Disponible en (www.secofi-snci.gob.mx/).

13. Acuerdo de los ADPIC, París, Berna, Roma, Tratado de Cooperación en Materia de Patentes (PCT), Unión Internacional para la Protección de las Obtenciones Vegetales (UPOV) de 1978 o 1991.

procedimientos necesarios para su adhesión al Acuerdo de Niza (cuando entre en vigencia el TLCMUE), el Tratado de Budapest (dentro de tres años) y los Tratados de Internet de OMPI (a la brevedad posible)[14].

El Tratado de Libre Comercio Estados Unidos-Jordania firmado el 24 de octubre de 2000[15], incluye disposiciones más detalladas que abordan la protección de los derechos de propiedad intelectual, aunque no es tan amplio como el TLCAN ni una nueva edición del Acuerdo de los ADPIC. Sin embargo, este tratado de libre comercio incluye algunas características innovadoras. Por ejemplo, establece que las partes darán vigencia a las Recomendaciones Conjuntas relativas a las Disposiciones sobre la Protección de Marcas Notoriamente Conocidas (1999) y algunos artículos del WCT, WPPT y la Convención UPOV de 1991. Además, el tratado de libre comercio Estados Unidos-Jordania establece una cláusula sobre mejores esfuerzos por ratificar o adherirse al PCT y al Protocolo del Acuerdo de Madrid[16]. El tratado incluye disposiciones sustantivas sobre marcas e indicaciones geográficas, derecho de autor y derechos conexos, patentes y observancia, y establece una mayor protección de los datos de prueba u otros no divulgados. En forma similar a los ADPIC, existen "períodos de transición" pero con plazos más breves para que las partes cumplan con las obligaciones específicas derivadas del tratado, incluyendo la obligación de Jordania de ratificar los tratados de Internet de la OMPI o adherirse a ellos y a la Convención UPOV de 1991, en uno y dos años, respectivamente. Los países también acordaron un "Memorándum de entendimiento sobre cuestiones relacionadas con la protección de la propiedad intelectual" en el marco del tratado de libre comercio. En ese memorándum las partes aclaran algunas cuestiones, por ejemplo, las sanciones penales que se consideran suficientemente elevadas para disuadir futuros actos de infracción en Jordania, y que, "Jordania adoptará todas las medidas necesarias para aclarar que la exclusión de la protección de patente de métodos matemáticos no incluyen métodos tales como los métodos comerciales o las invenciones relacionadas con las computadoras".

---

14. Tratado sobre Cooperación en materia de Patentes (PCT) (Washington, 1970, enmendado en 1979 y modificado en 1984); Convención Internacional para la Protección de las Obtenciones Vegetales (UPOV); Acuerdo de Niza respecto de la clasificación internacional de mercancías y servicios a los efectos del registro de marcas (Ginebra, 1977, enmendado en 1979), y Tratado de Budapest sobre el reconocimiento internacional del depósito de microorganismos a los efectos de los procedimientos de patente (1977, modificado en 1980).

15. Tratado de Libre Comercio Estados Unidos-Jordania, disponible en (www.ustr.gov.)

16. Protocolo relacionado con el Acuerdo de Madrid respecto del registro internacional de marcas (1989).

Convergencias y divergencias

En esta sección se abordan los aspectos principales de las disposiciones sobre propiedad intelectual de los acuerdos de comercio del hemisferio, a saber, las disposiciones generales y los principios básicos, patentes, marcas de fábrica y de comercio, indicaciones geográficas, dibujos y modelos industriales, modelos de utilidad, derechos de autor y derechos conexos, señales de satélite portadoras de programas, esquemas de trazado de los circuitos integrados, protección de la información no divulgada y observancia de los derechos de propiedad intelectual.

Disposiciones generales y principios básicos

Estas disposiciones abarcan las cuestiones siguientes: una cláusula general sobre protección de la propiedad intelectual, protección ampliada, trato nacional, trato de nación más favorecida, convenios sobre propiedad intelectual, control de prácticas anticompetitivas, cooperación y la asistencia técnica y la transferencia de tecnología. Todos estos aspectos están incluidos en los ADPIC pero la mayor parte de los tratados de libre comercio de las Américas siguen la estructura del capítulo 17 del TLCAN en relación a la sección sobre disposiciones generales y principios básicos. Existen algunas diferencias en la redacción y el alcance que se examinarán cuando se analicen cada uno de los puntos mencionados. El régimen de la Comunidad Andina, dadas su naturaleza y características supranacionales, sigue un modelo diferente y sólo cubre las obligaciones básicas vinculadas al trato nacional y trato de la nación más favorecida.

Bajo "protección de los derechos de propiedad intelectual", los tratados de libre comercio firmados por México con Bolivia, Costa Rica, Chile, Nicaragua, el Triángulo del Norte y el G-3 establecen que cada parte proporcionará "protección y observancia adecuada y eficaz de los derechos de propiedad intelectual, garantizando que las medidas para la observancia de los derechos de propiedad intelectual no se conviertan, a su vez, en obstáculos al comercio legítimo". Este también es el caso del TLCAN, pero bajo el título "naturaleza y ámbito de las obligaciones". Esta disposición, que no tiene equivalente en los ADPIC, es muy similar al mandato de la Ronda Uruguay y refleja la primera parte del objetivo del Grupo de Negociación del ALCA sobre Propiedad Intelectual (ver abajo).

El Acuerdo sobre los ADPIC establece estándares mínimos de protección. El artículo 1 estipula que los miembros pueden implementar en su legislación "una protección más amplia" que la requerida por el acuerdo. Una

Cuadro 10-3. *Disposiciones generales y principios básicos*

Acuerdo	Protección de propiedad intelectual	Protección ampliada	Trato Nacional	NMF	Convenciones de propiedad intelectual	Cooperación y asistencia técnica	Control de prácticas anti-competitivas	Transferencia de tecnología
ADPIC	Preámbulo	Artículo 1	Artículo 3	Artículo 4	Incorporadas por referencia; varios artículos	Artículo 67 y Artículo 69	Artículo 40	Artículo 7
Comunidad Andina	No	No	Sí	Sí	No	No	No	No
TLCAN	Sí	Sí	Sí	No	Sí	Sí	Sí	No
Grupo de los Tres	Sí	Sí	Sí	Sí	Sí	No	Sí	Sí
Bolivia-México	Sí	Sí	Sí	Sí	Sí	Sí	Sí	Sí
Costa Rica-México	Sí	Sí	Sí	Sí	Sí	Sí	Sí	No
Chile-México	Sí	Sí	Sí	Sí	Sí	Sí	Sí	No
Nicaragua-México	Sí	Sí	Sí	Sí	Sí	Sí	Sí	No
México-Triángulo del Norte	Sí	Sí	Sí	Sí	Sí	Sí	Sí	No

disposición similar existe en todo los tratados de libre comercio, incluido el TLCAN, firmados por México con países del hemisferio. Además, los tratados de México con Costa Rica, Nicaragua y el Triángulo Norte son semejantes a los ADPIC, al indicar la libertad para determinar el método adecuado de implementación de las disposiciones en el marco de su propio sistema y práctica jurídicos.

El TLCAN, y los tratados de libre comercio firmados por México en el hemisferio, imponen una obligación amplia de trato nacional con excepciones relativamente menores que constan específicamente en todos los acuerdos. La Decisión 351 de la Comunidad Andina sobre derecho de autor y derechos conexos también otorga trato nacional, pero no incluye excepciones. Tradicionalmente, el trato nacional ha sido una obligación general en los principales convenios sobre propiedad intelectual. Todas esas cláusulas son similares al artículo 3 de los ADPIC.

La Comunidad Andina incluye una obligación de trato nacional en su régimen común sobre propiedad industrial. El artículo 1 de la Decisión 486, a diferencia de las disposiciones a que se hizo referencia en el párrafo anterior, otorga "un trato no menos favorable que el que otorgue a sus propios nacionales", no sólo a los miembros de la Comunidad Andina, sino también a los "miembros de la OMC y del Convenio de París". Esta cláusula parece tener mayor alcance que la disposición incluida en los ADPIC y en los tratados de libre comercio a que se hace referencia en el presente capítulo. La inclusión de los artículos sobre trato nacional y de nación más favorecida es una de las características diferentes de esta Decisión 486 recientemente aprobada, en comparación con el régimen andino anteriormente en vigencia.

El Acuerdo de los ADPIC incorpora el principio de nación más favorecida, que tradicionalmente no se había establecido en el contexto de los convenios de propiedad intelectual. El trato de nación más favorecida fue incorporado al Acuerdo sobre los ADPIC para asegurar que se extendiera a los nacionales de todos los países miembros un trato "mejor que el trato nacional", que algunos países otorgaban a los nacionales de uno o más de sus socios comerciales, a raíz de acuerdos bilaterales[17]. El TLCAN no incluye referencia alguna al principio de nación más favorecida. Todos los tratados similares al TLCAN firmados por México con países del hemisferio incorporan la cláusula de trato de nación más favorecida con excepciones equivalentes a las establecidas en el artículo 4 de los ADPIC.

17. Sin embargo, se reconoció que las circunstancias en que un país otorgaría a extranjeros un trato mejor que el que concede a sus propios nacionales se plantearía con poca frecuencia. Por lo tanto, se consideró que este aspecto era importante pero no vital.

En forma análoga a la disposición sobre el trato nacional, la Decisión 486 de la Comunidad Andina establece un tipo diferente de trato de nación más favorecida en la Comunidad. De acuerdo con el artículo 2, "toda ventaja, favor, privilegio o inmunidad que un país miembro conceda a los nacionales de otro país miembro de la Comunidad Andina, se hará extensiva a los nacionales de cualquier miembro de la OMC o del Convenio de París". La redacción de la cláusula sugiere que, más que otorgar el trato de nación más favorecida a los miembros de la Comunidad Andina, el artículo confirma que extenderá ese trato a los países miembros de la OMC según una obligación prevista en el Acuerdo sobre los ADPIC.

El Acuerdo sobre los ADPIC incorpora por referencia disposiciones sustantivas de los Convenios de París y Berna y del Tratado sobre la propiedad intelectual respecto de los circuitos integrados[18]. El enfoque seguido por los tratados de libre comercio es diferente. El TLCAN y los tratados de libre comercio de ese tipo, establecen que las partes darán vigencia a las disposiciones sustantivas o ratificarán o se adherirán a distintos "convenios internacionales sobre propiedad intelectual". El número de convenciones y los períodos de transición para la adhesión o ratificación de esos tratados varía de acuerdo con los países involucrados (véase cuadro 10-4). La Comunidad Andina no incluye reglas en esta tema.

Todos los tratados de libre comercio entre México y los países del hemisferio, incluido el TLCAN, permiten que las partes adopten o mantengan medidas para controlar "las prácticas anticompetitivas en las licencias contractuales", y prohiben ciertas prácticas en el otorgamiento de licencias con efecto negativo sobre la competencia. Tal y como lo dispone el artículo 40 de los ADPIC, el tratado de libre comercio Chile-México es el único que establece ejemplos específicos de casos que pueden constituir abuso de la propiedad intelectual (como las cláusulas exclusivas de retrocesión, las condiciones que impiden la impugnación de la validez y las licencias conjuntas obligatorias).

El tratado de libre comercio México-Bolivia y el G-3 incluyen una disposición que subraya la importancia de la promoción de la innovación tecnológica y la transferencia y difusión de la tecnología.

Patentes

La Comunidad Andina, el TLCAN y los tratados de libre comercio Bolivia-México y México-Triángulo Norte son los únicos acuerdos que incluyen

---

18. Tratado sobre la Propiedad Intelectual respecto de los Circuitos Integrados, Washington, D.C., 26 de mayo de 1989.

Cuadro 10-4. *Convenciones de propiedad intelectual incorporadas en los Tratados de Libre Comercio en el Hemisferio Occidental*

Convención	TLCAN	Grupo de los Tres	Bolivia-México	Costa Rica-México	Chile-México	Nicaragua-México	México-Triángulo del Norte
Paris	Sí	Sí	Sí	Sí	Sí	Sí	Sí
Berna	Sí	Sí	Sí	Sí	Sí	Sí	Sí
Roma	No	Sí	Sí	Sí	Sí	Sí	Sí
Ginebra	Sí	Sí	Sí	Sí	Sí	Sí	Sí
UPOV	Sí	No	No	No	No	No	No
Bruselas	No	No	Sí	No	No	Sí	No
Lisboa	No	No	Sí	Sí	No	No	No
UCC	No	Sí	No	No	No	No	No

Convenio de Paris para la Protección de la Propiedad Industrial, marzo 20, 1883.

Convenio de Berna para la Protección de las Obras Literarias y Artísticas, septiembre 9, 1886.

Convención de Roma sobre la Protección de los Artistas Intérpretes o Ejecutantes, los Productores de Fonogramas y los Organismos de Radiodifusión, octubre 26, 1961.

Convenio de Ginebra para la Protección de los Productores de Fonogramas contra la Reproducción no Autorizada de sus Fonogramas, octubre 29, 1971.

Convenio Internacional para la Protección de las Obtenciones Vegetales (UPOV) 1961, revisada en Ginebra (1972, 1978 y 1991).

Convenio de Bruselas sobre la Distribución de Señales Portadoras de Programas Transmitidas por Satélite, mayo 21, 1974.

Arreglo de Lisboa relativo a la Protección de las Denominaciones de Origen y su Registro Internacional, octubre 31, 1958, revisada en Estocolmo el 14 julio, 1967, y enmendada en 1979.

UCC: Convención Universal sobre Derecho de Autor, adoptada en Ginebra (1952), revisada en Paris (1971).

disposiciones sobre patentes. Aparte de modificaciones menores en el orden y en la redacción, los tratados entre México y Bolivia y México y el Triángulo del Norte son similares a la sección de patentes de los ADPIC. Las disposiciones principales, también incluidas en la Decisión 486 de la Comunidad Andina, indican que las partes otorgarán protección mediante patente a toda invención, en todos los campos de la tecnología, siempre que sea nueva, entrañe una actividad inventiva y sea susceptible de aplicación industrial; los países pueden excluir de la patentabilidad ciertas invenciones en algunos casos específicamente definidos; las patentes deben conferir el derecho de impedir que terceros sin su consentimiento realicen actos de: fabricación, uso, oferta para la venta, venta o importación de productos en infracción; se admiten en circunstancias limitadas usos sin autorización del titular del derecho, y el plazo de protección de la patente debe ser de por lo menos veinte años contados desde la fecha de presentación de la solicitud. El TLCAN establece normas similares de protección pero existen pequeñas diferencias en algunas disposiciones. Por ejemplo, el TLCAN establece una obligación (la denominada "pipeline protection") para todo país que no otorgaba protección de patente para productos farmacéuticos y agroquímicos antes de las fechas especificadas en el tratado para el otorgamiento de los medios para obtener dicha protección, previa solicitud, a todo producto de ese tipo que haya sido patentado por otro gobierno del TLCAN y que sea comercializado en ese país por la primera vez. Sobre los derechos conferidos al titular de los derechos, el TLCAN no incluyó el derecho de impedir a terceros de la oferta para la venta o la importación de productos en infracción. Existe también una variante en el plazo de la protección, dado que, según el TLCAN, el plazo de la patente será de por lo menos veinte años a partir de la fecha de la presentación de la solicitud o de diecisiete años a partir del otorgamiento de la patente.

La sección sobre patentes de la Decisión 486 de la Comunidad Andina es mucho más detallada que las disposiciones incluidas en los tratados de libre comercio. La misma implementa las normas sustantivas de los ADPIC y en sus 66 artículos aborda cuestiones generalmente reservadas a una legislación nacional; comprende la disponibilidad, alcance, mantenimiento (incluidos los procedimientos administrativos), los derechos conferidos y las limitaciones, y la observancia de los derechos de patente. Una de las disposiciones no incluidas en la decisión anterior es el artículo 3 sobre patrimonio biológico y genético y de los conocimientos tradicionales. El mismo supedita la concesión de patentes que versen sobre invenciones desarrolladas a partir de material obtenido del patrimonio biológico y genético o de los conocimientos tradicionales, a la adquisición de dicho material de conformidad con el ordenamiento jurídico nacional, comunitario e internacional. En tales casos, cuando se presenta la solicitud de patente, debe adjuntarse copia del contrato, la licencia o autorización que otorga acceso a los recursos biológicos y genéticos o al uso de los conocimientos tradicionales. También existen algunos cambios en las exclusiones de patentabilidad. Por ejemplo, no se mencionan las invenciones vinculadas a los productos farmacéuticos de la Lista de medicamentos esenciales de la Organización Mundial de la Salud. La Decisión 486 establece además normas sobre divulgación y descripción de la invención y sobre las características de las reivindicaciones que definen la materia protegida mediante la patente.

Marcas de fábrica o de comercio e indicaciones geográficas

El TLCAN y todos los acuerdos firmados por México incluyen un capítulo sobre marcas de fábrica o de comercio e indicaciones geográficas. Los elementos sustantivos y la estructura general son comparables a la sección equivalente del Acuerdo de los ADPIC, con algunas excepciones. Todos estos tratados de libre comercio otorgan a los titulares de marcas ciertos derechos básicos e incluyen disposiciones sobre la materia objeto de la protección, el registro y la transferencia de derechos.

Las marcas de fábrica o de comercio, según el TLCAN y los tratados de libre comercio entre México y Bolivia, Costa Rica y Nicaragua, incluyen a las marcas de servicio y marcas colectivas. En una disposición similar, el G-3 y el tratado de libre comercio entre México y el Triángulo del Norte sólo se refieren a las marcas colectivas. El TLCAN y el tratado México-Nicaragua incorporan además las marcas de certificación, en tanto los ADPIC no hacen referencia a las marcas colectivas o de certificación. Con respecto al registro inicial de la marca de fábrica o de comercio, el ADPIC establece un plazo de no menos de siete años y el registro debe ser renovable indefinidamente. El TLCAN y los tratados de libre comercio que incluyen un capítulo sobre marcas en el hemisferio establecen un plazo de protección de diez años.

Sólo el tratado de libre comercio Chile-México incluye una disposición similar a los ADPIC en la que se indica que, cuando los signos no sean intrínsecamente capaces de distinguir los bienes y servicios pertinentes, las partes pueden supeditar la posibilidad de registro de los mismos al carácter distintivo que hayan adquirido mediante su uso.

Al igual que los ADPIC todos los tratados de libre comercio, incluyendo el TLCAN, señalan que la naturaleza del producto o servicio no será en ningún caso obstáculo para el registro de la marca. Los tratados de libre comercio tipo TLCAN suscritos por México en el hemisferio incluyen párrafos sobre la protección de marcas notoriamente conocidas más detallados que el TLCAN y el ADPIC. Sin embargo, todos los acuerdos establecen normas que se basan en los principios del artículo 6 bis del Convenio de París.

En cuanto al período establecido para la cancelación del registro en razón de la falta de uso, el TLCAN y el tratado de libre comercio Bolivia-México establecen un período ininterrumpido de por lo menos dos años, a menos que el titular de la marca demuestre razones válidas. Por otro lado, el ADPIC y los tratados de libre comercio de México con Costa Rica, Chile, el Triángulo del Norte y el G-3 establecen un período de tres años. El tratado México-Nicaragua establece un plazo no mayor a cinco años. El G-3 y el tratado de libre comercio Bolivia-México establecen normas adicionales sobre el uso concurrente de marcas de fábrica o de comercio y sobre la cancelación y revocación del registro.

En todos los tratados de libre comercio que establecen normas sobre marcas de fábrica o de comercio, no se permiten las licencias obligatorias de marcas ni el imponer requisitos especiales, tales como el uso de una marca como indicación de procedencia o un uso con otra marca. Bolivia-México es el único tratado de libre comercio que incluye un artículo para facilitar el establecimiento de franquicias.

Con respecto a las indicaciones geográficas, conforme al Acuerdo de los ADPIC y los tratados de libre comercio mencionados en el presente capítulo las partes protegerán dichas indicaciones de acuerdo con su legislación nacional e impedirán la utilización que constituya un acto de competencia desleal en el sentido del artículo 10bis del Convenio de París. Además, las partes denegarán o invalidarán el registro de marcas que contengan o consistan en una indicación geográfica si su uso induce al error respecto del origen geográfico. Los tratados de libre comercio Costa Rica-México y México-Nicaragua incluyen una definición de denominación de origen y de indicación geográfica. El tratado de libre comercio Chile-México establece la protección de las indicaciones geográficas en una anexo que incluye una lista en la que se identifican las indicaciones que serán reconocidas por las partes. Los países del Hemisferio Occidental participan activamente en las negociaciones que se llevan a cabo en el marco del Consejo de los ADPIC para establecer un sistema multilateral de notificación y registro de las indicaciones geográficas de vinos y bebidas espirituosas.

La Decisión 486 de la Comunidad Andina dedica 102 artículos a las marcas y a las indicaciones geográficas. Muchas de las disposiciones se basan en la Decisión 344 y en las obligaciones derivadas de los ADPIC. Al igual que en el caso de las patentes, estas disposiciones tienen una cobertura generalmente reservada a una legislación nacional y abarcan la materia objeto de protección, exclusiones, derechos conferidos, transferencia y registro, cancelación y observancia. La Decisión 486 incluye nuevas características, en comparación con la Decisión anterior. La misma contiene normas más detalladas sobre el alcance, disponibilidad y exclusiones de la protección de marcas de fábrica o de comercio. Otro elemento nuevo es el capítulo sobre marcas de certificación y el título sobre derechos especiales para signos notoriamente conocidos.

Dibujos y modelos industriales

Los únicos tratados de libre comercio que abordan la cuestión de los dibujos y modelos industriales son el TLCAN y los tratados suscritos entre Bolivia y México, por una parte, y entre México y el Triángulo del Norte, por la otra. En términos muy similares a los ADPIC, estos tres acuerdos establecen la protección de los dibujos y modelos industriales que son creados independientemente o son nuevos u originales. Debe otorgarse un plazo de protección de no menos de diez años. La Decisión 486 de la Comunidad Andina incluye algunas obligaciones básicas de los ADPIC en la sección sobre dibujos y modelos industriales. Además, establece normas detalladas sobre los requisitos y procedimientos para el registro.

Modelos de utilidad

Dos tratados de libre comercio, el de Bolivia-México y el de México-Triángulo del Norte, abordan la cuestión de los modelos de utilidad. El tratado de libre comercio Bolivia-México cubre los aspectos relacionados con la materia objeto de protección y especifica un plazo mínimo de protección de diez años a partir de la fecha de la presentación de la solicitud. El tratado México-Triángulo del Norte establece que este tema se regula conforme a la legislación interna de cada parte. La Comunidad Andina también considera los modelos de utilidad dentro de los derechos de propiedad intelectual cubiertos por la Decisión 486.

Derecho de autor y derechos conexos

Esta materia está comprendida en la Decisión 351 de la Comunidad Andina, el TLCAN, el G-3 y los tratados de libre comercio bilaterales de México con Bolivia, Chile, Costa Rica, Nicaragua y el Triángulo del Norte. El Acuerdo sobre los ADPIC aborda el derecho de autor y los derechos conexos de una manera ligeramente diferente dado que incorpora por referencia los artículos 1 a 21 del Convenio de Berna (1971) y el apéndice del mismo, con excepción del artículo 6bis sobre derechos morales.

No existen diferencias sustanciales sobre cómo estos acuerdos establecen el plazo de protección del derecho de autor y los derechos conexos. Todos otorgan protección a los programas de computadora y a las compilaciones de datos susceptibles de protección mediante derecho de autor. El acuerdo sobre los ADPIC y el tratado de libre comercio Chile-México establecen que los programas de computadoras deben ser protegidos *como* obras literarias, en tanto de acuerdo con el TLCAN los programas de computadora *son* considerados obras literarias en el sentido que le confiere el Convenio de Berna.

A diferencia del Acuerdo sobre los ADPIC, el TLCAN y los tratados de libre comercio suscritos por México con Costa Rica, Nicaragua y el Triángulo del Norte enumeran los derechos de los autores y sus causahabientes para autorizar o prohibir ciertos actos respecto de sus obras, como la importación, comunicación al público, primera distribución al público, etc. Se presenta una lista más reducida en el tratado Bolivia-México y en el G-3. Conforme al tratado de libre comercio Chile-México se otorgan a los autores los derechos conferidos que se enuncian en el Convenio de Berna.

Al igual que en el Acuerdo de los ADPIC, el tratado de libre comercio Chile-México establece, en ciertas circunstancias, el denominado "derecho de arrendamiento" de programas de computadora y obras cinematográficas. Existe una disposición similar en el TLCAN y en los tratados de libre comercio de México con Bolivia, Costa Rica, Nicaragua y el Triángulo del Norte, pero se limita únicamente al derecho de autorizar o prohibir el arrendamiento comercial de los programas de cómputo. Además, el TLCAN y el tratado de libre comercio Bolivia-México establecen una limitación al otorgamiento de licencias de reproducción y traducción cuando las necesidades legítimas de copias o traducciones de la obra en el territorio de la parte pudieran cubrirse mediante acciones voluntarias del titular del derecho.

La Decisión 351 de la Comunidad Andina establece disposiciones amplias sobre el ámbito de protección, los derechos morales y económicos[19], y excepciones y limitaciones.

En el tema de los "derechos vecinos o conexos" la Comunidad Andina, el TLCAN, y los tratados de libre comercio suscritos por México con países de

---

19. Los países de derecho civil en general protegen los derechos morales de los autores y sus derechos económicos. Los derechos morales son derechos inalienables que preservan la integridad de la obra del autor, su derecho a ser identificado como el autor y su derecho a determinar de qué manera se divulgará su obra. Dado que los derechos morales habitualmente no son transferibles, podrían impedir los derechos económicos vinculados con una determinada obra, dado que el titular de esos derechos puede no ser el autor. El TLCAN exige que las partes apliquen las disposiciones sustantivas del Convenio de Berna para la protección de obras literarias y artísticas (1971) pero no impone ninguna obligación a los Estados Unidos para dar efecto al artículo 6bis sobre derechos morales, de acuerdo con el anexo 1701.3(2) del TLCAN.

las Américas incluyen disposiciones sobre productores de fonogramas. Además del derecho de los productores de fonogramas a autorizar o prohibir la reproducción directa o indirecta de sus fonogramas, como lo establecen los ADPIC, estos acuerdos agregan el derecho a autorizar o prohibir la importación, el arrendamiento comercial y la primera distribución pública de su fonograma. El tratado de libre comercio Chile-México hace referencia a los derechos enunciados en la Convención de Roma y el Convenio de Ginebra.

Excluyendo el TLCAN, todos los demás tratados de libre comercio con capítulos sobre protección de derecho de autor y derechos conexos y la Comunidad Andina incluyen disposiciones sobre los derechos de los artistas intérpretes o ejecutantes. En el caso de los organismos de radiodifusión, los únicos acuerdos sin cubrir el tema son el TLCAN, y los tratados Bolivia-México y Chile-México. La Comunidad Andina incluye además normas sobre administración colectiva de derechos, sociedades de autores y compositores y algunas disposiciones específicas sobre la observancia del derecho de autor y los derechos conexos.

Señales de satélite codificadas portadoras de programas

La protección de estas señales de satélite es una de las materias no cubiertas por los ADPIC. Está incluida en el TLCAN y en los tratados tipo-TLCAN firmados por México en el hemisferio. Las disposiciones básicas de estos tratados son parecidas: establecen sanciones civiles y penales por la utilización de señales de satélite codificadas portadoras de programas. Sin embargo, la ubicación de los artículos dentro de cada tratado varía. Algunos tratados establecen una definición básica de las señales de satélite e incluyen la disposición como medida de observancia (Bolivia-México y México-Nicaragua). El TLCAN incluye esta disposición bajo un título separado. El G-3 incluye el tema como uno de los derechos de los organismos de radiodifusión (derecho conexo) y en los tratados de México con Chile, Costa Rica y el Triángulo del Norte, figura bajo la sección de derecho de autor y derechos conexos.

Esquemas de trazado (topografías) de los circuitos integrados

El TLCAN y la Decisión 486 de la Comunidad Andina son los únicos acuerdos que establecen normas sobre la protección de los esquemas de trazado (topografías) de los circuitos integrados sobre la base de ciertas disposiciones del Tratado sobre derechos de propiedad intelectual respecto de los circuitos integrados y los ADPIC. Los países deben proteger los productos que incorporan un esquema de trazado protegido, y establecen un plazo mínimo de protección de diez años.

Protección de información no divulgada

La Decisión 486 de la Comunidad Andina, el TLCAN y los tratados de libre comercio firmados por México en el hemisferio, con excepción del tratado con Chile, exigen la protección de la información no divulgada (secretos comerciales) si la información es secreta, tiene valor comercial y ha sido objeto de medidas razonables para mantenerla secreta. Todos estos acuerdos tienen disposiciones similares al artículo 39 de los ADPIC, incluyendo la protección de datos de prueba y otros no divulgados, presentados como condición para aprobar la comercialización de productos farmacéuticos o productos químicos agrícolas que utilicen nuevas entidades químicas.

Observancia de los derechos de propiedad intelectual

Al igual que los ADPIC, la Comunidad Andina, el TLCAN, y los tratados de libre comercio suscritos en el hemisferio por México, establecen procedimientos para garantizar la observancia de los derechos de propiedad intelectual en la frontera y dentro de la frontera de cada uno de los países miembros. Cada gobierno debe poner al alcance de los titulares del derecho procedimientos imparciales y transparentes y acceso a los titulares del derecho a procesos judiciales efectivos para hacer cumplir los derechos, incluida una gama de recursos civiles y administrativos, medidas provisionales rápidas y efectivas y procesos y sanciones penales. También se requieren procedimientos efectivos que permitan la confiscación por parte de los titulares de marcas de fábrica y de derecho de autor o derechos conexos de mercancías piratas o falsificadas en la frontera, sujeto a ciertas salvaguardias. En el caso de la Comunidad Andina, existen disposiciones especiales sobre observancia incluidas en la Decisión 486, aplicables a las cuestiones vinculadas a la propiedad industrial a que hace referencia la Decisión. Cada país miembro de la Comunidad regula las áreas relacionadas con la observancia de los derechos de propiedad intelectual en su legislación nacional.

La propiedad intelectual en las negociaciones del ALCA

El 1996 se creó el Grupo de Trabajo sobre Derechos de Propiedad Intelectual. Este Grupo —así como los otros once establecidos por los Ministros

responsables del comercio en esta etapa— concentraron sus esfuerzos en reunir y compilar información sobre las distintas áreas cubiertas por el ALCA.
En propiedad intelectual, la Unidad de Comercio de la Organización de los
Estados Americanos (OEA) apoyó al Grupo en la preparación de compilaciones
de las legislaciones nacionales, acuerdos regionales y convenios internacionales en materias tales como patentes, derecho de autor y derechos conexos,
marcas, indicaciones geográficas, dibujos y modelos industriales, esquemas de
trazado de los circuitos integrados, señales de satélite portadoras de programas, secretos comerciales, modelos de utilidad y variedades vegetales. El Grupo de Trabajo sentó las bases para las negociaciones y sirvió de mecanismo
para el intercambio de información y la cooperación entre los distintos países
del hemisferio. En 1998 se creó el Grupo de Negociación sobre Derechos de
Propiedad Intelectual, con el siguiente mandato: "Reducir las distorsiones del
comercio hemisférico y promover y asegurar una adecuada y efectiva protección
de los derechos de propiedad intelectual. Se deberán tomar en cuenta los avances tecnológicos". Para dar cumplimiento al mandato ministerial de Toronto, en
la segunda ronda de negociaciones, el Grupo preparó un borrador de capítulo
sobre los derechos de propiedad intelectual.

El Comité Tripartito, a través de la Unidad de Comercio de la OEA, ha
seguido brindando apoyo técnico y analítico a este Grupo de Negociación.
Para incrementar la transparencia, el Grupo acordó actualizar los inventarios
preparados por la OEA durante la etapa preparatoria y crear un sitio en Internet
que incluyera el texto completo de las leyes y reglamentos sobre derechos de
propiedad intelectual de los países del Hemisferio, un directorio de las autoridades nacionales y enlaces con sitios de Internet de las Oficinas Nacionales
encargadas de la propiedad intelectual. Se puede tener acceso a este sitio de
Internet en (www.sice.oas.org.int_prop.asp).

Desafíos para el futuro

Desde que concluyeron las negociaciones sobre los ADPIC en 1994, la
propiedad intelectual ha evolucionado, particularmente debido a los avances
en la tecnología y los sistemas de información. Existen nuevos temas y áreas
que no fueron objeto de discusión, como los aspectos relacionados a Internet.
Adicionalmente, los países en desarrollo han introducido en los distintos foros internacionales temas de su interés tales como las cuestiones relacionadas a
la propiedad intelectual de la protección a las expresiones de folklore, el conocimiento tradicional y el acceso a los recursos genéticos y las indicaciones
geográficas.

El nivel de la protección de los derechos de propiedad intelectual en el hemisferio ha avanzado notablemente en comparación al otorgado al final de la Ronda Uruguay y comienzo de las negociaciones del ALCA. Desde el 1 de enero de 2000, todos los países del ALCA, con excepción de Haití, debido a su condición de país menos adelantado, deben cumplir con el Acuerdo ADPIC. Aunque algunos países siguen enfrentando el desafío que representan las nuevas obligaciones internacionales, la mayoría de ellos han actualizado su legislación. El hecho de que 34 países del ALCA compartan normas mínimas comunes de protección y entendimiento de la propiedad intelectual ofrece una base sólida para las negociaciones hemisféricas en esta área.

Con estos antecedentes, las negociaciones del ALCA sobre los derechos de propiedad intelectual tienen que abordar una serie de desafíos para cumplir con sus metas y objetivos.

En primer lugar, está el reto de negociar un capítulo que considere la evolución registrada en materia de propiedad intelectual y que tome en consideración los intereses de todos los países participantes. Existen elementos que parecieran permitir el logro de estos resultados. Cuestiones sobre propiedad intelectual que surgen en el contexto de los nombres de dominio, la biotecnología, el acceso a los recursos genéticos, el conocimiento tradicional y el folklore, el derecho de autor y derechos conexos en las redes digitales, en especial relacionadas al comercio electrónico, la protección de las bases de datos, etc., son áreas no previstas en los ADPIC que podrían encontrar espacio en un conjunto de disposiciones resultante de las negociaciones.

En segundo lugar, las negociaciones enfrentarán una serie de desafíos derivados de la necesidad de definir la relación de las disposiciones del ALCA sobre propiedad intelectual con los regímenes internacionales ya vigentes, que se encuentran en vías de negociación o que aún no son obligatorios para todos los países del ALCA. En este sentido, habría que considerar cuál sería el foro más apropiado para abordar ciertas materias y si sería adecuado definir su tratamiento a nivel regional (sea en forma paralela o previa a las actividades de los foros internacionales). La relación con los ADPIC es particularmente crítica en este contexto y existiría la posibilidad, por ejemplo, de aclarar o redefinir ciertas disposiciones, identificar elementos que podrían desarrollarse más u otros puntos que podrían tratarse a nivel regional. Parecería que todas estas cuestiones tendrían que ser consideradas y definidas caso por caso, debido a la naturaleza y características especiales de cada uno de los temas de la propiedad intelectual.

Tercero, existe además la consideración de las necesidades y preocupaciones de las economías más pequeñas que participan en las negociaciones del

ALCA. Algunos de estos países, aunque reconocen la importancia de una protección adecuada y eficaz de los derechos de propiedad intelectual, enfrentan retos importantes vinculados a su proceso de desarrollo.

Por último, existe la necesidad de garantizar que el resultado de las negociaciones del ALCA en general refleje en forma equilibrada los intereses de todos los participantes. Sólo garantizado un adecuado equilibrio en todas las áreas —ya se trate de acceso a mercados, servicios, agricultura, inversión, etc.— será posible avanzar en áreas específicas tales como los derechos de propiedad intelectual y garantizar que el resultado final sea aceptable para todos como un "compromiso único".

Bibliografía

Correa, Carlos M. 1997. "Implementation of the TRIPS Agreement in Latin America and the Caribbean." *European Intellectual Property Review* 8: 435, 439–442.

Hicks, Laurinda L. y James R. Holbein. 1997. "Convergence of National Intellectual Property Norms in International Trading Agreements". *American University Journal of International Law and Policy* 12: 769-813.

Leaffer, Marshall A. 1998. "The New World of International Trademark Law". *Marquette Intellectual Property Law Review* 2: 1.

Otten, Adrian y Hannu Wager. 1996. "Compliance with TRIPS: The Emerging World View". *Vanderbilt Journal of Transnational Law* 29: 391-413.

Reichman, J. H. 1996. "Compliance with the TRIPS Agreement: Introduction to a Scholarly Debate". *Vanderbilt Journal of Transnational Law* 29: 363-90.

JOSÉ TAVARES DE ARAUJO JR.

11 | *Política de competencia*

Con excepción de Estados Unidos, la política de competencia es un tema relativamente nuevo en el mundo. Algunos países, entre ellos Canadá, Australia y Nueva Zelandia, han contado con leyes antimonopolio desde fines del siglo XIX, pero su papel como instrumentos de política pública adquirió relevancia hace apenas algunas décadas. En la mayoría de los países industrializados, estas leyes se promulgaron por primera vez después de la Segunda Guerra Mundial. Sin embargo, en el Reino Unido, por ejemplo, la carga de trabajo anual de la Comisión de Monopolios hasta 1965 rara vez llegaba a más de dos investigaciones, mientras que los procedimientos de análisis de fusiones se introdujeron en la Unión Europea apenas en 1990. En 1989, sólo 31 países del mundo tenían leyes de competencia, y en 1997 alrededor de la mitad de los miembros de la Organización Mundial del Comercio no habían promulgado dichas leyes en sus territorios[1].

En contraste con la corta existencia de las instituciones antimonopolio en la mayoría de los países, el progreso técnico ha generado una tendencia generalizada hacia la competencia mundial durante la segunda mitad del siglo XX. Como resultado de estos acontecimientos tan desiguales, una característica

El autor desea reconocer la asistencia de Jorge Mario Martínez en la investigación.
1. OMC (1997).

definitoria del actual sistema de comercio multilateral es la ausencia de mecanismos para el control de las fusiones a escala mundial, los carteles internacionales y las prácticas anticompetitivas de las corporaciones transnacionales.
Según el Comité Asesor sobre Políticas Internacionales de Competencia de
Estados Unidos, "en 1999 las fusiones y adquisiciones a escala mundial alcanzaron su nivel histórico más alto, con actividades anunciadas por aproximadamente $3.400 millones de dólares"; además "aproximadamente el 25 por ciento
de los más de 625 casos entablados por el Departamento de Justicia en relación con casos antimonopolio ilegales desde el año fiscal 1990 tenían un alcance internacional"[2]. En 1998, la Comisión Europea analizó veinte casos de
fusión en los cuales el mercado geográfico pertinente fue la economía mundial.

En el Hemisferio Occidental, además de Estados Unidos y Canadá, solamente cinco países tenían leyes de competencia en 1990: Argentina (cuya
primera ley fue aprobada en 1919), Brasil (1962), Chile (1959), Colombia
(1959) y México (1934). Entre 1991 y 1996 se promulgaron nuevas leyes en
cinco países de la región: Costa Rica (1994), Jamaica (1993), Panamá (1996),
Perú (1991) y Venezuela (1991). Asimismo, recientemente se han discutido
proyectos de ley en Bolivia, El Salvador, Guatemala, Nicaragua, República
Dominicana y Trinidad y Tobago. No obstante, a pesar de que el tema del
control de los monopolios ha adquirido relevancia en un número cada vez
mayor de países de América Latina y el Caribe, un importante reto que tendrá
que enfrentar la iniciativa del Área de Libre Comercio de las Américas (ALCA)
será la aplicación de las leyes de competencia en los mercados nacionales de
los países miembros, pues 22 de ellos no cuentan todavía con instituciones en
esta materia.

Debido a la ausencia de un marco multilateral, las disposiciones regionales relativas a las políticas de competencia desempeñan un papel crucial en los
tratados comerciales contemporáneos, por tres razones principales. En primer
lugar, estas disposiciones estimulan la coherencia de las políticas nacionales, al
pasar a ocupar lugares prioritarios en las negociaciones los objetivos de promoción de la eficiencia y bienestar de los consumidores. En segundo lugar,
establecen las condiciones para un trato equilibrado de la inversión extranjera
directa, según el cual se complementan entre sí las discusiones sobre acceso a
mercados y otros derechos de los inversionistas y el conjunto de mecanismos
para el control de las prácticas comerciales anticompetitivas. Y en tercer lugar,
sientan las bases institucionales para la reforma reglamentaria de las industrias
monopolistas, en particular en el ámbito de los servicios públicos, con lo que
facilitan la liberalización del comercio en esta área.

2. ICPAC (2000, pp. 3 y 167).

Enfoques sobre la política de competencia en el Hemisferio Occidental

En el cuadro 11-1 se resumen las principales características de las disposiciones en materia de política de competencia contenidas en los tratados comerciales regionales del Hemisferio Occidental. En el nivel superior aparecen los tratados más amplios: CARICOM, la Comunidad Andina, el Mercado Común Centroamericano, MERCOSUR y el Tratado de Libre Comercio de América del Norte (TLCAN); el nivel inferior contiene los tratados bilaterales y otros, como el del Grupo de los Tres, suscrito por Colombia, México y Venezuela y el celebrado entre Centroamérica y la República Dominicana. En el cuadro se incluyen cuatro tipos de información: la existencia de leyes nacionales de competencia en los países miembros, la existencia de disposiciones sobre este tema en los tratados, el alcance de las disposiciones existentes y el trato respecto a fusiones y adquisiciones. Como lo ilustra el cuadro, los países de la región han adoptado tres enfoques distintos con respecto al trato de las cuestiones relativas a la competencia internacional. El primero se basa en instituciones supranacionales, el segundo da prioridad a la armonización de las leyes nacionales y el tercero se concentra en el fortalecimiento de las entidades nacionales y la cooperación entre ellas.

El enfoque supranacional: Comunidad Andina y CARICOM

La Comunidad Andina, a través de la Decisión 285, adoptada en 1991, y CARICOM, por medio del Protocolo VIII de marzo de 2000, adoptaron el enfoque supranacional. La Decisión 285 constituye el primer esfuerzo por abordar las cuestiones relativas a la competencia a nivel subregional en el Hemisferio Occidental. Sus disposiciones sustantivas y mecanismos de aplicación, al igual que los del Protocolo de CARICOM, siguen el modelo de las reglas sobre competencia de la Unión Europea. Así pues, ambos sistemas se rigen por principios supranacionales aplicados por entidades comunitarias. Cabe señalar que cuando se aprobaron estas disposiciones, Colombia y Jamaica eran los únicos países miembros de estos tratados que contaban con leyes de competencia. En el caso de la Comunidad Andina, aunque la Decisión 285 se consideró un modelo para la armonización de las políticas de la región, sus componentes y alcance son limitados en comparación con lo que fue desarrollado posteriormente en cada uno de los países. No obstante, debido a los principios supranacionales, la Decisión 285 conserva su predominio sobre las legislaciones nacionales en casos de dimensión subregional. Las disposiciones de la CARICOM son más amplias y no contradicen las leyes de Jamaica.

Cuadro 11-1. *Disposiciones regionales relativas a las políticas de competencia en el Hemisferio Occidental*

Tratado	Legislación nacional	Disposiciones regionales	Alcance de las disposiciones regionales	Fusiones y adquisiciones
CARICOM	1 de 15 miembros	Sí	Trato supranacional de los casos de dimensión regional	Sí
Comunidad Andina	3 de 5 miembros	Sí	Trato supranacional de los casos de dimensión regional	No
MCCA	1 de 5 miembros	No	...	...
MERCOSUR	2 de 4 miembros	Sí	En proceso de construir una política común regional	Sí
TLCAN	Todos los miembros	Sí	Fortalecimiento de los organismos nacionales y la cooperación entre organismos	Sí
Centroamérica-Chile	2 de 6 miembros	Sí	Esfuerzo por adoptar disposiciones comunes	No
Centroamérica-República Dominicana	1 de 6 miembros	Sí	Esfuerzo por adoptar disposiciones comunes	No
Canadá-Chile	Ambos miembros	Sí	Cooperación entre autoridades	No
Chile-México	Ambos miembros	Sí	Cooperación entre autoridades	No
Grupo de los Tres	Todos los miembros	Disposiciones limitadas	Lineamientos de política sobre empresas de estado	No
Bolivia-México	1 miembro	No	...	...
Costa Rica-México	Ambos miembros	No	...	...
México-Nicaragua	1 miembro	No	...	...

... No aplica.

La Decisión 285 tiene un ámbito de aplicación limitado. Se refiere a las prácticas restrictivas derivadas ya sea de prácticas concertadas o de abusos de posición de dominio siempre y cuando afecten la competencia en más de un país de la subregión. Si la práctica no tiene implicaciones extraterritoriales, entonces se aplican las leyes nacionales. Las prácticas concertadas prohibidas por la decisión incluyen la fijación de precios; limitaciones de la producción, distribución, desarrollo técnico e inversiones; el reparto de mercados; discriminación; y acuerdos vinculatorios. Los abusos de posición de dominio incluyen denegación de trato, el no abastecimiento de insumos a empresas competidoras y trato discriminatorio. Sin embargo, la decisión no aborda algunas de las prácticas importantes que afectan la competencia en los mercados integrados, como las restricciones verticales y las fusiones.

La aplicación de la Decisión 285 es responsabilidad de la Secretaría de la Comunidad Andina, la cual lleva a cabo las investigaciones y procesos a solicitud de los países o de las compañías afectadas. En este sentido, la decisión, en contraste con el modelo de la Unión Europea, proporciona a la Secretaría de la Comunidad Andina una norma de análisis basada en la *regla de la razón*. En lo que parece un análisis de *antidumping* más que de política de competencia, deben considerarse conjuntamente la evidencia de la práctica, la amenaza de perjuicio o el perjuicio real a una industria subregional y la relación de causa a efecto entre la práctica y el perjuicio. Los procedimientos deben haber finalizado dentro de un plazo de dos meses a partir del inicio de las investigaciones. Si la secretaría determina que la práctica restringe la competencia, puede emitir una orden para que ésta cese o puede autorizar también al país afectado a imponer medidas correctivas, por ejemplo, aranceles más bajos para los productos exportados por medio de prácticas restrictivas.

Armonización de las políticas: el enfoque del MERCOSUR

En diciembre de 1996, los países del MERCOSUR firmaron el Protocolo de Fortaleza, que estableció los lineamientos para una política de competencia común en la región. La aplicación de este Protocolo implica, entre otras innovaciones institucionales, que los países miembros tendrán un órgano de competencia autónomo en un futuro cercano; que las leyes nacionales abarcarán toda la economía; que los organismos de competencia tendrán el poder suficiente para objetar otras políticas públicas cuando sea necesario; y que los países miembros compartirán una visión común sobre la interacción entre la política de competencia y otras acciones gubernamentales. Siguiendo las reglas usuales del MERCOSUR, el Protocolo de Fortaleza no crea organismos supranacionales, y la efectividad de las disciplinas regionales dependerá del poder de los órganos nacionales para hacer cumplir las leyes.

El Protocolo de Fortaleza tiene tres objetivos. En primer lugar, instituye mecanismos para controlar las prácticas anticompetitivas de las compañías cuyo efecto se extienda al MERCOSUR. En segundo lugar, estipula la convergencia de las leyes nacionales para asegurar condiciones similares de competencia e independencia entre las compañías en materia de establecimiento de precios y otras variables del mercado. Y en tercer lugar, suministra un programa de vigilancia de las políticas públicas que distorsionan la competencia y afectan el comercio entre los países miembros. Así pues, la política de competencia del MERCOSUR es un instrumento para eliminar los obstáculos a la expansión del mercado regional. Desde este punto de vista, el protocolo no puede considerarse simplemente como un conjunto de reglas que se aplican a las prácticas anticompetitivas con implicaciones extraterritoriales. Su alcance es mayor, pues se refiere a la interferencia con los procesos de competencia por parte tanto de los gobiernos como de las empresas.

En cuanto al primer objetivo, el protocolo pretende prevenir cualquier práctica concertada entre empresas competidoras o el abuso de la posición dominante de alguna de ellas con la intención de limitar la competencia en el mercado del MERCOSUR. Sus disposiciones se aplican a acciones realizadas por cualquier persona, física o jurídica, privada o pública, incluso empresas estatales y monopolios naturales, siempre y cuando estas prácticas tengan efectos extraterritoriales. La lista incluye fijación de precios; limitaciones, reducción o destrucción de insumos y producción; división del mercado; restricciones de acceso a mercados; manipulación de licitaciones; prácticas de exclusión; arreglos vinculatorios; denegación de trato; mantenimiento de precios de reventa; prácticas de depredación; discriminación de precios; y trato exclusivo.

La aplicación del protocolo está a cargo de la Comisión de Comercio, la cual tiene funciones de adjudicación, y el Comité de Defensa de la Competencia del MERCOSUR, que se encarga de la investigación y evaluación de los casos. Siguiendo el modelo de la legislación brasileña, el procesamiento y la adjudicación de los casos se llevan a cabo en tres etapas. Los procedimientos se inician ante el órgano de competencia nacional a solicitud de una parte interesada. Tras determinar en forma preliminar si la práctica tiene implicaciones para el MERCOSUR, el órgano de competencia puede presentar el caso ante el Comité de Defensa de la Competencia para una segunda determinación. Ambas evaluaciones deben seguir un análisis de regla de la razón, en el cual debe establecerse la definición del mercado pertinente y los elementos probatorios de la conducta y de sus efectos económicos. Con base en esta evaluación, el Comité de Defensa de la Competencia debe decidir si la práctica viola el protocolo y recomendar que se impongan sanciones y otras medidas. El fallo del comité se presenta a la Comisión de Comercio para la adjudicación final por medio de una directiva. Como parte de estos procedimientos, los protocolos establecen disposiciones sobre medidas preventivas y orden de cesación. La vigilancia de la aplicación de estas medidas y el cumplimiento de las sanciones son responsabilidad de los órganos nacionales de competencia.

Cooperación entre las autoridades nacionales: el enfoque del TLCAN

El capítulo 15 del TLCAN incluye cinco temas principales respecto a cuestiones internacionales relacionadas con la competencia, a saber: concentración en la aplicación de las leyes nacionales; fortalecimiento de los órganos nacionales a través de ayuda regional mutua; atención prioritaria a la conducta de las empresas y no a los atributos de la estructura de la industria; ausencia de compromisos formales de armonizar las políticas de competencia con otras políticas a nivel regional; avance gradual y pragmático hacia el logro de compromisos conjuntos para abordar los casos internacionales en materia de política de competencia.

En el artículo 1501 del TLCAN se señala que los países del tratado deben adoptar medidas que prohíban las prácticas de negocios contrarias a la competencia, pero no se establecen normas que deban incorporarse a las legislaciones nacionales. También se reconoce la importancia de la cooperación: las partes cooperarán en cuestiones relacionadas con el cumplimiento de la legislación en materia de competencia, y consultarán sobre asuntos de interés mutuo, incluidos la asistencia legal mutua, la comunicación, la consulta y el intercambio de información relativa a la aplicación de las leyes y políticas en materia de competencia en la zona de libre comercio.

Las negociaciones del TLCAN han influido en forma marcada en la reciente modernización de las instituciones mexicanas encargadas de la política de competencia. El 24 de diciembre de 1992, una nueva ley sustituyó a la antigua legislación de 1934 y estableció la Comisión Federal de Competencia como organismo autónomo. Esta comisión ha participado activamente en el proceso nacional de reforma reglamentaria, en especial en las áreas de energía, transporte y telecomunicaciones, y ha mantenido una dinámica agenda de actividades internacionales que incluye reuniones regulares con los grupos de trabajo del TLCAN y el ALCA, el Foro de Cooperación Económica Asia–Pacífico (APEC), la Organización para la Cooperación y Desarrollo Económicos (OCDE), la Conferencia de las Naciones Unidas sobre Comercio y Desarrollo (UNCTAD) y la Unión Europea. En marzo de 1998, la comisión promulgó una serie de reglamentos, entre ellos una serie de lineamientos para fusiones y adquisiciones similares, en todos sus aspectos pertinentes, a los de Canadá y Estados Unidos.

El enfoque del TLCAN hacia la competencia recibió una clara influencia de la anterior experiencia bilateral entre Estados Unidos y la Unión Europea, quienes suscribieron en 1991 un tratado que tendría varias consecuencias. Además de abrir el camino a otras iniciativas bilaterales —por ejemplo, las que firmó Estados Unidos con Canadá en 1995, así como con Brasil y México en 1999— el acuerdo entre Estados Unidos y la Unión Europea resultó ser un mecanismo eficaz para enfrentar casos de antimonopolio internacionales, además de generar un nuevo flujo de datos que mantuvo el tema de la competencia presente en los foros internacionales. Este tratado incluyó los siguientes procedimientos:

—Las partes deben notificarse sobre las actividades relacionadas a la aplicación de sus leyes que puedan afectar los intereses del otro país, con inclusión tanto de las prácticas anticompetitivas como de las fusiones. Las notificaciones deberán ser lo suficientemente detalladas para que la parte notificada pueda efectuar una evaluación inicial de los efectos de la actividad de la otra parte e incluirán la naturaleza de las actividades investigadas y las disposiciones legales aplicables. Toda vez que sea posible, las notificaciones incluirán el nombre y la ubicación de las personas involucradas.

—Los funcionarios de las autoridades encargadas de reglamentar la competencia de ambas partes pueden visitar el otro país en el curso de sus investigaciones.

—Cualquiera de los países puede solicitar que el otro inicie una investigación en su territorio en torno a prácticas anticompetitivas que afecten adversamente los intereses del primero.

—Las partes deben prestarse ayuda mutua para la ubicación y obtención de pruebas y testimonios en el territorio de la otra parte.

—Las partes deben llevar a cabo reuniones regulares para discutir modificaciones a sus políticas e intercambiar información sobre sectores económicos de interés común.

Como puede verse en el cuadro 11-1, algunos tratados comerciales, como el Mercado Común Centroamericano y los tratados bilaterales recientes suscritos por México con Bolivia, Costa Rica y Nicaragua no incluyen disposiciones antimonopolio. Sin embargo, todos los demás casos que aparecen en el nivel inferior del cuadro pueden describirse como versiones modificadas del enfoque del TLCAN, cuyas características también se han incorporado en el mandato del Grupo de Negociación sobre Política de Competencia del ALCA. Dos mandatos explícitos de este grupo son de "avanzar hacia el establecimiento de una cobertura jurídica e institucional a nivel nacional, subregional o regional que proscriba la ejecución de prácticas empresariales anticompetitivas" y "desarrollar mecanismos para promover la cooperación y el intercambio de información entre las autoridades regidoras de la competencia".

La controversia entre antimonopolio y *antidumping*

Un obstáculo frecuente a la integración económica tiene su origen en las contradicciones que existen entre políticas nacionales, mediante las cuales los gobiernos promueven la competencia a través de ciertos canales, como la liberalización del comercio, las reformas reglamentarias y el antimonopolio, al tiempo que crean distorsiones en los mercados por medio de otros canales, como ayudas estatales, reglamentos innecesarios y medidas *antidumping*. En contraste, una característica común en los procesos de integración que han tenido éxito, como la Unión Europea, el Espacio Económico Europeo y el Acuerdo para Estrechar las Relaciones Económicas entre Australia y Nueva Zelandia (CER), ha sido la derogación de las medidas *antidumping* entre los países miembros. Esta evidencia se emplea a menudo para apoyar el argumento de que la sustitución del antidumping por antimonopolio debería constituir un paso obligatorio en todos los tratados comerciales.

No obstante, en este argumento se pasa por alto el hecho de que la eliminación del *antidumping* en los tratados europeos y el CER formó parte de un proceso profundo de integración alimentado por la convergencia —tanto a nivel macroeconómico como microeconómico— de las condiciones de competencia en los mercados nacionales de los países miembros. Los modelos de convergencia macroeconómica cubrieron desde el intento de lograr la estabilidad cambiaria y la armonización de las políticas monetarias y fiscales, como fue el caso del CER, hasta la creación de una moneda común, como en el caso de la Unión Europea. A nivel microeconómico, el proceso incluyó el uso de políticas similares en todas las áreas que afectan el funcionamiento de los mercados nacionales, como las medidas antimonopolio, subsidios e incentivos fiscales, movilidad laboral y de capitales y reglamentación de los monopolios. Puesto que en el CER no se han establecido instituciones supranacionales, su proceso de integración se ha basado esencialmente en la armonización de políticas y la cooperación entre las autoridades nacionales.

Por ende, tanto en los tratados europeos como en el CER, a pesar de la diferencia de enfoque frente a la integración económica, a la derogación del *antidumping* siguió la aplicación de políticas de competencia comunes a nivel regional. Sin embargo, esto no implica que una política sustituyera a la otra. De hecho, las condiciones políticas que permitieron la eliminación del *antidumping* han sido resultado de la eliminación total de otros obstáculos al comercio y de la fase avanzada del proceso de convergencia entre los miembros de estos tratados comerciales. No es casualidad que la Comisión Europea y el gobierno australiano hayan quedado como los principales usuarios del *antidumping* en contra del resto del mundo[3].

El tratado de libre comercio entre Canadá y Chile, que entró en vigor el 5 de julio de 1997, también derogó el antidumping, pero no responde al modelo que acabamos de describir. En primer lugar, en contraste con la Unión Europea y el CER, los flujos comerciales entre Canadá y Chile son muy reducidos. Durante la segunda mitad de la década de los noventa, la participación del comercio intrarregional en la Unión Europea fue de aproximadamente el 44 por ciento, mientras que el comercio bilateral dentro del CER representó el 25 por ciento del comercio exterior de Nueva Zelandia y el 6 por ciento del de Australia. Sin embargo, en el caso Canadá–Chile, los flujos bilaterales representaron el 1,5 por ciento para el segundo y menos del 0,1 por ciento para el primero. En segundo lugar, como Canadá y Chile no están efectuando un proceso de armonización de políticas, el capítulo F de su tratado dispone reglas especiales para salvaguardias (medidas bilaterales) durante el período de transición y señala que "Cada Parte conserva sus derechos y obligaciones conforme al Artículo XIX del GATT 1994 y el Acuerdo sobre Salvaguardias del Acuerdo OMC, excepto los referentes a compensación o represalia y exclusión de una medida en cuanto dichos derechos y obligaciones sean incompatibles con las disposiciones de este artículo" (medidas globales).

Por consiguiente, una innovación interesante que introdujo el acuerdo Canadá–Chile fue dar inicio al proceso de liberalización comercial mediante la sustitución del *antidumping* por salvaguardias. Esto puede significar un cambio importante en la agenda de negociaciones durante el período de transición, especialmente respecto de aquellas industrias que no están preparadas para hacer frente a la competencia internacional. En lugar de responsabilizar a los exportadores del socio comercial por el incremento de las cantidades de bienes importados y provocar controversias comerciales innecesarias, se insta a cada gobierno a abordar los factores nacionales que pueden estar obstaculizando la competitividad de la industria local.

La experiencia de Canadá y Chile constituye un precedente importante para las negociaciones del ALCA. Dadas las disparidades de tamaño, nivel de desarrollo económico y estado de las instituciones antimonopólicas entre los países miembros, la convergencia de las condiciones de competencia en el hemisferio solamente es viable como objetivo a largo plazo. En consecuencia,

---

3. Miranda, Torres y Ruiz (1998).

para establecer un área de libre comercio en estas circunstancias, el reto pertinente no consiste en sustituir el *antidumping* por antimonopolio, sino por salvaguardias. El ALCA es un foro que resultaría particularmente adecuado para esta discusión, como lo indican los cuadros 11-2 y 11-3.

En el cuadro 11-2 se muestra la distribución de las investigaciones que afectaron a los países del Hemisferio Occidental entre 1987 y 1997[4]. Brasil y Estados Unidos, los principales blancos de estas medidas en la región, estuvieron incluidos en el 67,4 por ciento de los casos iniciados contra países del ALCA. En un segundo nivel se encuentran Argentina, Canadá, México y Venezuela, que estuvieron involucrados en el 26 por ciento de las investigaciones; en el tercer nivel, figuran 10 países con la cuota restante del 6,6 por ciento. También debe observarse que 18 países del ALCA no resultaron afectados por medidas *antidumping* durante este período y que la distribución de los usuarios presenta un perfil similar: Argentina, Brasil, Canadá, Estados Unidos y México fueron responsables del 94,2 por ciento de las investigaciones, mientras que la cuota restante del 5,8 por ciento incluyó a seis países: Chile, Colombia, Costa Rica, Guatemala, Perú y Venezuela. Los otros 23 países del ALCA nunca han utilizado este instrumento.

En el cuadro 11-2 se destaca también la intensidad de las medidas *antidumping* entre los países del ALCA: 319 de los 435 casos que afectaron a estas economías se originaron en la región; sin embargo, los principales usuarios de este recurso comercial por lo general dirigen sus acciones contra el resto del mundo. Por ejemplo, 317 de los 391 casos iniciados por Estados Unidos han tenido como objetivo países situados fuera del Hemisferio Occidental, y en el caso de Argentina, Brasil, Canadá y México se ha observado una conducta similar. Sin embargo, el resto del mundo no reciprocó con la misma intensidad: en contraste con las 729 acciones iniciadas desde el Hemisferio Occidental hacia otras regiones, el flujo contrario se limitó a 116 casos.

Aproximadamente el 80 por ciento de los casos en ambos cuadros se concentra en seis industrias: metales básicos (en especial los productos de acero), químicos, bienes de capital, pulpa y papel, textiles y plásticos[5]. Como las investigaciones siempre se dirigen hacia productos muy específicos, las cifras comerciales directamente afectadas tienden a ser también muy pequeñas, incluso entre los principales usuarios de medidas *antidumping*: menos del 1 por ciento de las importaciones totales, en el caso de la Unión Europea, y 0,5 por ciento para Estados Unidos[6]. Sin embargo, desde el punto de vista de las

---

4. Las cifras fueron seleccionadas del estudio integral realizado por Miranda, Torres y Ruiz (1998), que tomó en cuenta a todos los miembros de la Organización Mundial del Comercio (OMC).

5. Miranda, Torres y Ruiz (1998).

6. Hindley y Messerlin (1996).

Cuadro 11-2. *Medidas antidumping en el Hemisferio Occidental, 1989-1997*

Target	Origen													
	Argentina	Brasil	Canadá	Chile	Colombia	Costa Rica	Guatemala	México	Perú	Estados Unidos	Venezuela	Países ALCA	Resto del mundo	Total
Argentina		1	1	1				1		8	1	13	7	20
Bolivia									1			1	0	1
Brasil	31		8	2				18	1	19		79	26	105
Canadá								4	1	19		25	10	35
Chile	2	1						1	1	2		8	0	8
Colombia	2	2						3		1		7	1	8
Ecuador										1		1	0	1
Estados Unidos	9	18	42	1	5	1		53			1	130	58	188
Guatemala						1						1	0	1
México	1	2	3		2	2	1		1	12	1	25	10	35
Nicaragua						1						1	0	1
Paraguay	2											2	0	2
Perú											1	1	0	1
Trinidad y Tobago					1					2		3	1	4
Uruguay	1	1										2	0	2
Venezuela	1	1	1	1				6		10		20	3	23
Países ALCA	49	26	55	5	8	5	1	86	6	74	4	319	116	435
Resto del mundo	74	71	133	4	12	0	0	102	8	317	8	729	1.032	1.761
Total	123	97	188	9	20	5	1	188	14	391	12	1.048	1.148	2.196

Fuente: Miranda, Torres y Ruiz (1998).

Cuadro 11-3. *Exportaciones al Hemisferio Occidental en 1997,
industrias y países seleccionados*

Miles de millones de dólares

Industria	Argentina	Brasil	Canadá	Estados Unidos	México	Venezuela	Total
Químicos	0,9	1,8	6,9	19,0	2,8	0,5	31,9
Plásticos	0,4	1,3	7,1	16,5	2,6	0,3	28,2
Pulpa y papel	0,3	0,8	12,2	9,5	1,0	0,1	23,9
Textiles	0,6	1,0	2,8	13,3	7,4	n.d.	25,1
Metales básicos	0,8	3,2	13,2	17,4	5,6	1,4	41,6
Maquinaria, equipo eléctrico	1,0	4,9	24,6	100,5	39,5	0,1	170,6
Total	4,0	13,0	66,8	176,2	58,9	2,4	321,3
% del total de exportaciones al Hemisferio Occidental	27,0	53,5	39,5	62,2	57,8	12,7	52,5

Fuentes: Base de datos del Banco Interamericano de Desarrollo (www.iadb.org); Organización Mundial del Comercio (www.wto.org) e Industria de Canadá (www.strategis.gc.ca).
n.d. no disponible

industrias exportadoras, dado que las investigaciones se concentran continuamente en el mismo tipo de bienes, esto crea condiciones de mercado inciertas para todo el sector y, por lo tanto, constituye un obstáculo a la integración económica. Como se observa en el cuadro 11-3, en el caso de algunos países como Brasil, Estados Unidos y México, más del 50 por ciento de sus exportaciones al Hemisferio Occidental se ven afectadas por este tipo de inestabilidad.

La política de competencia en las negociaciones del ALCA

En 1998, el Comité de Negociaciones Comerciales del ALCA (CNC) definió un programa de trabajo para el Grupo de Negociación sobre Política de Competencia (GNPC) que incluye cuatro mandatos: identificar los principios y criterios fundamentales de competencia; establecer los instrumentos que garanticen que los beneficios del proceso de liberación del comercio no se vean socavados por prácticas comerciales anticompetitivas; desarrollar mecanismos para promover la cooperación y el intercambio de información entre las autoridades regidoras de la competencia; y estudiar las cuestiones relativas a la interacción entre comercio y política de competencia, incluyendo las medidas *antidumping*, con el fin de identificar las áreas que puedan merecer un mayor análisis y presentar un informe al CNC a más tardar en diciembre del 2000.

Durante la primera fase de las negociaciones, el GNPC discutió los temas que podrían incluirse en el capítulo sobre competencia del acuerdo del ALCA. Estos temas incluyeron las prácticas anticompetitivas con impactos transfronterizos; exclusiones y excepciones; los principios fundamentales de la competencia; criterios amplios respecto a la aplicación de las leyes; características de la autoridad de competencia; mecanismos de cooperación; asistencia técnica; políticas regulatorias, monopolios oficiales y ayudas estatales; solución de controversias y un mecanismo de examen de las políticas. Durante la segunda fase de las negociaciones del ALCA durante el año 2000, el GNCP inició la preparación de un capítulo en torno a estos temas, en cumplimiento del mandato recibido de la Reunión Ministerial de Toronto en noviembre de 1999. Para fines del año 2000, el grupo de negociación concluyó un borrador de texto.

El Comité Tripartito, en particular la Comisión de las Naciones Unidas para América Latina y el Caribe (CEPAL), brinda apoyo técnico y analítico al GNPC. El comité Tripartito elaboró varios estudios a solicitud del GNPC, entre ellos tres publicaciones de la Organización de los Estados Americanos (OEA): el *Inventario de leyes y normas nacionales referidas a las prácticas de políticas de competencia en el Hemisferio Occidental;* el *Inventario de los acuerdos, tratados y otros arreglos sobre políticas de competencia existentes en el Hemisferio Occidental;* y el *Informe sobre desarrollos y aplicación de las políticas y leyes de competencia en el Hemisferio Occidental.* Estos informes se actualizan regularmente y están disponibles en el sitio oficial del ALCA en Internet[7].

Desafíos futuros

El principal reto tiene que ver con el carácter nacional de la política de competencia. A pesar de la creciente importancia que ha adquirido esta cuestión en muchos países de América Latina, desde 1996 el número de países sin instituciones antimonopolio no se ha modificado. Como se ha discutido en este capítulo, la cooperación internacional sólo es viable como complemento y no como sustituto de la aplicación nacional de las leyes. Los mandatos del GNPC incluyen una posible solución para este problema, que consiste en crear instrumentos de política a nivel subregional o regional. Para que sea eficaz, esta innovación implicaría ajustes adicionales y diferenciados a los tra-

---

7. www.ftaa-alca.org.

tados comerciales existentes, dependiendo del papel que se asigne a las instituciones supranacionales y al número de miembros con leyes de competencia en cada región.

Otro desafío consiste en aclarar la relación entre antimonopolio y *antidumping*. Ambos temas son cruciales para el establecimiento del ALCA y pueden conducir a políticas incongruentes, pero se refieren a temas distintos. En un futuro cercano, a falta de un proceso profundo de convergencia en las condiciones de competencia de los países miembros, parecería más adecuado indagar sobre el posible papel de las salvaguardias que considerar la política de competencia como sustituto del *antidumping*.

Bibliografía

International Competition Policy Advisory Committee. 2000. *Final Report*. Washington, D.C: U.S. Department of Justice, Antitrust Division.

Hindley, Brian y Patrick Messerlin. 1996. *Antidumping Industrial Policy*. Washington, D.C.: AEI Press.

Miranda, Jorge, Raúl Torres y Mario Ruiz 1998. "The International Use of Antidumping: 1987–1997", *Journal of World Trade* 32 (5): 5-71. Ginebra.

Organización Mundial del Comercio. 1997. *Informe Anual*. Ginebra.

DONALD R. MACKAY
MARYSE ROBERT

12 | *Compras del sector público*

Los gobiernos de todo el mundo siempre han inverti-do ingentes cantidades de recursos en la adquisición de bienes materiales y servicios tangibles e intangibles en el ejercicio de sus responsabilidades soberanas y civiles[1]. Sin embargo, los gobiernos son actores únicos con características y motivaciones de adquisición que no pueden ser consideradas idénticas a las de agentes económicos tan conocidos como las empresas y los individuos. La interacción entre empresas, y entre empresas e individuos, ha creado mercados cuya operación, si bien no plenamente cono-cida, contiene al menos los elementos mínimos de transparencia que permi-ten realizar un intercambio de información amplio y confiable. La compra de bienes y servicios por parte de los gobiernos ha resultado, en la mayoría de los casos, en un mercado dentro del mercado que no ha sido bien entendido o al menos ampliamente comprendido.

Las teorías que conducen a la liberalización de los mercados, internos y externos, se aplican cada vez más a los aspectos relacionados con las compras del sector público. Los gobiernos, especialmente en las Américas, han llegado a reconocer la existencia de un número cada vez mayor de exigencias de modernización y reforma en este sector. Las empresas y los ciudadanos que

---

1. Por ejemplo, son frecuentes las estimaciones mínimas del 10 al 15 por ciento del valor del comercio mundial. Véase Sahaydachny y Wallace (1999, p. 462).

participan en el mercado "normal" se muestran cada vez más interesados en que sus contribuciones tributarias al bien común sean invertidas y administradas de una forma prudente y sin corrupción[2]. Asimismo, ha habido presión por parte de actores externos, bien sea gobiernos extranjeros o empresas competidoras foráneas, que están interesados en la apertura de dichos mercados protegidos.

Las compras de productos y servicios por parte de los organismos gubernamentales para satisfacer sus propias necesidades representan una cuota importante del gasto total del gobierno y del producto interior bruto (PIB) de un país (por lo general entre un 10 por ciento y un 15 por ciento del PIB). En consecuencia, las compras del sector público desempeñan un papel de relevancia en las economías nacionales, por lo que las restricciones impuestas a las compras del sector público pueden tener un impacto notable sobre el comercio internacional de bienes y servicios. Sin embargo, a pesar de su importancia, las compras del sector público han sido omitidas de hecho en el ámbito de las reglas de comercio multilateral de "compromiso único" contempladas en la Organización Mundial del Comercio (OMC) tanto en las áreas de bienes como de servicios.

Enfoques sobre la liberalización de las compras del sector público

El proyecto original de Estados Unidos para la carta de la Organización Internacional de Comercio (OIC) habría otorgado trato nacional y trato de nación más favorecida (NMF) "con respecto a las contrataciones públicas de suministros para uso del gobierno". Este enfoque sencillo, sin embargo, fue desechado cuando se entendió que un compromiso tan amplio habría estado sujeto a "excepciones casi tan amplias como el compromiso mismo"[3].

El Acuerdo General sobre Aranceles Aduaneros y Comercio (GATT) no aborda los temas relativos a las compras del sector público *per se*. El Artículo XVII del GATT abarca las empresas comerciales del Estado pero no sus actividades de compra, mientras que el numeral 8 del Artículo III del GATT excluye específicamente "las leyes, reglamentos y prescripciones que rijan la

---

2. La presión para la reforma ha provenido de una amplia gama de recursos. Por ejemplo, el Convenio sobre el Combate a la Corrupción de los Servidores Públicos Extranjeros en las Transacciones Empresariales Internacionales de la OCDE entró en vigencia el 15 de febrero de 1999. En el caso de las Américas, Canadá, Estados Unidos y México han presentado sus instrumentos de aceptación y ratificación. Otros tres países del hemisferio (Argentina, Brasil, y Chile), aunque no son miembros de la OCDE, suscribieron el convenio.

3. OMC (1995, p. 190).

adquisición, por organismos gubernamentales de productos comprados para cubrir las necesidades de los poderes públicos y no para su reventa comercial ni para".

Las partes contratantes del GATT, tras años de fallidos intentos, acordaron un enfoque de *reciprocidad modificada*[4] para las compras del sector público. El producto del acuerdo fue codificado en los resultados de la Ronda Tokio de negociaciones del GATT. El primer Acuerdo sobre Compras del Sector Público fue suscrito en 1979 por un pequeño grupo de partes contratantes del GATT y entró en vigor en 1981. En 1988 entró en vigencia una versión modificada. Aunque la Ronda Uruguay no abordó el tema como tal, los países que fueron Partes del Código de la Ronda Tokio negociaron el Acuerdo sobre Contratación Pública (ACP) (1994), que incluye la contratación de servicios, además de bienes. El ACP es uno de los acuerdos plurilaterales que forman parte del Anexo 4 del Acuerdo de la OMC, lo que significa que no todos los miembros de la OMC están vinculados por sus obligaciones. De los 140 miembros (al 31 de diciembre de 2000) que actualmente forman parte de la OMC, un número pequeño (27) son partes del ACP[5]. En el Hemisferio Occidental, tan sólo Estados Unidos y Canadá participan en el Acuerdo, mientras que Panamá sigue en el proceso de adhesión y Argentina, Chile y Colombia son gobiernos observadores (además de Panamá).

La piedra angular del ACP es la no discriminación, bien sea con relación a los productos, servicios y proveedores nacionales (trato nacional) como con respecto a los bienes, servicios y proveedores de otras Partes (trato NMF). El Acuerdo se aplica a las contrataciones públicas de entidades seleccionadas por cada Parte. Los Anexos 1 a 3 abarcan, respectivamente, las entidades de los gobiernos centrales, las entidades de los gobiernos subcentrales y las demás entidades. Las obligaciones de este Acuerdo se aplican a los servicios y servicios de construcción enumerados en los Anexos 4 y 5. El ACP excluye las compras inferiores a cierto umbral y prohibe las compensaciones, como las medidas dirigidas a fomentar el desarrollo local o mejorar la situación de las cuentas de su balanza de pagos mediante prescripciones relativas al contenido nacional, la concesión de licencias de tecnología, las inversiones, el comercio

---

4. En términos más sencillos, el país A acordó abrir al País B la posibilidad de competir en compras específicas del sector público, hechas por los departamentos gubernamentales C, D y E a cambio de un acceso recíproco modificado al País B. Dicho acceso está condicionado por una serie de factores y normativas (a saber, excepciones de seguridad nacional, "exclusiones" para sectores específicos y/o niveles de gobierno, etc.).

5. Alemania, Austria, Bélgica, Canadá, Comunidades Europeas, Corea, Dinamarca, España, Estados Unidos, Finlandia, Francia, Grecia, Holanda, Holanda con respecto a Aruba, Hong Kong (China), Irlanda, Israel, Italia, Japón, Liechtenstein, Luxemburgo, Noruega, Portugal, Reino Unido, Singapur, Suecia y Suiza.

de compensación u otras análogas. El Acuerdo también permite procedimientos de licitaciones públicas, selectivas y restringidas. Contiene obligaciones sobre las especificaciones técnicas para asegurar que las entidades gubernamentales no ejerzan discriminación contra los proveedores mediante las características descriptivas de los productos y servicios. El ACP establece el requisito de publicar las leyes, reglamentos, decisiones judiciales, resoluciones administrativas de aplicación general y los procedimientos relativos a los contratos públicos. Otra característica del ACP es que permite un trato especial y diferenciado para los países en desarrollo, en particular a los países menos adelantados, en reconocimiento de sus objetivos específicos de desarrollo. Finalmente, el Acuerdo incorpora normas específicas sobre observancia y solución de diferencias. Las controversias entre las partes están sujetas a las disposiciones del Entendimiento relativo a las Normas y Procedimientos por los que se Rige la Solución de Diferencias (ESD) en el marco del Acuerdo sobre la OMC, pero no se permite la suspensión de concesiones conferidas de conformidad con el ACP como resultado de una controversia en el marco de un acuerdo de la OMC. También es cierto el caso contrario.

Están desplegándose en el contexto de la OMC diversos esfuerzos por negociar un acuerdo sobre transparencia en las compras del sector público. Un Grupo de Trabajo, que fue establecido en la Reunión Ministerial de Singapur celebrada en 1996, está examinando diversos enfoques, entre ellos las prácticas nacionales existentes[6]. El tema de la transparencia también está recibiendo mayor atención en las políticas y programas adoptados por diversas instituciones financieras internacionales como el Banco Mundial, el Fondo Monetario Internacional y los bancos de desarrollo regional como el Banco Interamericano de Desarrollo.

En la década de los noventa, se registró un progreso moderado en la firma de acuerdos relativos a las compras del sector público en el Hemisferio Occidental. Durante ese período se suscribió un número limitado de tratados de libre comercio que contienen compromisos vinculantes, mientras que en otros casos se buscó establecer marcos para efectuar mayores análisis, estudios y posibles negociaciones en el futuro. Las uniones aduaneras del Hemisferio Occidental mostraron un enfoque más cauteloso en cuanto a la aceptación de compromisos vinculantes, pero establecieron dentro de sus respectivos marcos una serie de comités y grupos de trabajo que pudieran servir de base para las negociaciones.

El Tratado de Libre Comercio de América del Norte (TLCAN) contiene

6. Los informes de situación periódicos del Grupo de Trabajo aparecen publicados en la página electrónica de la OMC en Internet: (www.wto.org/english/tratop_e/gproc_e/gproc_e.htm).

un capítulo completo y operativo que ha sido ampliamente aplicado por sus tres miembros. El capítulo 10 del TLCAN es fundamentalmente un reflejo del ACP. Este capítulo contiene un marco normativo detallado con listas relacionadas de las entidades cubiertas y los umbrales correspondientes. El TLCAN también contiene disposiciones que garantizan la evolución continua de las compras del sector público como un tema de negociación, concentrando su atención en posibilidades tales como la inclusión de los niveles subcentrales de gobierno en el ámbito de aplicación. Para garantizar que las entidades comerciales tengan un acceso eficaz a los mercados, los tres gobiernos del TLCAN, de forma independiente pero en cooperación mutua, han desarrollado medios electrónicos modernos para publicar las convocatorias de licitación y las presentaciones de propuestas.

Estos avances han sido aplicados por México en la negociación de diversos tratados plurilaterales y bilaterales, especialmente con Colombia y Venezuela en el Grupo de los Tres y respectivamente con Bolivia, Costa Rica y Nicaragua. Los tratados bilaterales de libre comercio (TLC) suscritos por los países de Centroamérica con República Dominicana y Chile también incluyen un capítulo sobre compras del sector público. Sin embargo, el TLC entre Canadá y Chile, el TLC entre Chile y México, y el tratado de libre comercio negociado recientemente entre México y el Triángulo del Norte (Guatemala, El Salvador y Honduras) no contempla las compras del sector público en su ámbito de aplicación. Dieciocho meses después de la entrada en vigor del tratado firmado por México y el Triángulo del Norte, las partes iniciarán negociaciones respecto a un capítulo en materia de compras del sector público, que garantice una amplia cobertura y la aplicación del principio de trato nacional entre las partes. En el caso del tratado entre Chile y México, las partes deberán hacerlo un año después de su entrada en vigor.

En el MERCOSUR, las compras del sector público están siendo examinadas por al menos dos Comités Técnicos[7]. Estos Comités han celebrado numerosas reuniones y, según sus informes, han registrado avances en áreas tales como el intercambio de información relativa a los instrumentos legislativos y normativos correspondientes a las contrataciones públicas. Sin embargo, hasta el momento no han entrado en vigor compromisos vinculantes de acceso a mercados. El Acuerdo de la Comunidad Andina no contempla las compras del sector público. Sin embargo, el "Nuevo Diseño Estratégico del Grupo Andino", aprobado por la Comisión Andina el 31 de agosto de 1995, establece algunos lineamientos sobre el tema. El documento recalca la necesi-

---

7. Comité Técnico N° 4 sobre "Políticas públicas que distorsionan la competitividad". Los temas sobre compras del sector público también son tratados por el grupo de trabajo ad hoc sobre servicios.

dad de adoptar leyes en el área de compras del sector público basadas en los parámetros del ACP y tomando como referencia dicho acuerdo. En el marco de CARICOM se han realizado muchos esfuerzos en los últimos tiempos por actualizar y revitalizar el acuerdo y el marco de las relaciones comerciales internacionales de sus miembros. Aunque se han registrado progresos en un conjunto de áreas, el tema de las compras del sector público aún no se ha abordado a plenitud. Los países centroamericanos han negociado dos TLC que contienen disposiciones sobre compras del sector público, además de los tratados de libre comercio suscritos por Costa Rica y Nicaragua con México. Sin embargo, no existe un acuerdo regional que trate este tema.

Convergencias y Divergencias

Cualquier examen comparativo de los acuerdos comerciales en el Hemisferio Occidental con respecto al tema de las compras del sector público sufre de lo que estadísticamente se ha denominado muestreo insuficiente. La cobertura de este sector se limita al Acuerdo de Contratación Pública de la OMC, un acuerdo plurilateral del cual sólo dos países del ALCA (Canadá y Estados Unidos) son miembros en la actualidad, al TLCAN y a una serie de tratados similares al TLCAN que fueron negociados con posterioridad a éste.

El ACP y el TLCAN son estructuralmente similares, aunque este último posee umbrales inferiores, por lo que tiene un cariz más liberalizador en lo que respecta a la cobertura. Uno de los elementos difíciles de juzgar es el grado en el cual los acuerdos sobre compras del sector público en el hemisferio han sido realmente utilizados por entidades comerciales privadas a la hora de penetrar en mercados externos. Resulta extremadamente difícil conseguir estadísticas que puedan ofrecer alguna indicación sobre cómo estas disposiciones han ampliado el acceso a estos mercados especializados.

Los tratados bilaterales de libre comercio suscritos por México que contienen disposiciones sobre compras del sector público también toman como modelo el tratado original del TLCAN, por lo que su estructura es casi idéntica. La diferencia con el TLCAN es que los umbrales son, en algunos casos, diferentes y pueden, como de hecho lo hacen, variar de socio a socio. Por ejemplo, en el TLC entre Bolivia y México, México se mostró dispuesto a aceptar que Bolivia tuviera mayores umbrales durante el período de transición que los que tenía México.

El área más notable de divergencia se muestra en los dos tratados bilaterales de libre comercio suscritos por Chile con dos de los países miembros fundadores del TLCAN, Canadá y México. Estos tratados siguen muy de cerca el modelo del TLCAN. Sin embargo, las compras del sector público no aparecen

como disciplina contemplada en dichos tratados, pero en el caso del tratado
de libre comercio entre Chile y México las partes deberán empezar a negociar
un acuerdo sobre compras del sector público un año después de la entrada en
vigor del tratado. Pese a ello, Chile ha negociado disposiciones de contratación pública en su tratado de libre comercio con los países centroamericanos.

Alcance, cobertura y umbrales

El TLCAN y los TLC suscritos por México con Bolivia, Costa Rica, el
Grupo de los Tres y Nicaragua se aplican a medidas, adoptadas o mantenidas
por una parte, relativas a las compras del sector público efectuadas por entidades y empresas específicas del gobierno federal o central para adquirir bienes,
servicios y servicios de construcción cubiertos, cuando se estime que el valor
del contrato supere el valor de ciertos umbrales específicos. Mientras mayor
sea el número de entidades y empresas cubiertas por un acuerdo y menor sea el
umbral, más liberalizador será el acuerdo. Los umbrales negociados en estos
tratados son de $50.000 para la compra de bienes, servicios o cualquier com-
binación de los mismos por parte de entidades del gobierno federal. Para las
empresas gubernamentales, el umbral es de $250.000. El umbral para contra-
tos de servicios de construcción por parte de entidades del gobierno federal es
de $6,5 millones, mientras que en el caso de las empresas gubernamentales es
de $8 millones. Estos umbrales están sujetos a indización. En el caso de las
compras de bienes por parte de entidades de los gobiernos de Estados Unidos
y Canadá, se aplica un umbral inferior a los $25.000, valor éste heredado del
TLC entre Canadá y Estados Unidos. Estos contratos de bienes pueden incluir servicios conexos tales como entrega y transporte. Valga mencionar que
los dos tratados de libre comercio suscritos por los países centroamericanos
con la República Dominicana y Chile no contienen ningún umbral, lo que
significa que son, en esencia, más liberalizadores.

El TLCAN y otros tratados suscritos por México incluyen disposiciones
transitorias que permiten que una parte o una entidad particular pueda reser-
var de las obligaciones del capítulo porcentajes definidos del valor total de los
contratos para las compras del sector público que superen el valor de los umbrales correspondientes para bienes, servicios y servicios de construcción.

Trato nacional y no discriminación

El TLCAN, así como todos los otros tratados regionales de libre comercio
suscritos entre los países del hemisferio, confieren trato nacional, salvo para
los aranceles aduaneros y otros cargos a las importaciones. La cláusula del
trato de nación más favorecida (NMF) se aplica sólo a los bienes y proveedo-

res de otras partes, lo que implica que una parte no está obligada a otorgar a otras partes un trato más favorable que el acordado a un país que no es parte.

Reglas de origen y denegación de beneficios

El TLCAN y el TLC suscrito entre México y Nicaragua estipulan que ninguna de las partes aplicará reglas de origen a bienes importados de cualquier otra parte que sean distintas o incompatibles con las reglas de origen que la parte aplica a las operaciones comerciales normales. Esto significa que, en el caso del TLCAN, una parte podrá aplicar la regla de origen del TLCAN para determinar si un bien tiene derecho a recibir trato preferencial y la propia regla de origen de la parte cuando el mismo bien esté siendo utilizado para efectos de compras del sector público. Los TLC suscritos entre Bolivia y México, Costa Rica y México y Centroamérica y República Dominicana, así como el acuerdo del Grupo de los Tres, remiten a la regla de origen del acuerdo respectivo. El TLC suscrito entre Centroamérica y Chile no aborda este tema.

Todos los acuerdos sobre compras del sector público en el hemisferio permiten, previas consultas y notificación, que una parte niegue los beneficios del capítulo sobre compras del sector público del acuerdo a un proveedor de servicios que sea propiedad o esté bajo control de personas de cualquier país que no sea parte y que no realice actividades de negocios importantes en ninguna de las partes. El TLCAN también permite negar los beneficios a los proveedores que están bajo el control de nacionales de un país que no sea parte, si la parte no mantiene relaciones diplomáticas con el país que no es parte, o si las medidas adoptadas por esa parte respecto al país que no es parte serían violadas si los beneficios se concedieran a dicho proveedor.

Compensaciones y especificaciones técnicas

Todos los acuerdos prohíben las compensaciones, es decir, condiciones impuestas en el proceso de adjudicación de un contrato para los fines de compras del sector público. Asimismo, los tratados requieren que las partes garanticen que sus entidades no elaboren, adopten ni apliquen ninguna especificación técnica que tenga como propósito o efecto crear obstáculos innecesarios al comercio.

Procedimientos de licitación, de impugnación de licitaciones y suministro de información

Casi todos los tratados incluyen disposiciones relacionadas con los procedimientos de licitación y de impugnación, así como con la obligación de publicar leyes, reglamentaciones, decisiones judiciales previas, resoluciones administrativas y procedimientos relativos a las compras del sector público comprendidas en su capítulo respectivo.

Excepciones

Todos los acuerdos, salvo el TLC entre Centroamérica y Chile, establecen excepciones generales en su capítulo de compras del sector público. Dichos tratados establecen que ninguna disposición de su capítulo impedirá a una parte adoptar ninguna medida o abstenerse de revelar información que considere necesaria para proteger sus intereses esenciales en materia de seguridad, en relación con la compra de armas, municiones o material de guerra, o cualquier otra compra necesaria para la seguridad nacional o para fines de defensa nacional. La segunda excepción general establece que ninguna disposición del tratado se interpretará en el sentido de impedir a una parte establecer medidas necesarias para proteger la moral, el orden o seguridad públicos, o la salud y la vida humana, animal o vegetal, o medidas relacionadas con los bienes o servicios de minusválidos, de instituciones de beneficencia o del trabajo penitenciario.

Cooperación técnica

Todos los tratados, salvo el TLC entre Centroamérica y República Dominicana, exigen que las partes proporcionen a las otras partes y a los proveedores de estas partes la información concerniente a los programas de capacitación y orientación relativos a sus sistemas de compras del sector público.

Rectificación o modificación y enajenación de entidades

Todos los acuerdos permiten que una parte elimine de su lista una entidad gubernamental que haya sido privatizada. Algunos acuerdos como el TLCAN permiten también que una de las partes modifique su ámbito de aplicación o cobertura, previa notificación a las otras partes, y proponga compensación.

Negociaciones futuras

Algunos acuerdos como el TLCAN y el TLC entre Bolivia y México estipulan que las partes habrán de iniciar negociaciones entre ellas mismas en una fecha específica para lograr la liberalización ulterior de ese sector. Otros tratados, como el TLC entre Costa Rica y México y el TLC entre Centroamérica y República Dominicana, señalan que cualquier decisión sobre esta materia será tomada en el futuro.

Las compras del sector público en las negociaciones del ALCA

En el contexto de las negociaciones del Área de Libre Comercio de las Américas, el tema de las compras del sector público fue por primera vez abordado como área de acción gubernamental en la segunda Reunión Ministerial del ALCA, realizada en Cartagena, Colombia, en marzo de 1996. En dicha reunión, los Ministros de Comercio acordaron crear un Grupo de Trabajo bajo la presidencia de Estados Unidos, que siguió dirigiendo el grupo durante la primera fase de las negociaciones del ALCA, es decir, hasta noviembre de 1999, fecha a partir de la cual pasó a ser presidido por Canadá.

Entre los objetivos establecidos en la Declaración Ministerial de San José para el Grupo de Negociación sobre Compras del Sector Público (GNCSP) se incluyen: lograr un marco normativo que asegure la apertura y la transparencia en los procesos de las compras del sector público, sin que implique necesariamente el establecimiento de sistemas idénticos de compras del sector público en todos los países; asegurar la no discriminación en las compras del sector público dentro de un alcance que será negociado; y asegurar un examen imparcial y justo para la resolución de los reclamos y apelaciones relativos a las compras del sector público por los proveedores, y la implementación efectiva de dichas resoluciones. Todos estos objetivos han de ser alcanzados dentro del propósito global de las negociaciones de ampliar el acceso a los mercados para las compras del sector público de los países del ALCA. Este grupo también recibió el mandato de estudiar los sistemas estadísticos nacionales para identificar las similitudes y diferencias existentes dentro del hemisferio y buscar un entendimiento común sobre los sistemas de información estadística sobre las compras del sector público.

Al igual que los otros grupos de negociación, el Grupo de Compras del Sector Público tiene la tarea de elaborar un borrador de capítulo que ha de ser presentado a los Ministros de Comercio en ocasión de la reunión que sostendrán en Buenos Aires en los primeros meses de 2001.

El Grupo de Negociación ha tenido gran éxito en el progreso de las negociaciones sustantivas. En un comunicado de prensa emitido al término de la segunda reunión del Grupo, se menciona que el trabajo estaba avanzando hacia "la formulación de un capítulo...que asegure la apertura y transparencia e incluya cobertura"[8]. El GNCSP ha venido abordando temas tales como la difusión de leyes y reglamentos; procedimientos para las compras; publicidad para el llamado a la licitación; presentación de ofertas; criterios

---

8. FTAA.nggp/com/1 del 10 de febrero de 1999 (www.ftaa-alca.org).

para la evaluación de ofertas y la adjudicación de contratos; divulgación de las ofertas recibidas y de los contratos adjudicados[9].

Igualmente, el Grupo sostuvo una discusión de carácter preliminar sobre "principios y tratamiento concedido a los bienes nacionales y extranjeros; servicios y obras públicas y a sus respectivos proveedores".

El Banco Interamericano de Desarrollo (BID), en su calidad de institución miembro del Comité Tripartito, está ofreciendo apoyo al GNCSP. En esta función, el BID ha elaborado dos estudios para el Grupo. El primer estudio consiste en una vision amplia de las *Normas sobre compras del sector público en los acuerdos de integración en las Américas,* mientras que el segundo se trata de un *Inventario de legislación nacional, reglamentos y procedimientos sobre adquisiciones del sector público en las Américas.* Ambos estudios se encuentran disponibles en el sitio oficial del ALCA en Internet[10].

Desafíos futuros

Los gobiernos del Hemisferio Occidental dedican, de una forma u otra, una suma superior a los $250 mil millones al año para la compra de bienes y servicios[11]. De esta cantidad, Estados Unidos representa aproximadamente $180 mil millones. Esto no es de extrañar, habida cuenta de la posición económica dominante de Estados Unidos en el Hemisferio Occidental. Sin embargo, las oportunidades de contrataciones públicas en otros países distan mucho de ser comercialmente insignificantes. Las compras del sector público en Brasil superan los $20 mil millones; en México, $11 mil millones; y el mercado en países como Chile ($4 mil millones) y Uruguay ($3 mil millones) es igualmente atractivo.

En el pasado, este sector no recibió en las negociaciones comerciales regionales o subregionales la atención que debió haber tenido a juzgar por las dimensiones de los mercados potenciales. Sin embargo, los intentos internos o externos por reformar las prácticas sobre compras del sector público han comenzado a cambiar la situación.

El establecimiento de un acuerdo sólido entre los países del ALCA sobre el tema de las compras del sector público debería descansar sobre dos pilares

---

9. FTAA.nggp/com/07 del 26 de mayo de 2000 (www.ftaa-alca.org).

10. (alca-ftaa.iadb.org/esp/procurs.htm).

11. Las recopilaciones estadísticas provenientes de varias fuentes y de varios años (lo que reduce la posibilidad de hacer una comparación exacta) indican que puede identificarse, con un grado muy elevado de confiabilidad, compras del sector público por un monto total aproximado de $240 mil millones. La extrapolación de esa cifra a partir de los datos existentes, incluidos los casos en los que no existen datos, permite que los autores sugieran una estimación de $250 mil millones para la región en general.

fundamentales, cada uno de los cuales serviría de apoyo a un sinnúmero de políticas y procedimientos administrativos. El primer pilar es el de la transparencia, entendida ésta, en términos generales, como que las políticas, requisitos gubernamentales, normas técnicas y todos los procedimientos administrativos y de toma de decisiones están sujetos al escrutinio público. El segundo pilar puede ser concebido como de carácter administrativo o judicial y ofrece básicamente un foro y un proceso para la recepción y adjudicación de reclamos. Los competidores deben tener la posibilidad de impugnar los procedimientos y resultados en una instancia justa e imparcial que ofrezca el contrapeso esencial para garantizar que los recursos públicos se utilicen de manera eficiente.

Bibliografía

Organización Mundial del Comercio. 1995. *Analytical Index: Guide to GATT Law and Practice (6a edición actualizada)*. Ginebra.

Sahaydachny, Simeon A. y Don Wallace. 1999. "Opening Government Procurement Markets". En *Trade Rules in the Making: Challenges in Regional and Multilateral Negotiations*, editado por Miguel Rodríguez Mendoza, Patrick Low y Barbara Kotschwar. Washington, D.C.: Brookings Institution Press/Secretaría General de la Organización de los Estados Americanos.

ROSINE M. PLANK-BRUMBACK

13 | *Solución de Controversias*

Las disposiciones sobre solución de controversias de los acuerdos comerciales constituyen una garantía importante de que las partes cumplirán con sus compromisos sustantivos asumidos y obtendrán los beneficios que esperan de dichos acuerdos. Esto es evidente cuando una parte deroga una medida considerada incompatible con un tratado como resultado de la decisión de un mecanismo formal al que se puede recurrir para resolver controversias de orden jurídico. Esto se manifiesta también cuando un sistema eficaz de solución de controversias hace desistir a una parte de adoptar una medida incompatible, es decir, tiene efecto de "prevención de controversias".

A diferencia de otros temas que se tratan en este texto, no se puede hablar de la "liberalización" de la solución de controversias en los acuerdos comerciales del hemisferio. Sí se puede, sin embargo, observar la negociación de procedimientos cada vez más detallados para resolver diferencias, y una tendencia en muchos acuerdos de incorporar al proceso mayor apoyo y conocimientos técnicos, códigos de ética y procedimientos automáticos para evitar que una parte impida el llegar a una solución del asunto. También se puede hablar de enfoques que reflejan diferentes equilibrios entre el control político de las partes y el control institucional sobre el proceso.

Enfoques sobre solución de controversias

De manera general, los sistemas de solución de controversias de los acuerdos comerciales del hemisferio pueden dividirse en aquellos que prescriben el establecimiento de una corte o un órgano permanente (como la Comunidad Andina) y los que recurren a grupos especiales o tribunales de arbitraje u órganos ad hoc (como el TLCAN y tratados similares al TLCAN). Sería lógico esperar una distinción clara entre las uniones aduaneras y las áreas de libre comercio, o entre acuerdos celebrados entre varias partes de otros suscritos entre sólo dos o tres. Pareciera también razonable el que los acuerdos con estructuras institucionales más elaboradas se dieran en los casos en que la integración económica es más profunda y con el mayor número de países. Pero esto no necesariamente sucede así.

La Comunidad Andina es el ejemplo más claro en el hemisferio de un acuerdo institucional formalista de solución de controversias. Desde 1982 existe el Tribunal de Justicia del Acuerdo de Cartagena para asegurar que los países miembros cumplan con las normas que conforman el ordenamiento jurídico de la Comunidad Andina y que las mismas sean interpretadas de manera uniforme en toda la Comunidad. La Secretaría General también está facultada para emitir un dictamen motivado sobre el incumplimiento en la que se indique que un país miembro está contraviniendo el ordenamiento jurídico comunitario y para iniciar reclamaciones contra los miembros ante el tribunal.

No obstante, en otra unión aduanera, el MERCOSUR, no se ha escogido esta opción sino la de un tribunal de arbitraje ad hoc en el marco del Protocolo de Brasilia. Por su parte, el Mercado Común Centroamericano (MCCA) no contó en sus primeros 37 años de historia con un mecanismo solución de controversias en funcionamiento. No fue sino en octubre de 2000 que el Consejo de Ministros de Integración Centroamericana adoptó un mecanismo de tribunal de arbitraje similar al del TLCAN, al cual se prevé que la Corte Centroamericana de Justicia delegue sus responsabilidades en lo que concierne a las controversias comerciales.

El Protocolo IX de la Comunidad del Caribe y el Mercado Común del Caribe (CARICOM) y el Acuerdo que establece el Tribunal de Justicia del Caribe concederían a dicho tribunal, la jurisdicción original exclusiva en las controversias que surjan entre las partes contratantes en el marco del Tratado de Chaguaramas, y jurisdicción como tribunal de apelación con respecto a cuestiones civiles y penales. Además de la adjudicación, el Protocolo IX también prevé otros medios de solución de controversias, que incluye una comisión de conciliación y un tribunal de arbitraje. Aún no han entrado en vigor el Protocolo ni el Acuerdo. Hasta octubre de 2000, once (11) países habían firmado el Protocolo IX. La descripción de los mecanismos de solución de controversias del CARICOM que se incluye en la siguiente sección se limitará por lo tanto a las disposiciones del Acuerdo tras las enmiendas incorporadas por el Protocolo I, según el cual las controversias deberán resolverse principalmente a nivel ministerial.

En los tratados de libre comercio del hemisferio prevalece el modelo de solución de controversias del TLCAN. Existen ciertas diferencias entre los tratados similares al TLCAN, que se destacarán con más detenimiento en la próxima sección. El modelo del TLCAN se asemeja mucho al modelo desarrollado bajo el Acuerdo General sobre Aranceles y Comercio (GATT) y el Entendimiento relativo a las normas y procedimientos por los que se rige la solución de diferencias (ESD) de la Organización Mundial del Comercio (OMC). Aunque el modelo TLCAN fue negociado contemporáneamente con el ESD, el ESD y el TLCAN difieren en varios elementos importantes, por ejemplo, la selección del grupo especial (o del panel, como se le llama en el TLCAN), el procedimiento de apelación, las medidas de retorsión y el tratamiento especial y diferenciado. El ESD de la OMC es un sistema integrado para atender reclamaciones en relación con cualquiera de los acuerdos multilaterales que abarca, mientras que el TLCAN tiene mecanismos definidos de solución de controversias que dependen del tema en cuestión. La descripción de los mecanismos similares al TLCAN que se incluyen en la próxima sección se limitará a la solución de controversias de orden general, en tanto que los mecanismos especiales o adicionales de solución de controversias, por ejemplo, específicos para casos de inversión o *dumping*, se tratan en los capítulos respectivos de este texto.

Prácticamente todos los países que toman parte en las negociaciones del ALCA participan en el sistema de solución de diferencias del GATT/OMC. La experiencia continua y las desventajas detectadas en el sistema del ESD ejercen influencia en los negociadores del hemisferio con cada nueva negociación comercial. A menudo procuran incluir nuevas disposiciones de solución de controversias con el fin de evitar problemas que surgieron en un caso específico o resultados que juzgaron desfavorables para sus intereses.

Convergencias y divergencias

Todas las disposiciones sobre solución de controversias de los acuerdos comerciales que se tratan en este texto se aplican a diferencias que surgen entre los Estados partes con motivo de la aplicación de los acuerdos. La mayoría de ellos contempla el establecimiento de un órgano neutral, cuyos miembros deberán ser seleccionados por las partes del acuerdo, y que se ocupará de emitir una opinión jurídica sobre los méritos del caso. Las diferencias más notorias entre los acuerdos se refieren a: la posibilidad de que se presenten reclamaciones en casos en que no existe una infracción de disposiciones contractuales (es decir, reclamaciones contra una medida contraria o no a las disposiciones del acuerdo, pero que anula o menoscaba una ventaja resultante del acuerdo); el recurso por parte de particulares por un presunto incumplimiento de los Estados partes; el grado de control de las partes sobre la selección de los árbitros para un caso; el poder de los jueces y árbitros para ordenar medidas provisionales y solicitar información y asesoramiento técnico; el carácter explícitamente vinculante de la decisión emitida por un órgano neutral; el grado al cual un órgano neutral puede sugerir u ordenar la manera en la cual una parte debe cumplir con la decisión, y el derecho de la parte victoriosa de suspender los beneficios contra la parte perdedora que no cumple con la decisión. Algunas de las divergencias se ilustran gráficamente en el cuadro 13-1.

A continuación se describen con mayor detalle las principales características de los sistemas de solución de controversias en el orden en que aparecerían en los acuerdos.

Ambito de aplicación, causa de acción, facultades de las partes

En todos los acuerdos, el alcance de las disposiciones relativas a la solución de controversias se aplica a las diferencias que surjan entre las partes con motivo de la "aplicación" del acuerdo respectivo. Con excepción de la Comunidad Andina, su alcance también se extiende explícitamente a las controversias en la "interpretación" del acuerdo. El Protocolo de Brasilia de MERCOSUR se refiere adicionalmente al "incumplimiento" y el Tratado de Libre Comercio CARICOM-República Dominicana a la "ejecución". El TLCAN y tratados similares se refieren no solamente a la solución de controversias sino a su prevención. Conforme con ello, una parte puede objetar una "medida en proyecto" así como una "medida vigente" de otra parte que la primera considere que es o sería incompatible con el acuerdo o causa de "anulación o menoscabo". Si bien el Grupo de los Tres (Colombia, Mexico, y Venezuela) no menciona expresamente medidas "en proyecto", podrán solicitarse consultas sobre cualquier asunto que pueda afectar el funcionamiento del acuerdo.

"Anulación o menoscabo" es una expresión que proviene del Artículo XXIII:1 del GATT de 1947, conforme al cual podrá presentar reclamaciones por una parte contratante (ahora un miembro de la OMC) que considere que

Cuadro 13-1. *Áreas seleccionadas de divergencia entre mecanismos de solución de controversias de los Acuerdos de comercio e Integración del Hemisferio*

Acuerdo	Reclamaciones sin infracción	Partes no gubernamentales[a]	Consultas bilaterales	Órgano neutral (no. de miembros)[b]	Obligatoriedad de la decisión del órgano neutral	Retorsión por la parte reclamante
ESD OMC	Sí	No	Sí	Panel Ad hoc (3) y Órgano de apelación permanente (7)	Sí, Salvo consenso negativo del OSD[c]	Sí
Comunidad Andina	No	Sí	No	Tribunal permanente (5)[d]	Sí	Sí, si el tribunal decide que existe incumplimiento
MERCOSUR	No	Sí	Sí	Tribunal arbitral ad hoc (3)	Sí	Sí
MCCA	Sí	No	Sí	Tribunal arbitral ad hoc (3)	Sí	Sí, si el panel decide que existe incumplimiento
TLCAN	Sí[e]	No	Sí	Tribunal arbitral ad hoc (5)[f]	No	Sí, si las partes no convienen en 30 días
TLC Bolivia-México	Sí[e]	No	Sí	Tribunal arbitral ad hoc (5)	Sí	Sí, si el tribunal decide que existe incumplimiento
TLC Canadá-Chile	Sí[e]	No	Sí	Tribunal arbitral ad hoc (5)[f]	No	Sí, si las partes no convienen en 30 días
TLC Centroamérica -Chile	Sí	No	Sí	Tribunal arbitral ad hoc (3)	Sí	Sí, si el tribunal decide que existe incumplimiento
TLC Centroamérica-República Dominicana	Sí	No	Sí	Tribunal arbitral ad hoc (3)	Sí	Sí, si el tribunal decide que existe incumplimiento

TLC Chile-México	Sí	No	Sí	Grupo arbitral ad hoc (5)[f]	Sí	Sí, si el grupo decide que existe incumplimiento
TLC Costa Rica-México	Sí	No	Sí	Tribunal arbitral ad hoc (5)	Sí	Sí, si el tribunal decide que existe incumplimiento
TLC Grupo de los Tres	Sí	No	Sí	Tribunal arbitral ad hoc (5)	Sí	Sí, si el tribunal decide que existe incumplimiento
TLC México-Nicaragua	Sí	No	Sí	Tribunal arbitral ad hoc (5)	Sí	Sí, si el tribunal decide que existe incumplimiento
TLC México-Triángulo del Norte	Sí	No	Sí	Tribunal arbitral ad hoc (3)	Sí	Sí, si el tribunal decide que existe incumplimiento
CARICOM	No	No	No	g	No	Sí, con autorización del Consejo por mayoría de votos
TLC CARICOM-República Dominicana	No	No	Sí	h	No	No

a. Limitado a los casos de solución de controversias generales; no se permite, por ejemplo, en solución de controversias entre un inversionista y un Estado conforme a los acuerdos

b. Órgano compuesto por expertos imparciales que deciden con base en los hechos y fundamentos legales de la controversia, contrario a un órgano político compuesto por representantes de las partes del acuerdo, quienes pueden también solucionar controversias.

c. OSD se refiere al Órgano de Solución de Controversias.

d. La Secretaría General puede emitir también un dictamen en relación al incumplimiento de sus obligaciones por parte de un miembro.

e. Para ventajas en casos específicos señalados en los acuerdos

f. El panel arbitral ad hoc puede también establecer un comité de revisión científica.

g. El anexo del Tratado de Chaguaramas indica la posibilidad de que el Consejo refiera la controversia a un tribunal ad hoc. El Protocolo IX y el Acuerdo por el que se establece el Tribunal de Justicia del Caribe, que indica la posibilidad de comisiones de conciliación ad hoc, tribunales arbitrales y un tribunal permanente, no han entrado en vigencia.

h. El Consejo puede decidir que el arbitraje es la opción para resolver la controversia.

una ventaja resultante para ella directa o indirectamente del Acuerdo se halle anulada o menoscabada a consecuencia de:

—que otra parte contratante no cumpla con las obligaciones contraídas (reclamación de infracción); o

—que otra parte contratante aplique una medida, "contraria o no a las disposiciones" del Acuerdo (reclamaciones sin infracción utilizada con éxito en algunos casos de subsidios nacionales que anularon o menoscabaron las ventajas que cabe esperar de una concesión arancelaria); o

—que exista otra situación (reclamación ante una situación; no se ha presentado ninguna)

El MCCA y el tratado Centroamérica-Chile refiere las partes a la jurisprudencia del Artículo XXIII:1 b) del GATT 1994 en la interpretación de la anulación o menoscabo. El TLCAN y los tratados similares prescriben una causa de acción de anulación o menoscabo aunque no contravenga las disposiciones del acuerdo. Con excepción del tratado Centroamérica-República Dominicana y el MCCA, no obstante dichas acciones están limitadas a los beneficios que las partes podrían prever en el marco de capítulos especificados de los acuerdos.

Los Estados partes de los acuerdos están facultados para recurrir a la solución de controversias de gobierno a gobierno que aquí se describe. En el sistema andino, un miembro que considere que otro miembro ha incurrido en incumplimiento de sus obligaciones deberá recurrir a la Secretaría General para que ésta emita un dictamen sobre el asunto. Si la Secretaría llega a la conclusión de que se incurrió en incumplimiento, está facultada para entablar una causa de acción contra ese miembro ante el Tribunal de Justicia de la Comunidad Andina si persiste la situación de incumplimiento. Si la Secretaría no intenta esta acción o no emite ninguna resolución dentro de un cierto período, o si el dictamen no fuere de incumplimiento, el miembro reclamante puede acudir directamente al Tribunal.

La Comunidad Andina y el MERCOSUR autorizan a particulares, es decir a personas naturales o jurídicas, a presentar reclamaciones bajo ciertas condiciones. En el sistema andino, los países y los particulares cuyos derechos o intereses legítimos se vean afectados, pueden solicitar directamente al Tribunal de Justicia que se declare la nulidad de decisiones de la Comisión o resoluciones de la Secretaría General dictados en violación de las normas que conforman el ordenamiento jurídico de la Comunidad Andina por razones de desviación de poderes. El Tribunal y la Secretaría también pueden resolver las diferencias contractuales en el ámbito privado que estén regidas por el ordenamiento jurídico comunitario.

En el MERCOSUR, las personas naturales o jurídicas pueden remitir reclamos a la Sección Nacional del Grupo Mercado Común del Estado parte denunciando que determinadas medidas administrativas o legales de algún Estado parte tiene un efecto restrictivo, discriminatorio o anticompetitivo en violación del ordenamiento jurídico del MERCOSUR. La Sección Nacional podrá consultar directamente con la Sección Nacional de la parte denunciada, o referir la queja al Grupo Mercado Común. Este último puede rechazar el reclamo o convocar a un grupo de expertos que deberá emitir conclusiones. Si el reclamo tiene fundamento jurídico, cualquier otro Estado parte puede requerir que quede sin efecto la medida objeto de la controversia. Si esto no ocurre dentro de un cierto período, la parte reclamante podrá recurrir directamente al procedimiento arbitral.

El TLCAN y los tratados de libre comercio entre Chile y Canadá, México y Centroamérica, respectivamente, prohiben expresamente que una parte otorgue derecho de acción en su legislación interna contra otra parte con fundamento en que una medida de otra parte es incompatible con el acuerdo. En otras palabras, una parte no puede ser demandada ante los tribunales nacionales de la otra parte por una infracción del acuerdo.

En el marco de la Comunidad Andina, los jueces nacionales pueden solicitar una interpretación de las normas que conforman el ordenamiento jurídico de la Comunidad al Tribunal de Justicia. Esa solicitud es obligatoria cuando la sentencia del juez no es susceptible de recursos en derecho interno. La mayoría de las sentencias dictadas por el Tribunal de Justicia corresponden a esta área de interpretación, en comparación con la nulidad y otras acciones relativas al incumplimiento.

El TLCAN y los tratados similares, con excepción del MCCA, establecen que una parte podrá plantear a la Comisión, o al órgano político de representantes de la parte, cualquier problema de interpretación del acuerdo que haya surgido en los procedimientos judiciales o administrativos internos. Si la Comisión no logre llegar a una interpretación acordada, cualquiera de las partes puede someter sus propias opiniones al tribunal o al órgano administrativo de conformidad con la reglamentación del mismo. Rara vez han recurrido las partes a estos procedimientos.

Elección del foro

El TLCAN y los tratados similares tienen disposiciones sobre la elección del foro mediante las cuales una parte reclamante podrá decidir si presenta el reclamo en el marco del tratado o ante la OMC. Una vez tomada la decisión sobre el foro, la parte reclamante no puede recurrir ante otro. El punto crítico irreversible en el marco de los acuerdos es cuando una parte solicita la constitución de un panel o grupo especial al amparo del ESD.

El TLCAN establece que antes que una parte inicie ante la OMC un procedimiento de solución de controversias "esgrimiendo fundamentos sustancialmente equivalentes a los que pudiera invocar conforme a este Tratado", notificará previamente a la tercera parte su intención de hacerlo. Si respecto al asunto la tercera parte desea recurrir a los procedimientos de solución de controversias del Tratado, las partes consultarán con el fin de convenir en un foro único. Si no llegan a un acuerdo, la controversia normalmente se solucionará según los lineamientos del tratado.

El tratado Canadá-Chile establece que cuando la parte demanda sostiene que el asunto es objeto de tratados en materia ambiental y de conservación en el marco de este acuerdo, la controversia deberá resolverse únicamente en ese contexto.

El tratado de libre comercio del Grupo de los Tres también estipula que las controversias entre Colombia y Venezuela en el marco del tratado y del Acuerdo de Cartagena, que estableció a Comunidad Andina, deberán dirimirse conforme a los establecido por dicho Acuerdo. Este no afecta los derechos que México pueda tener bajo el Tratado del Grupo de los Tres. Las controversias entre los dos países andinos en relación únicamente con sus obligaciones contraídas según el tratado del Grupo de los Tres deberán resolverse al amparo de dicho tratado. Las controversias que surjan entre México y cualquiera de las otras dos partes, así como entre las tres partes que conforman el Grupo de los Tres, deberán resolverse en ese contexto.

Consultas

Los dos artículos originales del GATT (XXII y XXIII) a partir de los cuales evolucionó el sistema de solución de diferencias del GATT/OMC, disponen que la parte reclamante deberá procurar consultas bilaterales antes de recurrir a una instancia multilateral para resolver un asunto. La parte a la cual se solicita la consulta "examinará con comprensión las representaciones" que le hayan sido formuladas. Con excepción de la Comunidad Andina y el CARICOM, los acuerdos hemisféricos contemplan similarmente negociaciones directas o consultas mediante solicitud por escrito, de conformidad con los mecanismos institucionales particulares negociados en el convenio respectivo.

En estas disposiciones quedan implícitos los principios de cooperación y buena fe; por ejemplo, muchos acuerdos establecen que las partes "procurarán resolver" la controversia. El TLCAN y los tratados similares exigen a las partes aportar "la información suficiente que permita un examen completo de la manera en que la medida adoptada o en proyecto, o cualquier otro asunto, podría afectar el funcionamiento" del tratado. Es más, existe una disposición sobre la protección de la información confidencial intercambiada durante las consultas.

El TLCAN, el Grupo de los Tres, el MCCA, el tratado Centroamérica-Chile y el tratado México-Triángulo del Norte (todos ellos acuerdos entre tres o más partes) permiten, cuando así se solicite, que participen terceros en las consultas bilaterales. El TLCAN y el Grupo de los Tres se refieren expresamente a terceros con "interés sustancial" en el asunto del que se trate. En Centroamérica-Chile se hace referencia expresa a los terceros con un "interés comercial sustancial" en la controversia, como en el ESD. (El TLCAN, el Grupo de los Tres y Centroamérica-Chile no estipulan, como lo hace el ESD, que la parte a la cual se le solicitan las consultas puede vetar la "reinvindicación del interés sustancial" por considerarla que no está "bien fundada".) El MERCOSUR prescribe que los resultados de las consultas deberán notificarse al Grupo Mercado Común. El TLCAN, el Grupo de los Tres, Centroamérica-República Dominicana y México-Triángulo del Norte estipulan que las partes consultantes "procurarán evitar cualquier solución que afecte desfavorablemente los intereses de cualquier otra Parte".

Todos los acuerdos que prescriben consultas también fijan un período al cabo del cual, si el asunto no queda resuelto, la parte reclamante puede proceder a la siguiente etapa de solución, es decir, presentarla a una comisión o a un grupo arbitral. Los tratados CARICOM-República Dominicana, el TLCAN y todos los que asemejan al TLCAN, salvo Bolivia-México y el Grupo de los Tres estipulan períodos más cortos cuando se trata de productos perecederos.

Los acuerdos no hacen mención alguna del vínculo entre el tema que se discute durante las consultas y las medidas específicas y bases legales identificadas en cualquier reclamación eventual a la cual puedan referirse los términos de referencia de un panel o grupo arbitral, y que definen la jurisdicción de ese órgano. Este ha sido un tema controversial en el marco de la OMC. En algunos casos la parte demandada ha objetado el examen por parte de un grupo especial, de cuestiones o alegatos que pudieran ser relevantes, pero que no fueron presentados por la parte reclamante durante las consultas bilaterales previas.

Solución asistida

La solución asistida abarca los buenos oficios, la mediación y la conciliación. Tradicionalmente la expresión se utiliza para referirse a los esfuerzos de una tercera parte neutral, que asiste a las partes a llegar a su propia resolución de la controversia, en lugar de que intervenga un tribunal arbitral y emita un laudo de carácter vinculante. Tal como establece el ESD (y el entendimiento del GATT de 1979 relativo a la notificación, consulta, solución de diferencias y supervisión), "el objetivo del mecanismo de solución de diferencias es hallar una solución positiva a las diferencias. Se debe dar siempre preferencia a una solución mutuamente aceptable para las partes en la diferencia y que esté en conformidad con los acuerdos abarcados." Con excepción de la Comunidad Andina y el CARICOM, todos los demás acuerdos estipulan que toda controversia que no se haya resuelto mediante negociaciones bilaterales o consultas, deberá remitirse a una Comisión o Consejo o Grupo Mercado Común, integrado por representantes de las partes del respectivo acuerdo. Esta Comisión o Consejo puede recurrir a los buenos oficios, la mediación o la conciliación. Algunos países consideran que los esfuerzos realizados a este nivel por las partes del acuerdo constituyen una solución asistida. Todos estos acuerdos especifican un período para esta etapa de solución asistida, al cabo del cual si no se resuelve, el asunto puede proceder al arbitraje.

Órgano neutral (corte, tribunal o panel arbitral)

MERCOSUR, el TLCAN y los tratados similares que prescriben consultas bilaterales y/o mecanismos de solución asistida también establecen que si estos esfuerzos no dan como resultado una solución mutuamente satisfactoria dentro de un período determinado, la parte reclamante puede recurrir a un panel o tribunal de arbitraje para resolver el asunto. De conformidad con el TLCAN y los tratados similares, la parte solicita que la Comisión o Consejo de representantes de las partes se reúna y establezca el panel o tribunal. En los tratados Bolivia-México, Chile-México, Costa Rica-México, México-Nicaragua, México-Triángulo del Norte, Centroamérica-República Dominicana, Centroamérica-Chile y el MCCA se estipula que la solicitud deberá contener la medida u otro asunto y las disposiciones pertinentes del acuerdo en cuestión. El MERCOSUR permite a la parte reclamante comunicar a la Secretaría Administrativa su intención de recurrir al procedimiento arbitral.

En el caso de la Comunidad Andina, la Secretaría General, un país miembro o un particular pueden referir el asunto al Tribunal de Justicia para que se resuelva como se explica en la sección sobre el ámbito de aplicación. El Consejo Ministerial del CARICOM podrá referir un asunto a un tribunal de arbitraje.

Composición, selección, calificaciones

Quizá el mayor número de artículos en los capítulos sobre solución de controversias de los acuerdos comerciales del hemisferio se dedica a la composición, calificaciones, normas éticas y procesos de selección de los miembros de la corte, panel o tribunal de arbitraje que emitirán una decisión sobre el fondo de una controversia. Esto es normal al considerar que uno de los objetivos fundamentales de todo mecanismo justo y eficiente de solución de controversias es la confianza en la imparcialidad y la competencia de los jueces. Los acuerdos que contengan mecanismos institucionales menos elaborados deben necesariamente convenir por anticipado una lista de árbitros calificados preseleccionados que se pondrá a disposición de las partes, así como un detallado proceso de selección que incluya los procedimientos a emplear si no se llega a una solución.

El Tribunal de Justicia de la Comunidad Andina está integrado por cinco jueces, nacionales de origen de los países miembros, que permanecen en su cargo durante períodos de seis años con la posibilidad de una sola renovación. Deben gozar de alta consideración moral y experiencia jurídica. Los jueces se seleccionan a partir de listas de candidatos que remite cada país miembro y se eligen por votación unánime de los países. Son independientes y no pueden desempeñar otra actividad profesional salvo la docencia. Cada juez tiene un primer y un segundo suplente. Los jueces pueden ser removidos de su cargo a solicitud de un país miembro debido a una falta grave en el ejercicio de su deber.

El Consejo del CARICOM puede referir un asunto a un tribunal ad hoc integrado por tres árbitros. Cada parte nombra a un árbitro a partir de una lista de juristas calificados que elabora y actualiza el Secretario General. Los dos árbitros a su vez nombran al presidente quien, en la medida de lo posible, no deberá ser ciudadano de ninguna de las partes de la controversia. En caso de que no lleguen a un acuerdo sobre dicho nombramiento, el presidente será nombrado por el Secretario General.

Los paneles o tribunales de arbitraje están integrados por cinco (5) miembros en el TLCAN y en tratados similares, y por tres (3) en el MCCA, Centroamérica-Chile, Centroamérica-República Dominicana, y México-Triángulo Norte. Cada una de las partes nombra un cierto número de candidatos hasta conformar una lista acordada de árbitros, que deberán reunir las calificaciones especificadas en derecho o en acuerdos comerciales, ser independientes de las partes y tener integridad. Con excepción del Grupo de los Tres, el TLCAN, Bolivia-México y México-Nicaragua, cierto número de integrantes de la lista no deberán ser nacionales de las partes. Los miembros que integran la lista cumplen sus funciones durante un número fijo de años, con sujeción a una renovación. Por lo regular o preferentemente, los miembros del arbitraje deberán ser escogidos de la lista.

El panel o tribunal se establece conforme a disposiciones similares de selección en listas cruzadas en el TLCAN y tratados que se le asemejan. En primer lugar, las partes procuran convenir en la designación del presidente. Si no logran hacerlo dentro de un período determinado, una parte, electa por sorteo, puede designar al presidente. (El tratado México-Nicaragua es más específico y dispone que en caso de que la parte no logre designar al presidente, puede escogerlo la otra parte.) El presidente no debe ser ciudadano de la parte que lo designa. Luego cada parte procede a seleccionar dos árbitros (o uno en el caso de un tribunal integrado por tres miembros) de la lista de la otra parte. Si una parte no selecciona a los árbitros, estos serán seleccionados por sorteo de la lista de la otra parte. En el marco de acuerdos en los que es posible que haya más de dos partes, si las partes no logran ponerse de acuerdo en designación del presidente, una de las partes de la controversia, escogida por sorteo, selecciona al presidente. Las dos partes reclamantes escogen un árbitro de la lista de la parte objeto de la reclamación, la que a su vez escoge dos árbitros, uno de cada una de las listas de las otras partes reclamantes. Una parte puede presentar una recusación sin expresión de causa contra un individuo que no figure en la lista y sea propuesta como arbitro por una otra parte. Este proceso de selección, que marca una de las diferencias significativas con la OMC, garantiza que por lo menos la mayoría de los árbitros o panelistas serán ciudadanos de las partes. También supone una gran cantidad de control de las partes en el proceso y por lo tanto depende de la cooperación entre las partes en ausencia de un árbitro neutral para resolver las cuestiones sobre las que no hubo acuerdo.

El MERCOSUR también tiene un proceso de selección a partir de una lista. El tribunal de arbitraje está integrado por tres (3) árbitros escogidos de una lista de diez (10) candidatos designados por cada Estado Parte, la mitad de los cuales deberán ser nacionales de los Estados Parte y los otros nacionales de terceros países. A diferencia del TLCAN y de tratados similares, los árbitros deberán ser escogidos de la lista. Más aún, la Secretaría Administrativa del MERCOSUR interviene en caso de que las partes no puedan convenir en un tercer árbitro, que no podrá ser ciudadano de ninguna de las partes, o si una parte no logra nombrar a un árbitro dentro de un período especificado. Además, las partes deben nombrar un árbitro suplente. Por acuerdo mutuo, cada parte puede escoger un árbitro de la lista de la otra.

Las partes de la controversia pagan en partes iguales los montos de la remuneración y los gastos de los tribunales de arbitraje en el marco del TLCAN y de tratados similares. El MCCA dispone que estos costos son sufragados por la parte perdedora. El MERCOSUR dispone que las partes sufragan los costos en montos iguales, a menos que el tribunal decida lo contrario.

Términos de referencia, poderes, toma de decisiones

El Tribunal de Justicia de la Comunidad Andina puede declarar la nulidad de las decisiones adoptadas por la Comisión y las resoluciones de la Secretaría General. Además, antes de dictar la sentencia definitiva, podrá, a pedido de la parte demandante, ordenar la suspensión provisional de la ejecución de una medida si causa o pudiere causar al demandante perjuicios irreparables. Es responsabilidad del Tribunal interpretar por vía prejudicial las normas que conforman el ordenamiento jurídico de la Comunidad Andina, con el fin de asegurar su aplicación uniforme en los Países Miembros. El Tribunal y la Secretaría General son competentes para dirimir mediante arbitraje las controversias que se susciten en contratos de carácter privado regidos por el ordenamiento jurídico de la Comunidad Andina. Cuando lo considere necesario para el desempeño de sus funciones, el Tribunal podrá dirigirse directamente a las autoridades de los Países Miembros.

El Tribunal de Justicia de la Comunidad Andina basará sus decisiones en la documentación técnica existente, los antecedentes del caso y las explicaciones del órgano objeto del recurso. El Tribunal podrá emitir su laudo en derecho o en equidad. La Secretaría General también podrá emitir el suyo en equidad.

En el marco del Protocolo de Brasilia, los Estados Partes del MERCOSUR han declarado que reconocen como "obligatoria, ipso facto y sin necesidad de acuerdo especial, la jurisdicción del Tribunal Arbitral que en cada caso se constituya para conocer y resolver" una controversia. El tribunal podrá dictar medidas provisionales a solicitud de una parte si existen presunciones fundadas de que el mantenimiento de la situación ocasionaría daños graves e irreparables. Además, el tribunal arbitral deberá adoptar sus propias reglas de procedimiento.

El tribunal arbitral del MERCOSUR decidirá el caso sobre la base de las disposiciones contenidas en los tratados del MERCOSUR, de las decisiones del Consejo del Mercado Común, de las resoluciones del Grupo Mercado Común, así como también de los principios y disposiciones del derecho internacional aplicables en la materia. Si las partes convinieren, el tribunal también podrá decidir en equidad.

Los términos de referencia de los paneles arbitrales o tribunales en el TLCAN y en tratados similares son: examinar a la luz de las disposiciones aplicables del acuerdo el asunto que fuera sometido a la consideración de la Comisión o el Consejo (tal como se dispone en la solicitud de que se convoque a una reunión de la Comisión o el Consejo) y emitir conclusiones, determinaciones y recomendaciones a que se refiere el acuerdo. Con excepción del Grupo de los Tres, estos tratados también estipulan que si la parte reclamante desea alegar anulación o menoscabo sin infracción, el acta de misión deberá indicarlo. Además, una parte contendiente podrá solicitar que en los términos de referencia también se indique que el panel formule conclusiones "sobre el grado de los efectos comerciales adversos que haya generado para alguna parte una medida que se juzgue incompatible con las obligaciones de este Tratado o haya causado anulación o menoscabo." Los grupos especiales de la OMC no efectúan esas determinaciones, sólo los grupos especiales sobre cumplimiento.

El TLCAN y los tratados similares, con excepción del Grupo de los Tres, permiten a los paneles solicitar información y asesoria técnica de cualquier persona u órgano que estimen pertinente. No obstante, en el TLCAN y en Canadá-Chile se exige que las partes convengan en ese respecto. A menos que las partes contendientes lo desaprueben, y conforme a los términos y condiciones que puedan convenir, los tratados TLCAN, Canadá-Chile y Chile-México estipulan adicionalmente que los paneles podrán solicitar un informe escrito a un comité de revisión científica sobre cualesquiera cuestiones de hecho relativas a aspectos relacionados con el medio ambiente, la salud, la seguridad u otros asuntos científicos planteados por alguna de las partes contendientes.

En el TLCAN, y los tratados de libre comercio Canadá-Chile y Centroamérica-Chile se especifica que a menos que las partes contendientes acuerden otra cosa, el panel fundará su informe en los argumentos y comunicaciones presentados por las partes y en cualquier información que haya recibido de un comité de revisión científica. En México-Triángulo del Norte y MCCA también se prescribe que el informe del tribunal deberá basarse en los argumentos y comunicaciones pero no se especifica que las partes podrán impedir al tribunal arbitral que tome en consideración cualquier información o asesoramiento técnico que haya recibido. El TLCAN estipula asimismo que las partes deberán interpretar y aplicar las disposiciones a la luz de los objetivos del Tratado y de conformidad con las normas aplicables del derecho internacional.

Reglas de procedimiento, acceso al público y códigos de ética

El Tribunal de Justicia de la Comunidad Andina, que tiene su sede en Quito, cuenta con detallados estatutos y reglamento interno, entre los cuales cabe citar las disposiciones para presentar demandas y pruebas, dictar sentencias, demandar revisión y calcular plazos. Los jueces deberán prestar juramento y comprometerse a ejercer sus atribuciones a conciencia y con absoluta imparcialidad, guardar el secreto de las deliberaciones del tribunal y cumplir los deberes inherentes a sus funciones. Las audiencias son públicas, a menos que el tribunal disponga lo contrario. Sus deliberaciones son secretas. Existen procedimientos para la remoción del cargo de un juez que cometa cualquiera de las faltas graves que se enumeran.

Tras ser designados para actuar en un caso específico, los expertos que figuran en la lista de árbitros del MERCOSUR deberán firmar una declaración por la cual se comprometen a desempeñar sus obligaciones con independencia técnica, honestidad e imparcialidad, señalando que no tienen intereses personales en el asunto y prometiendo respetar el carácter reservado de la información que se ponga a disposición de ellos en el procedimiento, las conclusiones y el dictamen. El Protocolo de Brasilia estipula que el tribunal arbitral adoptará sus propias reglas de procedimiento mediante las que garantizará que cada parte tendrá plena oportunidad de ser oída y de presentar sus pruebas y argumentaciones y que los procedimientos se realizarán en forma expedita. La sede del tribunal se ubicará en uno de los Estados Partes. Se exige al tribunal que emita su laudo dentro de un plazo de sesenta (60) días, prorrogable por otros treinta (30) días a partir de la fecha en que fue designado el presidente. Las decisiones se adoptarán por mayoría. Los Estados Partes podrán elegir quién los va a representar ante el tribunal y podrán designar asesores que defiendan sus derechos. El procedimiento arbitral contará con el apoyo de una secretaría administrativa.

En el TLCAN y en tratados similares, las audiencias del panel, las deliberaciones y el informe preliminar y todos los argumentos y comunicaciones con el panel son confidenciales. Las partes tienen derecho a por lo menos una audiencia ante el panel y la oportunidad de presentar alegatos iniciales y réplicas por escrito. En esos acuerdos también se prescribe el establecimiento de reglas modelo de procedimiento. La Comisión del TLCAN aprobó reglas modelo muy detalladas que regulan todos los aspectos de la conducción del procedimiento arbitral. A menos que las partes convengan otra cosa, el panel se regirá conforme a las reglas modelo. Las audiencias del panel tendrán lugar en la capital del país de la parte demandada. Los panelistas, sus asistentes, representantes y asesores de las partes y el Secretariado pueden estar presentes en las audiencias. Los asesores no podrán dirigirse al panel y no podrán tener intereses financieros ni personales en el caso. No se contemplan comunicaciones ex parte con las partes. Por otra parte, el TLCAN tiene un detallado código de conducta de los panelistas y demás miembros que fija las obligaciones de declaración. En el acuerdo México-Triángulo del Norte se incluyen reglas de procedimiento y reglas éticas igualmente detalladas.

Terceros

De conformidad con el estatuto del Tribunal de Justicia de la Comunidad Andina, cualquier país miembro o la Secretaría General que no sean partes de un juicio podrán presentar información o argumentos legales ante el Tribunal en cualquier estado de procedimiento antes de que se dicte sentencia.

En el marco del TLCAN y del Grupo de los Tres, un tercero que considere que tiene interés sustancial en el asunto tiene derecho a participar como parte reclamante mediante entrega de una notificación por escrito dentro de un plazo máximo de siete días a partir de la fecha del establecimiento del panel. Si un tercero no interviene como parte reclamante, de todas maneras conserva su derecho a asistir a todas las audiencias, presentar comunicaciones escritas y orales ante el panel y recibir las comunicaciones por escrito de las partes contendientes. Es más, el tercero "generalmente" se abstendrá de iniciar o continuar un procedimiento de solución de controversias en el marco del acuerdo de libre comercio o de la OMC "invocando causales sustancialmente equivalentes a los que dicha Parte pudiere invocar conforme con este Tratado [de libre comercio] respecto del mismo asunto, en ausencia de un cambio significativo en las circunstancias económicas o comerciales."

En Centroamérica-Chile, México-Triángulo del Norte y MCCA, un tercero, después de haber sido notificado por escrito, tiene derecho a asistir a las audiencias, a ser oído y a presentar y recibir declaraciones por escrito. Además, en Centroamérica-Chile y en el MCCA se estipula que los alegatos de terceros deberán reflejarse en el informe final del grupo arbitral. En el marco del MCCA, si una parte decide no participar en calidad de tercero, se abstendrá de iniciar cualquier otro procedimiento de solución de controversias sobre el mismo asunto, en ausencia de un cambio significativo en las circunstancias económicas o comerciales.

Informe preliminar

El TLCAN y tratados similares, con excepción del MCCA, estipulan que el tribunal arbitral deberá emitir un informe preliminar indicando las conclusiones de hechos, la determinación sobre la compatibilidad de la medida o si es causa de anulación o menoscabo (sin infracción) y recomendaciones. Las partes podrán presentar observaciones por escrito sobre el informe dentro de un plazo de dos semanas. El grupo arbitral podrá reconsiderar sus conclusiones preliminares a la luz de las observaciones escritas.

Determinación final e implementación

Conforme al estatuto del Tribunal de Justicia de la Comunidad Andina, la sentencia deberá contener ciertos elementos especificados, como los hechos, un resumen de las conclusiones de ambas partes, los motivos legales que fundamenta la sentencia y el fallo. Cuando el Tribunal declare la nulidad de una decisión de la Comisión, una resolución de la Secretaría o un convenio, señalará los efectos de la sentencia en el tiempo y asignará el pago de las costas a las partes. El órgano cuyo acto haya sido anulado por el Tribunal deberá adoptar las disposiciones que se requieran para asegurar el cumplimiento de la sentencia. En una sentencia de incumplimiento, el Tribunal dictará las medidas que el País Miembro deberá adoptar para ejecutarla en un plazo no mayor de noventa (90) días. El Tribunal podrá asimismo enmendar o ampliar su sentencia dentro de los cinco días transcurridos después de haberse leído en una audiencia pública. Una parte podrá solicitar aclaración de ciertos puntos de la sentencia si considera que son ambiguos. El Tribunal Andino podrá revisar las resoluciones tomadas en una acción de incumplimiento a solicitud de una de las partes, sobre la base de algunos hechos que pudiesen haber tenido una influencia decisiva en los resultados, siempre que la parte haya desconocido ese hecho en el momento en que se emitió la resolución.

Conforme al CARICOM, cuando el Consejo o un tribunal arbitral determina que se está frustrando un beneficio conferido a un Estado Miembro, el Consejo podrá formular recomendaciones al Estado Miembro en cuestión por mayoría de votos. Además, el Consejo podrá autorizar al Estado Miembro a suspender sus obligaciones según considere apropiado.

Según las reglas del Protocolo de Brasilia, el laudo de un tribunal arbitral debe contener ciertos elementos especificados, como un resumen de los actos practicados y alegaciones de las partes, determinaciones de hecho y de derecho y la proporción de los costos que corresponderá cubrir a cada parte. Las decisiones del tribunal arbitral son inapelables y las partes contendientes deberán acatarlas en la fecha en que les sean notificadas y deberán considerar que tienen efecto de res judicata. Una parte podrá solicitar una aclaración de la decisión o preguntar de qué manera deberá cumplirla dentro de un plazo de quince (15) contados a partir de la fecha de la notificación. El tribunal podrá suspender la orden de que se cumpla la decisión mientras decide la contestación a la solicitud de aclaración.

En el TLCAN y en tratados similares, el panel deberá emitir su informe final dentro de los treinta (30) días posteriores a la presentación de su informe preliminar. Para el MCCA, donde no se presenta un informe preliminar, el informe final deberá ser presentado dentro de los treinta (30) días del establecimiento del tribunal. El TLCAN y Canadá-Chile permiten a las partes convenir un plazo diferente. Además, en el marco del TLCAN, las partes comunican dentro de un plazo razonable el informe final a la Comisión junto con las consideraciones que la parte desee anexar. Según el TLCAN y tratados similares, el informe se publica dentro de un plazo de quince (15) días, a menos que la Comisión decida otra cosa. Al recibir el informe final, las partes contendientes, en el marco del TLCAN y Canadá-Chile, convienen en la manera de resolver la controversia "la cual, por lo regular, se ajustará a las determinaciones y recomendaciones de dicho panel" e informarán toda resolución que hayan acordado a sus secciones del Secretariado. "Siempre que sea posible, la resolución consistirá en la no ejecución o en la derogación de la medida disconforme (. . .) o que sea causa de anulación o menoscabo." En otras palabras, la decisión del panel esencialmente concede facultades a la parte vencedora para negociar una solución con la parte perdedora. No obstante, en otros tratados similares al TLCAN, el informe final del tribunal es explícitamente obligatorio. En estos tratados se exige que las partes cumplan con los términos y plazos ordenados en el informe final. En el tratado Chile-México se aclara que las partes pueden acordar otras condiciones. Además, en el MCCA y en Centroamérica-Chile se prescribe que debe cumplirse con lo dispuesto en el informe final dentro de un plazo que no deberá exceder de seis (6) meses a partir de su notificación. Los tratados similares al TLCAN contemplan la posibilidad de que el panel sugiera ajustes que las partes contendientes consideren mutuamente satisfactorios.

Suspensión/retorsión

El Tribunal Andino podrá autorizar a un país reclamante o a otro País Miembro a suspender las ventajas del Acuerdo de Cartagena que beneficien al país remiso. Las personas naturales o jurídicas afectadas podrán acudir a los tribunales nacionales en caso de incumplimiento por los Países Miembros.

Si un País Miembro del CARICOM decide no cumplir o no puede cumplir con una recomendación del Consejo, éste, por mayoría de votos, podrá autorizar a cualquier otro País Miembro a suspender la aplicación de las obligaciones respecto al Estado Miembro remiso.

En el TLCAN y en Canadá-Chile, cuando un panel determina que una medida es incompatible con las obligaciones derivadas de ellos, y las partes no han llegado a una resolución satisfactoria dentro de los treinta (30) días de recibir el informe final, la parte reclamante queda automáticamente autorizada a suspender beneficios de efecto equivalente hasta que las partes alcancen un acuerdo sobre la resolución de la controversia. En los demás tratados similares al TLCAN, sólo cuando el tribunal arbitral determine que la parte objeto del reclamo no ha cumplido con todos los términos de la resolución final, la parte reclamante puede suspender beneficios. En el TLCAN y tratados similares, la parte reclamante puede suspender beneficios en el mismo sector que el afectado por la medida o, cuando "considere que no es factible ni eficaz", podrá hacerlo en otros sectores (esto no difiere de lo que prescribe el ESD). La parte demandada podrá solicitar que un panel determine si el nivel de beneficios suspendidos es "manifiestamente excesivo." El panel deberá presentar su determinación dentro de los sesenta (60) días contados a partir de la fecha en que fue seleccionado el último panelista o en cualquier otro período que puedan convenir las partes. La suspensión podrá continuar mientras el panel delibera.

Solución de controversias en las negociaciones del ALCA

Los Ministros Responsables del Comercio establecieron en San José los siguientes objetivos para las negociaciones del ALCA en materia de solución de controversias:

—Establecer un mecanismo justo, transparente y eficaz para la solución de controversias entre los países del ALCA, tomando en cuenta, entre otros, el Entendimiento relativo a las normas y procedimientos por los que se rige la solución de diferencias de la OMC.

—Diseñar medios para facilitar y fomentar el uso del arbitraje y otros medios alternativos de solución de controversias para resolver controversias privadas en el marco del ALCA.

El Grupo de Negociación concentró su labor en la definición de los procedimientos que regirían la solución de controversias entre las partes en el marco del ALCA, específicamente sobre los procedimientos generales para solucionar controversias entre gobiernos. De conformidad con lo que se dispone en la Declaración Ministerial de Toronto (párrafo 9), el grupo finalizó en noviembre de 2000 su informe al Comité de Negociaciones Comerciales, que contiene el borrador de un capítulo sobre solución de controversias.

El Grupo de Negociación concluyó el inventario que inició el Grupo de Trabajo del ALCA sobre Solución de Controversias. Después de la Reunión Ministerial de Toronto, se publicó en la página oficial del ALCA en Internet[1].

---

1. El "Inventario sobre Mecanismos de Solución de Controversias, Procedimientos y Textos Legales Establecidos por los Acuerdos, Tratados y Arreglos de Comercio e Integración Existentes en el Hemisferio y en la OMC" (http://www.alca-ftaa.oas.org/cp_disp/Spanish/dsm_toc.asp).

De conformidad con sus objetivos bajo la Declaración de San José, el Grupo de Negociación aprobó un documento preparado por la Unidad de Comercio de la OEA que contiene el texto de varias convenciones internacionales sobre arbitraje y la situación jurídica de las mismas en cada uno de los países del hemisferio (firma, ratificación, reservas)[2]. También se publica en la página del ALCA información que proporcionan los distintos países sobre sus leyes y disposiciones que rigen el arbitraje comercial privado y otros métodos de solución de controversias, y las instituciones que proporcionan servicios de arbitraje en casos de controversias comerciales.

Retos para el futuro

Los países llegan a la mesa de negociaciones del ALCA con sus experiencias con los sistemas de solución de controversias que se describen en la Sección II. No obstante, en el diseño de un mecanismo de esa índole para el ALCA no basta con copiar disposiciones extraídas textualmente de acuerdos comerciales conocidos. Un mecanismo que sirva a 34 países de diversos niveles de desarrollo tendrá que ser necesariamente más complejo, incluso desde el punto de vista institucional, que un modelo adecuado para dos, tres o aún cuatro países. Será también diferente de un modelo para 140 países, que están menos económicamente integrados entre sí que lo que ambicionan los países del ALCA:

A continuación se incluyen algunas de las cuestiones específicas que deberán abordar quienes redacten el capítulo del ALCA sobre solución de controversias:

—la interrelación entre el acuerdo del ALCA y los acuerdos comerciales regionales, con sus particulares implicaciones para la elección del foro, la ley aplicable, la selección de los demandados —todos los miembros de una unión aduanera o una zona de libre comercio o sólo algunos, a criterio de la parte reclamante—y los derechos de los terceros.

—la medida en que un ciudadano de un país miembro del ALCA puede acceder a un recurso directo contra otro país del ALCA (en lo relativo a inversiones u otros asuntos).

—el grado de acceso del público a las comunicaciones y audiencias, y de la participación no gubernamental en los procedimientos (por ejemplo, como asesores privados de los gobiernos o como expertos técnicos, o si pueden presentar documentos amicus curiae).

---

2. "Convenciones Internacionales que Rigen el Arbitraje Comercial Privado: Convenciones de Panamá, Nueva York, Montevideo y CIADI" (http://www.ftaa-alca.org/busfac/comarb/intl_conv/caicinds.asp).

—al tomar la determinación, el valor que deberá conferir el órgano neutral a principios del derecho internacional, o la equidad (ex aequo et bono), y a los precedente en su determinación final.

—la naturaleza de la determinación final del órgano neutral, su obligatoriedad o las consecuencias o efectos que resultaren de esa determinación.

Escaparía al alcance de este artículo analizar las numerosas y complejas cuestiones enumeradas. Basta con mencionar un aspecto de especial significación en la construcción de un sistema de solución de controversias para el ALCA: el tratamiento que deberá darse a los terceros. Si quienes redacten el capítulo del ALCA sobre solución de controversias confieren a una parte reclamante el derecho exclusivo a elegir a las partes contra las que dirigirá el reclamo, ¿qué derechos de procedimiento deberán concederse a los terceros que tienen intereses en el asunto? Esto será de importancia crucial cuando la medida en cuestión se tome de conformidad con otro acuerdo de una zona de libre comercio o unión aduanera. Otros miembros de ese acuerdo que no fueron nombrados partes demandadas en el caso del ALCA querrán gozar de derechos de procedimiento equivalentes a los que se confieren a las partes contendientes. En esas circunstancias, ¿deberá mantenerse la línea que divide a las partes de los terceros; por ejemplo, con respecto a la asistencia a las audiencias, el acceso a todas las comunicaciones, el derecho a recibir el informe preliminar y el final, el derecho a solicitar aclaración o el derecho de retorsión? Además, si en interés de la economía procesal deberá evitarse que una parte de la controversia pueda recurrir al mecanismo de solución de controversias del ALCA si esa parte ya ha presentado el mismo reclamo en otro foro, ¿deberá imponerse una prohibición similar a un tercero participante? ¿Deberá cubrir la prohibición la misma causa de acción pero no extenderse a diferentes terrenos jurídicos que se refieren al mismo asunto? ¿Qué ocurriría con un tercero que no participe? Es más, ¿qué tipo de respaldo institucional y administrativo deberá establecerse si cada procedimiento de solución de controversias del ALCA implica potencialmente a 34 partes?

En un Área de Libre Comercio de las Américas superpuesta sobre un mosaico de zonas de libre comercio y uniones aduaneras subregionales, se aprecia de inmediato la complejidad de la tarea de tener plenamente en cuenta la realidad de la integración económica hemisférica cuando se trata de elaborar mecanismos y procedimientos para resolver controversias comerciales.

CUARTA PARTE

El Área de Libre Comercio de las Américas: Próximos pasos

JOSÉ MANUEL SALAZAR-XIRINACHS

14 | *El proceso del ALCA: De Miami 1994 a Quebec 2001*

En la Primera Cumbre de las Américas, que tuvo lugar en Miami en diciembre de 1994 fue encendida una antorcha para la creación de un área de libre comercio que abarque todo el hemisferio, desde el Yukón hasta la Patagonia. Allí, los gobernantes de treinta y cuatro de las treinta y cinco naciones del Hemisferio Occidental (todas ellas, salvo Cuba), acordaron lo siguiente:

> Nuestro progreso económico continuo depende de políticas económicas sólidas, del desarrollo sostenible y de un sector privado dinámico. Una clave para la prosperidad es el comercio sin barreras, sin subsidios, sin practicas desleales y con un creciente flujo de inversiones productivas. La eliminación de los obstáculos para el acceso al mercado de los bienes y servicios entre nuestros países promoverá nuestro crecimiento económico. Una economía mundial en crecimiento aumentará también nuestra prosperidad interna. El libre comercio y una mayor integración económica son factores clave para elevar el nivel de vida, mejorar las condiciones de trabajo de los pueblos de las Américas y proteger mejor el medio ambiente. Por consiguiente, decidimos iniciar de inmediato el establecimiento del «Area de Libre Comercio de las Américas» en la que se eliminarán progresivamente las barreras al comercio y la inversión. Asimismo, resolvemos concluir las negociaciones del «Area de Libre Comercio de las Américas» a más tardar en el

año 2005, y convenimos en alcanzar avances concretos hacia el logro de este objetivo para el final de este siglo[1].

Los siguientes tres años sirvieron como período preparatorio, y en Abril de 1998, en la Segunda Cumbre de las Américas en Santiago de Chile, los Jefes de Estado y de Gobierno decidieron iniciar las negociaciones formales para la creación del ALCA:

> Hoy instruimos a nuestros Ministros Responsables del Comercio que inicien las negociaciones correspondientes al ALCA de acuerdo con la Declaración Ministerial de San José, de marzo de 1998. Reafirmamos nuestra determinación de concluir las negociaciones del ALCA a más tardar en el año 2005 y a lograr avances concretos para finales del presente siglo. El acuerdo del ALCA será equilibrado, amplio y congruente con la Organización Mundial del Comercio (OMC), y constituirá un compromiso único[2].

Desde entonces, las negociaciones han avanzado activamente. Hasta la fecha, y en momentos en que los Jefes de Estado y de Gobierno se preparan para la Tercera Cumbre de las Américas a celebrarse en Quebec, en Abril de 2001, la antorcha sigue brillando y, pese a la naturaleza ambiciosa de esta empresa y a los importantes obstáculos que es preciso superar, hay razones para ser optimistas en cuanto a la culminación a tiempo del acuerdo del ALCA. El ALCA, que combinará una población de 800 millones de habitantes y un producto interior bruto (PIB) de US$9 billones, sería la mayor área de libre comercio del mundo y uno de los sistemas de integración más ambiciosos de la historia moderna.

Cuando se lanzaron las negociaciones en 1998, múltiples factores convergieron para hacer sumamente atractiva a la idea de crear un ALCA. Además de consideraciones geopolíticas, estratégicas y de seguridad colectiva, estos incluyeron: las realidades empresariales y tecnológicas mundiales; el nuevo tipo de políticas de comercio e integración de "regionalismo abierto" adoptadas por los países de América Latina y el Caribe y los beneficios que éstos países percibían en un sistema mundial de comercio basado en reglas. Además, los países de la región habían logrado grandes avances en mejorar sus parámetros económicos fundamentales y en ordenar su situación macroeconómica.

Desde mediados de 1998 los negociadores del ALCA han logrado avances notables, concretos y detallados, y puede argumentarse que las negociaciones

---

1. Cumbre de las Américas de Miami, Declaración de Principios.
2. Cumbre de las Américas de Santiago, Declaración de Principios.

están precisamente en donde deberían estar en esta fase. Al respecto es notable que frente a la crisis económica de 1998-99, los países de América Latina y el Caribe no hayan recurrido a medidas proteccionistas, sino que, por el contrario, hayan seguido revitalizando los acuerdos subregionales de integración, negociando en forma proactiva acuerdos bilaterales de libre comercio, y que hayan seguido participando plenamente en las negociaciones del ALCA. Otro aspecto destacable del proceso del ALCA es que en él participan en un diálogo comercial moderno algunas de las economías industrializadas más ricas junto con algunos de los países más pequeños y, en algunos casos, menos desarrollados del mundo.

Este capítulo pasa revista a las negociaciones del ALCA realizadas hasta la fecha. En él se resumen los antecedentes del proceso del ALCA, se destacan sus logros así como sus principales beneficios y se analizan los principales desafíos que es preciso enfrentar para llevar las negociaciones a una conclusión exitosa.

El proceso del ALCA

En la Cumbre de las Américas de Miami los Jefes de Estado y de Gobierno democráticamente elegidos del Hemisferio Occidental firmaron una declaración de principios titulada "Pacto para el Desarrollo y la Prosperidad de las Américas", y un Plan de Acción. Los objetivos de esta nueva alianza son: preservar y fortalecer la comunidad de democracias de las Américas; promover la prosperidad a través de la integración económica y el libre comercio; erradicar la pobreza y la discriminación en el hemisferio; garantizar el desarrollo sostenible y conservar el medio ambiente para las generaciones futuras. A los efectos de alcanzar estos cuatro objetivos básicos, los Jefes de Estado y de Gobierno aprobaron un Plan de Acción que contiene 23 iniciativas, una de las cuales es la creación del Área de Libre Comercio de las Américas (ALCA).

Los Jefes de Estado y de Gobierno reconocieron las asimetrías en los niveles de desarrollo y tamaño de las economías del hemisferio y manifestaron su apoyo a la plena y rápida aplicación de las reglas y disciplinas de comercio multilateral emanadas de la Ronda Uruguay. Acordaron que el acuerdo del ALCA debe ser equilibrado, comprehensivo, compatible con los acuerdos de la OMC, y que debe constituir un compromiso único.

En la fase preparatoria (desde diciembre de 1994 a abril de 1998), el ALCA tenía mecanismos de ejecución claramente definidos: las reuniones ministeriales, las reuniones viceministeriales, los grupos de trabajo hemisféricos, el Comité Tripartito (integrado por la Organización de los Estados Americanos, el Banco Interamericano de Desarrollo y la Comisión Económica de las

Naciones Unidas para América Latina y el Caribe). Tal como se instruye en el Plan de Acción, los ministros responsables de comercio definieron el programa de trabajo técnico a los efectos de preparar las negociaciones. Hasta diciembre de 2000 los ministros se han reunido cinco veces. En la primera reunión, celebrada en Denver en junio de 1995, los ministros establecieron siete grupos de trabajo en las siguientes áreas: acceso a los mercados; procedimientos aduaneros y reglas de origen; inversión; normas y barreras técnicas al comercio; medidas sanitarias y fitosanitarias; subsidios, *antidumping* y derechos compensatorios; y economías más pequeñas.

En la segunda reunión ministerial, celebrada en Cartagena, Colombia, en marzo de 1996, los ministros evaluaron la labor realizada por los siete grupos de trabajo existentes y crearon cuatro grupos adicionales en las siguientes áreas: compras del sector público, derechos de propiedad intelectual, servicios y política de competencia. En la tercera reunión ministerial, celebrada en Belo Horizonte, Brasil, en mayo de 1997, los ministros tomaron nota de los informes y documentos presentados por los grupos de trabajo y crearon un grupo de trabajo sobre solución de controversias. En esta reunión los ministros acordaron que en la cuarta reunión ministerial ellos determinarían cómo procederían las negociaciones, incluyendo aspectos tales como objetivos, enfoques, estructura y lugar de realización.

En la cuarta reunión ministerial, en San José de Costa Rica, en marzo de 1998, los 34 ministros convinieron en la Declaración de San José, en la que se definieron los objetivos y principios generales del ALCA, los objetivos específicos por áreas temáticas, así como la estructura, la organización y otros aspectos sustantivos y administrativos que iban a orientar las negociaciones[3]. Los ministros acordaron también recomendar a los Jefes de Estado y de Gobierno la iniciación de las negociaciones formales del ALCA en la Segunda Cumbre de las Américas a celebrarse en Santiago, Chile en Abril de 1998. La recomendación se reflejó en la Declaración de la Segunda Cumbre de las Américas, en la que se pusieron en marcha formalmente las negociaciones.

La estructura acordada para las negociaciones consiste de una rotación predeterminada de la presidencia del proceso negociador, así como fechas y lugares para las reuniones ministeriales en todo el período que concluye hasta el 2005; un Comité de Negociaciones Comerciales (CNC) a nivel viceministerial, y nueve grupos de negociación (cuadro 14-1). También se acordó que las reuniones de los grupos de negociación tuvieran lugar en un único lugar, que rotaría del modo siguiente: Miami (desde el 1 de mayo de

---

3. La Declaración Ministerial de San José de 1998 puede compararse con la Declaración de Punta del Este de 1986, que puso en marcha la Ronda Uruguay de Negociaciones Comerciales Multilaterales.

Cuadro 14-1. *Presidencia rotativa de las negociaciones del ALCA*

	1 de mayo de 1998 - 31 de octubre de 1999	1 de noviembre de 1999 - 30 de abril de 2001	1 de mayo de 2001 - 31 de octubre de 2002	1 de noviembre de 2002 - 31 de diciembre de 2004
Presidencia	Canadá	Argentina	Ecuador	Co-presidencia entre Brasil y Estados Unidos
Vicepresidencia	Argentina	Ecuador	Chile	Co-presidencia entre Brasil y Estados Unidos

1998 al 28 de febrero de 2001), Ciudad de Panamá (1 de marzo de 2001 a 28 de febrero de 2003), y Ciudad de México (1 de marzo de 2003 a 31 de diciembre de 2004).

Se creó una secretaría administrativa encargada de proporcionar apoyo logístico y administrativo para las negociaciones, prestar servicios de traducción de documentos e interpretación durante las deliberaciones, llevar la documentación oficial de las negociaciones y publicar y distribuir documentos. La secretaría administrativa debe estar localizada en el mismo sitio en que se realicen las reuniones de los grupos de negociación.

Comité de Negociaciones Comerciales y Grupos de Negociación

El Comité de Negociaciones Comerciales cumple el papel central en la gestión de las negociaciones del ALCA. Esto fue recientemente reafirmado por los Ministros de Comercio en su Declaración de Toronto (noviembre de 1999), en la que se afirma que el comité debe orientar la labor de los grupos de negociación y de los otros tres grupos y comités creados por la Declaración de San José; asegurar la transparencia en las negociaciones; supervisar a la secretaría administrativa; supervisar la puesta en práctica de medidas de facilitación de negocios acordadas e identificar nuevas medidas de facilitación de negocios; abordar asuntos que los grupos de negociación no hayan podido resolver y asegurar que se realizan avances en todas las áreas y grupos de negociación. El comité debe reunirse por lo menos tres veces entre reuniones ministeriales consecutivas, o con más frecuencia si es necesario.

Los nueve grupos de negociación son: acceso a mercados (que abarca medidas arancelarias y no arancelarias, procedimientos aduaneros, salvaguardias, reglas de origen y normas y barreras técnicas al comercio); inversión; servicios; compras del sector público; solución de controversias; agricultura; propiedad

Recuadro 14-1.   *Comercio electrónico en el proceso de integración hemisférica*

Tras un comienzo relativamente tardío, la expansión de la Internet en América Latina cobró tal impulso que el crecimiento del acceso a Internet en la región es hoy el más elevado en el mundo. Actualmente hay en América Latina alrededor de 8,5 millones de usuarios de la Internet. Se espera que en el 2003 la población de Internet latinoamericana habrá alcanzado entre 27 y 34 millones de personas, y que llegado 2005 la región contará con 66 millones de usuarios. Esa cifra representaría apenas el 12 por ciento de la población de América Latina, que supera los 400 millones de habitantes, en comparación con una tasa de conectividad de más del 40 por ciento actualmente en América del Norte.

Luego de Estados Unidos y Canadá, Brasil es el país que ha alcanzado la más alta tasa de conectividad hasta la fecha en el hemisferio, con 45 por ciento del total de la población de Internet y alrededor del 88 por ciento de las transacciones de comercio electrónico en América Latina. México es el segundo mercado en magnitud, con casi 11 por ciento de los usuarios de la región. En otros países, como Argentina, Chile y Uruguay, el número de usuarios también aumenta rápidamente. En recientes estudios se estima que el valor total del comercio electrónico en América Latina se ubicará entre US$8.500 millones y US$16.000 millones en 2003.

La región aún tiene que superar algunas barreras para lograr niveles de penetración en la Internet como los registrados actualmente en América del Norte y Europa y evitar que la "brecha digital" existente entre los países y dentro de un mismo país siga aumentando. La infraestructura de las telecomunicaciones existente en gran parte de América Latina no está adecuadamente preparada para manejar la gran demanda de servicios de transmisión de datos. El costo de acceso a Internet sigue siendo alto en la mayor parte de la región, aunque la

---

intelectual; subsidios, antidumping y derechos compensatorios, y política de competencia. Se crearon asimismo tres comités no negociadores especiales: un Grupo Consultivo sobre Economías Más Pequeñas; un Comité de Representantes Gubernamentales sobre la Participación de la Sociedad Civil y un Comité Conjunto de Expertos del Sector Público y Privado en Comercio Electrónico.

Los tres grupos y comités especiales no negociadores reflejan las preocupaciones e intereses de muchos participantes en sus respectivas áreas del proceso del ALCA. Tal como se especifica en la Declaración de San José, la función del Grupo Consultivo sobre Economías Más Pequeñas consiste en "Seguir el proceso del ALCA, evaluando las inquietudes e intereses de las economías más pequeñas" y "elevar a la consideración del Comité de Negociaciones Comer-

competencia y la desregulación en el sector de las telecomunicaciones contribuyen a reducirlo. El equipo básico necesario para obtener acceso a Internet, como las computadoras y los módems, debe estar al alcance de la mayor parte de la población, sin embargo, actualmente la propiedad de computadoras personales está fuera del alcance de muchas personas de la región.

En su reunión de San José, en 1998, reconociendo los beneficios potenciales del comercio electrónico, así como los obstáculos que aún subsisten, los Ministros acordaron crear un Comité Conjunto de Expertos del Sector Público y Privado en Comercio Electrónico ("el Comité Conjunto"), como parte del proceso del ALCA, y dispusieron que en su próxima reunión ministerial efectuara recomendaciones sobre la manera de incrementar y ampliar los beneficios que suscitará el mercado electrónico. En Toronto, en noviembre de 1999, tras un año de reuniones en que representantes del sector privado trabajaron junto con representantes gubernamentales de los países participantes, el Comité Conjunto presentó sus recomendaciones.[1] El informe refleja el consenso logrado en el Comité Conjunto sobre los principios para guiar el desarrollo de un marco regulatorio para promover el crecimiento del comercio electrónico en el Hemisferio Occidental.

En Toronto, los ministros de comercio ampliaron el mandato del Comité Conjunto, solicitándole la entrega de un segundo informe con recomendaciones a los ministros en la próxima reunión ministerial del ALCA, en Argentina, en abril de 2001. El Comité Conjunto realizó su labor bajo la Presidencia de Barbados en la primera fase de las reuniones y bajo la Presidencia de Uruguay en la segunda fase.

1. El reporte se puede leer en (www.ftaa-alca.org/spcomm/commec_e.asp#mandate).

ciales los temas de interés para las economías más pequeñas y hacer las recomendaciones para abordar estos temas".

Reconociendo los intereses y preocupaciones de diversos sectores de la sociedad en relación con el ALCA, los ministros establecieron el Comité de Representantes Gubernamentales sobre la Participación de la Sociedad Civil y le solicitaron que recibiera los aportes de la sociedad civil, que los analizara y que presentara la gama de opiniones para la consideración de los ministros. La misión del Comité Conjunto de Expertos del Sector Público y Privado en Comercio Electrónico consiste en examinar varios temas que guardan relación con ese comercio, incluido el examen del grado de preparación para Internet de los países que participan en el ALCA y la manera de tratar el comercio electrónico en el contexto de las negociaciones (recuadro 14-1).

Responsabilidades del Comité Tripartito

Al Comité Tripartito se le solicitó que contribuyera con apoyo técnico, analítico y logístico al proceso del ALCA así como con asistencia técnica a los países participantes. En la práctica, este apoyo ha incluído ayudar a los gobiernos a compilar inventarios de leyes y reglamentos nacionales y regionales así como bases de datos sobre comercio y aranceles aduaneros, analizar normas y disposiciones regulatorias vigentes relacionadas con el comercio, y preparar estudios y documentos de antecedentes relativos a los ámbitos de negociación. Otras funciones del Comité Tripartito han consistido en dar respaldo a las presidencias de los diferentes grupos conforme a sus solicitudes; el trabajo con la secretaría administrativa en la labor de coordinar la traducción, las fechas de presentación y la distribución de documentos para las reuniones; la administración del sitio oficial del ALCA en el Internet en nombre de los países; el financiamiento de la secretaría administrativa, así como la realización de actividades de capacitación y educativas en beneficio de los países[4].

Los negociadores lograron avances considerables bajo la presidencia de Canadá en la primera fase de las negociaciones, es decir, en el período de 18 meses comprendido entre mayo de 1998 y noviembre de 1999, fecha de la Quinta Reunión Ministerial, celebrada en Toronto, Canadá. En esta reunión, los ministros evaluaron el progreso de las negociaciones durante la primera fase como "considerable".

A partir de septiembre de 1998, cada uno de los nueve grupos de negociación se ha venido reuniendo regularmente en Miami. Cada ronda de reuniones de grupos de negociación congrega a más de 900 negociadores comerciales de los 34 países participantes y constituye un extraordinario esfuerzo de determinación política, capacidad técnica y posicionamiento estratégico de las naciones participantes. Del proceso han surgido bases de datos comprensivas, compendios de leyes y regulaciones y otra información de antecedentes necesaria para las negociaciones. Este proceso ha mejorado enormemente la transparencia en cuanto a las reglas comerciales y de mercado vigentes en el hemisferio.

Finalmente, en lo referente al proceso es importante señalar que varios subgrupos de países hablan con una sola voz en la mesa de negociaciones. Esto incluye a la Comunidad Andina, al MERCOSUR y a CARICOM. Cada uno de esos grupos subregionales presenta sus posiciones conjuntamente, lo que es

---

4. En la Declaración de Toronto los ministros destacaron el apoyo analítico, técnico y financiero proporcionado por las instituciones que comprenden el Comité Tripartito y reconocieron que el mismo ha sido esencial para la conducción de las negociaciones hasta la fecha. Los ministros solicitaron al Comité Tripartito que siguiera proporcionando ese tipo de asistencia para asuntos relacionados con el ALCA.

precedido por intensas consultas entre sus miembros. Recientemente la región del Caribe creó una nueva estructura para formular y dar a conocer las opiniones de los países del CARICOM en materia de negociaciones comerciales internacionales, y esta Maquinaria Negociadora Regional del Caribe habla en el ALCA en nombre de sus miembros.

Logros de las negociaciones del ALCA

A principios de 2001 el logro más importante del proceso del ALCA desde el comienzo de las negociaciones ha sido la elaboración de un borrador inicial del texto del acuerdo del ALCA. Este trabajo ocurrió en dos etapas. En la primera, los nueve grupos de negociación elaboraron esquemas anotados para cada uno de sus respectivos ámbitos temáticos. Este trabajo fue orientado por los objetivos específicos establecidos en la Declaración de San José y en el programa de trabajo que elaboraron los viceministros en Buenos Aires en junio de 1998.

Con base en el progreso indicado en esos esquemas anotados, los ministros, en su reunión de Toronto de Noviembre de 1999, encomendaron a los grupos de negociación: "preparar un borrador de texto de sus respectivos capítulos... un texto comprensivo en su cobertura que recoja los textos sobre los que se haya podido alcanzar consenso y consigne entre corchetes todos aquellos respecto de los cuales no se logró el consenso".

Además los ministros encomendaron al Comité de Negociaciones Comerciales que consolidara los textos proporcionados por los grupos de negociación y preparara un informe, para su consideración en la próxima reunión ministerial, que tendrá lugar en Buenos Aires, Argentina, en abril de 2001, y que iniciara las conversaciones sobre la arquitectura general del acuerdo del ALCA (es decir, de los aspectos generales e institucionales). Durante el año 2000 cada grupo de negociación centró su atención en elaborar un borrador del texto. Esta ambiciosa meta resultó en un avance considerable para el ALCA. Todos los grupos de negociación pudieron cumplir el mandato, y se prevé que el Comité de Negociaciones Comerciales presente a los ministros el texto del primer borrador consolidado del acuerdo en abril de 2001.

El segundo en importancia de los logros de las negociaciones del ALCA, en línea con el objetivo de lograr avances concretos en las negociaciones a más tardar en 2000, es el acuerdo sobre medidas específicas de facilitación de negocios. En su reunión ministerial de 1999, los treinta y cuatro ministros acordaron aplicar, a más tardar en la fecha-objetivo de la siguiente reunión ministerial, 18 medidas de facilitación de negocios. Ocho de éstas se refieren a asuntos aduaneros y figuran en el Anexo II de la Declaración Ministerial de

Recuadro 14-2. *Importancia de las medidas de facilitación de negocios*

Pese al enorme progreso logrado por los países de América Latina en cuanto a la liberalización de sus economías y al mejoramiento de los parámetros fundamentales de las mismas, subsiste un amplísimo margen para reducir los costos de hacer negocios en el hemisferio. El entorno empresarial hemisférico se caracteriza por muy altos costos de información, provocados por información imperfecta; distribución muy desigual del acceso a la información; falta de transparencia; diversidad e incongruencias en los marcos regulatorios; procedimientos costosos y largos en las esferas aduaneras, de nuevas inversiones, y de establecimiento de nuevas empresas; y procedimientos de certificación incoherentes. Estas realidades afectan al funcionamiento diario de las empresas, en el mejor de los casos imponiendo ineficiencias y costos a las empresas, y en el peor de los casos actuando como desincentivos reales y barreras insuperables a la actividad empresarial.

Esos costos y desincentivos suelen introducir un sesgo, especialmente contra las empresas de pequeña y mediana escala que carecen de los recursos necesarios para financiar los costos de información y transacciones que supone operar en diversas condiciones nacionales. Por lo tanto, las medidas de facilitación del comercio no sólo tienen un fundamento económico, sino también un fuerte fundamento social y de equidad. La realización de esos potenciales beneficios es una de las principales razones por las cuales, los ministros en su reunión de Toronto convinieron no sólo en un paquete inicial de medidas de facilitación de negocios, sino que también acordaron hacer de la facilitación del comercio una labor permanente, al lado del proceso formal de negociación.

Toronto. Estas son importación o admisión temporal de determinados bienes relacionados con viajeros de negocios; despacho expreso de envíos; procedimientos simplificados para envíos de bajo valor; sistemas compatibles de intercambio electrónico de datos y elementos de datos comunes; sistema armonizado de designación y codificación de mercancías; divulgación de una guía hemisférica de procedimientos aduaneros; códigos de conducta aplicables a los funcionarios aduaneros, y aplicación de análisis de riesgo y métodos de selección. Es probable que estas medidas de facilitación de negocios infundan mayor confianza a las comunidades empresariales del hemisferio y promuevan una participación aún más activa de las mismas en el proceso de negociación (recuadro 14-2). Para apoyar la aplicación de las medidas de facilitación de negocios relacionadas con asuntos aduaneros, especialmente en las economías más pequeñas, el Banco Interamericano de Desarrollo/Fondo

Multilateral de Inversiones (BID/FOMIN) aprobó un proyecto de cooperación técnica por US$5 millones, en agosto de 2000.

Con respecto a las medidas de transparencia, la Declaración Ministerial de Toronto encomendó que varios inventarios y bases de datos importantes fueran publicados, divulgados y actualizados periódicamente[5]. También instruyó a "hacer más accesible la información sobre regulaciones, procedimientos y autoridades competentes gubernamentales, inclusive mediante el uso de enlaces de Internet a la página electrónica del ALCA". Como resultado, el Comité Tripartito elaboró una nueva sección en la página electrónica oficial del ALCA, que contiene hipervínculos con casi 800 sitios web en todos los países del hemisferio, en que puede encontrarse información detallada de países sobre cada una de las áreas de negociación pertinentes.

Tercero, también es mucho lo que ha logrado el proceso del ALCA en la esfera de la asistencia técnica[6]. Ha generado un incremento de la demanda y de la oferta de cooperación técnica. Se ha registrado un crecimiento explosivo en muy diversas actividades de capacitación, conferencias, seminarios y foros, organizados por gobiernos, grupos de estudio, organizaciones del sector privado y organismos internacionales. El Comité Tripartito y miembros de los equipos nacionales de negociación han organizado o participado directamente en muchos de estos programas, que han variado en alcance desde un mejor conocimiento de la globalización, el libre comercio y las negociaciones comerciales en general hasta programas especializados de capacitación y creación de capacidad sobre cuestiones específicas pertinentes a los efectos de las negociaciones comerciales y la aplicación de compromisos comerciales. Además, las sesiones de negociación mismas han sido el mejor campo de entrenamiento. Como lo señaló Sidney Weintraub, "La mejor manera de conocer la dinámica de una negociación comercial consiste en acudir a la experiencia real, y muchos países pequeños no han dado a sus funcionarios muchas oportunidades de realizar este aprendizaje a través de la negociación. La evaluación general de las personas vinculadas con el proceso actual del ALCA es que el proceso mismo ha sido el maestro más valioso"[7].

También se han dado pasos importantes en el Grupo Consultivo sobre Economías Más Pequeñas en evaluar necesidades de asistencia técnica, crear bases de datos de demanda y oferta de asistencia técnica y oportunidades de capacitación vinculadas con el comercio y elaborar un marco que incremente la transparencia y facilite las corrientes de cooperación técnica entre los países

---

5. Ver el Anexo III de la Declaración Ministerial de Toronto.
6. Véase Weintraub (1999); Salicrup y Vergara (2000).
7. Weintraub (1999, p. 2).

del hemisferio. Una de las bases de datos generadas por el proceso fue un inventario de oportunidades de capacitación disponibles en las áeras pertinentes del ALCA en materia de política y negociaciones comerciales para funcionarios públicos y para el sector privado de la región. Esa "Base de Datos de Educación en Materia de Comercio" contiene información sobre más de 250 programas de educación vinculados con el comercio existentes en dieciocho países de las Américas, y actualmente se tiene acceso a la misma en la página electrónica oficial del ALCA, en la sección Asistencia Técnica[8].

En Toronto, los ministros solicitaron directamente al Comité Tripartito:

—Explorar oportunidades de asistencia técnica para facilitar la organización de un inventario de medidas que afectan al comercio de servicios y establecer un programa de trabajo que sirva para mejorar las estadísticas sobre comercio en servicios.

—Explorar oportunidades de asistencia técnica para ayudar a los países, donde sea necesario, a establecer puntos nacionales de contacto que puedan proporcionar información sobre la legislación nacional y otras medidas que afecten el comercio de servicios en el hemisferio.

—Apoyar a los gobiernos del ALCA, a través del mecanismo del Grupo Consultivo sobre Economías más Pequeñas, a identificar posibles fuentes de asistencia técnica de acuerdo con la base de datos preparada por el Comité Tripartito y las necesidades identificadas por los países.

Es indudable que la labor de cooperación técnica seguirá creciendo en el futuro a medida que se manifiesten las necesidades adicionales provocadas por la participación activa en las negociaciones multilaterales y regionales.

En resumen, los principales logros sustantivos del proceso del ALCA son, hasta la fecha, la elaboración de un borrador de texto del acuerdo del ALCA, la adopción de un importante conjunto de medidas de facilitación de negocios y el incremento de la cooperación técnica para la creación de capacidades vinculadas con el comercio. Aunque es mucho lo que resta por hacer en estas áreas, estos desarrollos representan resultados significativos y concretos emanados del proceso de negociación.

Beneficios del ALCA

Los principales beneficios del proceso del ALCA serán recogidos por los países cuando este acuerdo entre en vigor en el 2005. Entre ellos, estos beneficios incluirán beneficios "dinámicos" asociados con el aumento de la inversión y los flujos de comercio, transferencia de tecnología, efectos de aprendizaje

---

8. Ver (www.ftaa-alca.org/trt/searchted.asp).

y otras externalidades, así como menor incertidumbre en cuanto al acceso al mercado y la estabilidad macroeconómica[9].

Hacer demasiado hincapié en la fecha límite de 2005 y en los beneficios finales entraña el riesgo, sin embargo, de pasar por alto varios importantes beneficios o externalidades positivas que el proceso de negociación del ALCA ya ha generado. Estos beneficios incluyen: la orientación estratégica dada a la reforma económica; señales positivas para los inversionistas; cumplimiento más adecuado de las obligaciones de la OMC; dinamización de los esfuerzos de integración subregional; efectos positivos en cuanto al comportamiento, estrategias competitivas y formación de redes del sector privado; aumento del conocimiento y la confianza mutuos entre los negociadores y, como ya se señaló, aumento de la asistencia técnica destinada a la reforma de los regímenes comerciales.

Reforma económica, efectos de "afianzamiento" y emisión de señales

La integración regional no es algo nuevo en América Latina y el Caribe pero el ALCA ha ayudado a revitalizar la participación de la región en las negociaciones comerciales y en los respectivos debates nacionales de política comercial, en el marco de principios y compromisos modernos. Esta participación, que ha involucrado tanto a los sectores públicos como privados, infunde un sentido de orientación y de urgencia a las reformas económicas. Desde el régimen de comercio exterior hasta las regulaciones internas, desde la facilitación de negocios hasta la transparencia de las normas y los procedimientos, el proceso del ALCA refuerza la orientación estratégica de los programas económicos y suscita un importante efecto de retroalimentación sobre el diálogo y las prioridades nacionales de política comercial. Tampoco deben subestimarse los "efectos de aprendizaje" de la política económica. Un gran volumen de intercambio de información y de comparación de mejores prácticas para las políticas económicas y los marcos regulatorios tiene lugar, naturalmente, como parte de las negociaciones del ALCA y de actividades conexas de asistencia técnica y capacitación.

Los acuerdos regionales y bilaterales modernos realizados en toda América Latina y el Caribe suscitan un efecto de "afianzamiento" (o de candado) para las reformas económicas orientadas hacia el mercado, efecto que puede esperarse que aumente una vez que los compromisos del ALCA entren en

---

9. Las siguientes publicaciones contienen panoramas generales sobre los costos y beneficios de la integración regional así como de los fundamentos económicos y políticos del ALCA desde la perspectiva de diferentes protagonistas: Salazar-Xirinachs y Lizano (1992); Devlin y French-Davis (1999); Domínguez (1999); Devlin, Estevadeordal, y Garay (1999); Hufbauer, Schott y Kotschwar (1999).

vigor a partir de 2005. La participación plena en negociaciones comerciales multilaterales y regionales ayuda a explicar por qué los países de la región no recurrieron a medidas proteccionistas para enfrentar la crisis y desaceleración de 1988-99 sino que mantuvieron el curso de la reforma económica, y en algunos casos se beneficiaron de una recuperación económica sorprendentemente rápida.

Finalmente, una activa participación en las conversaciones del ALCA tiene un importante efecto de emisión de señales para los inversionistas extranjeros y los mercados financieros con respecto a las intenciones de los gobiernos y las futuras perspectivas en cuanto a clima de inversión y oportunidades empresariales en países específicos.

Dinamización de las subregiones

Las negociaciones del ALCA han robustecido la determinación política de los países de profundizar y ampliar sus acuerdos regionales. Algunos países ven a la mayor integración subregional como una manera de fortalecer su posición en las negociaciones con economías de mayor tamaño. Otros creen que las negociaciones con economías que no difieran demasiado en tamaño o grado de desarrollo es un campo de entrenamiento para el más ambicioso proyecto del ALCA. Otros han seguido el camino de negociar enérgicamente acuerdos bilaterales para lograr los máximos beneficios que supone ser el centro en una estructura de centro y radios, mientras se espera a que entren en vigor los acuerdos más genéricos.

La cinco reuniones ministeriales y las más de 15 reuniones viceministeriales celebradas hasta la fecha como parte del proceso del ALCA, han producido una abundancia de negociaciones colaterales entre países y regiones. A través de la creación de una red de acuerdos modernos de liberalización del comercio compatibles con los principios y reglas de la OMC, estos ejercicios regionales constituyen un mecanismo eficaz para llevar adelante la integración hemisférica. De hecho, es en esta senda subregional acompañada de acuerdos bilaterales en donde se registran los resultados más tangibles y notables en materia de integración económica de los últimos años, no sólo en cuanto a los acuerdos en el papel, sino en cuanto al crecimiento intrarregional de los flujos de comercio e inversiones.

Compromisos de la OMC

El proceso del ALCA ha contribuido también a centrar la atención en el cumplimiento de los compromisos con la OMC. Para muchos países en el

Hemisferio Occidental estos compromisos constituyen el primer conjunto exigente de obligaciones asumidas en materia de comercio exterior en toda su historia. Como resultado de la experiencia del ALCA y de la labor de asistencia técnica conexa, las autoridades de muchos países están ahora en mejores condiciones de cumplir con sus compromisos ante la OMC. A su vez, la experiencia de cumplimiento en relación con la Ronda Uruguay ha generado también una mejor comprensión de los requisitos políticos, económicos e institucionales de cumplir con las disciplinas aún más severas a que dará lugar el ALCA. Desde este punto de vista, las negociaciones multilaterales y las regionales pueden considerarse como esfuerzos complementarios y que se refuerzan mutuamente.

El "factor confianza" y otros intangibles

La participación de más de 900 funcionarios de comercio exterior de los 34 países en un diálogo continuo, tanto en las negociaciones como en las numerosas actividades de cooperación técnica, ha suscitado mejor comunicación, conocimiento mutuo, confianza y buena voluntad en una masa crítica de autoridades de comercio exterior[10]. Este fenómeno ha sido especialmente sólido en el ámbito del Comité de Negociaciones Comerciales. El proceso ha generado una enorme familiaridad entre los participantes, un conocimiento mucho más mayor de la personalidades involucradas y de las razones fundamentales y matices que caracterizan las posiciones oficiales de cada país. En consecuencia cada negociador conoce mejor las prácticas, las diferencias culturales y las sensibilidades técnicas y políticas nacionales con las que cada uno debe lidiar.

Comportamiento del sector privado, estrategias competitivas y formación de redes

Así como se ha dado un proceso de formación y fortalecimiento de una verdadera comunidad hemisférica de negociadores comerciales, el proceso del ALCA ha generado más confianza y un conocimiento mutuo entre las comunidades empresariales del hemisferio. Los líderes empresariales organizados en un sistema de varios estratos de cámaras de comercio, industria y servicios han venido participando activamente en los Foros Empresariales de las Américas y

---

10. Este fenómeno ha sido subrayado por varios participantes. La anterior Presidenta del Comité de Negociaciones Comerciales, la Viceministra canadiense Kathryn McCallion, señaló frecuentemente en sus discursos públicos este beneficio intangible del proceso del ALCA.

en innumerables actividades empresariales y académicas, para dialogar sobre integración, comercio y las prioridades de la política comercial nacional.

El proceso del ALCA ha llevado a más empresarios a pensar y actuar globalmente y a escala hemisférica. También ha incrementado el respaldo por parte de estos grupos y ha contribuido así a fortalecer los fundamentos para la reforma económica. Lo que es más importante, ha reforzado la tendencia hacia la adopción de un nuevo paradigma en el diálogo sobre políticas entre las comunidades empresariales y los gobiernos de América Latina. Las comunidades empresariales locales han venido abandonando el viejo comportamiento basado en la búsqueda de rentas y adoptando un nuevo enfoque centrado en mayor medida en la necesidad de eliminar distorsiones económicas, lograr una mayor competitividad y una mejor infraestructura nacional, así como de invertir en educación[11].

La participación de importantes segmentos de las comunidades empresariales de todos los países a través del Foro Empresarial de las Américas y de una miríada de otras actividades generadas por el ALCA, está mejorando también la formación de redes empresariales y ayudando a identificar y aprovechar nuevas inversiones y oportunidades comerciales.

ALCA, el proceso de las Cumbres y la interdependencia estratégica

El libre comercio y la integración económica en el Hemisferio Occidental son impulsados no solo por una lógica económica, sino también por una lógica estratégica y de seguridad colectiva. Las negociaciones comerciales regionales en las Américas ocurren en un contexto político que comprende definiciones de seguridad colectiva, interdependencias sistémicas y jurídicas involucradas en el sistema interamericano de la OEA, e iniciativas de cooperación con arquitecturas institucionales específicas en el ámbito hemisférico[12].

El tema comercial es apenas una iniciativa, aunque quizá la fundamental, en lo que se está convirtiendo en un proceso cada vez más institucionalizado de realización de Cumbres. Este proceso comprende 23 iniciativas de cooperación hemisféricas entre las que están esfuerzos por promover la democracia; mejorar la educación, luchar contra la pobreza y la discriminación; proteger los derechos humanos; terminar con el tráfico ilegal de drogas; combatir la corrupción y colaborar en torno a temas ambientales y laborales (Recuadro 14-3).

---

11. Véase también Norton (2000).

12. En las siguientes publicaciones aparecen puntos de vista adicionales sobre esta cuestión: Domínguez (1999), Franko (2000), Salazar-Xirinachs (2000) y Gaviria (capítulo 15 en este volumen).

Recuadro 14-3. *Plan de Acción de la Cumbre de las Américas de Miami, 1994*

I. Preservación y fortalecimiento de la comunidad de democracias en las Américas

1. Fortalecimiento de la democracia
2. Promoción y protección de los derechos humanos
3. Fortalecimiento de la sociedad y de la participación comunitaria
4. Promoción de los valores culturales
5. Lucha contra la corrupción
6. Lucha contra el problema de las drogas ilícitas y delitos conexos
7. Eliminación de la amenaza del terrorismo nacional e internacional
8. Fomento de la confianza mutua

II. Promoción de la prosperidad mediante la integración económica y el libre comercio

9. Libre comercio en las Américas
10. Desarrollo y liberalización de los mercados de capital
11. Infraestructura hemisférica
12. Cooperación energética
13. Telecomunicaciones e infraestructura de la información
14. Cooperación en ciencia y tecnología
15. Turismo

III. Erradicación de la pobreza y la discriminación en nuestro hemisferio

16. Acceso universal a la educación
17. Acceso equitativo a los servicios básicos de salud
18. El fortalecimiento del papel de la mujer en la sociedad
19. El fomento de las microempresas y las pequeñas empresas
20. Los Cascos Blancos—Cuerpos para casos de emergencia y el desarrollo

IV. La garantía del desarrollo sostenible y la conservación de nuestro medio ambiente para las generaciones futuras

21. Alianza para el uso sostenible de la energía
22. Alianza para la biodiversidad
23. Alianza para la prevención de la contaminación

Estas iniciativas son la expresión de un agenda estratégica de cooperación e interdependencia entre los países de las Américas. Es la vinculación estratégica entre los componentes y el avance simultáneo en ellos lo que hace tan atractivo y dinámico al proceso de las Cumbres de las Américas como marco para un proyecto hemisférico común para el siglo XXI.

El papel de la iniciativa comercial en este contexto más amplio es triple. Primero, el proceso del ALCA se ha convertido en un ámbito importante del diálogo de políticas entre los países del hemisferio; segundo, el diálogo sobre la integración económica ha sido un agente catalizador de un diálogo de mayor amplitud sobre la democracia, la seguridad y otros temas. Tercero, el ALCA es una pieza fundamental en el nexo entre desarrollo democrático y desarrollo de los mercados, postulado por los Jefes de Estado y de Gobierno como elemento central de la visión de las Cumbres de las Américas. En efecto, el ALCA fortalece los efectos de fortalecimiento mutuo entre mercados y democracia al promover la interdependencia económica, reforzar los principios de transparencia y responsabilidad pública, armonizar las regulaciones nacionales de los mercados en sectores clave y al promover la competencia en el mercado. Desde ese punto de vista podría sostenerse que la "externalidad" más importante y beneficiosa del proceso del ALCA, más allá del ámbito comercial, consiste precisamente en la influencia positiva que este ejercicio de reglamentación y transparencia tiene para el desarrollo democrático y para el buen gobierno en todo el hemisferio.

Perspectivas para las negociaciones del ALCA

Tres años después de la decisión de iniciar las negociaciones cabe ser razonablemente optimistas de que las negociaciones del ALCA concluirán con éxito en la fecha meta de 2005. Estas razones, tanto internas como externas a las negociaciones, incluyen: el avance notable, concreto y detallado logrado hasta la fecha; la voluntad política que los Ministros pusieron de manifiesto en Toronto al solicitar que se preparara un texto consolidado del acuerdo para la reunión de Buenos Aires, así como la capacidad de todos los grupos de negociación de preparar un borrador de texto de sus respectivos capítulos en respuesta a esta solicitud. La dedicación y la amplia participación de los negociadores de todos los países participantes en el proceso del ALCA ha garantizado el avance exitoso de las dos fases iniciales de las negociaciones.

Algunos factores externos que podrían haber ejercido una influencia negativa sobre las negociaciones del ALCA se han vuelto positivos y son un buen presagio para el futuro inmediato. Estos factores son las perspectivas macroeconómicas de los países participantes; la relación entre una nueva ronda de negociaciones comerciales de la OMC y el ALCA; los programas de unilaterales de liberalización y de integración subregional que los países de América Latina y el Caribe están ejecutando, y el impacto de la Unión Europea en el hemisferio.

La inestabilidad macroeconómica (inestabilidad cambiaria, desequilibrios fiscales, inflación) y el mal desempeño económico de los países constituyen los obstáculos clásicos en los proyectos de integración económica[13]. Los factores que provocan inestabilidad macroeconómica se agravan aún más durante períodos de recesión. Tras la desaceleración e inestabilidad económicas de 1998-99, que mitigó el optimismo con respecto al ALCA y sometió a tensiones los acuerdos regionales como el MERCOSUR, la mayoría de los países de América Latina y el Caribe han logrado escapar lo peor de los efectos de contagio de las crisis asiática y rusa e ingresaron en un período de recuperación económica. Aunque las tasas medias de crecimiento de la región fueron de apenas del 2,1 por ciento en 1998 y del 0,4 por ciento en 1999, en 2000 el crecimiento se recuperó vigorosamente hasta llegar al 4,0 por ciento, y el Fondo Monetario Internacional prevé que en 2001 la región va a crecer a una tasa media de 4.7 por ciento[14]. Además, la estabilidad de los precios fue uno de los principales logros de los años noventa: desde 1997 la tasa media de inflación de la región ha venido fluctuando en torno a un nivel históricamente sin precedentes de apenas 10 por ciento por año y se espera que se mantendrá en este nivel en 2001.

Lo notable en todo esto, no es que los países de la región se hayan visto afectados por el contagio financiero, sino que fueron capaces de capear la tormenta, aplicar políticas económicas eficaces y superar esta adversidad económica. La recuperación brasileña ha sido especialmente rápida y notable; y la mayoría de las predicciones prevén un período de crecimiento económico acelerado y de baja inflación para 2001. Esta predicción mejora las perspectivas económicas para el MERCOSUR en general y es un desarrollo positivo para el proceso del ALCA, dado el papel clave de Brasil como la economía más grande del grupo latinoamericano. También notable es el crecimiento continuo de la inversión extranjera directa hacia los países de la región[15].

Desde una perspectiva de más largo plazo el cuadro de desempeño económico de América Latina y el Caribe en los años noventa ha sido mixto, y los resultados de la denominada "primera generación" de reformas no han estado a la altura de las expectativas. Aunque se avanzó mucho en el control de la

13. Salazar-Xirinachs y Tavares de Araujo Jr. (1999).
14. CEPAL (1999, 2000b); Fondo Monetario Internacional (2000).
15. CEPAL (2000a); UNCTAD (2000).

inflación, la tasa de crecimiento económico ha sido baja en comparación con las tasas mundiales. Los indicadores sociales de desempleo, distribución del ingreso y pobreza no mejoraron en la década de 1990; sino que, con algunas excepciones, empeoraron. Existe un consenso creciente de que la próxima generación de reformas deberá concentrarse más en el crecimiento económico y en los pobres, para lo cual las políticas fundamentales son invertir en educación y en salud y el mejoramiento de la gobernabilidad y la gestión pública. Este nuevo consenso y la consecuente aplicación de nuevas combinaciones de políticas dirigidas a mejorar las condiciones sociales son desarrollos positivos para las negociaciones comerciales, en la medida en que mejoren la capacidad de las economías de América Latina y el Caribe de producir mejores resultados en términos de niveles de vida en la próxima década.

El fracaso de la Tercera Reunión Ministerial de la OMC, en Seattle, en diciembre de 1999, aunque indeseable en sí mismo, ejerce una influencia positiva sobre las negociaciones del ALCA, confirmando lo acertado de seguir una política comercial en dos pistas paralelas, tanto en el ámbito multilateral como en el regional[16]. Aunque las negociaciones agrícolas y de servicios comenzaron en la OMC en 2000, la agenda de negociaciones multilaterales siguen siendo actualmente muy reducida, en especial en comparación con las del ALCA, en la que los participantes están negociando disciplinas más estrictas que las de la OMC y de mayor cobertura, incluyendo en materia de inversiones, compras del sector público y políticas de competencia. Las negociaciones hemisféricas deberían poder incorporar más eficazmente los intereses regionales de lo que cabría esperar de las negociaciones en el ámbito multilateral, lo que permitirá la realización de una integración hemisférica más profunda en el marco del ALCA. Así sucederá en particular si la puesta en marcha de una ronda de negociaciones comerciales mundiales tarda varios años.

Quizás la fuerza más positiva y poderosa que impulsa el libre comercio en las Américas y la culminación del proceso del ALCA es el avance sostenido que los países del hemisferio han realizado hacia la liberalización comercial unilateral y la profundización de los acuerdos subregionales. Varios países, incluyendo a Argentina, Bolivia, Chile, Colombia, El Salvador, Guatemala, Perú y Trinidad y Tobago, han venido liberalizando sus economías a través de medidas unilaterales, procurando un desarrollo orientado por la exportación y la reforma regulatoria[17]. Muchos países han venido liberalizando el sector bancario y el de las telecomunicaciones unilateralmente o en combinación con la culminación de las negociaciones multilaterales en el marco de la OMC.

16. Bergsten (2000); Hart (2000).
17. Devlin y Ffrench-Davis (1999, p. 9).

Como se demuestra en capítulos anteriores, los principales acuerdos subregionales (el MERCOSUR, la Comunidad Andina, el Mercado Común Centroamericano y la CARICOM) han venido profundizando y ampliando sus compromisos preferenciales, expandiéndolos a nuevos ámbitos de disciplina, al estilo de los acuerdos modernos o de "tercera generación", en forma compatible con el futuro acuerdo del ALCA. Como resultado de este creciente tejido de acuerdos comerciales modernos entre los países de América Latina y el Caribe, se ha incrementado considerablemente el acceso recíproco a los mercados, al mismo tiempo que las reglas comerciales y las regulaciones nacionales han ido convergiendo hacia los objetivos finales del ALCA.

Por último, no deben pasarse por alto los efectos de la creciente presencia de la Unión Europea en el Hemisferio Occidental. La Unión Europea recientemente finalizó un tratado de libre comercio con México y está llevando a cabo negociaciones con el MERCOSUR y Chile. Además, han aumentado significativamente las inversiones extranjeras directas de origen europeo en varios países. Como resultado, la Unión Europea ha venido ampliando su presencia en los mercados del hemisferio, especialmente en materia de servicios financieros, telecomunicaciones, industria automotriz, comercio al por menor y distribución[18]. Esta expansión ejercerá presión sobre las empresas estadounidenses que tradicionalmente han tenido fuertes clientes en el hemisferio, y es de esperar también que ejerza presión adicional sobre el gobierno de los Estados Unidos para que éste le dé mayor prioridad a la conclusión de las negociaciones del ALCA y para otorgarle al Presidente las facultades de negociación por la "vía rápida"[19].

Si bien los cuatro factores mencionados parecen impulsar las conversaciones del ALCA en un sentido favorable, la influencia de otros factores, principalmente de carácter político, es aún muy incierta.

Un factor clave en el curso de las negociaciones comerciales de los próximos años, tanto multilaterales como regionales, enmarcadas en el ALCA, es el liderazgo que pueda aportar el nuevo gobierno de Estados Unidos. Esto a su vez depende de que logre obtener facultades para realizar las negociaciones por la "vía rápida", y del alcance de esas atribuciones, en especial en lo referente

---

18. El Tratado de Libre Comercio entre México y la Unión Europea (UE) fue suscrito en Lisboa, Portugal, el 23 de marzo de 2000 y entró en vigor el 1 de julio de 2000 (www.secofi-snci.gob.mx/noticias/lisboa.htm). El texto del acuerdo puede leerse en www.secofi-snci.gob.mx/Negociaci_n/Uni_n_Europea/Texto_TLCUE/texto_tlcue.htm. Según las estadísticas del Ministerio de Economía de México, las inversiones extranjeras directas (IED) provenientes de la UE representaron el 15 por ciento del total de la IED en México en 1999, y el comercio entre México y la UE aumentó en un 86 por ciento desde 1991.

19. La región de América Latina y el Caribe es el destino de más de un quinto del total de la exportación estadounidense, por lo cual representa un cliente importante para las empresas estadounidenses.

a los polémicos temas de si el comercio debe vincularse con los temas laborales y ambientales, y de ser así, de qué manera. El logro de facultades para negociar por la "vía rápida" enviará una señal clave a todos los países participantes en el ALCA sobre la seriedad de las intenciones estadounidenses de negociar el acuerdo de libre comercio en el hemisferio[20]. No disponer de ese tipo de facultades ya ha afectado a la capacidad de Estados Unidos de ejercer un liderazgo comercial en la región, un ejemplo de lo cual ha sido la incapacidad del Gobierno de ese país de incorporar a Chile al Tratado de Libre Comercio de América del Norte (TLCAN), según lo prometido. El fracaso, en dos oportunidades, del Gobierno del Presidente Clinton, de obtener facultades del Congreso de Estados Unidos para negociar por la vía rápida no ha desacelerado hasta ahora el proceso del ALCA ni ha reducido el entusiasmo de otros participantes de la región, pero ha introducido una nota de cautela, consistente en una actitud de "esperar para ver"[21]. Los miembros del MERCOSUR, en particular, han manifestado que estarán dispuestos a negociar asuntos sensibles solo cuando el Presidente de los Estados Unidos haya logrado esas facultades de negociación por la "vía rápida"[22]. Un movimiento en esa dirección en 2001, muy probablemente daría lugar a un compromiso e involucramiento más firme de todos los países participantes en el ALCA y facilitaría la culminación del tratado de libre comercio dentro de las fechas programadas.

Otra razón clave para tener cautela yace en la evolución política de América Latina. Varios países de la región están atravesando una época difícil desde el punto de vista económico y político. En el sistema interamericano y en el proceso de las cumbres se están realizando grandes esfuerzos colectivos para promover y proteger el régimen democrático en todos los países participantes, pero no es difícil imaginar escenarios en que determinados acontecimientos políticos puedan ejercer una influencia negativa sobre el progreso de las conversaciones del ALCA.

Por último, está el tema de la opinión y el apoyo público. Grandes e importantes sectores de la sociedad civil han hecho suyos los objetivos y la concepción del ALCA y se han beneficiado por la intensificación de los contactos promovidos por el proceso del ALCA. Otros grupos han expresado respaldo condicional; y otros han expresado fuerte oposición y preocupacio-

---

20. Weintraub (2000).

21. En noviembre de 1997 el proyecto de ley de concesión de autorización para negociar por la vía rápida no llegó a votarse en la Cámara de Representantes, ya que el Gobierno del Presidente Clinton lo retiró. En septiembre de 1998 el proyecto no contó con votos suficientes en la Cámara Baja.

22. Weintraub (2000, p. 18).

nes. Esos grupos tienen diferentes concepciones sobre la globalización y sobre el papel del comercio en el cuadro general de los desafíos del desarrollo y las prioridades de los países. Reconociendo los intereses y preocupaciones de la sociedad civil, los ministros de comercio establecieron un mecanismo formal de recepción y análisis de los aportes de la sociedad civil en el proceso del ALCA. El balance de opiniones y mobilización pública y el posicionamiento de diferentes grupos es otro factor político que influirá sobre la capacidad de los gobiernos de orientar las políticas y avanzar en materia comercial.

Consideraciones finales

En conclusión, desde su puesta en marcha, a principios de 1998, las negociaciones del ALCA han avanzado notablemente en el ámbito técnico y de detalle. Sin embargo, hay un largo camino por recorrer entre el punto en que las negociaciones se encuentran actualmente y en el que deberán estar en el año 2005. El desafío, en los próximos cuatro años, consistirá en mantener el impulso de las negociaciones y en seguir acercando las diversas posiciones negociadoras a un terreno común de manera que se pueda producir un texto limpio y bien definido en todas las áreas. Igualmente importante será hacer frente y resolver los temas institucionales que necesariamente acompañarán la conclusión de un acuerdo del ALCA de modo que éste pueda hacerse operativo. Un importante hito en el proceso será el momento en que los países decidan iniciar las negociaciones de acceso al mercado tanto en el comercio de bienes como de servicios[23].

Si el nuevo Gobierno de Estados Unidos obtiene facultades de negociación por la "vía rápida" y retoma el liderazgo del proceso, el fuerte consenso básico de política existente en América Latina y el Caribe servirá para impulsar el proceso de liberalización del comercio a escala hemisférica y la identificación con el mismo, lo que ayudará a encaminar las negociaciones del ALCA hacia una conclusión exitosa en el año 2005, o aún antes.

---

23. A diciembre de 2000, los países están llevando a cabo consultas referentes a una posible abreviación del plazo para la finalización de las negociaciones. Para que el acuerdo del ALCA entre en vigor el 1 de enero de 2005 se requerirá por lo menos un año para que los Congresos lo ratifiquen. Esto significa que las negociaciones tendrán que haber concluido a fines de 2003. Se trata de un "ajuste" del cronograma hasta 2005, que aún no ha sido especificado con ese nivel de detalle por las reuniones Ministeriales ni por las Cumbres. Si se llegara a un acuerdo al respecto, se anticiparía la fecha límite de modo que las negociaciones finalicen en diciembre de 2003.

Bibliografía

Bergsten, Fred. 2000. "Towards a Tripartite World". The Economist. 15 de Julio. p. 23.

Devlin, Robert y Ricardo Ffrench-Davis. 1999. "Towards an Evaluation of Regional Integration in Latin America in the 1990s". *The World Economy* 22 (2): 261.

Devlin, Robert, Antoni Estevadeordal y Luis Jorge Garay. 1999. "The FTAA: Some Longer Term Issues". Occasional Paper 5. Banco Interamericano de Desarrollo, Instituto para la Integración Latinoamericana, Buenos Aires.

Domínguez, Jorge. 1999. *The Future of Inter-American Relations.* Washington, D.C.: Diálogo Interamericano.

CEPAL (Comisión Económica para América Latina y el Caribe). 1999. *Estudio Económico de América Latina y el Caribe 1999-2000.* Santiago.

_____. 2000a. *Foreign Investment in Latin America and the Caribbean.* Santiago

_____. 2000b. *Latin America: Summary, Economic Projections Center.* Santiago. Mayo.

Franko, Patrice M. 2000. *Toward a New Security Architecture in the Americas: The Strategic Implications of the FTAA.* Washington, D.C.: Centro de Estudios Estratégicos e Internacionales.

Gaviria, César. Capítulo 15 de este volumen.

Hart, Michael. 2000. "Reviving Regionalism? Canada, the United States, and the Next Steps to Deeper Economic Integration". En *Seattle, the WTO and the Future of the Multilateral Trading System,* editado por Roger Porter y Pierre Sauvé. Cambridge: Harvard University Press.

Hufbauer, Gary, Jeffrey Schott y Barbara R. Kotschwar. 1999. "U.S. Interests in Free Trade in the Americas". En *The United States and the Americas: A Twenty-First Century View,* editado por Albert Fishlow y James Jones. New York: W.W. Norton.

Fondo Monetario Internacional. 2000. *World Economic Outlook, May 2000. Asset Prices and Business Cycle,* Washington D.C.

Norton, Joseph J. 2000. "Doing Business Under the FTAA: Reflections of a U.S. Business Lawyer". Estudio preparado para la conferencia titulada *"United States and the Future of Free Trade in the Americas".* Edwin L. Cox, Facultad de Administración de Empresas, Southern Methodist University, Dallas, Texas (25 de marzo).

Salazar-Xirinachs, José M. 2000. *La Agenda Comercial en el Contexto del Sistema Latinoamericano.* Unidad de Comercio de la OEA, OAS Trade Unit Studies, Washington, D.C.

Salazar-Xirinachs, José M. y Eduardo Lizano. 1992. "Free Trade in the Americas: A Latin American Perspective". En *The Premise and the Promise: Free Trade in the Americas,* editado por Sylvia Saborio y colaboradores. New Brunswick, N.J.: Transactions Publishers.

Salazar-Xirinachs, José M. y José Tavares de Araujo Jr. 1999. "The Free Trade Area of the Americas: A Latin American Perspective", en *The World Economy: Global Trade Policy 1999,* editado por Peter Lloyd y Chris Milner. Oxford: Blackwell Publishers.

Salicrup, Luis y Gisela Vergara. 2000. *Trade Policy Education in the Western Hemisphere: An Assesment of Demand and Supply.* Washington D.C.: Unidad de Comercio de la OEA/USAID.

UNCTAD. 2000. *World Investment Report.* Ginebra.

Weintraub, Sidney. 1999. *Technical Cooperation Needs for Hemispheric Trade Negotiations.* Washington, D.C.: OEA, Consejo Interamericano para el Desarrollo Integral.

_____. "The Meaning of NAFTA and its Implication for the FTAA". Estudio preparado para la conferencia titulada *"United States and the Future of Free Trade in the Americas".* Edwin L. Cox, Facultad de Administración de Empresas, Southern Methodist University, Dallas, Texas (25 de marzo).

CÉSAR GAVIRIA

15 Integración e interdependencia en las Américas

A la vuelta del siglo las relaciones económicas y políticas entre los países del continente americano se caracterizan por una compleja matriz de interdependencias mucho más profunda y sofisticada que la existente en el pasado.

El fenómeno de la interdependencia es multifacético. Bajo las nuevas tendencias tecnológicas y productivas de la globalización, que incluyen una creciente movilidad de bienes, servicios, capital, tecnología e incluso personas, sería equivocado basarse únicamente en criterios macroeconómicos y cuantitativos para evaluar la interdependencia. Aunque parezca paradójico en primera instancia, la integración económica no tiene una racionalidad exclusivamente económica. Cuando los líderes del hemisferio se reunieron en la Cumbre de las Américas de Miami en diciembre de 1994 y lanzaron la iniciativa de crear el Area de Libre Comercio de las Américas, enmarcaron esta iniciativa en el contexto de una amplia visión estratégica y como parte de esfuerzos colectivos para mejorar y fortalecer las democracias, reducir la pobreza y la discriminación en el hemisferio, y promover el desarrollo sostenible. De esta manera, cuando los gobiernos se involucran en ejercicios conjuntos para negociar reglas claras, transparentes, vinculantes y predecibles en materia de comercio ó finanzas, lo hacen por razones económicas pero también en función de una serie de razones e intereses nacionales políticos, estratégicos y de desarrollo. Lograr balance entre estos diferentes objetivos es uno de los

319

mayores desafíos que enfrenta el sistema interamericano, y un ingrediente central en la creación del Area de Libre Comercio de las Américas.

El presente capítulo ofrece una visión de conjunto de este contexto más amplio en que se enmarcan las negociaciones comerciales. Simplificando un poco esta compleja realidad con propósitos analíticos, pueden distinguirse tres dimensiones en que se dan las estructuras y las acciones que promueven la interdependencia entre los países de las Américas: la dimensión económica, la dimensión jurídico-normativa y la dimensión diplomático-estratégica. El presente capítulo analiza las nuevas realidades hemisféricas en cada una de estas tres dimensiones y sostiene que la creación del Area de Libre Comercio de las Américas es un paso natural y positivo para consolidar la interdependencia económica, política y estratégica en el Continente Americano.

Interdependencia económica

A partir de la década de los años ochenta, y especialmente en los noventa, los países de América Latina y el Caribe, hicieron un viraje fundamental en sus políticas de desarrollo, revisando el papel del estado y el mercado y adoptando como norte para efectos de crecimiento económico una inserción cada vez mayor en la economía mundial y regional. Los primeros pasos en esa nueva dirección en una mayoría de países incluyeron la apertura comercial unilateral así como la reorientación de los acuerdos comerciales subregionales en la dirección de lo que la Comisión Económica para América Latina y el Caribe muy apropiadamente llamó el "regionalismo abierto". Entre 1985 y 1997, el arancel promedio en la región disminuyó del 35 por ciento al 12 por ciento.

Otros pasos importantes han sido la participación activa en el sistema comercial multilateral de los países del hemisferio, los cuales, con una sola excepción, se hicieron miembros de la Organización Mundial del Comercio, y la negociación proactiva de tratados de libre comercio de "nueva generación", así llamados por incluir dentro de su ámbito nuevas áreas de disciplina tales como políticas de competencia, inversiones, derechos de propiedad intelectual y mecanismos de resolución de controversias y nuevos sectores como servicios.

A las nuevas políticas se sumaron los impactos de las nuevas estrategias empresariales posibilitadas por la revolución en las tecnologías de la información, de las comunicaciones, y del transporte. Con el costo reducido de las telecomunicaciones y el transporte los procesos productivos y las "cadenas del valor" fueron fraccionados en múltiples localizaciones a nivel global, la inversión extranjera directa adquirió un nuevo ímpetu, y se abrieron nuevas oportunidades y "nichos" de ventaja comparativa para muchos países.

El reforzamiento mutuo entre las tendencias tecnológicas y de política económica han acelerado los procesos de transformación económica y de interdependencia en las Américas. Esto ha significado, para el conjunto de países de América Latina y el Caribe un aumento constante del peso de las exportaciones en relación son su producto interior bruto, de manera que éstas representaban el 12.4 por ciento del producto interior bruto (PIB) latinoamericano en 1990 mientras que ocho años más tarde, en 1998 eran el 18.9 por ciento del PIB[1]. Esta tendencia latinoamericana se ve refrendada por los coeficientes que indican la relación entre el comercio agregado de bienes y el PIB de cada país (exportaciones + importaciones / PIB). En todos los países del hemisferio, incluyendo Estados Unidos y Canadá, este coeficiente ha aumentado, lo que indica la importancia creciente del comercio internacional para la dinámica económica y el crecimiento de todos las economías[2].

Ahora bien, ¿Cuáles son los mercados de destino que más han contribuido a dinamizar el crecimiento exportador para América Latina y el Caribe?

La figura 15-1 contiene la respuesta. En la década 1988-98 la tasa de crecimiento más alta de las exportaciones de América Latina y el Caribe en conjunto fue la de las exportaciones dirigidas a los Estados Unidos (14 por ciento) seguidas de las dirigidas al resto de los socios en América Latina y el Caribe (13 por ciento). Es decir, que el aumento del comercio internacional ha involucrado una mayor relación e interdependencia entre los países del Continente Americano entre sí. Aunque en términos absolutos es importante, sobre todo para los países del MERCOSUR, el crecimiento del comercio con Europa no fue tan dinámico en esta década como lo fué el crecimiento del comercio con los Estados Unidos y a lo interno del grupo latinoamericano.

Esta mayor interdependencia continental está además acentuada en cada uno de los procesos de integración subregionales. En ellos también se encuentra en general un aumento en la importancia del comercio intrarregional con respecto al total del comercio (ver capítulo 1). El valor de las exportaciones intrarregionales entre países de la Asociación Latinoamericana de Integración (ALADI), ha crecido constantemente hasta representar el 19 por ciento del total de las exportaciones de la región. Para las tres partes del Tratado de Libre Comercio de América del Norte (TLCAN) las exportaciones intrarregionales representan más del 50 por ciento del total de las exportaciones de esa región y para MERCOSUR esta cifra se encuentra en el 25 por ciento.

Otro de los cambios estructurales fundamentales es el que se refiere a la composición del "portafolio exportador" de los países. La figura 15-2 muestra

---

1. CEPAL (1999, p. 74).
2. Banco Mundial (2000).

Figura 15-1. *Crecimiento de las exportaciones de América Latina y el Caribe hacia sus principales socios comerciales, 1988-1998*

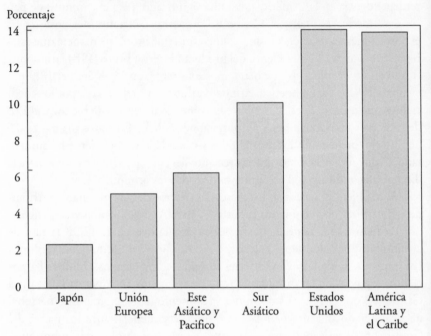

Porcentaje

Fuente: Banco Mundial, 2000.

como los productos primarios pasaron de representar más del 80 por ciento de las exportaciones de América Latina y el Caribe en 1980, a menos del 40 por ciento en 1998, mientras que los productos manufacturados aumentaron su participación de menos del 20 por ciento a más del 60 por ciento durante dicho período. Dada la vulnerabilidad económica asociada con la dependencia de la exportación de productos primarios (por las bien conocidas razones de volatilidad de precios y de deterioro de términos de intercambio), esta diversificación hacia productos industriales debe interpretarse como un mejoramiento en la calidad del portafolio exportador y, por lo tanto, en la inserción internacional de los países de América Latina y el Caribe. Evidentemente, esta tendencia agregada involucra gran heterogeneidad en la condición de países específicos, y en una mayoría de países, en particular las economías pequeñas, la vulnerabilidad y falta de diversificación en las exportaciones continúa siendo un grave problema y uno de los mayores retos.

Por otra parte, los servicios han venido aumentando su relevancia para las economías del Hemisferio Occidental. El peso de este sector en el total del

Figura 15-2. *América Latina y el Caribe: exportaciones por sector*
(% del valor total de las exportaciones de bienes, FOB)

Porcentaje

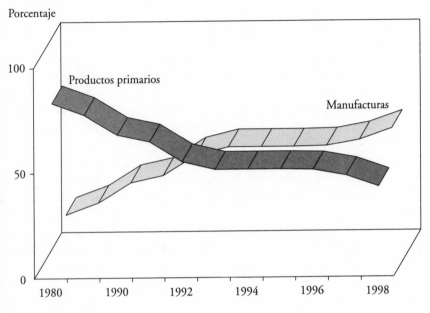

Fuente: ECLAC, 1999.

PIB es enorme en el caso de las pequeñas economías del Caribe, y supera el 75 por ciento del PIB en los Estados Unidos y Canadá. Para todos los países de América Latina y el Caribe la producción de servicios como porcentaje del PIB ha aumentado en la década de 1990, y aunque su crecimiento en el total de las exportaciones es relativamente menor que el de las mercancías, no ha cesado de crecer desde 1985 siendo particularmente importante para algunos países en los que las exportaciones de servicios superan el 50 por ciento del total de las exportaciones[3].

En conclusión, simultáneamente con la creciente apertura comercial y globalización de las economías, se observa una tendencia hacia una mayor interdependencia e importancia recíproca entre las economías del hemisferio como socios comerciales. Además, para el agregado de América Latina y el Caribe se observa una mejora en la calidad de su portafolio exportador al haber aumentado muy significativamente la importancia relativa los productos industriales y de los servicios en el total de las exportaciones, lo cual es la

3. Prieto y Stephenson (1999).

base para reducir vulnerabilidad externa, desarrollar ventajas competitivas sostenibles, y en general, mejorar la calidad del crecimiento.

Dimensión jurídico-normativa

Un segundo ámbito de la mayor interdependencia entre los países de las Américas se pone de manifiesto en la multiplicación de nuevos acuerdos comerciales y de integración que se han suscrito en la región en la década de los noventa y en la revitalización de algunos de los ya existentes. El mapa de la integración ha cambiado de manera profunda desde los proyectos pioneros de los años sesenta y setenta.

A comienzos del período de la post-guerra, los países de América Latina buscaron reducir su dependencia de la exportación de productos básicos y de la importación de bienes manufacturados. Sus políticas económicas se orientaron a desarrollar una base industrial propia mediante un modelo de sustitución de importaciones. Se establecieron barreras arancelarias y no arancelarias para proteger a las industrias nacientes frente a la competencia internacional. En ese contexto, se promovió la integración económica entre países de la región basada en esquemas de liberalización comercial preferencial como un instrumento orientado a sustentar el desarrollo industrial a que aspiraban los países latinoamericanos. Se esperaba que la integración regional, al expandir los mercados y permitir el aprovechamiento de los beneficios de las economías de escala y de la especialización, ayudaría a compensar las ineficiencias derivadas de la alta protección y las limitaciones de mercados reducidos. Se establecen así el Mercado Común Centroamericano en 1960; el Pacto Andino (hoy Comunidad Andina de Naciones) en 1969 y la Comunidad y el Mercado Común del Caribe (CARICOM) en 1973.

Hacia mediados de los ochenta y principios de los noventa, los países latinoamericanos abandonaron el viejo modelo económico forzados a hacer frente a las restricciones financieras derivadas de la severa crisis de la deuda externa. Es así como se llevan adelante una serie de reformas destinadas a liberalizar el comercio, flexibilizar las restricciones a la inversión extranjera, racionalizar las empresas del estado, liberalizar y privatizar los sistemas financieros y desregular algunas actividades económicas.

El reconocimiento de que era necesario lograr un patrón más dinámico de integración a un mercado internacional cada vez más globalizado, llevó a los países latinoamericanos a liberalizar unilateralmente sus regímenes comerciales, a revitalizar varios de los acuerdos de comercio e integración existentes y a negociar nuevos tratados que van más allá de la reducción de aranceles en sectores limitados. La liberalización preferencial del comercio se empezó a desarrollar en un contexto de regionalismo abierto. De lo que se trataba ahora era de asegurar que las políticas de promoción de la integración en los países fueran compatibles, así como complementarias, con las políticas de fomento de la competitividad internacional[4].

Es así como en la década de 1990 los países de las Américas suscribieron catorce acuerdos de comercio e integración (incluyendo los dos acuerdos de asociación que firmó MERCOSUR con Bolivia y Chile) de los cuales diez están vigentes; el resto se encuentra ya en el proceso de ratificación en las instancias legislativas. A esto se añade las negociaciones en curso de ocho acuerdos adicionales (véase cuadro 1-1 en el capítulo 1).

Los nuevos acuerdos son compatibles con las disciplinas de la Organización Mundial del Comercio (OMC). El objetivo es incrementar el comercio entre los signatarios, sin edificar barreras hacia terceros países y sirviendo, más bien, como estímulo a un mercado mundial más abierto. Los programas de desgravación arancelaria que contemplan estos acuerdos abarcan lo esencial de los intercambios comerciales y se ajusten a los requisitos exigidos por la normativa multilateral, incluyendo los plazos para su puesta en práctica.

Pero estos convenios van más allá del modelo tradicional de un tratado de libre comercio. En efecto, incluyen disposiciones destinadas a la liberalización del comercio de servicios y de las inversiones y, en muchos casos, a la protección de los derechos de propiedad intelectual. Todos éstos son temas que apenas una década atrás no se concebían como parte de las negociaciones comerciales ni eran objeto de la normativa multilateral del comercio.

Los nuevos acuerdos comerciales tienen implicaciones importantes para el proceso de integración del hemisferio. En primer lugar, existe hoy en día una mayor interdependencia normativa entre los países de las Américas. No sólo comparten las disciplinas del sistema multilateral del comercio sino que también, como los capítulos previos de este libro han analizado en detalle, se encuentran vinculados por una red creciente de acuerdos que incluyen normas en áreas comunes como servicios, inversiones, normas técnicas, propiedad intelectual o política de competencia—área éstas que son centrales para los procesos de desarrollo de cada uno de los países del hemisferio. En segundo lugar, los compromisos asumidos en los acuerdos regionales han generado un *momentum* liberalizador que resultará en mercados más abiertos aún si no se negocian nuevos convenios, lo que parece, en todo caso, poco probable. En efecto, los calendarios de desgravación ya acordados marcan la pauta para reducciones arancelarias automáticas que tendrán un impacto importante en la liberalización y estímulo del comercio regional la primera década del siglo

4. CEPAL (1994).

veintiuno. Todo esto resultará en una integración más profunda entre los países de las Américas. El proyecto de establecimiento del ALCA aparece así como una consecuencia natural de este proceso que a la vez contribuirá a reforzarlo.

Dimensión Diplomático-Estratégica

La integración económica en el Hemisferio Occidental no sólo tiene una justificación económica, sino que también tiene una racionalidad de seguridad colectiva y una justificación política y estratégica. Las negociaciones comerciales regionales ocurren en contextos políticos de interdependencias sistémicas, de definiciones de seguridad colectiva y de iniciativas de cooperación entre los posibles asociados donde existen instrumentos institucionales al servicio de los miembros.

La nueva realidad en que se desenvuelven las relaciones hemisféricas está caracterizada, entre otros elementos, por el fin de la guerra fría, la predominancia de democracias representativas y la apertura de las economías nacionales. En efecto, el espacio que antes ocupaba la guerra fría ha sido ocupado ahora por una nueva agenda política centrada en la consolidación de la democracia, el respeto a los derechos humanos, el desarrollo sostenible, la integración y la cooperación.

La existencia de democracias representativas en prácticamente todo el continente, que han desplazado a regímenes autoritarios de otras épocas, ha creado una relación estrecha entre la promoción de sistemas políticos abiertos y de economías abiertas. Desde esta perspectiva, la firma de acuerdos comerciales bajo reglas claras, estables, transparentes y vinculantes, acompañadas de mecanismos negociados para la resolución de conflictos, puede verse como un componente importante de los nuevos conceptos de seguridad nacional y hemisférica fundamentados en el funcionamiento del estado derecho y en una sociedad internacional respetuosa de la legalidad.

El ALCA fue concebido desde su inicio como parte de un proyecto de acercamiento más amplio, el cual no se limitaba a aspectos comerciales exclusivamente. Esta visión más amplia quedó contenida en la Declaración de Principios y el Plan de Acción de la Cumbre de las Américas. Asimismo, el proceso de cumbres de las Américas ha señalado los principios rectores que marcan la pauta de las relaciones hemisféricas y de las negociaciones del ALCA:

—Preservar y fortalecer la comunidad de democracias de las Américas

—Promover la prosperidad a través de la integración económica y el libre comercio

—Erradicar la pobreza y la discriminación en el hemisferio

—Garantizar el desarrollo sostenible y preservar el medio ambiente para las generaciones futuras

La correspondiente agenda de cooperación estuvo inicialmente estructurada en 23 incitativas específicas que fueron lanzadas en la Cumbre de las Américas de Miami en diciembre de 1994 y las cuales se fortalecieron en la Cumbre de las Américas de Santiago en 1998. La agenda tiene también mecanismos específicos institucionales para su conducción política, su administración e implementación. Estos mecanismos incluyen: una cumbre presidencial celebrada cada tres años; países coordinadores responsables para cada una de las 23 iniciativas; un sistema ministerial horizontal de cooperación/coordinación en cada una de las áreas clave; y un proceso de seguimiento a la Cumbre en el cual tanto el Grupo de Revisión de la Implementación de Cumbres y la Organización de los Estados Americanos (OEA) desempeñan un papel primordial. Además, el proceso de la cumbre tiene una estructura de apoyo institucional de una serie de instituciones interamericanas, tales como la OEA, el Banco Interamericano de Desarrollo, la Comisión Económica para América Latina y el Caribe, la Organización Panamericana de la Salud, el Instituto Interamericano de Cooperación Agrícola, y otras, dependiendo del área específica.

Otro elemento de interdependencia diplomático-estratégica no menos importante, dentro del cual también se enmarca la creación del ALCA, es que sus futuros miembros ya forman parte de un conjunto de principios, normas e instrumentos legales y diplomáticos existentes en el Sistema Interamericano, incluyendo acciones prácticas y de cooperación para la protección, defensa y promoción de la democracia y los derechos humanos. De hecho, según se ha mencionado explícitamente en las declaraciones de las cumbres, la creación del ALCA se basa en la existencia de una comunidad de las democracias en las Américas y en una convergencia de valores políticos, económicos y sociales. A la luz de las normas y mecanismos existentes para la acción colectiva, esto es más que un punto retórico. Específicamente, en el Sistema Interamericano, en el contexto de la OEA, los países han adoptado procedimientos multilaterales e instrumentos de acción colectiva para enfrentar los problemas que se crean al interrumpirse el orden constitucional democrático[5].

Estos procedimientos incluyen la Resolución 1080 de la OEA adoptada en 1991, conocida como la resolución de la "Democracia Representativa", que establece un procedimiento de acción colectiva, inmediata y multilateral para proteger la democracia en un estado miembro en el que haya ocurrido una interrupción de un proceso político regular institucional. Incluyen además un artículo nuevo en los Estatutos de la OEA (artículo 9, en vigor a partir

5. Para una revisión completa y un análisis de estos mecanismos ver Perina (2000).

de septiembre de 1997), que contempla la posibilidad de suspender o excluir de las actividades de la Organización a un gobierno de un estado miembro que no haya surgido de un proceso democrático, o que haya sido constituido por medio del uso de la fuerza. Es también de interés notar que MERCOSUR contiene una "cláusula democrática" que permite como asociados sólo a regímenes democráticos. Es importante notar que el Sistema Interamericano ya tiene una cantidad de mecanismos multilaterales para ejercer una influencia positiva para proteger, defender y promover la democracia y los derechos humanos, y que se puede esperar que la creación del ALCA vendrá a fortalecerlos.

Otro elemento característico en las relaciones hemisféricas es la coexistencia de grandes y pequeñas economías. El desafío que la integración de las economías pequeñas y relativamente menos desarrolladas presenta al ALCA es un tema particularmente importante en el diálogo hemisférico, que rebasa el tema puramente comercial. Aún cuando en términos económicos estrictos y de tamaño de mercado más de un 90 por ciento del mercado combinado del ALCA lo componen tres socios del TLCAN y dos miembros de MERCOSUR, el concepto del ALCA incluye los otros 29 países en el hemisferio. Y así como el concepto del ALCA no podrá realizarse sin un Brasil o un México, tampoco podría llegar a ser sin el Caribe o Centroamérica o los países de la Comunidad Andina.

Facilitar la integración de las economías pequeñas no sólo es un desafío económico, es también un objetivo en el cual el comercio y otros temas de la agenda de cooperación hemisférica interactúan estrechamente en la búsqueda de un desarrollo integral y sostenible. En efecto, la creación del ALCA hace parte del marco más amplio de cooperación hemisférica en el cual se están haciendo esfuerzos paralelos en áreas pertinentes de la integración y el desarrollo económico. Es así como, bajo el título de «La Promoción de la Prosperidad por medio de la Integración Económica y el Libre Comercio», la Declaración de Principios y el Plan de Acción de Miami contienen seis iniciativas que complementan el ALCA en el área económica, estas son:

—Desarrollo y liberalización de los mercados de capital
—Infraestructura
—Cooperación en energía
—Infraestructura de telecomunicaciones e información
—Cooperación en ciencia y tecnología, y
—Turismo

Así, mientras que conceptualmente es claro que el desarrollo requiere tanto flujos de comercio como financieros, así como flujos de ayuda no reembolsable, y todos estos son componentes de la visión y el Plan de Acción de la

Cumbre de las Américas, en la práctica, las iniciativas comerciales y financieras están organizados en procesos paralelos.

Sin embargo, existe una diferencia fundamental entre el comercio y las otras iniciativas. Mientras que el acuerdo sobre comercio se constituirá en un contrato legalmente vinculante, la mayoría de las demás iniciativas consisten de esfuerzos de cooperación y de promesas voluntarias de financiamiento y ayuda bilateral y multilateral. Esta diferencia fundamental sirve para enfatizar la importancia de mantener el compromiso político con la alianza estratégica global del proceso de Cumbres de las Américas.

Como punto general es de interés también señalar que el hecho de formar parte de la agenda estratégica más amplia de la cooperación hemisférica definida en el proceso de Cumbres de las Américas así como de la arquitectura legal del sistema interamericano, ofrece oportunidades propias para la creación, justificación o racionalidad del ALCA y para construir apoyo hacia ella, las cuales no están disponibles en el contexto multilateral[6].

El ALCA: Un paso natural

En este capítulo se ha argumentado que la mayor integración e interdependencia económica entre los países del Continente Americano emerge de una serie de fuerzas que, de mantenerse las tendencias actuales, se refuerzan mutuamente. Estas incluyen fuerzas productivas y empresariales, políticas gubernamentales que no sólo han venido abriendo las economías sino vinculándolas más mediante un tejido cada vez más amplio de normativas y disciplinas comunes y vinculantes, así como razones estratégicas basadas en valores compartidos y nuevas visiones de seguridad nacional y colectiva.

A la luz de estas tendencias y fuerzas la creación del ALCA puede verse como un paso natural en la creación de un marco normativo común basado en la profundización de los sistemas de mercado, en la consolidación de sociedades democráticas basadas en el estado de derecho, y como apoyo a las agendas nacionales de desarrollo. No obstante el proyecto es sumamente ambicioso y muchos obstáculos deben resolverse para llegar a una conclusión de las negociaciones en curso.

El proceso ha avanzado mucho más de lo que normalmente se reconoce y en una época singularmente difícil. A pesar de la volatilidad de los capitales, de los contagios financieros, de los bajos precios de los productos básicos, y de

---

6. Para un desarrollo de este argumento y una exploración de estas oportunidades ver Salazar-Xirinachs (2000).

las recesiones que han afectado a los países Latinoamericanos y del Caribe particularmente durante 1998 y 1999, el proceso de negociación del ALCA ha continuado sumamente activo. Problemas menores en el pasado hubieran bastado para terminar el proceso. Debe recordarse que la receta tradicional para solucionar crisis cambiarias era aumentar los aranceles o prohibir importaciones, o alguna combinación de estas. Pero ante las difíciles circunstancias durante la crisis de 1998-99 ningún país dió marcha atrás en sus compromisos de integración.

Al contrario, las crisis han demostrado los efectos positivos de la interdependencia y la cooperación. En cada crisis se ha visto como, por una parte, la ayuda externa ha sido importante en lograr superar las dificultades y en recuperar la confianza de los nerviosos inversionistas, y por otra parte, los gobiernos y los empresarios han reconocido que los compromisos de integración han servido para mantener las reglas del juego y crear un clima de estabilidad institucional indispensable para superar la crisis de manera más rápida y acelerar el crecimiento.

A pesar de los desarrollos macroeconómicos adversos durante los primeros dos años de negociación, el proceso ALCA ha avanzado satisfactoriamente. Los obstáculos más importantes actualmente para el avance en las negociaciones no son tanto técnicos sino políticos. En efecto, factores como la posibilidad de que el presidente de los Estados Unidos obtenga autorización para negociar por la "vía rápida" de parte del congreso, la posibilidad de lograr un consenso sobre el tratamiento de los temas ambientales y laborales en el diálogo hemisférico, así como el posicionamiento y activismo de la sociedad civil a favor o en contra del proyecto ALCA, serán los temas determinantes en los avances de las negociaciones de cara al 2005. Además, algunos de los principales determinantes del curso y velocidad de las negociaciones están relacionados con lo que pase fuera, no dentro, de América Latina. Uno de estos determinantes es la estabilidad y crecimiento de la economía mundial. La experiencia nos enseña que estabilidad macroeconómica es un ingrediente importante en los procesos de integración. La ausencia de otra crisis que contagie a los países latinoamericanos, y un crecimiento satisfactorio de los principales socios comerciales ayudarían a mantener un clima favorable para el curso de las negociaciones.

Bibliografía

Banco Mundial. 2000. *World Development Indicators*. Washington, D.C.
CEPAL (Comisión Económica para América Latina y el Caribe de las Naciones Unidas). 1994. *Open Regionalism in Latin America and the Caribbean*. Santiago.

————. 1999. *Anuario estadístico de América Latina y el Caribe*. Santiago.

Perina, Rubén. 2000. "El Régimen Democrático Interamericano: el papel de la OEA". Unidad para la Promoción de la Democracia, OEA. Washington, D.C.

Prieto, Francisco Javier y Sherry Stephenson. 1999. "Liberalization of Trade in Services". En *Trade Rules in the Making: Challenges in Regional and Multilateral Negotiations,* editado por Miguel Rodríguez Mendoza, Patrick Low y Barbara Kotschwar. Washington, D.C.: Brookings/ Secretaría General de la Organización de los Estados Americanos. Washington, D.C.

Salazar-Xirinachs, José M. 2000. "La agenda comercial en el contexto del sistema interamericano", Unidad de Comercio, Serie Estudios. Washington, D.C.